Zivilprozessrecht I

Hemmer/Wüst/Tyroller

September 2007

Juristisches Repetitorium hemmer

examenstypisch - anspruchsvoll - umfassend

Augsburg
Wüst/Skusa/Mielke/Quirling
Mergentheimer Str. 44
97082 Würzburg
Tel.: (0931) 79 78 2-30
Fax: (0931) 79 78 2-34
www.hemmer.de/augsburg

Bayreuth
Daxhammer
Matzenhecke 23
97204 Höchberg
Tel.: (0931) 400 337
Fax: (0931) 404 3109
www.hemmer.de/bayreuth

Berlin-Dahlem
Gast
Schumannstraße 18
10117 Berlin
Tel.: (030) 240 45 738
Fax: (030) 240 47 671
www.hemmer.de/berlin-dahlem

Berlin-Mitte
Gast
Schumannstraße 18
10117 Berlin
Tel.: (030) 240 45 738
Fax: (030) 240 47 671
www.hemmer.de/berlin-mitte

Bielefeld
Knoll/Sperl
Hinter dem Zehnthofe 18a
38173 Sickte
Tel.: (05305) 91 25 77
Fax: (05305) 91 25 88
www.hemmer.de/bielefeld

Bochum
Schlegel/Schlömer/Sperl
Salzstr. 14/15
48143 Münster
Tel.: (0251) 67 49 89 70
Fax.: (0251) 67 49 89 71
www.hemmer.de/bochum

Bonn
Ronneberg/Christensen/Clobes
Leonardusstr. 24c
53175 Bonn
Tel.: (0228) 23 90 71
Fax: (0228) 23 90 71
www.hemmer.de/bonn

Bremen
Kulke
Mergentheimer Str. 44
97082 Würzbuzrg
Tel.: (0931) 79 78 230
Fax: (0931) 79 78 234
www.hemmer.de/bremen

Dresden
Stock
Zweinaundorfer Str. 2
04318 Leipzig
Tel.: (0341) 6 88 44 90
Fax: (0341) 6 88 44 96
www.hemmer.de/dresden

Düsseldorf
Ronneberg/Christensen/Clobes
Leonardusstr. 24c
53175 Bonn
Tel.: (0228) 23 90 71
Fax: (0228) 23 90 71
www.hemmer.de/duesseldorf

Erlangen
Grieger/Tyroller
Mergentheimer Str. 44
97082 Würzburg
Tel.: (0931) 79 78 2-30
Fax: (0931) 79 78 2-34
www.hemmer.de/erlangen

Frankfurt/M.
Geron
Dreifaltigkeitsweg 49
53489 Sinzig
Tel.: (02642) 61 44
Fax: (02642) 61 44
www.hemmer.de/frankfurt

Frankfurt/O.
Neugebauer/ Vieth
Holzmarkt 4a
15230 Frankfurt/O.
Tel.: (0335) 52 29 87
Fax: (0335) 52 37 88
www.hemmer.de/frankfurtoder

Freiburg
Behler/Rausch
Rohrbacher Str. 3
69115 Heidelberg
Tel.: (06221) 65 33 66
Fax: (06221) 65 33 30
www.hemmer.de/freiburg

Gießen
Knoll/Sperl
Hinter dem Zehnthofe 18a
38173 Sickte
Tel.: (05305) 91 25 77
Fax: (05305) 91 25 88
www.hemmer.de/giessen

Göttingen
Sperl/Schlömer
Kirchhofgärten 22
74635 Kupferzell
Tel.: (07944) 94 11 05
Fax: (07944) 94 11 08
www.hemmer.de/goettingen

Greifswald
Burke/Lück
Buchbinderstr. 17
18055 Rostock
Tel.: (0381) 3 77 74 00
Fax: (0381) 3 77 74 01
www.hemmer.de/greifswald

Halle
Luke
Arndtstr. 1
04275 Leipzig
Tel.: (0177) 3 34 26 51
Fax: (0341) 4 62 68 79
www.hemmer.de/halle

Hamburg
Schlömer/Sperl
Pinnasberg 45
20359 Hamburg
Tel.: (040) 317 669 17
Fax: (040) 317 669 20
www.hemmer.de/hamburg

Hannover
Daxhammer/Sperl
Matzenhecke 23
97204 Höchberg
Tel.: (0931) 400 337
Fax: (0931) 404 3109
www.hemmer.de/hannover

Heidelberg
Behler/Rausch
Rohrbacher Str. 3
69115 Heidelberg
Tel.: (06221) 65 33 66
Fax: (06221) 65 33 30
www.hemmer.de/heidelberg

Jena
Hannich
Parkweg 7
97944 Boxberg
Tel.: (07930) 99 23 38
Fax: (07930) 99 22 51
www.hemmer.de/jena

Kiel
Sperl/Schlömer
Kirchhofgärten 22
74635 Kupferzell
Tel.: (07944) 94 11 05
Fax: (07944) 94 11 08
www.hemmer.de/kiel

Köln
Ronneberg/Christensen/Clobes
Leonardusstr. 24c
53175 Bonn
Tel.: (0228) 23 90 71
Fax: (0228) 23 90 71
www.hemmer.de/koeln

Konstanz
Guldin/Kaiser
Hindenburgstr. 15
78467 Konstanz
Tel.: (07531) 69 63 63
Fax: (07531) 69 63 64
www.hemmer.de/konstanz

Leipzig
Luke
Arndtstr. 1
04275 Leipzig
Tel.: (0177) 3 34 26 51
Fax: (0341) 4 62 68 79
www.hemmer.de/leipzig

Mainz
Geron
Dreifaltigkeitsweg 49
53489 Sinzig
Tel.: (02642) 61 44
Fax: (02642) 61 44
www.hemmer.de/mainz

Mannheim
Behler/Rausch
Rohrbacher Str. 3
69115 Heidelberg
Tel.: (06221) 65 33 66
Fax: (06221) 65 33 30
www.hemmer.de/mannheim

Marburg
Knoll/Sperl
Hinter dem Zehnthofe 18a
38173 Sickte
Tel.: (05305) 91 25 77
Fax: (05305) 91 25 88
www.hemmer.de/marburg

München
Wüst
Mergentheimer Str. 44
97082 Würzburg
Tel.: (0931) 79 78 2-30
Fax: (0931) 79 78 2-34
www.hemmer.de/muenchen

Münster
Schlegel/Sperl/Schlömer
Salzstr. 14/15
48143 Münster
Tel.: (0251) 67 49 89 70
Fax.: (0251) 67 49 89 71
www.hemmer.de/muenster

Osnabrück
Schlömer/Sperl/Knoll
Kirchhofgärten 22
74635 Kupferzell
Tel.: (07944) 94 11 05
Fax: (07944) 94 11 08
www.hemmer.de/osnabrueck

Passau
Mielke
Schlesierstr. 4
86919 Utting a.A.
Tel.: (08806) 74 27
Fax: (08806) 94 92
www.hemmer.de/passau

Potsdam
Gast
Schumannstraße 18
10117 Berlin
Tel.: (030) 240 45 738
Fax: (030) 240 47 671
www.hemmer.de/potsdam

Regensburg
Daxhammer
Matzenhecke 23
97204 Höchberg
Tel.: (0931) 400 337
Fax: (0931) 404 3109
www.hemmer.de/regensburg

Rostock
Burke/Lück
Buchbinderstr. 17
18055 Rostock
Tel.: (0381) 3777 400
Fax: (0381) 3777 401
www.hemmer.de/rostock

Saarbrücken
Bold
Preslesstraße 2
66987 Thaleischweiler-Fröschen
Tel.: (06334) 98 42 83
Fax: (06334) 98 42 83
www.hemmer.de/saarbruecken

Trier
Geron
Dreifaltigkeitsweg 49
53489 Sinzig
Tel.: (02642) 61 44
Fax: (02642) 61 44
www.hemmer.de/trier

Tübingen
Guldin/Kaiser
Hindenburgstr. 15
78465 Konstanz
Tel.: (07531) 69 63 63
Fax: (07531) 69 63 64
www.hemmer.de/tuebingen

Würzburg
- ZENTRALE -
Mergentheimer Str. 44
97082 Würzburg
Tel.: (0931) 79 78 230
Fax: (0931) 79 78 234
www.hemmer.de/wuerzburg

Wer in vier Jahren sein Studium erfolgreich abschließen will, kann sich einen Irrtum im Hinblick auf Examensvorbereitung und Ausbildungsmaterial nicht leisten!

Stellen Sie frühzeitig Ihre Weichen richtig. Trainieren Sie unter professioneller Anleitung das, was Sie im Examen erwartet.

www.hemmer.de

www.lifeandlaw.de

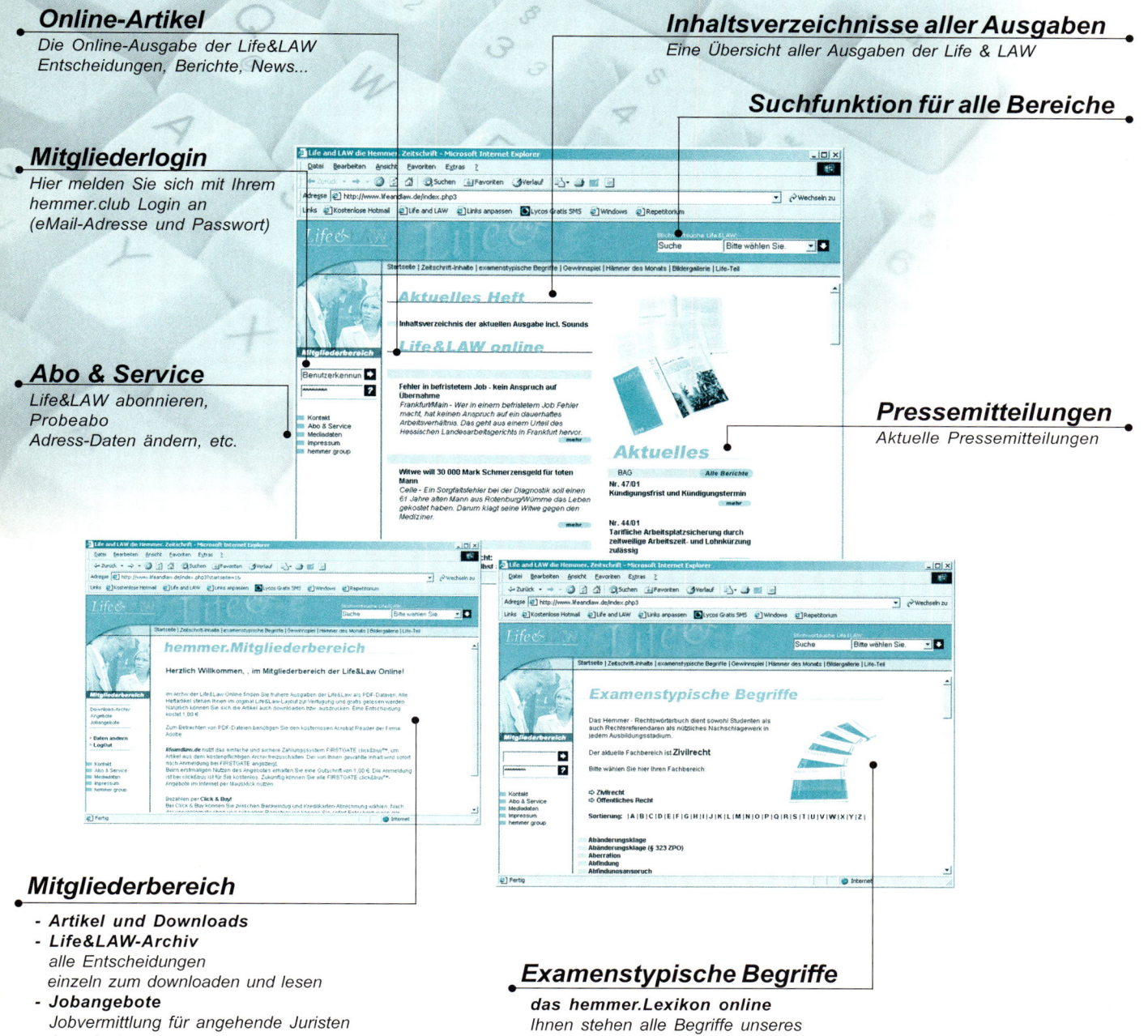

Online-Artikel
Die Online-Ausgabe der Life&LAW
Entscheidungen, Berichte, News...

Inhaltsverzeichnisse aller Ausgaben
Eine Übersicht aller Ausgaben der Life & LAW

Suchfunktion für alle Bereiche

Mitgliederlogin
Hier melden Sie sich mit Ihrem
hemmer.club Login an
(eMail-Adresse und Passwort)

Abo & Service
Life&LAW abonnieren,
Probeabo
Adress-Daten ändern, etc.

Pressemitteilungen
Aktuelle Pressemitteilungen

Mitgliederbereich
- Artikel und Downloads
- Life&LAW-Archiv
  alle Entscheidungen
  einzeln zum downloaden und lesen
- Jobangebote
  Jobvermittlung für angehende Juristen
- Angebote
  Angebote für Mitglieder

Examenstypische Begriffe
das hemmer.Lexikon online
Ihnen stehen alle Begriffe unseres
Lexikons mit Suchabfrage gratis
zur Verfügung

Assessorkurse

Bayern:		RA I. Gold, Mergentheimer Str. 44, 97082 Würzburg; Tel.: (0931) 79 78 2-50
Baden-Württemberg:	Konstanz/Tübingen	RAe F. Guldin/B. Kaiser, Hindenburgstr. 15, 78467 Konstanz; Tel.: (07531) 69 63 63
	Heidelberg/Freiburg/Stuttgart	RAe Behler/Rausch, Rohrbacher Str. 3, 69115 Heidelberg; Tel.: (06221) 65 33 66
Berlin/Potsdam:		RA L. Gast, Schumannstr. 18, 10117 Berlin, Tel. (030) 24 04 57 38
Brandenburg:		RA Neugebauer/Vieth, Holzmarkt 4a, 15230 Frankfurt/Oder, Tel.:(0335) 52 29 32
Bremen/Hamburg:		RAe M. Sperl/Clobes/Dr. Schlömer, Kirchhofgärten 22, 74635 Kupferzell; Tel. (07944) 94 11 05
Hessen:	Frankfurt	RA A. Geron, Dreifaltigkeitsweg 49, 53489 Sinzig; Tel.: (02642) 6144
	Marburg/Kassel	RAe M. Sperl/Clobes/Dr. Schlömer, Hinter dem Zehnthofe 18a, 38173 Sickte, Tel. (05305) 91 25 77
Mecklenburg-Vorp.:		Ludger Burke/Johannes Lück, Heilgeiststraße 30, 18439 Stralsund, Tel: (03831) 30 93 44
Niedersachsen:	Hannover	RAe M. Sperl/Dr. M. Knoll, Hinter dem Zehnthofe 18a, 38173 Sickte, Tel. (05305) 91 25 77
	Postversand	RAe M. Sperl/Clobes/Dr. Schlömer, Kirchhofgärten 22, 74635 Kupferzell; Tel. (07944) 94 11 05
Nordrhein-Westfalen:		Dr. A. Ronneberg, Leonardusstr. 24c, 53175 Bonn; Tel.: (0228) 23 90 71
Rheinland-Pfalz:		RA A. Geron, Dreifaltigkeitsweg 49, 53489 Sinzig; Tel.: (02642) 6144
Saarland:		RA A. Geron, Dreifaltigkeitsweg 49, 53489 Sinzig; Tel.: (02642) 6144
Thüringen:		RA J. Luke, Arndtstr. 1, 04275 Leipzig; Tel.: (0177) 3 34 26 51
Sachsen:		RA J. Luke, Arndtstr. 1, 04275 Leipzig; Tel.: (0177) 3 34 26 51
Schleswig-Holstein:		RAe M. Sperl/Clobes/Dr. Schlömer, Kirchhofgärten 22, 74635 Kupferzell; Tel. (07944) 94 11 05

Vorwort
Neues Lernen mit der hemmer-Methode

Wer in vier Jahren sein Studium abschließen will, kann sich einen **Irrtum** in bezug auf Stoffauswahl und -aneignung **nicht leisten**. Hoffen Sie nicht auf die leichten Rezepte, die Schemata und den einfachen Rechtsprechungsfall. Die unnatürlich klare Zielsetzung der Schemata läßt keine Frage offen und suggeriert eine Einfachheit, die in der Prüfung nicht besteht. Hüten Sie sich vor Übervereinfachung beim Lernen. Stellen Sie deswegen frühzeitig die Weichen richtig.

Die Grundmaxime der ZPO, der Ablauf des Streitverfahrens, die allgemeinen und besonderen Prozeßvoraussetzungen sowie Versäumnisurteil, Erledigung, Streitverkündung, Berufung, sind Gegenstand des Skripts ZPO I (sog. Erkenntnisverfahren). Von den vielen Vorschriften der ZPO sind insbesondere die relevant, die mit materiellrechtlichen Problemen verknüpft werden können. ZPO-Probleme werden nur dann richtig erfaßt, und damit auch für die Klausur handhabbar, wenn man den praktischen Hintergrund verstanden hat.

Die **hemmer-Methode** vermittelt Ihnen die **erste richtige Einordnung** und das **Problembewußtsein**, welches Sie brauchen, um an einer Klausur bzw. dem Ersteller nicht vorbeizuschreiben. Häufig ist dem Studenten nicht klar, warum er schlechte Klausuren schreibt. Wir geben Ihnen **gezielte Tips**! Vertrauen Sie auf unsere **Expertenkniffe**.

Durch die ständige Diskussion mit unseren Kursteilnehmern ist uns als erfahrenen Repetitoren klar geworden, welche **Probleme** der Student hat, sein **Wissen anzuwenden**. Wir haben aber auch von unseren Kursteilnehmern profitiert und von Ihnen erfahren, welche **Argumentationsketten** in der Prüfung zum Erfolg geführt haben.

Die **hemmer-Methode** gibt **jahrelange Erfahrung** weiter, erspart Ihnen viele schmerzliche Irrtümer, setzt richtungsweisende Maßstäbe und begleitet Sie als **Gebrauchsanweisung** in Ihrer Ausbildung:

1. Basics:

Das *Grundwerk* für Studium und Examen. Es schafft **Grundwissen** und mittels der **hemmer-Methode** richtige Einordnung für Klausur und Hausarbeit.

2. Skriptenreihe:

Vertiefend: Über 1.000 Prüfungsklausuren wurden auf ihre "essentials" abgeklopft.

Anwendungsorientiert werden die für die Prüfung nötigen Zusammenhänge umfassend aufgezeigt und wiederkehrende Argumentationsketten eingeübt.

Gleichzeitig wird durch die **hemmer-Methode** auf **anspruchsvollem Niveau** vermittelt, nach welchen Kriterien Prüfungsfälle beurteilt werden. Spaß und Motivation beim Lernen entstehen erst durch Verständnis.
Lernen Sie, durch Verstehen am juristischen Sprachspiel teilzunehmen. Wir schaffen den "background", mit dem Sie die innere Struktur von Klausur und Hausarbeit erkennen:

„**Problem erkannt, Gefahr gebannt**". Profitieren Sie von unserem **technischen know how**. Wir werden Sie auf das Anforderungsprofil einstimmen, das Sie in Klausur und Hausarbeit erwartet.

Die **studentenfreundliche Preisgestaltung** ermöglicht auch den **Erwerb als Gesamtwerk**.

3. Hauptkurs:

Schulung am examenstypischen Fall mit der Assoziationsmethode. Trainieren Sie unter professioneller Anleitung, was Sie im Examen erwartet und wie Sie bestmöglich mit dem Examensfall umgehen.

Nur wer die Dramaturgie eines Falles verstanden hat, ist in Klausur und Hausarbeit auf der sicheren Seite! Häufig hören wir von unseren Kursteilnehmern: „**Erst jetzt hat Jura richtig Spaß gemacht**".

Die Ergebnisse unserer Kursteilnehmer geben uns recht. Der **Bewährungsgrad** einer Theorie ist der **Erfolg**. Die Examensergebnisse zeigen, daß unsere Kursteilnehmer überdurchschnittlich abschneiden.

Z.B.: Zentrale in Würzburg: Von '91 bis '97 6x sehr gut, 50x gut, darunter mehrere Landesbeste, einer mit 15,08 (Achtsemester), z.B. '97: 14,79; '96: 14,08. Auch '95: Die 6 Besten, alle Freischüßler, Schnitt von 13,39, einer davon mit sehr gut; Sommer '97: Von 9 x gut, 8x Hemmer! In den Terminen 95/96/97 5x Platzziffer 1, 1x Platzziffer 2, alles spätere Mitarbeiter. Landesbester in Augsburg 15,25 (Achtsemester). **München Frühjahr '97 (ein Termin!):** 36x über Neun: 2x sehr gut, 14x gut, 20x vollbefriedigend.

Bereits in unserem ersten Durchgang in Berlin, Göttingen, Konstanz die Landesbesten mit "sehr gut". "Sehr gut" auch in Freiburg, Bayreuth, Köln (2x), Bonn, Regensburg (15,54;14,2; 14,00) Erlangen (15,4; 15,0; 14,4), Heidelberg (14,7; Termin 97 I: 14,77) und München (14,25; 14,04; 14,04; 14,00). Augsburg: Schon im ersten Freischuß 91 I erzielten 4 Siebtsemester (!) einen Schnitt von 12,01. Auch in Thüringen '97 I 2x 12, 65 waren die Landesbesten Kursteilnehmer. Von 6x gut, 5 Hemmer-Teilnehmer. Fragen Sie auch in anderen Städten nach unseren Ergebnissen.

Lassen Sie sich aber nicht von diesen Supernoten verschrecken, sehen Sie dieses Niveau als Ansporn für Ihre Ausbildung. Denn: Wer auf 4 Punkte lernt, landet leicht bei 3!

Basics, Skriptenreihe und Hauptkurs sind als **modernes, offenes und flexibles Lernsystem** aufeinander abgestimmt und ergänzen sich ideal.

Wir hoffen, als Repetitoren mit unserem Gesamtangebot bei der Konkretisierung des Rechts mitzuwirken und wünschen Ihnen **viel Spaß beim Durcharbeiten** unserer Skripten.

Wir würden uns freuen, mit Ihnen später als Hauptkursteilnehmer mit der **hemmer-Methode** gemeinsam Verständnis an der Juristerei im Hinblick auf Examina zu trainieren.

Hemmer   *Wüst*

Zivilprozessrecht I

Hemmer/Wüst/Tyroller

September 2007

Hemmer/Wüst Verlagsgesellschaft

Das Skript ist urheberrechtlich geschützt. Die dadurch begründeten Rechte, insbesondere des Nachdrucks, der Wiedergabe auf photomechanischem oder ähnlichem Wege und der Speicherung in Datenverarbeitungsanlagen bleiben, auch bei nur auszugsweiser Verwertung, der Hemmer/Wüst-Verlagsgesellschaft vorbehalten.

Hemmer/Wüst/Tyroller, Zivilprozessrecht I

ISBN 978-3-89634-761-6

9. Auflage, September 2007

gedruckt auf chlorfrei gebleichtem Papier
von Schleunungdruck GmbH, Marktheidenfeld

INHALTSVERZEICHNIS

§ 1 DIE GRUNDSÄTZE DES ZIVILPROZESSUALEN VERFAHRENS 1

- I. Bedeutung in der Fallbearbeitung 1
- II. Dispositionsgrundsatz (= Verfügungsgrundsatz) 1
  - 1. Begriff 1
  - 2. Ausprägungen des Dispositionsgrundsatzes im Einzelnen 2
    - a) Dispositionsgrundsatz bei Verfahrensbeginn, insbesondere Bedeutung der gestellten Anträge 2
    - b) Dispositionsgrundsatz bei Verfahrensbeendigung 2
    - c) Dispositionsgrundsatz bei Änderung des Verfahrens gegenstandes 3
  - 3. Ausnahmen vom Dispositionsgrundsatz 3
  - 4. Dispositionsgrundsatz und richterliche Hinweispflicht 3
- III. Verhandlungsgrundsatz (oder Beibringungsgrundsatz) 4
  - 1. Begriff 4
  - 2. Bedeutung des Verhandlungsgrundsatzes im Einzelnen 4
    - a) Tatsachenvortrag 4
    - b) Tatsachenbeweis 5
  - 3. Ausnahmen vom Verhandlungsgrundsatz 5
    - a) Ausnahmen hinsichtlich Tatsachenvortrag und Tatsachenbeweis 5
    - b) Ausnahmen hinsichtlich Tatsachenbeweis 5
  - 4. Verhandlungsgrundsatz und richterliche Hinweispflicht 5
  - 5. Verhandlungsgrundsatz und Wahrheitspflicht der Parteien 6
    - a) Wahrheitspflicht im Allgemeinen 6
    - b) Lehre von der allgemeinen prozessualen Aufklärungspflicht 6
  - 6. Verhandlungsgrundsatz und Prüfung von Amts wegen 7
- IV. Sonstige Verfahrensgrundsätze 7
  - 1. Anspruch auf rechtliches Gehör 7
  - 2. Grundsatz der Mündlichkeit 9
  - 3. Grundsatz der Unmittelbarkeit 10
  - 4. Grundsatz der Öffentlichkeit 10
  - 5. Beschleunigungsgrundsatz (= Konzentrationsmaxime) 11

§ 2 DER ABLAUF DES VERFAHRENS IM ÜBERBLICK 12

- I. Vorüberlegungen des Klägers 12
  - 1. Beratungshilfe und Prozesskostenhilfe 12
  - 2. Besondere Verfahrensarten 12
- II. Erhebung der Klage 12
  - 1. Grundformen des Rechtsschutzes 13
    - a) Leistungsklage 13
    - b) Feststellungsklage 13
    - c) Gestaltungsklage 14
  - 2. Einreichung der Klageschrift 16
    - a) Muss-Inhalt 16
      - aa) Bezeichnung der Parteien, § 253 II Nr. 1 16
      - bb) Bezeichnung des Gerichts, § 253 II Nr. 1 16
      - cc) Bestimmter Antrag, § 253 II Nr. 2 16
      - dd) Ausnahmen von dem Erfordernis eines bestimmten Antrags 17
      - ee) Bestimmte Angabe des Anspruchsgrundes, § 253 II Nr. 2 18
      - ff) Unterschrift 19
    - b) Soll-Inhalt 22
  - 3. Zustellung der Klageschrift 22
  - 4. Bedeutung von Anhängigkeit und Rechtshängigkeit 23
    - a) Materiell-rechtliche Wirkungen der Rechtshängigkeit 23
    - b) Prozessrechtliche Wirkungen der Rechtshängigkeit 24

aa) Prozesshindernis, § 261 III Nr. 1 24
bb) Fortdauer der Zuständigkeit, § 261 III Nr. 2 24

III. Streitgegenstand 25
1. Bedeutung des Streitgegenstandes in der Fallbearbeitung 25
2. Bestimmung des Streitgegenstandes 25
   a) Bei Leistungsklagen und Gestaltungsklagen 25
   b) Besonderheit bei Feststellungsklagen 27

IV. Vorbereitung des Haupttermins 27
1. Früher erster Termin, § 275 28
2. Schriftliches Vorverfahren, § 276 28

V. Haupttermin 28
1. Güteverhandlung 28
2. Aufruf zur Sache und mündliche Verhandlung, §§ 220 I; 279 29
3. Streitige Verhandlung und anschließende Beweisaufnahme, § 279 II 29
4. Entscheidungsreife 29

VI. Entscheidung, Rechtsbehelfe und Zwangsvollstreckung 30
1. Entscheidung 30
2. Rechtsbehelfe 31
3. Zwangsvollstreckung 31

§ 3 DIE ZULÄSSIGKEIT DER KLAGE 32

I. Allgemeines 32
1. Unterscheidung zwischen „echten" und „unechten" Prozessvoraussetzungen 32
2. Unterscheidung zwischen Prozessvoraussetzungen und Prozesshindernissen ... 32
3. Prüfung der Zulässigkeit 33
   a) Prüfungsreihenfolge innerhalb der Prozessvoraussetzungen 33
   b) Prüfungsvorrang der Prozessvoraussetzungen? 33
   c) Entscheidung über die Zulässigkeit 34

II. Gerichtsbezogene Prozessvoraussetzungen 34
1. Deutsche Gerichtsbarkeit 34
2. Eröffnung des ordentlichen Rechtsweges in Zivilsachen 34
3. Zuständigkeit des Gerichts 35
   a) Sachliche Zuständigkeit 35
   b) Örtliche Zuständigkeit 36
      aa) Allgemeines 36
      bb) Einige wichtige Gerichtsstände im Einzelnen 37
      cc) Verweisung nach § 281 39
      dd) Fall zur örtlichen Zuständigkeit 40
   c) Funktionelle Zuständigkeit 41
   d) Instanzielle Zuständigkeit 42
   e) Sonderproblem: Gewillkürte Zuständigkeit (§ 38) und rügelose Verhandlung
      (§ 39) 42
      aa) Gewillkürte Zuständigkeit – Prorogation, § 38 42
      bb) Zuständigkeit infolge rügelosen Einlassens 44

III. Parteibezogene Prozessvoraussetzungen 45
1. Parteibegriff 45
2. Parteifähigkeit 46
   a) Parteifähig sind 47
   b) Nicht parteifähig sind 48
      aa) Firma des Einzelkaufmanns 48
      bb) Nachlass 48
   c) Sonderstellung des nichtrechtsfähigen Vereins 48
   d) Fehlen der Parteifähigkeit 49

3. Prozessfähigkeit und gesetzliche Vertretung Prozessunfähiger 50
   a) Prozessfähigkeit 50
   b) Gesetzliche Vertretung Prozessunfähiger 51
4. Prozessführungsbefugnis und Prozessstandschaft 52
   a) Prozessführungsbefugnis 52
   b) Prozessstandschaft 52
      aa) Gesetzliche Prozessstandschaft 52
      bb) Gewillkürte Prozessstandschaft 56
5. Postulationsfähigkeit 57

IV. Streitgegenstandsbezogene Prozessvoraussetzungen 58
1. Wirksame und ordnungsgemäße Klageerhebung 58
2. Vorrang eines Einigungsversuchs vor einer Gütestelle – Das sog. „Schlichtungsverfahren" 59
3. Fehlende anderweitige Rechtshängigkeit 60
4. Fehlende rechtskräftige Entscheidung 61
5. Allgemeines Rechtsschutzbedürfnis 61

V. Besondere Prozessvoraussetzungen 62
1. Feststellungsklage, § 256 I 62
2. Klage auf zukünftige Leistung, §§ 257 - 259 62

§ 4 DIE PROZESSFÜHRUNGSMÖGLICHKEITEN DER PARTEIEN 64

I. Lehre von den Prozesshandlungen 64
1. Begriff 64
2. Arten 64
   a) Bewirkungs- und Erwirkungshandlungen 64
   b) Prozess- und Sachanträge 64
   c) Prozessverträge 65
3. Anwendbare Vorschriften 65
   a) Prozesshandlungsvoraussetzungen 65
   b) Bedingungen und Befristungen 65
   c) Anfechtung, Widerruf, Rücknahme 66

II. Prozessbeendigende Prozesshandlungen 67
1. Klagerücknahme gem. § 269 67
   a) Einführung 67
   b) Voraussetzungen einer wirksamen Klagerücknahme 67
      aa) Wirksame Erklärung der Klagerücknahme durch den Kläger 68
      bb) Wirksame Erklärung der Einwilligung durch den Beklagten 70
   c) Wirkungen einer wirksamen Klagerücknahme 70
      aa) Prozessrechtliche Wirkungen 70
      bb) Zulässigkeit einer erneuten Klage 71
      cc) Materiell-rechtliche Wirkungen 72
      dd) Streit über die Wirksamkeit der Klagerücknahme 72
   d) Klagerücknahmeversprechen 73
2. Anerkenntnis, § 307 73
   a) Einführung 73
   b) Voraussetzungen für den Erlass eines Anerkenntnisurteils 74
      aa) Wirksame Erklärung des Anerkenntnisses durch den Beklagten 74
      bb) Erfüllung der Prozessvoraussetzungen 75
      cc) Erlass von Amts wegen 75
   c) Wirkungen des Anerkenntnisurteils 76
3. Verzicht, § 306 77
   a) Einführung 77
   b) Voraussetzungen für den Erlass eines Verzichtsurteils 77
      aa) Wirksame Erklärung des Verzichts durch den Kläger 77
      bb) Erfüllung der Prozessvoraussetzungen 77
      cc) Antrag des Beklagten 78
   c) Wirkungen des Verzichtsurteils 78

4. Übereinstimmende beiderseitige Erledigterklärung, § 91a ... 78
  - a) Einführung ... 78
  - b) Wirksamkeitsvoraussetzungen ... 79
    - aa) Wirksame übereinstimmende Erledigterklärung ... 80
    - bb) Tatsächliche Erledigung der Hauptsache? ... 81
  - c) Wirkungen der Entscheidung ... 81
    - aa) Entscheidung ... 81
    - bb) Wirkungen ... 82
  - d) Rechtsnatur ... 83

5. Prozessvergleich ... 83
  - a) Einführung ... 83
  - b) Rechtsnatur ... 84
  - c) Parteien und Inhalt des Prozessvergleichs ... 84
  - d) Wirksamkeitsvoraussetzungen ... 84
    - aa) Materiell-rechtliche Voraussetzungen ... 85
    - bb) Prozessrechtliche Voraussetzungen ... 85
    - cc) Widerrufsvorbehalt ... 85
  - e) Wirkungen ... 86
  - f) Unwirksame Prozessvergleiche ... 86
  - g) Klagerücknahmeversprechen ... 87

III. Prozesshandlungen, die den Streitgegenstand betreffen ... 88

1. Klagenhäufung ... 88
  - a) Objektive Klagenhäufung, § 260 ... 88
    - aa) Begriff ... 88
    - bb) Entstehung ... 89
    - cc) Arten ... 89
    - dd) Verbindungsvoraussetzungen ... 90
    - ee) Zulässigkeitsprüfung und Rechtsfolgen ... 91
  - b) Subjektive Klagenhäufung ... 92

2. Klageänderung ... 92
  - a) Einführung ... 92
  - b) Voraussetzungen einer wirksamen Klageänderung ... 93
    - aa) Wirksame Erklärung der Klageänderung ... 93
    - bb) Vorliegen einer Klageänderung ... 93
    - cc) Einwilligung des Beklagten oder Sachdienlichkeit ... 95
  - c) Streit über die Zulässigkeit der Klageänderung ... 96

3. Einseitige Erledigterklärung ... 96
  - a) Einführung ... 96
  - b) Vom Gericht durchzuführende Prüfung ... 99
    - aa) Zulässigkeit der geänderten Klage ... 99
    - bb) Begründetheit der Erledigungsfeststellungsklage ... 100
  - c) Wirkung der Entscheidung ... 106
    - aa) Begründetheit ... 106
    - bb) Unbegründetheit ... 106

IV. Prozesshandlungen, die der selbständigen und unselbständigen Verteidigung des Beklagten dienen ... 108

1. Überblick über die Verteidigungsmöglichkeiten des Beklagten ... 108

2. Prozessaufrechnung ... 108
  - a) Einführung ... 108
  - b) Prozessaufrechnung in der Fallbearbeitung ... 109
  - c) Rechtshängigkeit der Aufrechnungsforderung? ... 111
  - d) Rechtskraftwirkung, § 322 II ... 111
  - e) Unterschiedliche Entscheidungsreife von Haupt- und Aufrechnungsforderung ... 112
  - f) Aufrechnung und Rechtsweg ... 112

3. Widerklage ... 113
  - a) Einführung ... 113
  - b) Zulässigkeit der Widerklage ... 114
    - aa) Besonderer Gerichtsstand ... 114
    - bb) Prozessuale Bedeutung der Konnexität ... 115
    - cc) Rechtshängigkeit der Klage ... 116
    - dd) Zuständigkeitsbegründung durch rügelose Einlassung ... 116
    - ee) Parteiidentität ... 116
    - ff) Verbindungsverbot ... 116

       c) Besondere Fälle der Widerklage 118
           aa) Aufrechnung und Widerklage 118
           bb) Possessorische Klage und petitorische Widerklage 118
           cc) Eventualwiderklage 119
           dd) Sachliche Zuständigkeit bei Widerklage 119

V. Sanktionen bei mangelnder Prozessführung 123

   1. Versäumnisverfahren 123
      a) Versäumnisverfahren gegen den Beklagten 123
           aa) Antrag auf Erlass eines Versäumnisurteils 123
           bb) Säumnis des Beklagten 124
           cc) Zulässigkeit der Klage 126
           dd) Schlüssigkeit der Klage, § 331 II, 1.HS 127
      b) Wirkung der Entscheidungen des Gerichts 129
           aa) Zurückweisung des Antrags durch Beschluss 129
           bb) Vertagung der Verhandlung 129
           cc) Abweisung der Klage durch Prozess- oder Sachurteil 129
           dd) Versäumnisurteil 130
      c) Einspruch gegen Versäumnisurteil 130
           aa) Zulässigkeit des Einspruchs 131
           bb) Wirkung der Entscheidungen des Gerichts 135
           cc) Zweites Versäumnisurteil 138
      d) Sonstige Säumnisverfahren 141
           aa) Versäumnisverfahren gegen den Kläger 141
           bb) Versäumnisverfahren gegen den Beklagten im schriftlichen
               Vorverfahren, § 331 III 143
           cc) Entscheidung nach Lage der Akten, § 331a 144
           dd) Verfahren bei Säumnis beider Parteien 145

   2. Präklusion 145
      a) Einführung 145
      b) Tatbestände des § 296 146
           aa) § 296 I 146
           bb) § 296 II 148
           cc) § 296 III 148
      c) Sonderproblem: Sog. „Flucht in die Säumnis- bzw. Widerklage" 149

§ 5 DIE BETEILIGUNG MEHRERER AM RECHTSSTREIT 150

I. Streitgenossenschaft 150

   1. Einfache Streitgenossenschaft 150
      a) Entstehung 150
      b) Zulässigkeitsvoraussetzungen 151
           aa) §§ 59, 60 151
           bb) § 260 152
      c) Rechtsfolgen 153
           aa) Getrennte Verhandlung 153
           bb) Gemeinsame Verhandlung 153

   2. Notwendige Streitgenossenschaft 154
      a) Materiell-rechtlich notwendige Streitgenossenschaft, § 62 I 2. Alt. 155
           aa) Aktivprozesse mehrerer Berechtigter 155
           bb) Passivprozesse gegen mehrere Verpflichtete 156
           cc) Gestaltungsklagen 157
      b) Prozessrechtlich notwendige Streitgenossenschaft, § 62 I 1. Alt. 158
           aa) Rechtskrafterstreckung bei aufeinander folgenden Prozessen 158
           bb) Unteilbarkeit des Streitgegenstands 159
      c) Wirkungen der notwendigen Streitgenossenschaft 160
           aa) Gesetzliche Regelung 160
           bb) Weitere Einschränkungen der Selbständigkeit 160

II. Parteiänderung 161

   1. Einführung 161

   2. Gewillkürter Parteiwechsel 161
      a) Voraussetzungen 161
      b) Prozessuale Folgen 163

    3. Gewillkürte Parteierweiterung 164
        a) Voraussetzungen 164
        b) Prozessuale Folgen 165
    4. Gesetzlich geregelte Fälle der Parteiänderung 165
  III. Nebenparteien 166
    1. Nebenintervention 166
        a) Einführung 166
        b) Zulässigkeitsvoraussetzungen 166
        c) Stellung des Nebenintervenienten 167
        d) Nebeninterventionswirkung 167
    2. Streitverkündung 168

§ 6 TATSACHENVORTRAG UND BEWEIS 171

  I. Darlegungslast 171
  II. Beweisbedürftigkeit 171
    1. Entscheidungserhebliche Tatsachen 171
    2. Bestrittene Tatsachen 171
        a) Zugestandene Tatsachen 172
        b) Qualifiziertes Bestreiten 172
        c) Schlichtes Bestreiten 172
    3. Offenkundige Tatsachen 172
  III. Beweisführungslast 173
  IV. Beweiserhebung 173
    1. Beweisverfahren 173
    2. Beweisarten 173
        a) Strengbeweis 173
        b) Freibeweis 173
        c) Glaubhaftmachung 174
    3. Beweismittel 174
        a) Augenscheinsbeweis, §§ 371 - 372a 174
        b) Zeugenbeweis, §§ 373 - 401 174
        c) Sachverständigenbeweis, §§ 402 - 414 174
        d) Urkundenbeweis, §§ 415 - 444 175
        e) Parteivernehmung, §§ 445 - 455 175
    4. Beweiswürdigung, § 286 176
        a) Beweismaß 176
        b) Prinzip der freien Beweiswürdigung 176
        c) Hauptbeweis und Gegenbeweis 176
  V. Non-liquet und Feststellungslast 176
  VI. Sonderprobleme des Beweisrechts 177
    1. Beweislastumkehr 177
    2. Gesetzliche Vermutungen 178
    3. Anscheinsbeweis bzw. „prima-facie-Beweis" 178
    4. Vertiefungshinweise 178

§ 7 DIE ENTSCHEIDUNG 179

  I. Urteil 179
    1. Urteilsarten 179
    2. Urteilsmodalitäten 181
    3. Urteilswirkungen 181
  II. Sonstige Entscheidungen 182

§ 8 RECHTSKRAFT ... 183

I. Einführung ... 183

II. Formelle Rechtskraft ... 184

III. Materielle Rechtskraft ... 184

1. Feststellungswirkung der materiellen Rechtskraft ... 184
   a) Prozesshindernde Wirkung der materiellen Rechtskraft ... 184
   b) Prozessvorgreifliche Wirkung der materiellen Rechtskraft ... 184
2. Objektive Grenzen der materiellen Rechtskraft ... 185
   a) Grundregel ... 185
      aa) Begrenzung der materiellen Rechtskraft auf Entscheidung über den Streitgegenstand ... 185
      bb) Urteilsgründe als Hilfsmittel zur Bestimmung des Streitgegenstandes ... 187
      cc) Sog. kontradiktorisches Gegenteil ... 188
      dd) Rechtskraftwirkung d. klageabweisenden Versäumnisurteils ... 188
   b) Ausnahmen ... 188
      aa) Entscheidung über das Nichtbestehen einer aufgerechneten Gegenforderung ... 188
      bb) Ausgleichszusammenhänge ... 189
   c) Die Teilklage ... 190
   d) Erweiterung der objektiven Grenzen der materiellen Rechtskraft ... 193
      aa) Zwischenfeststellungsklage ... 193
      bb) Nebenintervention und Streitverkündung ... 194
3. Subjektive Grenzen der materiellen Rechtskraft ... 194
   a) Rechtskraftwirkung für und gegen die Parteien ... 195
   b) Rechtskraftwirkung für und gegen die Rechtsnachfolger der Parteien ... 195
      aa) Rechtsnachfolge ... 195
      bb) Rechtskraftwirkung für den Rechtsnachfolger ... 195
      cc) Rechtskraftwirkung gegen den Rechtsnachfolger ... 195
   c) Rechtskrafterstreckung auf Dritte in sonstigen Fällen ... 198
      aa) Gesetzliche Prozessstandschaft ... 198
      bb) Gewillkürte Prozessstandschaft ... 198
      cc) Rechtskrafterstreckung auf den Nacherben ... 198
      dd) Rechtskrafterstreckung auf alle ... 198
      ee) Rechtskrafterstreckung infolge materiell-rechtlicher Abhängigkeit ... 199
   d) Erweiterung der subjektiven Grenzen der materiellen Rechtskraft ... 200
4. Zeitliche Grenzen der materiellen Rechtskraft ... 200

§ 9 RECHTSBEHELFE ... 201

I. Rechtsmittel (Devolutiv- und Suspensiveffekt) ... 201

1. Berufung ... 201
   a) Zulässigkeit der Berufung ... 201
      aa) Statthaftigkeit ... 201
      bb) Form ... 202
      cc) Frist ... 203
      dd) Beschwer ... 203
      ee) Verzicht und Rücknahme ... 205
   b) Begründetheit der Berufung ... 206
      aa) Verfahren ... 206
      bb) Entscheidung ... 206
   c) Sonderprobleme ... 207
      aa) Meistbegünstigungsprinzip ... 207
      bb) Anschlussberufung ... 208
      cc) Klageänderung, Aufrechnungserklärung, Widerklage, § 533 ... 209
2. Revision ... 209
   a) Zulässigkeit ... 209
      aa) Statthaftigkeit ... 209
      bb) Zulassung der Revision; Rechtsbehelf gegen die Nicht-zulassung ... 209
      cc) Form und Frist ... 210
   b) Begründetheit ... 210

3. Beschwerde 211
   a) Sofortige Beschwerde, § 567 211
   b) Rechtsbeschwerde, § 574 212
4. Anhörungsrüge, § 321a 212

II. Sonstige Rechtsbehelfe (Durchbrechung der materiellen Rechtskraft).........................213
1. Abänderungsklage 214
   a) Einführung 214
   b) Zulässigkeit der Abänderungsklage...215
      aa) Gegenstand...215
      bb) Behauptung einer nachträglichen, wesentlichen Veränderung 216
   c) Begründetheit 216
      aa) Wesentliche Veränderung der maßgeblichen Verhältnisse.............216
      bb) Nachträgliche Veränderung 216
   d) Entscheidung 217
   e) Verhältnis zur Vollstreckungsgegenklage...218
2. Wiederaufnahme des Verfahrens 218
3. Klage nach § 826 BGB 219
   a) Einführung 219
   b) Voraussetzungen 219
      aa) Sittenwidrige Urteilserschleichung oder Urteilsausnutzung.............219
      bb) Einschränkungen..219
   c) Bedenken 220

§ 10 BESONDERE VERFAHRENSARTEN 221

I. Mahnverfahren...221
1. Einführung..221
2. Zulässigkeit des Mahnverfahrens 221
3. Überblick über den Gang des Mahnverfahrens...221
4. Rechtshängigkeit im Mahnverfahren 224

II. Einstweilige Verfügung 225
1. Systematische Einordnung der einstweiligen Verfügung 225
2. Sinn und Zweck der einstweiligen Verfügung...225
3. Prüfung durch das Gericht...225
   a) Zulässigkeit..225
   b) Begründetheit...226
4. Arten der einstweiligen Verfügung...226

III. Sonstige besondere Verfahrensarten 227
1. Urkunden-, Wechsel- und Scheckprozess, §§ 592 - 605a 227
2. Verfahren in Familiensachen, §§ 606 ff. 227

LITERATURVERZEICHNIS

Kommentare:

Stein/Jonas	Zivilprozessordnung
Thomas/Putzo	Zivilprozessordnung
Zöller	Zivilprozessordnung
Baumbach/Lauterbach/ Albers/Hartmann	Zivilprozessordnung

Lehrbücher:

Arens/Lüke	Zivilprozessrecht
Jauernig	Zivilprozessrecht
Knöringer	Die Assessorklausur im Zivilprozess
Musielak	Grundkurs ZPO
Rosenberg/Schwab/Gottwald	Zivilprozessrecht

Weitere Nachweise (insbesondere auf Aufsätze) in den Fußnoten.

§ 1 DIE GRUNDSÄTZE DES ZIVILPROZESSUALEN VERFAHRENS

I. Bedeutung in der Fallbearbeitung

grundlegende Wertungen erkennen

In einer Examensklausur mit dem Thema „Die Maximen der ZPO" kapitulierte eine Vielzahl der Kandidaten bereits beim Anblick der Aufgabenstellung.

Viele Studenten lernen Verfahrensgrundsätze nämlich lediglich auswendig oder beschäftigen sich überhaupt nicht mit ihnen, weil sie sogleich zu den „eigentlichen" Problemen vordringen wollen.

In den Verfahrensgrundsätzen kommen jedoch in allgemeiner Form diejenigen Wertungen zum Ausdruck, die den einzelnen Verfahrensvorschriften zugrunde liegen.

> **hemmer-Methode:** Die Lösung einer Vielzahl der „eigentlichen" Probleme lässt sich so auf die allgemeinen Verfahrensgrundsätze zurückführen.

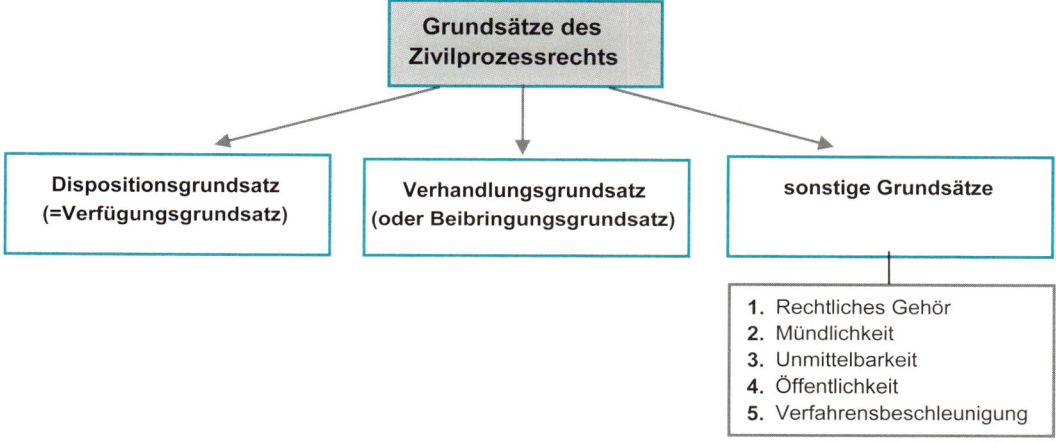

> **hemmer-Methode:** Beschäftigen Sie sich zunächst mit den allgemeinen Verfahrensgrundsätzen. Erlernen Sie dann die „eigentlichen" Probleme nicht isoliert, sondern behalten Sie immer den Zusammenhang mit dem jeweiligen allgemeinen Grundsatz im Auge!
> Nur wer es versteht, auch unbekannte Probleme mit Hilfe allgemeiner Grundsätze einer Lösung zuzuführen, schreibt die gute Klausur! Er muss auch vor Themenklausuren keine Angst haben, weil ihm mehr einfällt als die bloß auswendig gelernte Definition für die eine oder andere „Maxime der ZPO"!

II. Dispositionsgrundsatz (= Verfügungsgrundsatz)

1. Begriff

Parteiherrschaft

Im zivilprozessualen Verfahren ist es grundsätzlich Sache der Parteien, das Verfahren zu beginnen, es zu beenden und den Gegenstand eines begonnenen Verfahrens zu verändern - sog. *Herrschaft der Parteien über den Verfahrensgegenstand*, also Herrschaft über den Rechtsstreit im Ganzen.

"Prozessuales Pendant zur Privatautonomie"

Dieser für den Zivilprozess charakteristische Grundsatz wird als Dispositionsgrundsatz bezeichnet und stellt letztlich die prozessuale Seite der Privatautonomie dar:

So, wie die materielle Rechtsordnung es dem Einzelnen gestattet, seine privatrechtlichen Beziehungen durch Vereinbarung mit anderen zu regeln, überlässt sie es dem Einzelnen, seine privaten Rechte entweder durchzusetzen oder hierauf zu verzichten.

Gegensatz: Offizialgrundsatz

Den Gegensatz zum Dispositionsgrundsatz, verstanden als Herrschaft der Parteien über den Verfahrensgegenstand, bildet der Offizialgrundsatz, verstanden als Herrschaft des Staates über den Verfahrensgegenstand. Der Offizialgrundsatz gilt im Strafprozess, § 152 I StPO. Das Anklage"mononpol" liegt beim Staat.

2. Ausprägungen des Dispositionsgrundsatzes im Einzelnen

a) Dispositionsgrundsatz bei Verfahrensbeginn, insbesondere Bedeutung der gestellten Anträge

Verfahrensbeginn

Grundsätzlich obliegt es dem Einzelnen, ein Verfahren zu beginnen. Dies geschieht in der Regel durch Erhebung einer Klage („keine Klage ohne Kläger").[1]

Streitgegenstand

Durch Stellung eines bestimmten Antrags sowie durch die bestimmte Angabe des Grundes des erhobenen Anspruchs in der Klageschrift, § 253 II Nr. 2, bestimmt die klagende Partei den Gegenstand des Verfahrens, den sog. Streitgegenstand.[2]

Bindung an den Antrag

Der gestellte Antrag ist für das weitere Verfahren von erheblicher Bedeutung. Das Gericht ist an den Antrag gebunden, § 308 I. Dies bedeutet, dass das Gericht weder über den Antrag hinausgehen noch etwas qualitativ anderes als beantragt zusprechen oder aberkennen darf. Das Gericht darf lediglich hinter dem gestellten Antrag zurückbleiben.

Antragsmaxime in Rechtsmittelverfahren

Der gestellte Antrag und damit der Dispositionsgrundsatz haben auch im Rechtsmittelverfahren Bedeutung: So ist in der Rechtsmittelbegründung ein bestimmter Antrag zu stellen, §§ 520 III S. 2 Nr. 1, 551 III S. 1 Nr. 1. Auch im Rechtsmittelverfahren ist das Gericht an die gestellten Anträge gebunden, §§ 528 S. 1, 557 I.

b) Dispositionsgrundsatz bei Verfahrensbeendigung

Verfahrensbeendigung

Auch die Möglichkeit der Parteien, ein bereits begonnenes Verfahren vor Erlass eines Urteils zu beenden, ist Ausdruck der Dispositionsmaxime.

Der Prozess kann vor Erlass eines Urteils durch Klagerücknahme, beiderseitige Erledigterklärung sowie durch einen Prozessvergleich beendet werden.[3] Diese Rechtsinstitute bilden ein System, das es gestattet, die unterschiedlichen Interessen der Parteien an der Beendigung bzw. am Fortgang des Verfahrens angemessen zum Ausgleich zu bringen.

---

1 Vgl. dazu Rn. 60 ff.
2 Vgl. dazu Rn. 117 ff.
3 Vgl. dazu Rn. 255 ff.

> **hemmer-Methode:** Beachten Sie, dass Anerkenntnis und Verzicht das Verfahren nicht beenden. In diesen Fälle ergeht jeweils ein Sachurteil, nämlich ein Verzichtsurteil gem. § 306 oder ein Anerkenntnisurteil gem. § 307.

c) Dispositionsgrundsatz bei Änderung des Verfahrensgegenstandes

Änderung des Streitgegenstandes

Unter bestimmten Voraussetzungen hat die klagende Partei die Möglichkeit, den von ihr in der Klageschrift bestimmten Streitgegenstand während des Verfahrens zu ändern.[4] Auch dies ist Ausdruck des Dispositionsgrundsatzes.

3. Ausnahmen vom Dispositionsgrundsatz

Ausnahmen

Die sehr seltenen Ausnahmen vom Dispositionsgrundsatz betreffen im Wesentlichen die Befugnis des Gerichts, in seiner Entscheidung auch über die gestellten Anträge hinauszugehen:

In den Fällen der §§ 308 II, 308a I S. 1, 708 f., 721 I S. 1 trifft das Gericht von Amts wegen eine Entscheidung, ohne dass es eines entsprechenden Antrags bedarf.

Daneben ist der Dispositionsgrundsatz auch dort eingeschränkt, wo der Wille der Parteien dem öffentlichen Interesse unterzuordnen ist. Dies ist z.B. im Ehe- und Kindschaftsrecht der Fall.[5]

4. Dispositionsgrundsatz und richterliche Hinweispflicht

Hinweispflicht des Gerichts

Das Gericht muss auf die Stellung sachdienlicher Anträge hinwirken und auf übersehene rechtliche Gesichtspunkte hinweisen, § 139.

Grundsatz des rechtlichen Gehörs

Diese richterliche Hinweispflicht soll sicherstellen, dass Gesetz und Recht verwirklicht werden und stellt eine Ausprägung des Grundsatzes des rechtlichen Gehörs dar. Kommt das Gericht seiner Hinweispflicht nicht nach, so kann dies zur Aufhebung des Urteils führen.

Grenze: Dispositionsgrundsatz

Bei der Bestimmung der Reichweite der richterlichen Hinweispflicht muss aber der Dispositionsgrundsatz berücksichtigt werden, der durch die richterliche Hinweispflicht nicht eingeschränkt wird.

richterliche Neutralität

Maßstab für die im Einzelfall schwierige Abgrenzung ist die Verpflichtung des Richters zur Neutralität. Parteilichkeit führt zur Befangenheit nach § 42 II.

Das Gericht muss einen Hinweis geben, wenn es erkennt, dass eine Partei das offensichtlich angestrebte Ziel mit dem gewählten Weg nicht erreichen kann. Das Gericht darf hingegen keinen Hinweis geben, durch den einer Partei erst ein für sie günstiges Ziel aufgezeigt wird.[6]

> *Bsp.:* Das Gericht muss den Kläger auf die Möglichkeit einer Klagerücknahme hinweisen, wenn die Klage nach seiner Überzeugung keine Aussicht auf Erfolg hat. Kommt das Gericht hingegen zu dem Ergebnis, dass der Kläger mehr beanspruchen kann, als er mit seiner Klage geltend macht, so darf es keine Erweiterung des Klageantrags anregen.

---

4 Vgl. dazu Rn. 328 ff.
5 Einen Fall der Verfahrenseröffnung von Amts wegen beinhalten z.B. die § 1316 BGB, § 631 III.
6 Jauernig, § 25 VII 7.

keine Bindung an richterlichen Hinweis

Dass der Dispositionsgrundsatz durch die richterliche Hinweispflicht nicht angetastet wird, bedeutet schließlich auch, dass es den Parteien freisteht, ob sie einem richterlichen Hinweis nachkommen wollen.

hemmer-Methode: Das Spannungsverhältnis von richterlicher Hinweis- und Neutralitätspflicht kann i.R.e. Ablehnungsantrags gegen den Richter wegen Besorgnis der Befangenheit Prüfungsgegenstand sein. Verschaffen Sie sich einen kurzen Überblick über die §§ 41 ff. Zentrale Vorschrift für die Begründetheit des Antrags ist § 42 II.

III. Verhandlungsgrundsatz (oder Beibringungsgrundsatz)

1. Begriff

Beibringung des Tatsachenmaterials durch Parteien

Im Zivilprozess ist es grundsätzlich Sache der Parteien, diejenigen Tatsachen vorzutragen und zu beweisen, die das Gericht seiner Entscheidung zugrunde legen soll - entsprechend dem römisch-rechtlichen Grundsatz: „Da mihi facta, dabo tibi ius" - sog. Herrschaft der Parteien über das Verfahren. Dieser das zivilprozessuale Verfahren prägende Grundsatz wird als Verhandlungsgrundsatz oder Beibringungsgrundsatz bezeichnet.

hemmer-Methode: Rechtsausführungen „schuldet" der Kläger nicht. Denn das Recht kennt das Gericht („jura novit curia").[7]

*Gegensatz:
Untersuchungsgrundsatz im Straf- und Verwaltungsverfahren*

Den *Gegensatz* zum Verhandlungsgrundsatz bildet der *Untersuchungsgrundsatz* (oder Amtsermittlungsgrundsatz), unter dessen Geltung es dem Gericht obliegt, für die Beschaffung und den Beweis der entscheidungserheblichen Tatsachen zu sorgen.

Der Untersuchungsgrundsatz gilt beispielsweise im Strafprozess, §§ 155 II, 244 II StPO, im Verwaltungsprozess, § 86 I VwGO und im arbeitsgerichtlichen Beschlussverfahren, § 83 I S. 1 ArbGG.

hemmer-Methode: Lernen Sie in Zusammenhängen! Sehen Sie die für eine Verfahrensart geltenden Verfahrensgrundsätze nicht isoliert, sondern behalten Sie stets den in einer anderen Verfahrensart geltenden gegenteiligen Grundsatz und den Grund für die bestehenden Unterschiede im Auge: Der Untersuchungsgrundsatz gilt, wenn an der Tatsachenaufklärung ein öffentliches Interesse besteht.

2. Bedeutung des Verhandlungsgrundsatzes im Einzelnen

a) Tatsachenvortrag

Darlegungslast

Unter Geltung des Verhandlungsgrundsatzes darf das Gericht *nur* die von den Parteien vorgetragenen Tatsachen bei seiner Entscheidung berücksichtigen. Daraus folgt, dass die Parteien sämtliche ihnen günstige Umstände in der mündlichen Verhandlung vorlegen müssen - sog. Darlegungslast.

hemmer-Methode: Privates Wissen darf der Richter - anders als u.U. der Staatsanwalt – nicht verwerten! Eine Ausnahme macht § 291 bei den offenkundigen Tatsachen.

---

7 Vgl. dazu Rn. 98.

§ 1 DIE GRUNDSÄTZE DES ZIVILPROZESSUALEN VERFAHRENS

Von den Tatsachen zu unterscheiden sind die Rechtsnormen und die sog. Erfahrungssätze, für die der Verhandlungsgrundsatz nicht gilt.

b) Tatsachenbeweis

Beweislast

Die Parteien bestimmen unter Geltung des Verhandlungsgrundsatzes auch, welche der von ihnen vorgetragenen Tatsachen von der jeweils beweisbelasteten Partei bewiesen werden müssen. An dieser Stelle soll der Hinweis genügen, dass nur die zwischen den Parteien streitigen Tatsachen bewiesen werden müssen, vgl. Rn. 492.

Den Parteien obliegt es ferner, die zum Beweis der strittigen Tatsachen dienenden Beweismittel zu benennen.

3. Ausnahmen vom Verhandlungsgrundsatz

a) Ausnahmen hinsichtlich Tatsachenvortrag und Tatsachenbeweis

familienrechtliche Streitigkeiten

Insbesondere in familienrechtlichen Rechtsstreitigkeiten kann der Verhandlungsgrundsatz sowohl hinsichtlich des Tatsachenvortrags als auch hinsichtlich des Tatsachenbeweises durch den Untersuchungsgrundsatz ersetzt werden, §§ 616 I, 617, 640 I i.V.m. 640d.

Der Gesetzgeber hat der Ermittlung von Tatsachen in diesen Verfahren ein besonderes öffentliches Interesse beigemessen.

b) Ausnahmen hinsichtlich Tatsachenbeweis

z.T. Beweisaufnahme auch v.A.w.

Weitergehend ist der Verhandlungsgrundsatz im Rahmen der Beweisaufnahme durchbrochen.

Der Tatsachenbeweis durch Augenschein, Sachverständige, Urkunden und Parteivernehmung kann nicht nur von den Parteien angetreten werden, §§ 371; 402 i.V.m. 373, 403; 424 S. 1 Nr. 2; 445 I, 447.

Gem. §§ 144 I; 142 I, 143; 448 kann auch das Gericht eine solche Beweisaufnahme anordnen. Nach §§ 142 I S. 1, 2. Alt., 144 I S. 2, 2. Alt. kann sich die Anordnung auch gegen einen Dritten richten. Insoweit gilt also der Untersuchungsgrundsatz. Nur für den Zeugenbeweis als dem unsichersten Beweismittel fehlt es an einer entsprechenden Vorschrift; hier gilt also der Verhandlungsgrundsatz uneingeschränkt.

hemmer-Methode: Haben Sie die genannten Vorschriften gelesen? In einer mündlichen Prüfung wurden die Kandidaten gefragt, wem die in § 373 geforderte Benennung der Zeugen und Bezeichnung der Tatsachen obliege. Zum Entsetzen des Prüfers waren sich (fast) alle Kandidaten einig, dies sei Aufgabe des Gerichts (!). Bei Kenntnis des Verhandlungsgrundsatzes wäre wohl keiner von ihnen zu diesem Ergebnis gelangt.

4. Verhandlungsgrundsatz und richterliche Hinweispflicht

richterliche Hinweispflicht

Auch der Verhandlungsgrundsatz wird durch die richterliche Hinweispflicht gem. § 139 nicht eingeschränkt.

hemmer-Methode: Zur richterlichen Hinweispflicht vgl. Rn. 35!

Wie beim Dispositionsgrundsatz besteht also auch hier ein Spannungsverhältnis zwischen Hinweispflicht einerseits und Neutralitätspflicht andererseits.[8]

5. Verhandlungsgrundsatz und Wahrheitspflicht der Parteien

Grenze: Wahrheitspflicht der Parteien

⇨ *Grenze des Verhandlungsgrundsatzes*

§ 138 I verpflichtet die Parteien zur vollständigen und wahrheitsgemäßen Abgabe ihrer Erklärungen über Tatsachen.

Die Freiheit der Parteien, die der Verhandlungsgrundsatz mit sich bringt, findet also ihre Grenze an der *Verpflichtung zur Wahrheit*.

a) Wahrheitspflicht im Allgemeinen

§ 138 I: subjektive Wahrhaftigkeit und Vollständigkeit

In § 138 I kommt in erster Linie die Pflicht zur subjektiven Wahrhaftigkeit und Vollständigkeit zum Ausdruck: Den Parteien, denen nach dem Verhandlungsgrundsatz die Einführung der Tatsachen in den Prozess obliegt, ist es danach verboten, wider besseres Wissen Tatsachenbehauptungen aufzustellen oder mit einer Tatsachenbehauptung zusammenhängende Tatsachen zu unterdrücken.

Dieses Verbot erstreckt sich auch auf Angaben „ins Blaue hinein".

keine Pflicht zur objektiven Wahrhaftigkeit

Bei Vorliegen greifbarer Anhaltspunkte für die Wahrheit einer Tatsache dürfen die Parteien jedoch Behauptungen aufstellen, über deren Wahrheit sie sich nicht sicher sind. Eine Pflicht zur objektiven Wahrhaftigkeit besteht also nicht.

Verstoß:
§ 263 StGB, § 580 Nr. 4

Erkennbar unwahres Vorbringen der Parteien darf das Gericht bei der Beweiswürdigung nicht berücksichtigen. Führt ein Verstoß gegen die Wahrheitspflicht zu einem fehlerhaften Urteil und wird die obsiegende Partei später wegen Prozessbetrugs gemäß § 263 StGB verurteilt, so besteht die Möglichkeit einer Restitutionsklage gem. § 580 Nr. 4.

b) Lehre von der allgemeinen prozessualen Aufklärungspflicht

Vorbringen ungünstiger Tatsachen

Umstritten ist, ob die Parteien darüber hinaus verpflichtet sind, ihnen bekannte, für den Gegner günstige Tatsachen vorzutragen.

keine allgemeine Pflicht

Gegen eine solche allgemeine prozessuale Aufklärungs- und Mitwirkungspflicht spricht, dass eine Partei hierdurch gezwungen würde, der Gegenpartei zum Erfolg zu verhelfen. Der Verhandlungsgrundsatz würde insoweit durch den Untersuchungsgrundsatz ersetzt.

Maßstab:
Aufklärungspflichten, § 242 BGB

Nach überwiegender Ansicht ist zur Lösung des Problems auf das materielle Recht zurückzugreifen, das neben ausdrücklich geregelten Auskunftsansprüchen eine Reihe weiterer, aus dem Grundsatz von Treu und Glauben gemäß § 242 BGB entwickelte Aufklärungspflichten enthält.[9]

---

8 Vgl. Rn. 10 ff.
9 BGH NJW 1990, 3151; Arens, Rn.23; a.A. Schlosser, Rn. 160b.

6. Verhandlungsgrundsatz und Prüfung von Amts wegen

Prüfung von Amts wegen, insbes. Prozessvoraussetzungen

In der Mitte zwischen Verhandlungsgrundsatz und Untersuchungsgrundsatz steht die sog. Prüfung von Amts wegen. Diese gilt gem. § 56 I insbesondere hinsichtlich der Prozessvoraussetzungen, also für die Prüfung der Zulässigkeit der Klage.[10] Die Vorschrift gilt nach allg. Meinung auch für dort nicht genannte Prozessvoraussetzungen.

Prüfungspflicht

Die Gemeinsamkeit von Untersuchungsgrundsatz und Prüfung von Amts wegen besteht darin, dass das Gericht die von den Parteien für das Vorliegen einer Prozessvoraussetzung vorgetragenen Tatsachen nicht unbesehen seiner Entscheidung zugrunde legen darf. Es muss vielmehr auf Anhaltspunkte hin, die das Fehlen einer Prozessvoraussetzung vermuten lassen, deren Vorliegen prüfen.

keine Erforschungspflicht, aber Hinweispflicht

Ergeben sich diesbezüglich Zweifel, so findet jedoch keine Tatsachenermittlung durch das Gericht statt. Vielmehr hat das Gericht die Parteien auf seine Zweifel hinzuweisen, § 139 III. Es obliegt dann den Parteien, die Zweifel des Gerichts durch Erbringung des entsprechenden Beweises auszuräumen. Insoweit gilt also der Verhandlungsgrundsatz.

IV. Sonstige Verfahrensgrundsätze

1. Anspruch auf rechtliches Gehör

Art. 103 I GG

Gemäß Art. 103 I GG hat jedermann vor Gericht Anspruch auf rechtliches Gehör.

Äußerungsmöglichkeit der Parteien

Für den Zivilprozess bedeutet dies, dass jede Partei vor einer Entscheidung die Möglichkeit erhalten muss, den eigenen Standpunkt in tatsächlicher und rechtlicher Hinsicht darzulegen und zum Standpunkt des Gegners Stellung zu nehmen.

Ausfluss von Art. 103 I GG ist auch die richterliche Hinweispflicht des § 139

Die richterlichen **Hinweispflichten in § 139** dienen der Vermeidung von Überraschungsentscheidungen und konkretisieren damit den Anspruch der Parteien auf rechtliches Gehör. Diese in Art. 103 I GG normierte Gewährleistung stellt eine Ausprägung des Rechtsstaatsgedankens für das gerichtliche Verfahren dar. Rechtliche Hinweise müssen danach unter Berücksichtigung der Parteien in ihrer konkreten Situation so erteilt werden, dass es diesen auch tatsächlich möglich ist, vor einer Entscheidung zu Wort zu kommen, um Einfluss auf das Verfahren und sein Ergebnis nehmen zu können, sie also nicht gehindert werden, rechtzeitig ihren Sachvortrag zu ergänzen.

Dem Gewährleistungsgehalt von Art. 103 Abs. 1 GG entnimmt der BGH in ständiger Rechtsprechung daher, dass eine in erster Instanz siegreiche Partei darauf vertrauen darf, vom Berufungsgericht rechtzeitig einen Hinweis zu erhalten, wenn dieses in einem entscheidungserheblichen Punkt der Beurteilung der Vorinstanz nicht folgen will und aufgrund seiner abweichenden Ansicht eine Ergänzung des Vorbringens oder einen Beweisantritt für erforderlich hält.[11]

Das gilt auch für von Amts wegen zu berücksichtigende Punkte, für die § 139 III ZPO ausdrücklich eine Hinweispflicht vorsieht.

---

10 Vgl. auch §§ 88 II, 341 I, 522 I S. 1, 552 I S. 1, 572 II S. 1, 589.
11 BGH, NJW-RR 2002, 1436 ff.; BGH, NJW 1981, 1378 ff.

In den Anwendungsbereich dieser Vorschrift fallen auch Bedenken gegen die ordnungsgemäße gesetzliche Vertretung einer Partei im Prozess.[12]

VU, Präklusion

Dass eine Partei von dieser Möglichkeit auch tatsächlich Gebrauch macht, ist nicht erforderlich. Mit Art. 103 I GG grundsätzlich vereinbar sind deshalb Vorschriften, die eine Entscheidung zu Lasten der Partei ermöglichen, die das ihr gewährte rechtliche Gehör nicht wahrgenommen hat, z.B. die Vorschriften über das Versäumnisverfahren, §§ 330 ff.,[13] und die Präklusion, § 296.[14]

Grenze: Zweckvereitelung

Ein Verstoß gegen Art. 103 I GG liegt auch dann nicht vor, wenn die Gewährung rechtlichen Gehörs vor einer Entscheidung unterbleibt, weil durch eine Anhörung der Zweck der jeweiligen Entscheidung vereitelt würde, vgl. z.B. §§ 702 II, 834. Der Betroffene hat in diesen Fällen stets die Möglichkeit, die bereits erlassene Entscheidung überprüfen zu lassen.

spezialgesetzliche Verankerung

Die ZPO enthält eine Reihe von Vorschriften, die die Gewährung rechtlichen Gehörs sicherstellen sollen und damit eine Ausprägung des Anspruchs auf rechtliches Gehör auf einfachgesetzlicher Ebene darstellen, z.B. §§ 99 II 3, 118 I, 136 III, 139, 141, 225 II.

Verletzung begründet Verfahrensmangel

Eine Verletzung des Rechts auf rechtliches Gehör stellt einen Verfahrensmangel dar, der vom Betroffenen durch Rechtsmittel geltend gemacht werden kann. Im Rechtsmittelverfahren ist die betroffene Entscheidung aufzuheben, wenn diese auf dem Verfahrensmangel beruht.[15]

hemmer-Methode: Grundsätzlich beeinträchtigen auch schwerste Verfahrensmängel nicht die Wirksamkeit des Urteils. Eine Ausnahme wird nur dann gemacht, wenn unter Verstoß gegen die Dispositionsmaxime ein Urteil ergeht, obwohl keine Klage erhoben wurde bzw. eine solche wirksam zurückgenommen wurde.

u.U. Verfassungsbeschwerde

Da der Anspruch auf rechtliches Gehör ein grundrechtsgleiches Recht darstellt, kommt nach Erschöpfung des Rechtswegs ferner eine Verfassungsbeschwerde in Betracht, Art. 93 I Nr. 4a GG, §§ 13 Nr. 8a, 90 ff. BVerfGG.

Problematisch sind insoweit Fälle ohne echte verfassungsrechtliche Relevanz, in denen die Verfassungsbeschwerde nur deshalb in Betracht kommt, weil gegen eine Entscheidung keine Rechtsmittel gegeben sind, z.B. mangels Erreichen der Berufungssumme oder Nichtzulassung der Berufung durch das erstinstanzliche Gericht, § 511 II.

Wie der dadurch bewirkten Überlastung der Verfassungsgerichtsbarkeit begegnet werden kann, war früher umstritten, da es nur bzgl. der Revision eine Nichtzulassungsbeschwerde gibt, vgl. § 544.

Diese Streitfrage ist mittlerweile geklärt. Seit 01.01.2002 regelt § 321a I Nr.1, dass im Fall der Unzulässigkeit der Berufung nach § 511 II auf Rüge das erstinstanzliche Verfahren fortzusetzen ist (sog. Anhörungsrüge).[16]

---

12 Vgl. hierzu zuletzt BGH, NJW-RR 2006, 937 ff. = LNRB 2006, 14116.

13 Vgl. dazu Rn. 387 ff.

14 Vgl. dazu Rn. 428 ff.

15 Einzelfälle bei Th/P, Einl. I, Rn. 19; lesen Sie auch einmal § 547, der die absoluten Revisionsgründe aufzählt.

16 Vgl. dazu MUSIELAK, Neue Fragen im Zivilverfahrensrecht, in JuS 2002, 1203 ff.

> hemmer-Methode: Einzelheiten zur Anhörungsrüge finden Sie im Kapitel zu den Rechtsbehelfen ab Rn. 612a.

2. Grundsatz der Mündlichkeit

Ausgangspunkt: Mündlichkeit

Für jeden Prozess stellt sich die Frage, in welcher Form die Tatsachen, die Grundlage der Entscheidung sein sollen, in den Prozess eingeführt werden müssen. Der Gesetzgeber geht für den Zivilprozess davon aus, dass Grundlage der Entscheidung nur sein kann, was Gegenstand der mündlichen Verhandlung gewesen ist. Dies kommt in §§ 128 I, 137 zum Ausdruck, wonach die Parteien über den Rechtsstreit mündlich verhandeln und eine Bezugnahme auf Schriftstücke nur ausnahmsweise zulässig ist.

Dieser Grundsatz der Mündlichkeit beruht auf der Vorstellung, dass ein vom Gericht geleitetes Gespräch zwischen den Parteien oftmals eine effektivere Erledigung des Rechtsstreits ermöglicht als der bloße Austausch von schriftlichem Vortrag. Aus diesem Grund und um die Prozesswirtschaftlichkeit zu fördern kann das Gericht gem. § 128a im Einverständnis mit den Parteien Teile einer Verhandlung mittels Videokonferenz durchführen. Dadurch soll ein Ausgleich zwischen den sich widersprechenden Grundsätzen der mündlichen Verhandlung und der Kostenminderung erreicht werden. Das Mündlichkeitsprinzip ist jedoch aus verschiedenen Gründen mit schriftlichen Elementen kombiniert oder durch diese ersetzt:

vorbereitende Schriftsätze

a) So setzt die Erledigung des Rechtsstreits in einer mündlichen Verhandlung voraus, dass Gericht und Parteien bereits mit dem Streitstoff vertraut sind. Zu diesem Zwecke bestimmen die §§ 128, 272 I die umfassende Vorbereitung der mündlichen Verhandlung durch Schriftsätze.

Das Gericht kann den Umfang dieser schriftlichen Vorbereitung dem jeweiligen Streitstoff anpassen, indem es entweder einen frühen ersten Termin zur mündlichen Verhandlung bestimmt oder ein schriftliches Vorverfahren veranlasst, §§ 272 II, 275, 276.[17]

Die Schnittstelle dieser schriftlichen Vorbereitung zum Mündlichkeitsprinzip bilden die §§ 137 III, 297 II. Nach diesen Vorschriften kann auf schriftlichen Vortrag Bezug genommen und dieser so zum Gegenstand der mündlichen Verhandlung gemacht werden. Dies geht allerdings wiederum nur in der mündlichen Verhandlung!

Schriftformerfordernis für bestimmte Prozesshandlungen

b) Bestimmte Prozesshandlungen sind für den weiteren Ablauf des Verfahrens von so überragender Bedeutung, dass diese schriftlich vorgenommen werden müssen. Dies gilt beispielsweise für die Klageerhebung (§ 253 V, beachte aber §§ 261 II, 496) sowie für die Einlegung eines Rechtsmittels (§§ 519 I, 549 I S. 1) und dessen Begründung (§§ 520 III S. 1, 551 II S. 1).

Entscheidung allein aufgrund schriftlichen Vortrags

c) Unter bestimmten Voraussetzungen kann das Gericht eine Entscheidung ohne mündliche Verhandlung auf der Grundlage des schriftlichen Vortrags erlassen:

⇨ gem. §§ 128 II mit Zustimmung der Parteien, die sich nur auf die jeweils nächste Entscheidung bezieht (z.B. Beweisbeschluss, Teilurteil, Endurteil)

⇨ gem. § 495a im Verfahren nach billigem Ermessen vor dem Amtsgericht

---

17 Vgl. dazu Rn. 126 ff.

⇨ gem. §§ 522 I S. 3, 552 II über die Zulässigkeit von Berufung und Revision sowie gem. § 572 IV über eine Beschwerde

⇨ gem. §§ 331 III, 307 II Versäumnis- und Anerkenntnisurteil im schriftlichen Vorverfahren

⇨ gem. §§ 251a, 331a Entscheidung nach Aktenlage von Amts wegen bei Säumnis beider Parteien oder auf Antrag einer Partei bei Säumnis der anderen

3. Grundsatz der Unmittelbarkeit

Zweck:
eigene Überzeugungsbildung

Die zur Entscheidung berufenen Personen sollen sich selbst einen Eindruck von den der Entscheidung zugrundezulegenden Tatsachen machen, ohne hierbei auf eine Mittelsperson zurückgreifen zu müssen. Die Verhandlung des gesamten Rechtsstreits muss deshalb vor dem Gericht stattfinden, das über den Rechtsstreit entscheidet.

Ausprägung in §§ 128 I, 355 I

Dieser sog. Unmittelbarkeitsgrundsatz kommt zum Ausdruck in den §§ 128 I, 355 I S. 1, wonach mündliche Verhandlung und Beweisaufnahme vor dem erkennenden Gericht bzw. dem Prozessgericht erfolgen müssen. Nur die Beweisaufnahme darf in besonderen Fällen einem beauftragten oder ersuchten Richter übertragen werden, §§ 355 I S. 2, 361, 362, 372 II, 375, 402, 431, 434, 479.

§ 309:
letzte mündliche Verhandlung

Auch § 309, wonach das Urteil nur von den Richtern erlassen werden darf, die in der zugrundeliegenden Verhandlung anwesend waren, ist Ausdruck des Unmittelbarkeitsgrundsatzes. Maßgebend ist insoweit die letzte mündliche Verhandlung. Nur diese liegt dem Urteil zugrunde.

Soweit vor der letzten mündlichen Verhandlung ein Wechsel in der Besetzung des Gerichts erfolgt, muss ein neu eingetretener Richter Kenntnis von dem bisherigen Prozessstoff erlangen. Dies geschieht entweder durch Wiederholung des bisherigen Tatsachenvortrags oder durch Bezugnahme auf diesen. Eine bereits durchgeführte Beweisaufnahme kann an Hand des Protokolls gewürdigt werden.[18]

4. Grundsatz der Öffentlichkeit

§ 169 S. 1 GVG

Soweit vor dem erkennenden Gericht mündlich verhandelt wird, gilt der Grundsatz der Öffentlichkeit, § 169 S. 1 GVG. Er bildet die Grundlage für das Vertrauen des Einzelnen in die Unabhängigkeit der Gerichte und spielt naturgemäß im Strafprozess eine größere Rolle als im Zivilprozess. § 169 S. 2 GVG verbietet eine Erweiterung der Öffentlichkeit durch Fernseh-, Rundfunk- und Filmaufnahmen.

Ausnahmen:
§§ 170 ff. GVG

Zum Schutz bestimmter Rechtsgüter enthalten die §§ 170 ff. GVG obligatorische und fakultative Ausnahmen vom Grundsatz der Öffentlichkeit. Die Verkündung des Urteils erfolgt aber in jedem Fall öffentlich, § 173 GVG.

Verletzung absoluter Revisionsgrund

Eine Verletzung des Öffentlichkeitsgrundsatzes stellt einen absoluten Revisionsgrund dar, § 547 Nr. 5.

hemmer-Methode: Der Erste Senat hat[19] die Verfassungsbeschwerde der n-tv GmbH & Co KG gegen das Verbot von Fernsehaufnahmen während der Gerichtsverhandlung zurückgewiesen: Die Informationsfreiheit nach Art. 5 I GG schützt den Zugang zu allgemein zugänglichen Informationsquellen.

---

18   Arens, Rn. 32.
19   BVerfG vom 24.01.2001; DVBl. 2001, 456 ff.

Sie beinhaltet nicht das Recht auf die Eröffnung einer Informationsquelle. Ein solcher Anspruch folgt auch nicht aus der Rundfunkfreiheit nach Art. 5 I 2 GG. Der jeweils Berechtigte kann vielmehr selbst darüber bestimmen, ob, in welchem Umfang und unter welchen Bedingungen er eine Information allgemein zugänglich machen möchte.
Erst dann, wenn eine Informationsquelle allgemein zugänglich ist und nur in dem vom Berechtigten gewählten Umfang, falle der Zugang auch des Rundfunkveranstalters zu diesen Informationen in den Schutzbereich des Art. 5 I 1 GG. Legt der Staat die Art der Zugänglichkeit von staatlichen Vorgängen und damit zugleich das Ausmaß der Öffnung dieser Informationsquelle fest, so wird in diesem Umfang der Schutzbereich der Informationsfreiheit eröffnet. Haben die Medien Zugang zwecks Berichterstattung, aber in rechtlich einwandfreier Weise unter Ausschluss der Aufnahme und Verbreitung von Ton- und Fernsehrundfunkaufnahmen, liegt in dieser Begrenzung kein Grundrechtseingriff. Wird eine Informationsquelle mit Einschränkungen – etwa hinsichtlich Funk- und Fernsehaufnahmen – eröffnet, hängt die Verfassungsmäßigkeit der einschränkenden Norm davon ab, ob eine solche Beschränkung vom Recht zur Bestimmung des Zugangs gedeckt ist, ohne dass sie sich zusätzlich an Art. 5 II GG messen lassen müsste. Wenn der Zugang zur Informationsquelle weiter oder gar unbeschränkt hätte eröffnet werden müssen, kann dies vom Träger des Grundrechts gerichtlich geltend gemacht werden.
Der Gesetzgeber hat im Rahmen seiner Befugnis zur Ausgestaltung des Gerichtsverfahrens die öffentliche Zugänglichkeit von Gerichtsverhandlungen geregelt. Durch § 169 GVG hat er von seinem Bestimmungsrecht in der Weise Gebrauch gemacht, dass der allgemeine Zugang nur für diejenigen eröffnet ist, die der Gerichtsverhandlung in dem dafür vorgesehenen Raum folgen wollen. § 169 S.2 GVG ist mit dem Grundgesetz vereinbar.

5. Beschleunigungsgrundsatz (= Konzentrationsmaxime)

Funktionsfähigkeit der Zivilrechtspflege

Das Gesetz enthält eine Fülle von Regelungen, durch die eine zügige Erledigung des einzelnen Rechtsstreits und damit die Funktionsfähigkeit der Zivilrechtspflege insgesamt gewährleistet werden sollen.

51

Vorbereitung der mündlichen Verhandlung

Hierzu zählt beispielsweise die bereits oben genannte umfassende Vorbereitung des Termins zur mündlichen Verhandlung durch Schriftsätze.

52

VU, Präklusion

Den Mittelpunkt der der Beschleunigung des Verfahrens dienenden Regelungen bilden die Vorschriften über das Versäumnisverfahren (§§ 330 ff. sowie über die Zurückweisung verspäteten Vorbringens, die sog. Präklusion (§ 296).[20] Diese Regelungen enthalten Sanktionen zu Lasten derjenigen Partei, die einen Rechtsstreit nicht ordnungsgemäß führt und dadurch seine Erledigung verzögert.

53

---

20 Vgl. Rn. 387 ff. und 428 ff.

§ 2 DER ABLAUF DES VERFAHRENS IM ÜBERBLICK

I. Vorüberlegungen des Klägers

1. Beratungshilfe und Prozesskostenhilfe

Erfolgsprognose

Angenommen, jemand hätte ein Darlehen gewährt, das der Empfänger trotz Fälligkeit und mehrfacher Aufforderung nicht zurückzahlt.

Bevor der Gläubiger gerichtliche Schritte einleitet, wird er sich darüber Gedanken machen, ob diese hinreichende Aussicht auf Erfolg haben. Er wird deshalb den Rat eines Rechtsanwalts suchen, soweit er nicht selbst die zur Beurteilung erforderlichen, juristischen Kenntnisse besitzt.

In Verfahren vor den Landgerichten, vor Gerichten eines höheren Rechtszugs und in Familiensachen ist er sogar gezwungen, sich durch einen Rechtsanwalt vertreten zu lassen, § 78 I, II.

finanzielle Unterstützung:

Verfügt der Gläubiger nicht selbst über die finanziellen Mittel, die für die Beratung durch einen Rechtsanwalt und die Durchführung des Prozesses erforderlich sind, so hat er unter bestimmten Voraussetzungen einen Anspruch auf finanzielle Unterstützung.

Beratungshilfe

Für die Wahrnehmung von Rechten außerhalb eines gerichtlichen Verfahrens wird diese finanzielle Unterstützung in Form der Beratungshilfe gewährt. Voraussetzungen, Umfang und Bewilligungsverfahren sind im Beratungshilfegesetz geregelt.

Prozesskostenhilfe

Für die Durchführung des gerichtlichen Verfahrens selbst kann die mittellose Partei Prozesskostenhilfe erhalten. Voraussetzungen und Bewilligungsverfahren sind in den §§ 114 ff. geregelt. Verschaffen Sie sich einen kurzen Überblick über die Vorschriften der §§ 114, 117, 118, 119, 121, 122.

2. Besondere Verfahrensarten

Ziel:
Vollstreckungstitel

Besteht über die Erfolgsaussichten gerichtlicher Schritte hinreichend Klarheit und ist deren Finanzierung sichergestellt, so muss entschieden werden, auf welchem Wege der Gläubiger schnell und kostengünstig einen vollstreckbaren Titel gegen den Schuldner erhalten kann.

besondere Verfahrensarten

Das Gesetz stellt unter bestimmten Voraussetzungen besondere Verfahrensarten zur Verfügung, die eine schnellere oder kostengünstigere Entscheidung ermöglichen. Hierzu zählen:

a) das Mahnverfahren, §§ 688 ff., vgl. Rn. 641 ff.

b) der Urkunden-, Wechsel- und Scheckprozess, §§ 592 ff., vgl. Rn. 667 ff.

c) die einstweilige Verfügung, §§ 935 ff., vgl. Rn. 656 ff.

II. Erhebung der Klage

Regelfall:
Klage vor Landgericht

Kommt keine dieser besonderen Verfahrensarten in Betracht, so ist vom Regelfall eines erstinstanzlichen Verfahrens vor dem Landgericht oder dem Amtsgericht auszugehen.

Dieses beginnt mit der Klageerhebung, also mit der Zustellung einer vom Kläger bei Gericht eingereichten Klageschrift an den Beklagten, § 253 I.

1. Grundformen des Rechtsschutzes

Klagearten

In der Klageschrift muss der Kläger darlegen, worüber das Gericht entscheiden soll. Entsprechend dem vom Kläger mit seiner Klage verfolgten Rechtsschutzziel müssen verschiedene Klagearten unterschieden werden. 61

Die drei Grundformen des Rechtsschutzes sind Leistungs-, Feststellungs- und Gestaltungsklage.

a) Leistungsklage

Leistungsklage

Die Leistungsklage dient der *Durchsetzung von materiell-rechtlichen Ansprüchen*.[21] Die Möglichkeit, materiell-rechtliche Ansprüche gerichtlich durchzusetzen, hat der Gesetzgeber als selbstverständlich vorausgesetzt und die Leistungsklage deshalb nicht in einer eigenen Vorschrift geregelt. 62

jeder materiell-rechtliche Anspruch

Gegenstand einer Leistungsklage kann jeder materiell-rechtliche Anspruch sein, also jedes Recht, von einem anderen ein Tun, Unterlassen oder Dulden zu verlangen, § 194 BGB. Hierzu zählt auch der Anspruch auf Abgabe einer Willenserklärung. 63

Rechtsschutzziel:
Erfüllung des Anspruchs

Rechtsschutzziel des Klägers ist die Verurteilung des Beklagten zur Erfüllung des geltend gemachten Anspruchs, wozu dessen Bestehen vorgreiflich zu prüfen ist. 64

Ergebnis:
Urteil als Grundlage der ZV

Kommt das Gericht zu dem Ergebnis, dass der Anspruch besteht und durchsetzbar ist, so wird es in einem Leistungsurteil den Beklagten zur Erfüllung dieses Anspruchs verurteilen. Dieses Leistungsurteil ist dann als Vollstreckungstitel i.S.v. § 704 taugliche Grundlage der zwangsweisen Durchsetzung des Anspruchs im Wege der Zwangsvollstreckung. 65

b) Feststellungsklage[22]

pos. und neg. Feststellungsklage

Die Feststellungsklage dient der *Feststellung des Bestehens oder Nichtbestehens eines Rechtsverhältnisses*, sog. positive oder negative Feststellungsklage, § 256 I. 66

Rechtsverhältnis:

Der mögliche Gegenstand einer Feststellungsklage ist weiter als der einer Leistungsklage: Der Begriff des Rechtsverhältnisses umfasst jede rechtlich geregelte Beziehung zwischen Personen oder zwischen einer Person und einem Gegenstand, also nicht nur materiell-rechtliche Ansprüche.[23] 67

konkret

Das Rechtsverhältnis muss sich stets aus einem *konkreten Sachverhalt* ergeben. Mit der Feststellungsklage kann also nicht die Klärung abstrakter Rechtsfragen begehrt werden.[24] 68

---

21 Th/P, vor § 253 Rn. 3.
22 Vgl. auch Rn. 238 f.
23 Th/P, vor § 253 Rn. 4.
24 Th/P, § 256 Rn. 11.

gegenwärtig	Ferner muss es sich um ein *gegenwärtiges Rechtsverhältnis* handeln. Die das Rechtsverhältnis begründenden Tatsachen müssen also bereits zum Zeitpunkt der Klageerhebung vorliegen. Unschädlich ist es, wenn bestimmte Rechtsfolgen aus dem Rechtsverhältnis erst in der Zukunft eintreten.[25]	69
auch Beziehung zu Dritten	Nicht erforderlich ist, dass das Rechtsverhältnis gerade zwischen den Parteien des Rechtsstreits besteht. Auch ein *Rechtsverhältnis zwischen einer Partei und einem Dritten* kommt als Gegenstand einer Feststellungsklage in Betracht.[26]	70
Abzugrenzen von bloßen Tatsachen	Das Rechtsverhältnis ist abzugrenzen von bloßen Tatsachen. Diese können, von der Feststellung der Echtheit oder Unechtheit einer Urkunde abgesehen, nicht Gegenstand einer Feststellungsklage sein.	71
Rechtsschutzziel: Minus zur Leistungsklage	Anders als der Gegenstand ist das Rechtsschutzziel einer Feststellungsklage enger als das einer Leistungsklage: Auch mit der Leistungsklage begehrt der Kläger inzident die Feststellung, dass ein bestimmter materiell-rechtlicher Anspruch besteht. Er begehrt aber darüber hinaus die Verurteilung des Beklagten zur Erfüllung des Anspruchs. Leistungsurteile können daher vollstreckt werden.	72
Subsidiarität	Die *positive* Feststellungsklage ist deshalb *grundsätzlich subsidiär zur Leistungsklage*:[27] Besteht die Möglichkeit, einen Anspruch im Wege der Leistungsklage geltend zu machen, so fehlt dem Kläger für die bloße Feststellung, dass dieser Anspruch besteht, das rechtliche Interesse.[28]	73
Ausnahme: FK gegen ö.-r. Körperschaft	Eine Ausnahme von diesem Grundsatz gilt für die Feststellung von Ansprüchen gegenüber Körperschaften des öffentlichen Rechts: Man geht davon aus, dass ein zu Lasten des Fiskus ergehendes Feststellungsurteil ausreicht, um diesen zur Erfüllung eines Anspruchs zu veranlassen.	74
kein vollstreckbarer Inhalt	Das auf eine Feststellungsklage hin ergehende Feststellungsurteil stellt nur fest, ob das streitgegenständliche Rechtsverhältnis besteht oder nicht. Ein Feststellungsurteil weist also hinsichtlich der Hauptsache keinen vollstreckungsfähigen Inhalt auf.[29]	75
LK abweisendes Urteil = Feststellungsurteil	Auch bei dem Urteil, durch das eine Leistungsklage abgewiesen wird, handelt es sich um ein Feststellungsurteil: Dieses stellt fest, dass der vom Kläger geltend gemachte Anspruch nicht besteht und ist deshalb in der Hauptsache nicht vollstreckungsfähig.	76

c) Gestaltungsklage

Einwirkung auf Rechtsverhältnis	Die Gestaltungsklage dient der Veränderung eines bestehenden Rechtsverhältnisses durch Urteil.	77
numerus clausus der Gestaltungsklagen	Eine Gestaltungsklage ist nur statthaft, wenn das Gesetz eine solche Veränderung von einem Gestaltungsurteil abhängig macht. Im Gegensatz zu der unbeschränkten Vielzahl von Ansprüchen bzw. Rechtsverhältnissen, die Gegenstand einer Leistungs- bzw. Feststellungsklage sein können, besteht also im Bereich der Gestaltungsklagen ein *numerus clausus*.[30]	78

---

25 Th/P, § 256 Rn. 8.
26 Th/P, § 256 Rn. 9.
27 Th/P, § 256 Rn. 18.
28 Vgl. Rn. 236.
29 Th/P, vor § 253 Rn. 4. Nur die Entscheidung über die Kosten des Rechtsstreits kann vollstreckt werden. Hierfür benötigt man aber als Titel einen Kostenfestsetzungsbeschluss gem. §§ 103 ff., 794 I Nr.2.
30 Th/P, vor § 253 Rn. 5, 7.

§ 2 DER ABLAUF DES VERFAHRENS IM ÜBERBLICK

gesetzliche Einschränkung der Privatautonomie

Einem Teil der gesetzlich geregelten Gestaltungsklagen ist gemeinsam, dass der Gesetzgeber der Veränderung eines Rechtsverhältnisses durch die jeweils beteiligten Rechtssubjekte mittels Rechtsgeschäfts eine Absage erteilt hat, sei es im Interesse der Rechtssicherheit, sei es, weil die bestehende Rechtslage nicht zur Disposition der Beteiligten steht:

79

⇨ §§ 131 I Nr.4, 133, 161 II HGB - Auflösung einer Personenhandelsgesellschaft (vgl. aber § 723 BGB)

⇨ §§ 140 I, 161 II HGB - Ausschluss eines Gesellschafters aus einer Personenhandelsgesellschaft (vgl. aber § 737 BGB)

⇨ §§ 117, 161 II HGB - Entziehung der Geschäftsführungsbefugnis

⇨ §§ 127, 161 II HGB - Entziehung der Vertretungsmacht

⇨ § 61 GmbHG - Auflösung einer Gesellschaft mit beschränkter Haftung

⇨ § 1564 BGB - Ehescheidung

⇨ §§ 2340 I, 2342 I, II BGB - Erbunwürdigkeitserklärung

Konfliktbereinigung

In anderen Fällen haben Parteien, die über die Veränderung einer Rechtslage keine Einigung erzielen können, die Möglichkeit, eine Entscheidung durch das Gericht herbeizuführen:

80

⇨ § 574a II S. 1 BGB - Fortsetzung eines Mietverhältnisses über Wohnraum nach Widerspruch

⇨ § 917 I S. 2 BGB - Bestimmung der Richtung und des Benutzungsrechts eines Notwegs

⇨ §§ 315 III S. 2, 319 I S. 2 BGB - Bestimmung einer vertraglichen Leistung

⇨ § 343 I S. 1 BGB - Herabsetzung einer unverhältnismäßig hohen Vertragsstrafe

proz. Gestaltungsklagen

Schließlich gibt es im Bereich des Zwangsvollstreckungsrechts die sog. prozessualen Gestaltungsklagen, mit denen der Kläger erreichen kann, dass eine Zwangsvollstreckungsmaßnahme für unzulässig erklärt wird:

81

⇨ § 771 - Drittwiderspruchsklage

⇨ § 767 - Vollstreckungsgegenklage

unmittelbar rechtsgestaltende Wirkung

Kommt das Gericht zu dem Ergebnis, dass die Voraussetzungen vorliegen, unter denen das Gesetz die Veränderung eines bestehenden Rechtsverhältnisses zulässt, so ergeht ein Gestaltungsurteil. Mit dessen Rechtskraft tritt die Veränderung des Rechtsverhältnisses ein.[31] Auch ein Gestaltungsurteil weist also hinsichtlich der Hauptsache keinen vollstreckungsfähigen Inhalt auf. Eine Ausnahme gilt bei den prozessualen Gestaltungsklagen, vgl. näher Skript ZPO II.

82

---

31 Th/P, vor § 253 Rn. 6.

2. Einreichung der Klageschrift

grundsätzlich Schriftform

Gem. § 253 V muss der Kläger die Klageschrift schriftlich bei dem zuständigen Gericht einreichen. Beim Verfahren vor dem Amtsgericht ist auch mündliche Klageerhebung zu Protokoll der Geschäftsstelle möglich, § 496.

Hinsichtlich des Inhalts der Klageschrift ist zwischen Muss- und Soll-Inhalt zu unterscheiden.

a) Muss-Inhalt

aa) Bezeichnung der Parteien, § 253 II Nr. 1

Parteien

Durch die Parteibezeichnung wird festgelegt, wer im Verfahren Kläger und wer Beklagter ist.

Die unrichtige Bezeichnung der Parteien ist unerheblich, wenn sich durch Auslegung ermitteln lässt, wer Partei sein soll.[32]

bb) Bezeichnung des Gerichts, § 253 II Nr. 1

Gericht

Der Kläger muss angeben, welches Gericht sachlich und örtlich zuständig sein soll.[33]

Nicht erforderlich ist die Bezeichnung des gerichtsintern zuständigen Organs, also der funktionellen Zuständigkeit. Eine Ausnahme besteht hinsichtlich der Kammer für Handelssachen, § 96 I GVG mit der Verweisungsmöglichkeit auf Antrag, § 98 I, III GVG.

cc) Bestimmter Antrag, § 253 II Nr. 2

Bestimmter Antrag:

Das Erfordernis eines bestimmten Antrags erlangt in mehrfacher Hinsicht Bedeutung:

– *Streitgegenstand*

(1) Zusammen mit der bestimmten Angabe des Grundes des erhobenen Anspruchs wird durch den Antrag der *Streitgegenstand* des Verfahrens festgelegt.[34]

– *Bindungswirkung*

(2) Das Gericht ist bei seiner Entscheidung *an den Antrag gebunden*, darf also nicht über diesen hinausgehen oder dem Kläger etwas qualitativ anderes zusprechen als beantragt, § 308 I S. 1.

hemmer-Methode: Natürlich kann das Gericht hinter dem Antrag zurückbleiben, also ein Weniger zusprechen.

– *ZV - Grundlage*

(3) Bei Leistungsklagen hat der Antrag darüber hinaus *Bedeutung für die Zwangsvollstreckung*. Der Antrag muss so bestimmt gefasst sein, dass aufgrund des gegen den Beklagten ergehenden Leistungsurteils eine Vollstreckung ohne weiteres möglich ist.

Der prozessuale Bestimmtheitsgrundsatz gem. § 253 II Nr.2, wonach der Kläger einen „bestimmten Antrag" zu stellen hat, schließt es nicht aus, dass Antrag und Titel unbestimmt sind.

---

32 Vgl. Rn. 177 ff.
33 Vgl. Rn. 151 ff. und 156 ff.
34 Vgl. Rn. 117 ff.

§ 2 DER ABLAUF DES VERFAHRENS IM ÜBERBLICK

Denn dem Bestimmtheitsgrundsatz wird auch dann noch genügt, wenn die notwendigen Angaben „leicht und eindeutig" feststellbar sind.

Das bedeutet für die Beantragung von Verzugs- und Prozesszinsen gem. §§ 288, 291 BGB, dass die Zinsen „ohne Weiteres" berechnet werden können.[35] Die Aufnahme des Diskont- oder nunmehr des Basiszinssatzes ist zulässig[36].

Denn der Gerichtsvollzieher kann bei Vollstreckungstiteln auf Zahlung von Zinsen in Höhe eines Hundertsatzes über dem jeweiligen Diskont die beizutreibende Zinssumme ohne Weiteres berechnen, weil er Höhe und Zeitpunkt der Wirksamkeit des neuen Zinssatzes leicht und eindeutig feststellen kann. Dieses Ergebnis bestätigt auch ein Blick in die jüngere Rechtsprechung.[37]

Klageantrag und Tenor können sich insofern auf den Zinsbeginn und die Aufnahme des Gesetzeswortlauts von § 288 I BGB beschränken.

> **Bsp.:** „Die Beklagte wird verurteilt, an den Kläger 10.000,- € nebst Zinsen in Höhe von fünf Prozentpunkten über dem Basissatz nach § 1 des Diskontsatz-Überleitungs-Gesetzes vom 09.06.1998 ab Verzugsbeginn (Rechtshängigkeit) zu zahlen."[38]

dd) Ausnahmen von dem Erfordernis eines bestimmten Antrags

Informationsdefizit des Klägers

Ist der Kläger nicht in der Lage, einen hinreichend bestimmten Antrag zu stellen, weil er die dafür erforderlichen Informationen nicht besitzt, so entfällt unter bestimmten Voraussetzungen das Erfordernis eines hinreichend bestimmten Antrags. [87]

Auskunftsanspruch

(1) Ausdrücklich geregelt ist dies für den Fall, dass der Beklagte die notwendigen Informationen besitzt und der Kläger gegen ihn einen materiell-rechtlichen Auskunftsanspruch hat. [88]

> **hemmer-Methode:** Vielen Kandidaten sind materiell-rechtliche Auskunftsansprüche nicht bekannt. Nutzen Sie die Gelegenheit, sich anhand der Kommentierung im Palandt zu § 261 BGB einen kurzen Überblick über diesen Themenbereich zu verschaffen.
> Neben den ausdrücklich geregelten Auskunftsansprüchen besteht eine Vielzahl weiterer Auskunftsansprüche, die die Rechtsprechung aus dem Grundsatz von Treu und Glauben gemäß § 242 BGB entwickelt hat!
> Die §§ 259 - 261 BGB betreffen nur die Art und Weise der Auskunftserteilung und einer ggf. abzugebenden eidesstattlichen Versicherung.

evtl. LK auf Auskunftserteilung

Verweigert der Beklagte die Erteilung der Auskunft, so hat der Kläger die Möglichkeit, zunächst seinen Anspruch auf Auskunft sowie ggf. auf Abgabe einer eidesstattlichen Versicherung gerichtlich geltend zu machen, um dann mit Hilfe der so erlangten Information erneut Klage zu erheben. [89]

---

35 BGHZ 122, 16 (22) = NJW 1993, 1801.

36 <u>Vertiefungshinweis für Referendare:</u> Beachten Sie auch, dass der Arbeitnehmer nach Ansicht des Großen Senats des BAG bei einer Lohnzahlungsklage auch Zinsen aus der geschuldeten Bruttovergütung verlangen kann, vgl. BAG (GS) NZA 2001, 1195 ff.

37 BGH NJW 2000, 3558.

38 Vgl. dazu Treber: Die prozessuale Behandlung des gesetzlichen Verzugszinses nach dem „Gesetz zur Beschleunigung fälliger Zahlungen", NZA 2001, 187 ff.

Stufenklage

Das Gesetz gestattet dem Kläger jedoch, diese Klagen miteinander zu verbinden und dabei hinsichtlich des eigentlichen Anspruchs zunächst von einem bestimmten Antrag abzusehen, sog. **Stufenklage, § 254**. Der Kläger kann auf diese Weise Kosten einsparen und erreicht, dass der zunächst unbestimmte Antrag bereits zum Zeitpunkt der Erhebung der Stufenklage rechtshängig wird. Dies ist insbesondere wichtig wegen der Hemmung der Verjährung nach § 204 I Nr. 1 BGB!

objektive Klagenhäufung

Da im Falle einer Stufenklage mehrere Ansprüche in einer Klage verbunden werden, müssen die Voraussetzungen für eine objektive Klagenhäufung gemäß § 260 erfüllt sein.[39]

Stufenverhältnis

Über die jeweils nächste Stufe der Klage darf erst entschieden werden, wenn die vorhergehende Stufe z.B. durch Teilurteil oder übereinstimmende Erledigterklärung abgeschlossen ist.[40]

Hat der Kläger die für die Geltendmachung des eigentlichen Anspruchs erforderliche Information erhalten, so muss er den bislang unbestimmten Antrag nun genau beziffern.

§ 287: Bestimmung durch Gericht

(2) § 287 gestattet dem Gericht, unter bestimmten Voraussetzungen über die Höhe einer Forderung *nach freier Überzeugung* zu entscheiden, also eine Schätzung vorzunehmen. So gewährt beispielsweise § 253 II BGB dem Kläger einen Anspruch auf *billige* Entschädigung in Geld („Schmerzensgeld").

Mitteilung der Tatsachengrundlagen

In diesen Fällen wäre es widersinnig, vom Kläger eine *exakte* Bezifferung seines Anspruchs zu verlangen. Auch hier besteht deshalb eine Ausnahme vom Erfordernis eines bestimmten Antrags. Eine ordnungsgemäße Klageschrift setzt jedoch voraus, dass der Kläger alle zur Ermittlung der Forderungshöhe notwendigen Tatsachen angibt.[41]

ee) Bestimmte Angabe des Anspruchsgrundes, § 253 II Nr. 2

Anspruchsgrund

Neben einem bestimmten Antrag muss der Kläger den Grund des erhobenen Anspruchs angeben, also den Sachverhalt darlegen, aus dem er den geltend gemachten, prozessualen Anspruch herleitet.

str.:
Umfang mitzuteilender Tatsachen

Umstritten ist der für diesen Tatsachenvortrag erforderliche Bestimmtheitsgrad.[42] Nach einer Ansicht reicht es aus, wenn der Anspruch durch die Angaben individualisiert ist, also von anderen Ansprüchen unterschieden werden kann. Nach anderer Ansicht muss der Kläger hingegen alle Tatsachen angeben, die zur Rechtfertigung des erhobenen Anspruchs erforderlich sind. Gegen letztere Ansicht spricht, dass die Rechtfertigung des erhobenen Anspruchs erst eine Frage der Begründetheit ist.

> *Bsp.: Verlangt der Kläger vom Beklagten Zahlung von 10.000,- €, so muss er etwa darlegen, dass diese als Rückzahlung eines Darlehens geschuldet seien. Kommen mehrere Darlehensverträge in Betracht, so muss er auch angeben, um welchen Vertrag es sich handelt. Der Kläger muss jedoch nicht darlegen, dass das Darlehen wegen Zeitablaufs oder Kündigung fällig ist.*

---

[39] Vgl. Rn. 316 ff.
[40] Th/P, § 254 Rn. 6.
[41] Th/P, § 253 Rn. 12.
[42] Zöller, § 253 Rn. 12; Musielak, Rn. 57.

kaum praktische Bedeutung	In der Praxis ist dieser Meinungsstreit weitgehend ohne Bedeutung: Der Kläger gibt in der Klageschrift schon deshalb alle anspruchsbegründenden Tatsachen an, um die Zurückweisung eines verspäteten Vorbringens gem. §§ 282 I, II, 296 II zu vermeiden.[43]	97
rechtliche Qualifizierung nicht nötig	Eine rechtliche Qualifizierung des geltend gemachten Anspruchs ist in keinem Fall erforderlich; es gilt der Grundsatz iura novit curia.	98
	Da bereits durch den Antrag festgelegt ist, welche Entscheidung der Kläger begehrt, hat das Erfordernis der bestimmten Angabe des Gegenstandes gem. § 253 II Nr. 2 daneben keine Bedeutung mehr.[44]	

ff) Unterschrift

Unterschriftserfordernis	Die Klageschrift *muss* in Anwaltsprozessen vom Anwalt, in anderen Prozessen vom Kläger eigenhändig unterschrieben sein.[45]	99
§ 130 Nr. 6	§ 130 Nr. 6, auf den § 253 IV verweist, enthält allerdings nur eine Soll-Vorschrift. § 130 betrifft aber unmittelbar nur sog. *vorbereitende Schriftsätze*.	100
vorbereitende Schriftsätze	*Vorbereitende Schriftsätze* sind Schriftsätze, durch welche die mündliche Verhandlung vorbereitet und ihre Durchführung erleichtert werden soll.	
Bestimmende Schriftsätze	Den Gegensatz zu den vorbereitenden Schriftsätzen bilden die *bestimmenden Schriftsätze*. Diesen kommt unmittelbar prozessgestaltende Wirkung zu, indem sie ein Verfahren einleiten, verändern, beenden oder den Eintritt der Rechtskraft hindern.	
	Bei bestimmenden Schriftsätzen ist die eigenhändige Unterschrift ein als zwingend anerkanntes Gebot der Rechtssicherheit.	100a
	§ 130 Nr. 6 ist insoweit als **Muss-Vorschrift** zu lesen[46].	

> **hemmer-Methode:** Allerdings genügt gem. § 130 Nr. 6 HS 2 auch die Wiedergabe der Unterschrift in Kopie[47]. Voraussetzung ist insoweit lediglich, dass das jeweilige Schriftstück dem Gericht unmittelbar übermittelt wird und zweifelsfrei erkennbar ist, von welcher Person es stammt.
> Dies geschieht bei Telegramm und Fernschreiben durch die maschinenschriftliche Wiedergabe der vom Absender geleisteten Unterschrift, beim Telefax durch die Wiedergabe des Schriftbildes auf der Telekopie.
> Hierin unterscheidet sich die prozessual notwendige Schriftform ganz entscheidend von der materiell-gesetzlichen Schriftform. Bei dieser genügt im Umkehrschluss zu § 127 II S. 1 BGB der Zugang einer kopierten Unterschrift gerade nicht.

---

43 Vgl. Rn. 428 ff.

44 Musielak, Rn. 61.

45 Th/P, § 129 Rn. 6 ff.

46 Th/P, § 129 Rn. 6 ff.

47 Der Wortlaut des § 130 Nr. 6, 2.Hs. beruht auf der Neufassung durch Art. 2 Nr. 1 des Gesetzes zur Anpassung der Formvorschriften des Privatrechts und anderer Vorschriften an den modernen Rechtsgeschäftsverkehr vom 13. Juli 2001 (BGBl. I S. 1542).

Die Unterschrift ist grundsätzlich Wirksamkeitserfordernis. Sie soll:

⇨ die Identifizierung des Urhebers der schriftlichen Prozesshandlung ermöglichen und

100b

⇨ dessen unbedingten Willen zum Ausdruck bringen, die volle Verantwortung für den Inhalt des Schriftsatzes zu übernehmen und diesen bei Gericht einzureichen[48].

Für den Anwaltsprozess bedeutet dies, dass die Klage von einem dazu Bevollmächtigten und bei dem Prozessgericht zugelassenen Rechtsanwalt zwar nicht selbst verfasst, aber nach eigenverantwortlicher Prüfung genehmigt und unterschrieben sein muss[49].

100c

Sonderproblem: Anwaltliche Blankounterschrift

Ein mittels Blankounterschrift des Rechtsanwalts weisungsgemäß erstellter bestimmender Schriftsatz erfüllt die gesetzlichen Formerfordernisse nur dann, wenn der Rechtsanwalt den Inhalt des Schriftsatzes so genau festgelegt hat, dass er dessen eigenverantwortliche Prüfung bestätigen kann.

An einer solchen Festlegung fehlt es, wenn der Entwurf einer Berufungsbegründung nach stichwortartig fixierten Vorgaben des Rechtsanwalts durch einen Referendar inhaltlich überarbeitet wird, ohne dass der Rechtsanwalt die endgültige Fassung der Berufungsbegründung kennt.[50]

Kopie reicht

§ 130 Nr. 6 HS 2 fordert bei Übermittlung durch einen Telefax-Dienst (Telekopie) „die Wiedergabe der Unterschrift in der Kopie". Das Unterschriftserfordernis steht damit einer Übermittlung der Klageschrift und anderer bestimmender Schriftsätze mittels Telegramms, Fernschreibens oder Telefax nicht entgegen.[51]

101

Voraussetzung ist insoweit, dass das jeweilige Schriftstück dem Gericht unmittelbar übermittelt wird und zweifelsfrei erkennbar ist, von welcher Person es stammt. Dies geschieht bei Telegramm und Fernschreiben durch die maschinenschriftliche Wiedergabe der vom Absender geleisteten Unterschrift, bei Telefax durch die Wiedergabe des Schriftbildes auf der Telekopie.

Computerfax mit eingescannter Unterschrift reicht aus

Schon vor der Erweiterung des § 130 Nr. 6 um den 2. Halbsatz hat der Gemeinsame Senat der obersten Gerichtshöfe des Bundes (GmS-OGB) am 5. April 2000 entschieden, dass in Prozessen mit Vertretungszwang bestimmende Schriftsätze formwirksam durch elektronische Übertragung einer Textdatei mit eingescannter Unterschrift auf ein Faxgerät des Gerichts durch ein sog. Computer-Fax übermittelt werden können[52].

102

Die Rechtsprechung trägt damit dem technischen Fortschritt auf dem Gebiet der Telekommunikation Rechnung, wenn sie die Übermittlung bestimmender Schriftsätze auch durch elektronische Übertragung einer Textdatei mit eingescannter Unterschrift auf ein Faxgerät des Gerichts zulässt.

Der alleinige Zweck der Schriftform, die Rechtssicherheit und insbesondere die Verlässlichkeit der Eingabe zu gewährleisten, kann auch im Falle einer derartigen elektronischen Übermittlung gewahrt werden. Die Person des Erklärenden ist in der Regel dadurch eindeutig bestimmt, dass seine Unterschrift eingescannt ist.

---

48 Das letztgenannte Erfordernis soll sicherstellen, dass es sich bei dem Schriftstück nicht nur um einen Entwurf handelt, sondern dass es mit Wissen und Willen des Berechtigten dem Gericht zugeleitet worden ist.

49 BGH NJW-RR 1998, 574 f.; BGH NJW 2003, 2028.

50 Lesen Sie hierzu BGH, Life & Law 2006, Heft 2, 95 ff. = NJW 2005, 2709 f.

51 Zöller, § 130 Rn. 9 ff.

52 BGH Life & Law 2000, 626 ff. = NJW 2000, 2340 f. = BGHZ 144, 160 ff.

Auch der Wille, einen solchen Schriftsatz dem Gericht zuzuleiten, kann in aller Regel nicht ernsthaft bezweifelt werden.

hemmer-Methode: In einem absolut nicht mehr nachvollziehbaren Urteil vom 10.10.2006 hat der BGH entschieden, dass eine eingescannte Unterschrift des Prozessbevollmächtigten in einem bestimmenden Schriftsatz nicht den Formerfordernissen des § 130 Nr. 6 ZPO genügt, wenn der Schriftsatz mit Hilfe eines normalen Faxgerätes und nicht unmittelbar aus dem Computer versandt wurde.[53]
Auf eine eigenhändige Unterzeichnung könne nur verzichtet werden, wenn die technischen Gegebenheiten einen solchen Verzicht erforderlich machen. Das sei nach Ansicht des XI. Senats nicht der Fall, wenn ein bestimmender Schriftsatz mittels eines normalen Telefaxgerätes übermittelt wird. Denn der ausgedruckt vorliegende, per Fax zu übermittelnde Schriftsatz, könne von dem Rechtsanwalt ohne weiteres unterschrieben werden. Eine *technische Notwendigkeit* des Verzichts auf das Unterschriftserfordernis besteht also nicht.
Die unterschiedliche rechtliche Behandlung beider Fälle - Übermittlung per Computerfax oder mit Hilfe eines normalen Faxgerätes - sei nach absolut unzutreffender Ansicht des XI. Senats des BGH auch sachlich berechtigt: Anders als bei einer eigenhändigen Unterschrift sei bei einer eingescannten Unterschrift nicht gewährleistet, dass der Rechtsanwalt die Verantwortung für die Rechtsmittelbegründungsschrift übernimmt und es sich nicht lediglich um einen vom Rechtsanwalt nicht geprüften Entwurf handelt.

Reicht auch ein Computerfax ohne eingescannte Unterschrift?

Fraglich ist aber, **ob** diese großzügige Rechtsprechung zur Wahrung der prozessualen Schriftform auch auf ein **Computerfax ohne eingescannte Unterschrift** übertragen werden kann.

102a

Nach BGH genügt das nicht

Der BGH hat dies (wie die Vorinstanz) zu Recht abgelehnt.[54]

Würde auf das Erfordernis einer zumindest eingescannten Unterschrift verzichtet, so wäre das Unterschriftserfordernis für das Computer-Fax hinfällig, aber auch bei herkömmlich übermittelten Schriftsätzen kaum mehr zu rechtfertigen.

Hierfür spricht insbesondere auch die Neufassung des § 130 Nr. 6 HS 2. Nach der Begründung des Regierungsentwurfs zu diesem Gesetz[55] ist eine Korrektur der Rechtsprechung zum Unterschriftserfordernis nicht beabsichtigt.

Dies sei im Hinblick auf die Entscheidung des Gemeinsamen Senats der obersten Gerichtshöfe des Bundes vom 5. April 2000 auch nicht geboten.

Der Gesetzgeber hat in der Neufassung des § 130 Nr. 6 HS 2 in Kenntnis dieser Rechtsprechung und der technischen Entwicklung für den Fall der Übermittlung eines Schriftsatzes durch ein Telefax ausdrücklich „die Wiedergabe der Unterschrift in der Kopie" verlangt.

Da die Unterschrift beim Computer-Fax ohne nennenswerte Schwierigkeiten eingescannt werden kann, besteht auch kein überzeugender Grund dafür, darauf entgegen dem Gesetzeswortlaut zu verzichten.

---

53 Lesen Sie zu dieser Fehlentscheidung BGH, Life and Law 2007, Heft 4, 285.
54 BGH, Life & Law 2005. 525 ff. = NJW 2005, 2086 ff.
55 BT-Drucks. 14/4987, S. 23.

b) Soll-Inhalt

Wert des Streitgegenstandes

Hängt die sachliche Zuständigkeit des Gerichts vom Wert des Streitgegenstandes ab, §§ 23 Nr. 1, 71 I GVG, so soll dieser Wert angegeben werden, wenn der Streitgegenstand nicht in einer bestimmten Geldsumme besteht, § 253 III.

103

§ 253 IV verweist insbesondere auf die Sollvorschrift des § 130. Soweit die dort aufgeführten Angaben nach den vorstehenden Ausführungen zwingend erforderlich sind, hat die Vorschrift keine Bedeutung.

3. Zustellung der Klageschrift

Einlauf bei Geschäftsstelle

Die bei der Einlaufstelle des Gerichts eingereichte Klageschrift gelangt zunächst zu der Geschäftsstelle, die den Vorgang verwaltungsmäßig erfasst.

104

Zustellung an Gegner v.A.w.

Anschließend wird die Klageschrift dem Beklagten durch das Gericht unverzüglich von Amts wegen zugestellt, §§ 271 I, 270 I, 166 ff. Mit Zustellung der Klageschrift ist die Klage erhoben, § 253 I.

105

Für die Zustellung auf Betreiben, gelten die Vorschriften der §§ 166 ff. über die Zustellung von Amts wegen subsidiär, vgl. § 191. Am häufigsten ist in der Praxis die Postzustellung gem. §§ 168 I S.2, 176 I.

Von besonderer Examensrelevanz ist erfahrungsgemäß die Ersatzzustellung gem. §§ 178 bis 181[56] sowie die Möglichkeit der Heilung von Zustellungsmängeln gem. § 189.

Klageerhebung als		
Leistungsklage	Feststellungsklage	Gestaltungsklage

Einreichung der Klageschrift, § 253
Notwendiger Inhalt, § 253 II Nr.1,2
⇨ Parteibezeichnungen ⇨ Bezeichnungen des Gerichts ⇨ grds. bestimmter Antrag ⇨ Angabe des Anspruchsgrundes ⇨ Unterschrift
durch Klageeinreichung: Anhängigkeit bei Gericht

durch Zustellung, §§ 271 I, 166 ff. (an den Beklagten)

Rechtshängigkeit der Klage, §§ 261, 253 I

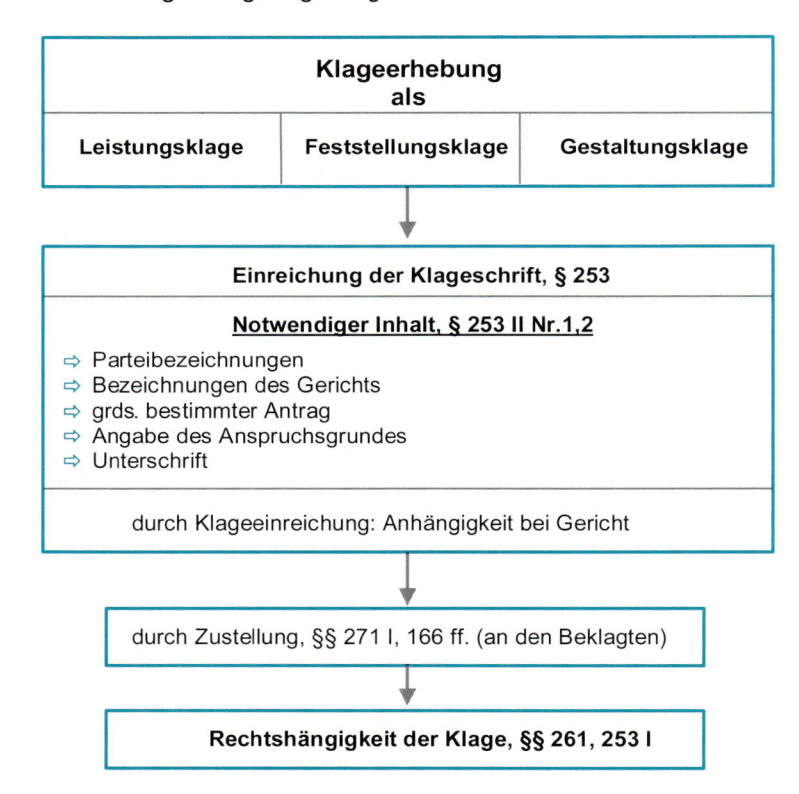

56 zur Ersatzzustellung durch Niederlegung gem. § 181 vgl. auch BGH Life & Law 2001, 396 (zu § 182 a.F. ≈ § 181 n.F.)

§ 2 DER ABLAUF DES VERFAHRENS IM ÜBERBLICK

4. Bedeutung von Anhängigkeit und Rechtshängigkeit

Unterscheide: Anhängigkeit und Rechtshängigkeit

Der Zeitpunkt der Einreichung der Klageschrift bei Gericht wird als Anhängigkeit bezeichnet, der Zeitpunkt ihrer Zustellung an den Beklagten als Rechtshängigkeit, §§ 261 I, 253 I. — 106

Rechtshängigkeit und Anhängigkeit sind sowohl in materiell-rechtlicher als auch in prozessrechtlicher Hinsicht von entscheidender Bedeutung.

a) Materiell-rechtliche Wirkungen der Rechtshängigkeit

Rechtshängigkeit ⇨ Klageerhebung

Das materielle Recht knüpft in zahlreichen Vorschriften besondere Rechtsfolgen an den Zeitpunkt der Rechtshängigkeit. § 262 stellt klar, dass dieser Zeitpunkt nach den prozessrechtlichen Vorschriften bestimmt wird, also regelmäßig auf den Zeitpunkt der Klageerhebung abzustellen ist. — 107

Bedeutung

Wichtige Vorschriften im materiellen Recht sind die §§ 204 I Nr. 1, 286 I S. 2, 291, 292, 818 IV, 864 I, 987, 989, 994 II, 996, 2023 BGB. — 108

Verjährung, § 204 I Nr. 1 BGB

Eine Besonderheit gilt hinsichtlich der Hemmung der Verjährung, für die § 204 I Nr. 1 BGB grundsätzlich auf den Zeitpunkt der Rechtshängigkeit bzw. auf die Zustellung des Mahnbescheids (§ 204 I Nr. 3) abstellt. — 109

Der Anspruch, den der Kläger/Anspruchssteller vor Eintritt der Verjährung durch Klageeinreichung/Mahnbescheidsverfahren geltend macht, könnte danach zum Zeitpunkt der Zustellung bereits verjährt sein. Dieses Ergebnis wäre unbillig, weil der Kläger auf die Zeitspanne zwischen Einreichung und Zustellung der Klageschrift/des Mahnbescheids nur bedingt Einfluss nehmen kann und außerdem Fristen bis zum letzten Tag ausschöpfen darf.

Vorverlagerung, § 167

Hier kommt dem Kläger die Regelung in § 167 zugute, wonach die Wirkung der Zustellung auf den Zeitpunkt der Einreichung der Klageschrift, also auf die Anhängigkeit vorverlegt wird.[57] — 110

Grund: Einflusssphäre

Die Vorschrift soll nur die Nachteile vermeiden, die dem Kläger ohne eine solche Vorverlegung durch Verzögerungen im Zustellbetrieb der Gerichte drohen würden. — 111

Die Zustellung erfolgt daher **nicht „demnächst" i.S.v. § 167**, wenn

1.) der Kläger durch sein nachlässiges Verhalten zu einer

2.) nicht nur ganz geringfügigen Verzögerung der Zustellung beigetragen hat.

hemmer-Methode: Beide Voraussetzungen müssen kumulativ vorliegen, damit eine Zustellung nicht mehr demnächst i.S.d. § 167 erfolgt.

> *Bsp.: Die fehlende Unterzeichnung der Klageschrift hat als echte Prozessvoraussetzung zur Folge, dass die Klageschrift nicht zugestellt werden darf.[58] Das Gericht wird den Kläger auf das Fehlen der Unterschrift hinweisen und ihm Gelegenheit geben, diese nachzuholen. Die dadurch verursachte Verzögerung der Zustellung kann zu Lasten des Klägers gehen, wenn sie nicht ganz unerheblich ist. Ein weiterer Fall der vom Kläger verschuldeten Verzögerung ist die Nichtzahlung des geforderten Gerichtskostenvorschusses, § 12 I S.1 GKG.*

---

[57] Th/P, § 167 Rn. 10 ff.
[58] Vgl. Rn. 231.

Fehler des Gerichts gehen grds. nicht zu Lasten des Klägers

Verzögerungen im Zustellungsverfahren, die durch eine fehlerhafte Sachbearbeitung des Gerichts verursacht sind, sind dem Kläger grundsätzlich nicht zuzurechnen.

Hat dieser alle von ihm geforderten Mitwirkungshandlungen für eine ordnungsgemäße Klagezustellung erbracht, so sind er und sein Prozessbevollmächtigter im Weiteren nicht mehr gehalten, das gerichtliche Vorgehen zu kontrollieren und durch Nachfragen auf die beschleunigte Zustellung hinzuwirken.

Fehlender Gerichtskostenvorschuss

Etwas anderes gilt dann, wenn das Gericht den Gerichtskostenvorschuss nicht anfordert und der Kläger eine längere Zeit verstreichen lässt, ohne sich nach den Umständen zu erkundigen. Die Zustellung erfolgt dann nicht mehr demnächst.

Ungenügende Angaben

Gleiches kann bei Zustellung des Mahnbescheids gelten, wenn der Antragsteller zunächst keine vollständigen Angaben macht und es zu einer längeren Verzögerung kommt, ohne dass sich der Antragsteller nach den Gründen der Verzögerung erkundigt.[59]

Verzögerung bis 14 Tage bzw. neuerdings 1 Monat

Eine nicht nur ganz geringfügige Verzögerung liegt nach ständiger Rechtsprechung in der Regel vor, wenn die Zustellung um mehr als *zwei Wochen* verzögert wurde. Zur Berechnung dieser Verzögerung ist auf den Zeitpunkt des Fristablaufs, nicht auf den der Einreichung der Klageschrift/des Mahnantrages abzustellen.

112

Mittlerweile hat der BGH seine Rechtsprechung zumindest im Hinblick auf die Zustellung eines Mahnbescheides geändert. Wegen der Wertung des § 691 II soll eine Zustellung „demnächst" immer dann vorliegen, wenn *innerhalb eines Monats* richtig zugestellt wird.

hemmer-Methode: Lesen Sie hierzu BGH, Life & Law 2002, 740 ff. nach! Da mittlerweile die „Rückwirkung der Zustellung" einheitlich für Klage wie auch Mahnverfahren in § 167 geregelt ist, spricht vieles dafür, nun generell von der „Monatsregel" auszugehen.

enger Anwendungsbereich

§ 167 ist eine eng begrenzte Ausnahmevorschrift und kann deshalb auf andere Wirkungen der Rechtshängigkeit nicht entsprechend angewendet werden.

113

b) Prozessrechtliche Wirkungen der Rechtshängigkeit

aa) Prozesshindernis, § 261 III Nr. 1

Prozesshindernis

Während der Dauer der Rechtshängigkeit kann eine Klage mit demselben Streitgegenstand nicht nochmals erhoben werden, § 261 III Nr. 1. Eine trotzdem erhobene Klage muss als unzulässig abgewiesen werden. Die fehlende anderweitige Rechtshängigkeit ist also in späteren Verfahren eine negative Prozessvoraussetzung.[60]

114

bb) Fortdauer der Zuständigkeit, § 261 III Nr. 2

perpetuatio fori

Das sachlich und örtlich zuständige Gericht bleibt zuständig, wenn sich die zuständigkeitsbegründenden Umstände nach Rechtshängigkeit verändern, § 261 III Nr. 2, sog. „perpetuatio fori".

115

---

59 Vgl. hierzu zuletzt BGH, Life and Law 2006, Heft 11, 753 ff. = NJW 2006, 3206 ff. LNRB 2006, 15939 und LNRB 2006, 20319
60 Vgl. Rn. 233 f.

anders: Änderung des Streitgegenstands, bzw. vor AG, § 506

Dies gilt jedoch nur, solange der Streitgegenstand identisch bleibt. Klageänderung oder Widerklage können also trotz § 261 III Nr. 2 zur Unzuständigkeit des Gerichts führen.[61] Eine Ausnahme gilt ferner für Verfahren vor den Amtsgerichten, § 506.

III. Streitgegenstand

Klageerhebung determinierend

Mit Erhebung der Klage steht der Streitgegenstand fest, von dem bereits an mehreren Stellen die Rede gewesen ist. Wie dieser Streitgegenstand im Einzelfall zu bestimmen ist, soll nun geklärt werden.

Allgemein: "Gegenstand eines gerichtlichen Verfahrens"

Der Gegenstand eines gerichtlichen Verfahrens wird im Zivilprozess als Streitgegenstand bezeichnet. Auch üblich ist die Bezeichnung als „prozessualer" Anspruch (§§ 253 II, 260, 306 f., 322 I), der jedoch keinesfalls mit dem des materiell-rechtlichen Anspruchs i.S.d. § 194 I BGB verwechselt werden darf.

1. Bedeutung des Streitgegenstandes in der Fallbearbeitung

Bedeutung für Fallbearbeitung

Zunächst soll verdeutlicht werden, an welchen verschiedenen Stationen der Fallbearbeitung die Frage nach dem Streitgegenstand erheblich werden kann:

– Zulässigkeit der Klage

a) Im Rahmen der **Zulässigkeit der Klage** beim *Rechtsweg*, bei der *Zuständigkeit des Gerichts* (insbesondere bei der Frage des Streitwertes, § 2) und insbesondere bei der Frage nach der *anderweitigen Rechtshängigkeit*, § 261 III Nr. 1, bzw. im Rahmen der *materiellen Rechtskraft* (§ 322 I), die einem neuen Prozess entgegensteht, soweit bereits über den durch Klage oder Widerklage erhobenen prozessualen Anspruch entschieden worden ist.

– Klagenhäufung

b) Im Rahmen einer **objektiven Klagenhäufung (§ 260)**, wenn mehrere Streitgegenstände in einem einheitlichen Verfahren verbunden werden sollen.

– Klageänderung

c) I.R.e. **Klageänderung (§§ 263 f.)**, wenn anstelle eines rechtshängigen prozessualen Anspruchs ein anderer erhoben wird.

2. Bestimmung des Streitgegenstandes[62]

a) Bei Leistungsklagen und Gestaltungsklagen

> *Fall:* A klagt gegen B auf Schadensersatz nach §§ 280 I, II, 286 BGB. Die Klage wird jedoch mangels Verzugseintritts rechtskräftig abgewiesen. Ist eine zweite Klage des A auf Schadensersatz mit der Begründung zulässig, die erforderliche Mahnung habe schon vor dem ersten Prozess vorgelegen?

drei Theorien

Eine zweite Klage wäre wegen entgegenstehender Rechtskraft gem. § 322 I schon unzulässig, wenn es sich um denselben Streitgegenstand handelte, vgl. Rn. 119. Zur Bestimmung des Streitgegenstandes werden im wesentlichen drei Theorien vertreten:[63]

– eingliedriger SG-Begriff: Antrag

(1) Die **Theorie vom eingliedrigen Streitgegenstandsbegriff** lässt *nur den Inhalt des Klageantrags* maßgebend sein. Demnach läge im Fall derselbe Streitgegenstand vor, da der Klageantrag in beiden Fällen auf Zahlung einer bestimmten Summe lautet.

---

61 Vgl. auch Rn. 150.
62 Vgl. dazu JuS 1992, 680 ff.
63 Guter Überblick bei Musielak, Rn. 126-129.

Die Schwäche dieser Theorie besteht jedoch darin, dass ein gleichlautender Antrag bei Leistungsklagen in aller Regel vorliegt.

Damit würden selbst zwei Rückzahlungsansprüche aus zwei miteinander in keinerlei Verbindung stehenden Darlehensverträgen einen (!) Streitgegenstand bilden, obwohl es sich nur rein zufällig um dieselben Anspruchsgrundlagen handelt.

Dementsprechend soll *der vorgetragene Lebenssachverhalt* auch der *Individualisierung* des Klageantrags dienen, *nicht* aber sein *Bestimmungselement* sein. Das widerspricht jedoch dem Wortlaut des § 253 II Nr. 2, der zur Bestimmung des Klageantrags in der Klageschrift auch den „Grund des erhobenen Anspruchs" verlangt.

– zweigliedriger SG-Begriff: Antrag + Lebenssachverhalt

(2) Überzeugender ist deshalb die **Theorie vom zweigliedrigen Streitgegenstandsbegriff**, wonach für seine Bestimmung 122

⇨ sowohl der vom Kläger in der Klageschrift gestellte **Antrag**,

⇨ *als auch* der hierzu vorgetragene **Lebenssachverhalt** maßgebend ist.

Ein identischer Lebenssachverhalt liegt danach dann vor, wenn die einzelnen Tatsachen, die einen Antrag rechtfertigen sollen, einen einheitlichen Lebensvorgang darstellen, was unter Zugrundelegung der Verkehrsauffassung und der natürlichen Betrachtungsweise zu beurteilen ist. Dies wäre im Fall ohne Zweifel zu bejahen.

– materiell-rechtliche Theorie

(3) Vereinzelt wird das Streitgegenstandsproblem vom prozessualen in den *materiell-rechtlichen Bereich* verlagert: Danach soll zwar der Streitgegenstand mit dem materiellen Anspruch identisch sein. Ein materieller Anspruch soll dann aber auf mehrere Anspruchsgrundlagen gestützt werden können (z.B. § 280 I und § 823 I BGB aufgrund ein und desselben schädigenden Verhaltens). 123

Dagegen und für die Selbständigkeit einzelner konkurrierender Anspruchsgrundlagen spricht aber, dass es nicht einzusehen ist, wie ein und derselbe materiell-rechtliche Anspruch z.B. verschiedenen Verjährungsregeln unterworfen sein kann. Zudem bringt sie keine Vorteile gegenüber oben (2), da auch sie auf die Heranziehung des den Anspruchsgrundlagen zugrundeliegenden Lebenssachverhalts nicht verzichten kann.

Lebenssachverhalt bei „Kaufpreisforderung + Wechsel"

Schwierig kann jedoch auch bei Anwendung des herrschenden zweigliedrigen Streitgegenstandsbegriffs bisweilen die Frage nach dem Lebenssachverhalt sein: 124

Fall: A verklagt B auf Zahlung und beruft sich dabei auf einen Anspruch auf Kaufpreiszahlung und auf einen erfüllungshalber für die Kaufpreisforderung gegebenen Wechsel. Liegen zwei Streitgegenstände und damit eine objektive Klagenhäufung (§ 260) vor, wenn

a) Abschluss des Kaufvertrags und Begebung des Wechsels im Abstand von drei Monaten erfolgt sind?

b) beides unmittelbar hintereinander geschehen ist?

Bei Variante a) kann man noch problemlos von verschiedenen Lebenssachverhalten sprechen. Schwer fällt dies wegen des engen räumlich-zeitlichen Zusammenhangs aber in Variante b). Es empfiehlt sich somit von einem einheitlichen Lebenssachverhalt nur dort zu sprechen, wo die zur Begründung einer Anspruchsgrundlage vorgetragenen Tatsachen auch zur Begründung einer anderen Anspruchsgrundlage dienen.[64]

---

[64] Th/P, Einl. II, Rn. 32; Arens, Rn. 163.

Im obigen Beispielsfall kann A jedoch entweder Tatsachen vortragen, die zur Begründung eines Kaufpreisanspruchs dienen oder alternativ andere Tatsachen, die eine Wechselforderung begründen. Es liegen dann sozusagen zwei ihrem ganzen Sinngehalt nach unterschiedliche Lebenssachverhalte vor.

Im Fall handelt es sich also in beiden Varianten um eine objektive Klagenhäufung.

Das Gleiche gilt, falls statt eines Wechsels ein Scheck oder ein abstraktes Schuldanerkenntnis i.S.d. §§ 780 f. BGB vorliegt.

hemmer-Methode: Auf all dies ist natürlich nur einzugehen, wenn es sich nicht schon um zwei inhaltlich verschiedene Anträge handelt. Dann liegen unstreitig auch zwei verschiedene Streitgegenstände vor, ohne dass die Frage des Lebenssachverhalts überhaupt aufzuwerfen ist. Beispiel: Zahlungsantrag und Herausgabeantrag.

Dasselbe gilt auch, wenn sich die Anträge schon deswegen unterscheiden, weil es sich um verschiedene Rechtsschutzformen handelt, mag auch die natürliche Betrachtungsweise zu einem einheitlichen Lebenssachverhalt führen. Beispiel: Die Umstellung von Feststellungsantrag, dass Kaufvertrag wirksam abgeschlossen worden ist, auf Leistungsantrag hinsichtlich einer darauf beruhenden Kaufpreisforderung ist eine Klageänderung gem. § 263.

b) Besonderheit bei Feststellungsklagen

Antrag allein entscheidend

Wird Klage auf Feststellung des Bestehens oder Nichtbestehens eines absoluten Rechts erhoben, so bestimmt sich der Streitgegenstand allein nach dem Antrag (z.B. Eigentum an einer bestimmten Sache).[65] Aus dem zugrundeliegenden Lebenssachverhalt kann sich nur der Erwerbsgrund ergeben (Ersitzung, Erbschaft, etc.), der die Art des festzustellenden Rechts nicht berührt. Das Eigentum des Klägers ist in dem einen oder anderen Fall kein verschiedenes.

125

IV. Vorbereitung des Haupttermins

**hemmer-Methode: Im Referendarexamen wird diese Phase des Verfahrens kaum Gegenstand von Klausuren sein, da stets unstreitige Sachverhalte ausgegeben werden.
Dann aber erschöpft sich die Fallbearbeitung in der Erörterung von Rechtsfragen. Nutzen Sie trotzdem die Gelegenheit, sich einen kurzen Überblick zu verschaffen für den Fall, dass Sie in der mündlichen Prüfung einem langjährigen Praktiker begegnen.**

zwei Alternativen:

Neben der Zustellung der Klageschrift an den Beklagten nach § 271 I, II ist der weitere Verfahrensverlauf davon abhängig, für welche der beiden in § 272 II genannten Alternativen sich der Vorsitzende zur umfassenden Vorbereitung des Termins zur mündlichen Verhandlung (§ 272 I) entscheidet. Zur Auswahl stehen Bestimmung eines frühen ersten Termins zur mündlichen Verhandlung nach § 275 oder Veranlassung eines schriftlichen Vorverfahrens nach § 276. Der Gesetzgeber hat diese beiden Möglichkeiten aus Gründen der Verfahrensbeschleunigung in die ZPO aufgenommen.

126

je nach Lage des Einzelfalls

Dabei wird sich ein früher erster Termin für die Klärung bloßer Rechtsfragen und für solche Sachverhalte anbieten, in denen gerade eine mündliche Verhandlung zur weiteren Sachverhaltsaufklärung hilfreich erscheint.

127

---

65 Zöller, Einl., Rn. 77.

Zudem kann der Sachverhalt auch Anhaltspunkte für die Möglichkeit einer gütlichen Einigung ergeben oder es sich im Parteienprozess vor dem Amtsgericht um schriftlich ungewandte Parteien handeln. Häufig empfiehlt sich, den frühen ersten Termin bereits als Haupttermin i.S.v. § 278 anzuberaumen, wenn die Sache in einem einzigen Termin zur Entscheidungsreife gebracht werden kann.

1. Früher erster Termin, § 275

früher erster Termin, § 275

Hat sich der Vorsitzende für einen frühen ersten Termin entschieden, so erfolgt unverzügliche Terminbestimmung auf den frühesten Zeitpunkt, der möglich ist, §§ 216 II, 272 III.

Nach § 274 II ist dabei der Beklagte gleichzeitig mit Zustellung der Klageschrift zu laden. Zudem wird dem Beklagten eine Frist zur Klageerwiderung gesetzt, oder er wird aufgefordert, etwaige Verteidigungsmittel unverzüglich mitzuteilen, § 275 I S. 1, S. 2. Im Fall des § 275 I S. 1 kann dem Kläger zudem eine Frist zur schriftlichen Stellungnahme auf die Klageerwiderung gem. § 275 IV gesetzt werden.

Die Klageerwiderung kann Anlass sein, bisher unterbliebene vorbereitende Maßnahmen nach § 273 zu ergreifen.

Das Gericht kann einen Beweisbeschluss sogar schon vor der mündlichen Verhandlung erlassen und ausführen, vgl. § 358a.

2. Schriftliches Vorverfahren, § 276

schriftliches Vorverfahren

Beim schriftlichen Vorverfahren wird der Beklagte zur Anzeige der Verteidigungsbereitschaft binnen einer Notfrist von 2 Wochen nach Zustellung der Klageschrift aufgefordert und ihm eine Frist von mindestens *weiteren* 2 Wochen zur Klageerwiderung gesetzt, § 276 I S. 1, S. 2.

Wenn der Beklagte auf die Klage erwidert, so kann dem Kläger eine Frist zur schriftlichen Stellungnahme auf die Klageerwiderung gesetzt werden, § 276 III. Darüber hinaus erfolgt unverzügliche Terminbestimmung, § 216 II.

evtl. Versäumnisurteil (§ 331 III) oder Anerkenntnisurteil (§ 307 II)

Zeigt der Beklagte allerdings nicht innerhalb der Notfrist seine Verteidigungsbereitschaft an, wird *auf Antrag* des Klägers ein **Versäumnisurteil** erlassen, wenn die Voraussetzungen dafür erfüllt sind, **§ 331 III**.[66] In dieser Phase des Verfahrens besteht ferner die Möglichkeit eines **Anerkenntnisurteils, § 307 II**.

V. Haupttermin

hemmer-Methode: Auch aus diesem Verfahrensstadium dürften Ihnen im Referendarexamen keine Klausurfälle begegnen. Ein kurzer Überblick mag aber auch hier für eine mündliche Prüfung von Nutzen sein.

1. Güteverhandlung

Güterversuch, § 278

Der mündlichen Verhandlung soll ein Güteversuch vorausgehen, um eine gütliche Beilegung des Streites zu fördern, § 278 II S. 1. Hierdurch wird die Verpflichtung des Gerichts gem. § 278 I, in jeder Lage des Verfahrens eine gütliche Einigung zu fördern, institutionalisiert.

---

66   Vgl. Rn. 387 ff.

Eine Güteverhandlung braucht nur dann nicht stattzufinden, wenn ein außergerichtlicher Versuch bereits fehlgeschlagen ist oder eine Güteverhandlung erkennbar aussichtslos erscheint, § 278 I S. 1, 2. HS.

Zu der Güteverhandlung soll das persönliche Erscheinen der Parteien angeordnet werden, § 278 III S.1. Folgen beide Parteien dieser Anordnung nicht, wird das Ruhen des Verfahrens angeordnet, § 278 IV.

2. Aufruf zur Sache und mündliche Verhandlung, §§ 220 I; 279

Ist der Güteversuch gescheitert, soll sich die mündliche Verhandlung unmittelbar anschließen oder andernfalls ist unverzüglich ein Termin zu bestimmen, § 279 I. Dabei wird nach Aufruf zur Sache und – soweit noch nicht in der Güteverhandlung erfolgter – Einführung in den Sach- und Streitstand zunächst geklärt, was in der Hauptverhandlung noch bewältigt werden muss. Streitiges wird von Unstreitigem getrennt; das Gericht wird mit den Parteien den Sachverhalt unter tatsächlichen und rechtlichen Gesichtspunkten erörtern.

130a

Es wird dahin wirken, dass die Parteien sich rechtzeitig und vollständig zu allen erheblichen Tatsachen erklären und dass sie sachdienliche Anträge stellen, § 139 I. Dabei kommt mit der Neufassung der ZPO dem Gericht eine deutlich umfassende Pflicht zur materiellen Prozessleitung zu.[67]

3. Streitige Verhandlung und anschließende Beweisaufnahme, § 279 II

Antragstellung, streitige Verhandlung

Mit dem Stellen der Sachanträge durch die Prozessparteien gem. § 137 I beginnt die eigentliche streitige Verhandlung. Der Vorsitzende, der die mündliche Verhandlung leitet, § 136 I, hat dabei für eine erschöpfende Erörterung der Sache zu sorgen, § 136 III.

131

Die anschließende sofortige Beweisaufnahme erfolgt in der Regel durch das Prozessgericht selbst, § 355.

4. Entscheidungsreife

Stuhlurteil oder Verkündungstermin

Bei Entscheidungsreife des Rechtsstreits, § 300 I, wird die mündliche Verhandlung vom Vorsitzenden geschlossen, § 136 IV. Das Urteil wird noch im selben Termin, sog. „Stuhlurteil", oder in einem sofort anzuberaumenden Verkündungstermin verkündet, § 310.

132

Tritt Entscheidungsreife bereits in einem frühen ersten Termin nach § 275 I ein, so ist er mit dem Haupttermin nach § 279 gleichzusetzen; demzufolge können auch schon dort Anträge gestellt werden.

133

---

67 Vgl. B/L/A/H § 139 Rn. 20 ff.

```
                    ┌─────────────────────────────┐
                    │  Vorbereitung vom Haupttermin │
                    └─────────────────────────────┘
                              │
                      nach § 272 II alternativ
                    ┌─────────┴─────────┐
                    ▼                   ▼
          ┌──────────────────┐   ┌──────────────────┐
          │ Güterverhandlung │   │  schriftliches   │
          │                  │   │  Vorverfahren,   │
          └──────────────────┘   │      § 276       │
                                 └──────────────────┘
           Falls gescheitert              │
                                          ▼
          früher erster Termin,   ┌──────────────────┐
                § 275             │ Güterverhandlung,│
          Beachte: Tritt Entschei-│      § 278       │
          dungsreife ein,         └──────────────────┘
          ⇨ Gleichsetzung mit             │
          Haupttermin, § 279       Falls gescheitert
```

```
                    ┌─────────────────────────────┐
                    │         Haupttermin          │
                    └─────────────────────────────┘
```

⇨ Aufruf zur Sache, § 220 I
⇨ Einführung in den Sach- und Streitstand, §§ 139, 278 II S. 2
⇨ Streitige Verhandlung, §§ 279 II
⇨ Beweisaufnahme, § 279 II

```
                       Entscheidungsreife
                    ┌──────────┴──────────┐
                    ▼                     ▼
            ┌──────────────┐      ┌──────────────────┐
            │  Stuhlurteil,│      │ Verkündungstermin,│
            │     § 310    │      │       § 310      │
            └──────────────┘      └──────────────────┘
```

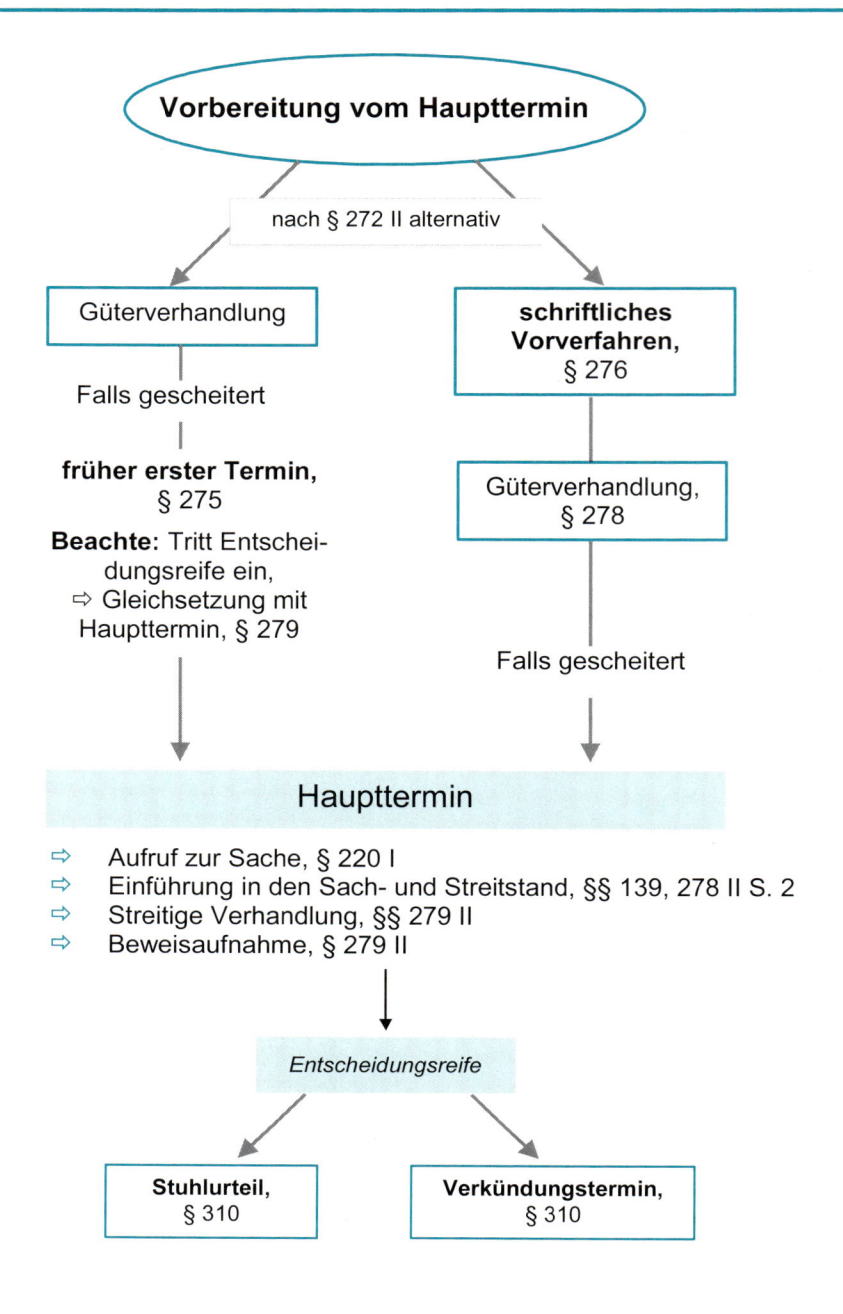

VI. Entscheidung, Rechtsbehelfe und Zwangsvollstreckung

1. Entscheidung

Pflicht zur Entscheidung

Der Grundsatz der richterlichen Entscheidungspflicht ist Folge des grundgesetzlich garantierten Anspruchs des Bürgers gegen den Staat auf Ausübung der Rechtspflege, des sog. Justizgewährungsanspruchs.

> **hemmer-Methode:** Das Verfahrensstadium der Entscheidung eignet sich neben dem Rechtsmittelverfahren am besten für einen Klausurfall im ersten Staatsexamen, da sich dort hervorragend prozessuale und materielle Rechtsprobleme verbinden lassen. Ist in einer Examensklausur nach der vom Gericht zu treffenden Entscheidung gefragt, so ist zu prüfen, ob die Klage zulässig und begründet ist.
> Zentraler Prüfungspunkt des Prozessrechts ist dabei die Zulässigkeit einer Klage, der im Folgenden ein eigener Abschnitt gewidmet ist. Im Rahmen der Begründetheit ist dann zu prüfen, ob der vom Kläger geltend gemachte Anspruch besteht oder nicht.

134

2. Rechtsbehelfe

Überprüfung im Rechtsbehelfsverfahren

Durch Einrichtung von Rechtsbehelfen hat der Gesetzgeber dem Einzelnen die Möglichkeit gegeben, möglicherweise unrichtige Entscheidungen überprüfen zu lassen.[68]

135

3. Zwangsvollstreckung

zwangsweise Durchsetzung des Anspruchs

Das Zwangsvollstreckungsverfahren hat die Aufgabe, Leistungsansprüche zwangsweise mit staatlichen Hilfsmitteln durchzusetzen, falls die unterlegene Partei dem Urteil nicht freiwillig Folge leistet, vgl. Skript ZPO II.

136

---

[68] Vgl. Rn. 568 ff.

§ 3 DIE ZULÄSSIGKEIT DER KLAGE

I. Allgemeines

Zulässigkeit erster Prüfungspunkt

Bevor das Gericht über die Begründetheit einer Klage entscheidet, also über das Bestehen des vom Kläger geltend gemachten prozessualen Anspruchs, muss es prüfen, ob die Klage zulässig ist, ob also die Prozessvoraussetzungen vorliegen.

Über die Zulässigkeit der Klage kann gem. § 280 auch abgesondert verhandelt und durch Zwischenurteil entschieden werden.[69]

hemmer-Methode: Insbesondere die Prüfung der Zulässigkeit einer Klage bietet sich im ersten Staatsexamen als prozessualer Bestandteil einer Klausur an. Eine Zulässigkeitsprüfung kann zum einen im Rahmen eines „prozessualen Anhangs" erforderlich sein. In diesen Fällen ist es nicht entscheidend, ob die Zulässigkeit im Ergebnis bejaht wird oder nicht. Ist jedoch nach den Erfolgsaussichten einer Klage gefragt, sind also Zulässigkeit und Begründetheit einer Klage zu prüfen, so gilt wie bei öffentlich-rechtlichen Klausuren: Die Klage wird in der Regel nach dem Willen des Klausurerstellers grundsätzlich nicht an der Zulässigkeit scheitern, da andernfalls die Begründetheitsprüfung in ein Hilfsgutachten verlagert würde.

1. Unterscheidung zwischen „echten" und „unechten" Prozessvoraussetzungen[70]

echte Prozessvoraussetzungen

Bereits nach Einreichung einer Klageschrift bei Gericht können so schwerwiegende Gründe zutage treten, dass jeder weitere Fortgang des Verfahrens als überflüssig erscheint. In diesen Fällen des **Fehlens einer *echten* Prozessvoraussetzung** (deutsche Gerichtsbarkeit, wirksame Klageerhebung, offensichtliche Partei- oder Prozessunfähigkeit, fehlende Zahlung des Gerichtskostenvorschusses, § 12 I S.1 GKG), **darf** die **Klageschrift** dem Beklagten schon **nicht zugestellt und kein Termin anberaumt werden**, mit der Folge, dass es zu einem Prozess im eigentlichen Sinne gar nicht kommt.

hemmer-Methode: Es ergeht eine sog. a limine[71] - Abweisung d. Klage.

unechte Prozessvoraussetzung

Fehlt es dagegen an einer der *übrigen,* **unechten Prozessvoraussetzungen**, findet das Verfahren zunächst den oben dargestellten Fortgang. Allerdings kommt dann eine Abweisung der Klage als unzulässig ohne Einstieg in die Begründetheitsprüfung in Betracht. Das Urteil, durch das eine **Klage als unzulässig abgewiesen** wird, wird als **Prozessurteil** (im Gegensatz zum Sachurteil) bezeichnet.[72] Für die unechten Prozessvoraussetzungen üblich ist deshalb auch der Begriff der Sachurteilsvoraussetzungen.

2. Unterscheidung zwischen Prozessvoraussetzungen und Prozesshindernissen

Prozessvoraussetzungen v.A.w. zu prüfen

Die Prozessvoraussetzungen, die spätestens zum Schluss der mündlichen Verhandlung (arg.: allgemeiner Grundsatz in § 296a) vorliegen müssen, sind in jeder Lage des Verfahrens *von Amts wegen* zu prüfen.

---

69 Vgl. Rn. 144a.
70 Musielak, Rn. 98.
71 Lateinisch; auf Deutsch heißt ides „an der Schwelle", „an der Schranke".
72 Th/P, vor § 300 Rn. 5.

§ 3 DIE ZULÄSSIGKEIT DER KLAGE

Das wird zwar ausdrücklich in § 56 I nur für einige Prozessvoraussetzungen angeordnet, gilt aber auch darüber hinaus für alle anderen, da deren Einhaltung im öffentlichen Interesse geboten ist.[73]

> **hemmer-Methode:** Der Grundsatz der Amtsprüfung darf nicht mit dem im Verwaltungsprozess geltenden Untersuchungsgrundsatz verwechselt werden. Im Rahmen der Zulässigkeitsprüfung im Zivilprozess beschränkt sich die Tätigkeit des Gerichts darauf, die *gegen* die Zulässigkeit sprechenden Tatsachen in den Prozess einzuführen, auf Bedenken aufmerksam zu machen und die Parteien zur Nachweisbeschaffung aufzufordern. Im Übrigen gilt der Verhandlungsgrundsatz, vgl. Rn. 16 ff.

Prozesshindernisse nur auf Rüge

Als Prozess*hindernisse* werden demgegenüber Zulässigkeitsvoraussetzungen bezeichnet, die nur im Interesse einer Partei liegen und nur auf deren Rüge hin zu beachten sind, vgl. §§ 282 III, 296 III:[74]

141

> ⇨ Einrede mangelnder Sicherheit wegen der Prozesskosten, § 110 mit der Folge des § 113
>
> ⇨ Einrede mangelnder Kostenerstattung bei vorheriger Klagerücknahme, § 269 VI
>
> ⇨ Einrede der Schiedsgerichtsklausel, § 1032
>
> ⇨ Einrede des Klagerücknahmeversprechens (vgl. Rn. 272 und Rn. 314)

3. Prüfung der Zulässigkeit

a) Prüfungsreihenfolge innerhalb der Prozessvoraussetzungen

keine strikte Prüfungsreihenfolge

Bei der Prüfung der einzelnen Prozessvoraussetzungen ist eine zwingende Reihenfolge nicht einzuhalten.

142

> **hemmer-Methode:** Demonstrieren Sie bei Prüfung der Zulässigkeit Problembewusstsein und sprechen Sie wirklich nur die Prozessvoraussetzungen an, über deren Vorliegen dem Sachverhalt nach ernsthaft gezweifelt werden kann. Ein geistloses Herunterbeten der gesamten Litanei verärgert den Korrektor!

b) Prüfungsvorrang der Prozessvoraussetzungen?

Zulässigkeit vor Begründetheit

Nach ganz h.M. darf ein Sachurteil über Fragen der Begründetheit erst ergehen, wenn zuvor die Zulässigkeit geprüft und bejaht worden ist.[75] Eine Abweisung als „jedenfalls unbegründet" ist wegen der unterschiedlichen Rechtskraftwirkung[76] verfahrensfehlerhaft.[77]

143

Ausnahme: offensichtliche Unbegründetheit und fragliches RSB

Eine Ausnahme wird allerdings beim Rechtsschutzbedürfnis zugelassen, falls dieses sehr zweifelhaft erscheint, die Unbegründetheit der Klage aber offensichtlich ist. Das Erfordernis eines Rechtsschutzbedürfnisses soll nämlich die Arbeitsbelastung der Gerichte gerade mindern.

144

---

73 Th/P, vor § 253 Rn. 10, 12; vgl. dazu bereits Rn. 31!
74 Th/P, vor § 253 Rn. 10.
75 Th/P, vor § 253 Rn. 8.
76 Vgl. dazu Rn. 530 ff.
77 Vgl. BGH, NJW 2000, 3718.

Es wäre deshalb widersinnig, auf einer langwierigen Prüfung zu bestehen, wenn ohnehin feststeht, dass die Klage unbegründet ist.

In diesen Fällen darf also dahingestellt bleiben, ob das Rechtsschutzbedürfnis vorliegt. Die Klage ist als unbegründet abzuweisen.[78]

> **hemmer-Methode:** Im Übrigen ist der Prüfungsvorrang stets zu beachten. Dies gilt insbesondere bei klageabweisenden Urteilen, da sich die materielle Rechtskraft eines *Prozess*urteils auf den konkreten Zulässigkeitsmangel, aufgrund dessen die Klage als unzulässig abgewiesen wurde, beschränkt. Die materielle Rechtskraft eines klageabweisenden *Sach*urteils würde aber auch Fragen der Begründetheit umfassen, vgl. Rn. 534 ff.

c) Entscheidung über die Zulässigkeit

Zwischen-, Prozess- oder Sachurteil

Über die Zulässigkeit der Klage kann nach einer abgesonderten Verhandlung durch selbständig anfechtbares Zwischenurteil gem. § 280 I, II oder in den Gründen des Endurteils entschieden werden. — 144a

Hält das Gericht die Klage für unzulässig, weist es sie in Form eines sog. Prozessurteils ab. Dieses stellt auch hinsichtlich der Rechtsmittel ein Endurteil dar. Anderenfalls entscheidet es über die Zulässigkeit der Klage erst im Rahmen eines auch über die Begründetheit des Anspruchs entscheidenden Sachurteils. — 145

II. Gerichtsbezogene Prozessvoraussetzungen

1. Deutsche Gerichtsbarkeit

dt. Gerichtsbarkeit, §§ 18 ff. GVG, regelmäßig unproblematisch

Die deutsche Gerichtsbarkeit ist in §§ 18 - 20 GVG geregelt und erfasst grundsätzlich alle Personen, die sich auf deutschem Staatsgebiet befinden (Ausnahme: sog. Exterritoriale). Fehlt die deutsche Gerichtsbarkeit offensichtlich, so handelt es sich um eine „echte" Prozessvoraussetzung.[79] Auf sie ist regelmäßig nicht einzugehen. — 146

2. Eröffnung des ordentlichen Rechtsweges in Zivilsachen

> **hemmer-Methode:** Einen eigenen Zivilrechtsweg gibt es nicht, da sowohl in Straf- als auch in Zivilsachen der sog. *„ordentliche Rechtsweg"* eröffnet ist.

„Zivilrechtsweg", § 13 GVG

Die Zulässigkeit des „Zivilrechtswegs" bestimmt sich nach § 13 GVG. Maßgebend für das Vorliegen einer Zivilrechtsstreitigkeit ist die wahre Natur des Rechtsverhältnisses, aus dem der Klageanspruch hergeleitet wird. Der durch den Tatsachenvortrag des Klägers bestimmte Streitgegenstand muss eine unmittelbare Rechtsfolge des Zivilrechts sein (modifizierte Subjektstheorie).[80] — 147

Darüber hinaus existiert eine Rechtswegzuständigkeit kraft besonderer gesetzlicher Zuweisung, vgl. § 40 II VwGO, Art. 34 GG.

bei Fehlen: Verweisungsbeschluss

Fehlt die Zivilrechtswegzuständigkeit, so erfolgt keine Abweisung der Klage als unzulässig, sondern von Amts wegen eine bindende Verweisung an das zuständige Gericht des zulässigen Rechtswegs, § 17a II S. 1, S. 3 GVG (Grundsatz der Priorität). — 148

---

78 Schlosser, Rn.303 m.w.N.; a.A. Jauernig, § 33 V 4.
79 Vgl. Rn. 138.
80 Th/P, § 13 GVG, Rn. 7.

§ 3 DIE ZULÄSSIGKEIT DER KLAGE

Ebenso bindend für andere Gerichte entscheidet das Zivilgericht über die eigene Rechtswegzuständigkeit, § 17a I GVG (Grundsatz der Kompetenzautonomie).

3. Zuständigkeit des Gerichts

§ 261 III Nr. 2 perpetuatio fori

Bei Zuständigkeitsfragen ist stets § 261 III Nr. 2 zu beachten: Für die Zuständigkeit des Gerichts als Prozessvoraussetzung ist also nur der Zeitpunkt des Eintritts der Rechtshängigkeit, nicht der Schluss der letzten mündlichen Verhandlung maßgeblich, sog. „perpetuatio fori".

nicht bei Änderung des SG

Zu beachten ist, dass § 261 III Nr. 2 nicht gilt, wenn der Streitgegenstand durch Klageänderung oder Widerklage verändert wird und dadurch die Zuständigkeit entfällt.[81]

hemmer-Methode: Beachten Sie auch § 513 II, wonach die Berufung nicht darauf gestützt werden kann, dass das Gericht des ersten Rechtszuges seine Zuständigkeit zu Unrecht angenommen hat.

a) Sachliche Zuständigkeit

erstinstanzliche Zuständigkeit

Die sachliche Zuständigkeit behandelt die Frage, welches Gericht innerhalb derselben Gerichtsbarkeit in erster Instanz einen Rechtsstreit zu entscheiden hat.

LG oder AG

Innerhalb des Zivilrechtswegs ist die sachliche Zuständigkeit zwischen Amtsgericht und Landgericht aufgeteilt, §§ 1 i.V.m. 23 ff., 71 GVG. Nach diesen Vorschriften liegt die sachliche Grundzuständigkeit bei den Landgerichten, § 71 GVG, während die Zuständigkeit des Amtsgerichts enumerativ in §§ 23; 23a GVG aufgezählt ist.

Die Amtsgerichte sind hiernach insbesondere zuständig für:

> ⇨ streitwertabhängige Streitigkeiten bis einschließlich 5.000,- €, § 23 Nr. 1 GVG
>
> ⇨ Mietrechtsstreitigkeiten über Wohnraum, § 23 Nr. 2a GVG
>
> ⇨ Familiensachen, § 23a GVG

hemmer-Methode: Beachten Sie hinsichtlich der Mietrechtsstreitigkeiten die Divergenz zwischen § 23 Nr. 2a GVG und § 29a! Während § 23 Nr. 2a GVG nur Mietverhältnisse über Wohnraum erfasst, gilt § 29a für alle Miet- und Pachtverhältnisse, nimmt aber in § 29a II wiederum ausdrücklich Wohnraum i.S.d. § 553 II Nr. 1-3 BGB aus!

---

81 Th/P, § 261 Rn. 17; vgl. Rn. 116.

Die folgenden Grafiken im Skript sind vorwiegend ein Auszug aus den Minikarteikarten Shorties zum Kennenlernen

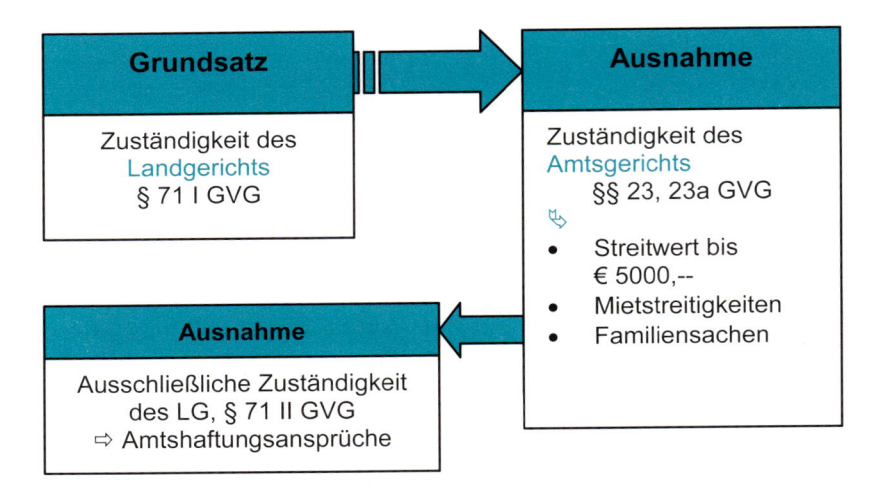

Grundsatz

Zuständigkeit des
Landgerichts
§ 71 I GVG

Ausnahme

Zuständigkeit des
Amtsgerichts
§§ 23, 23a GVG

- Streitwert bis € 5000,--
- Mietstreitigkeiten
- Familiensachen

Ausnahme

Ausschließliche Zuständigkeit des LG, § 71 II GVG
⇨ Amtshaftungsansprüche

Unterscheide:
gesetzliche Geschäftsverteilung

Die sachliche Zuständigkeit ist von der bloßen *gesetzlichen Geschäftsverteilung* innerhalb derselben sachlichen Zuständigkeit abzugrenzen.[82]

AG - FamGerichte, § 23b GVG

So werden gem. § 23b GVG innerhalb der Zuständigkeit der Amtsgerichte besondere Spruchkörper, die Familiengerichte, eingerichtet. Das Präsidium des Amtsgerichts ist hier zwar bei der Geschäftsverteilung gesetzlich gebunden, bei einer Fehlleitung kommt es aber nicht zu einer förmlichen Verweisung gem. § 281 I, sondern nur zu einer formlosen Abgabe.

LG - KfH, §§ 93 ff. GVG

Auch die bei den Landgerichten gebildeten Kammern für Handelssachen, §§ 93 ff. GVG, stellen einen Fall der gesetzlichen Geschäftsverteilung dar. Dort existieren jedoch eigenständige Verweisungsvorschriften, §§ 97, 98 GVG.

b) Örtliche Zuständigkeit

aa) Allgemeines

§§ 12 ff. + Spezialgesetze

Die örtliche Zuständigkeit behandelt die Frage, welches sachlich zuständige Gericht sich wegen seiner räumlichen Beziehung zum Rechtsstreit mit diesem zu befassen hat. Die örtliche Zuständigkeit ist insbesondere in den §§ 12 - 34 geregelt, darüber hinaus in einigen Spezialgesetzen, z.B. § 6 UKlaG, § 20 StVG, § 48 VVG.

Das Gesetz unterscheidet im Rahmen der örtlichen Zuständigkeit zwischen allgemeinen, besonderen und ausschließlichen Gerichtsständen:

allg. Gerichtsstand

(1) Von einem *allgemeinen Gerichtsstand* spricht man, wenn in ihm grundsätzlich alle Ansprüche gegen eine Person geltend gemacht werden können, sofern nicht für eine Klage ein ausschließlicher Gerichtsstand begründet ist, § 12. Allgemeine Gerichtsstände sind in §§ 13 - 19 geregelt.

---

[82] Th/P, vor § 1 Rn. 9.

§ 3 DIE ZULÄSSIGKEIT DER KLAGE

bes. Gerichtsstand

(2) Ein *besonderer Gerichtsstand* ist hingegen auf die Geltendmachung bestimmter Ansprüche beschränkt, vgl. §§ 20 - 23a; 25 - 29; 29b - 32; 33 f.; 35a.

ausschließlicher Gerichtsstand

(3) Ein *ausschließlicher Gerichtsstand* geht allen anderen, nicht ausschließlichen Gerichtsständen vor, § 12, und ist nur dann begründet, wenn dies gesetzlich ausdrücklich bestimmt ist, vgl. §§ 24; 29a; 32a; 606; 802; UKlaG.

Unter mehreren allgemeinen oder besonderen Gerichtsständen hat der Kläger die Wahl, § 35.

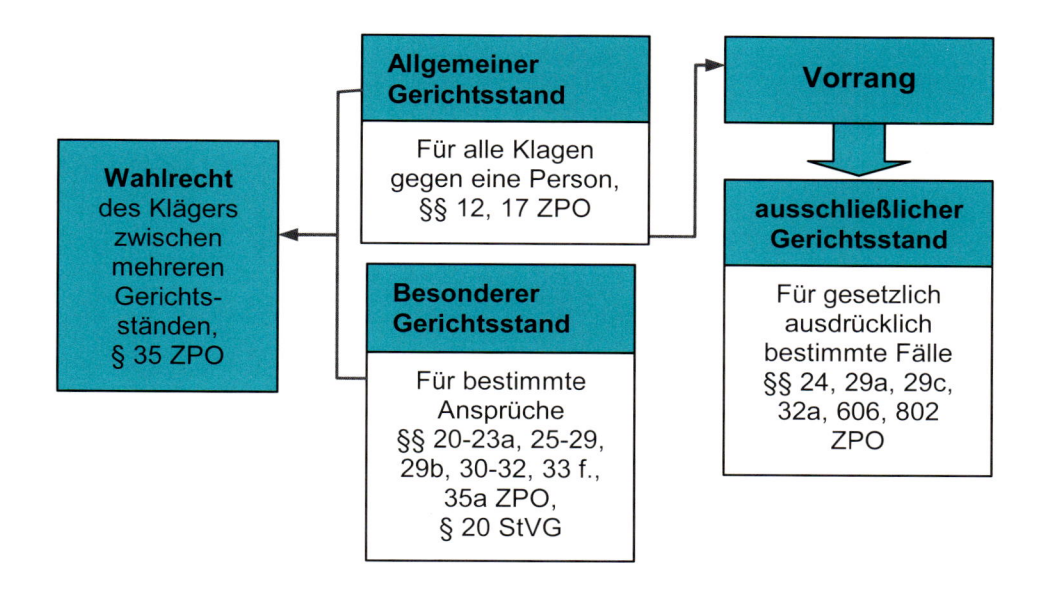

```
                    ┌─────────────────────┐      ┌──────────┐
                    │    Allgemeiner      │─────▶│ Vorrang  │
                    │   Gerichtsstand     │      └────┬─────┘
                    ├─────────────────────┤           ▼
                    │  Für alle Klagen    │      ┌──────────────────┐
                    │ gegen eine Person,  │      │  ausschließlicher│
┌──────────────┐    │    §§ 12, 17 ZPO    │      │   Gerichtsstand  │
│  Wahlrecht   │◀───┤                     │      ├──────────────────┤
│ des Klägers  │    └─────────────────────┘      │  Für gesetzlich  │
│  zwischen    │                                 │    ausdrücklich  │
│   mehreren   │    ┌─────────────────────┐      │  bestimmte Fälle │
│  Gerichts-   │    │     Besonderer      │      │ §§ 24, 29a, 29c, │
│   ständen,   │    │    Gerichtsstand    │      │   32a, 606, 802  │
│   § 35 ZPO   │    ├─────────────────────┤      │        ZPO       │
└──────────────┘    │   Für bestimmte     │      └──────────────────┘
                    │     Ansprüche       │
                    │ §§ 20-23a, 25-29,   │
                    │ 29b, 30-32, 33 f.,  │
                    │     35a ZPO,        │
                    │      § 20 StVG      │
                    └─────────────────────┘
```

bb) Einige wichtige Gerichtsstände im Einzelnen

(1) Allgemeine Gerichtsstände

Unterscheide: § 13: natürl. Personen, § 17: jur. Personen

Bei den allgemeinen Gerichtsständen ist zwischen natürlichen und juristischen Personen zu unterscheiden.

Für natürliche Personen gilt insbesondere § 13 mit der Maßgeblichkeit des Wohnsitzes (§§ 7 - 11 BGB kommentieren!), für juristische Personen § 17 mit der Maßgeblichkeit des Verwaltungssitzes.

hemmer-Methode: Beachten Sie, dass nach Anerkennung der Parteifähigkeit der BGB-Gesellschaft durch den BGH (vgl. NJW 2001, 1056 ff. kommentiert in Life&Law 2001, 216 ff.) § 17 auch auf die GbR (§ 705 BGB) angewendet werden muss. Die anders lautende Entscheidung des BayObLG (NJW-RR 1990, 742) muss als überholt angesehen werden!

Beachte: Der allgemeine Gerichtsstand bestimmt sich immer nach dem *Beklagten*, wie § 12 mit der Formulierung „gegen sie zu erhebenden" zum Ausdruck bringt. Dies wird dadurch gerechtfertigt, dass der Beklagte gegen seinen Willen in einen Rechtsstreit hineingezogen wird.

(2) Besondere Gerichtsstände

bes. Gerichtsstände: §§ 27; 29; 32; 33

⇨ **§ 27** ist insbesondere bei Ansprüchen aus §§ 2018 ff. BGB zu beachten.

⇨ **§ 29 I** begründet einen besonderen Gerichtsstand des Leistungs- oder Erfüllungsortes i.S.d. §§ 269, 270 IV BGB. Im Rahmen von § 29 ist zu beachten:

Der Leistungsort ist für *jede einzelne* aus einem Vertrag fließende Verpflichtung selbständig zu bestimmen.[83]

Ein *vereinbarter* Erfüllungsort, der materiellrechtlich wegen § 269 I BGB Vorrang genießt, wirkt nur unter den Voraussetzungen des § 29 II gerichtsstandsbegründend. Damit soll ein Gleichlauf mit der Prorogationsvorschrift des § 38 I geschaffen werden.[84]

§ 29 gilt schließlich auch für Ansprüche aus §§ 280 I S.1, 241 II, 311 II; 122; 179 BGB, obwohl dort gerade kein Vertrag vorliegen muss. Der Erfüllungsort bestimmt sich dann nach der beabsichtigten Hauptverpflichtung.[85]

⇨ **§ 29c** ist ein besonderer Gerichtsstand für Haustürgeschäfte i.S.d. § 312 BGB.

hemmer-Methode: Für Klagen *des* Verbrauchers handelt es sich um einen besonderen, für Klagen *gegen* den Verbraucher um einen *ausschließlichen* Gerichtsstand, vgl. § 29c I S.2.

Die Anwendung des § 29c erstreckt sich auf auch auf alle Folgeansprüche aus Haustürgeschäften. Dies gilt namentlich für Ansprüche, die sich aus der Schlechterfüllung solcher Geschäfte oder aus Verschulden bei Vertragsschluss ergeben. Selbst deliktische Ansprüche (z.B. aus § 826 BGB) können an diesem Gerichtsstand geltend gemacht werden, wenn sie ihre Ursache in dem Haustürgeschäft haben[86].

hemmer-Methode: Beachten Sie bitte, dass § 29c nicht voraussetzt, dass auch tatsächlich ein Widerrufsrecht besteht. Das heißt, dass § 29c auch in den Fällen des § 312 III BGB, z.B. daher auch bei Versicherungsverträgen grds. anwendbar ist.[87]
„Sound": Der Ausschluss des Widerrufrechts gemäß § 312 III BGB ändert am Vorliegen eines Haustürgeschäfts nichts![88]

⇨ **§ 32** gilt nicht nur für unerlaubte Handlungen i.S.d. §§ 823 ff. BGB, sondern auch für Ansprüche aus Gefährdungshaftung und Haftungsansprüche aus §§ 12, 1004, 1065, 1227 BGB.[89] Bei Ansprüchen aus dem StVG ist zusätzlich **§ 20 StVG** zu beachten.

---

[83] Th/P, § 29 Rn. 5.
[84] Vgl. Rn. 172 ff.
[85] Th/P, § 29 Rn. 3.
[86] Vgl. BGH NJW 2003, 1190, 1191 (lesen!)
[87] Vgl. LG Landshut in NJW 2003, 1197.
[88] Zöller, § 29c Rn. 4.
[89] Zöller, § 32 Rn. 4 ff.

§ 3 DIE ZULÄSSIGKEIT DER KLAGE

Maßgebend für den Gerichtsbezirk ist dabei der Ort, an dem eines der wesentlichen Tatbestandsmerkmale des fraglichen Anspruchs realisiert wurde (Tatort) bzw. der Erfolg eingetreten ist („Erfolgs"ort).[90]

hemmer-Methode: Im Rahmen von § 32 taucht das Problem der sog. *doppelrelevanten* Tatsachen auf: Die örtliche Zuständigkeit nach § 32 ist nur gegeben, wenn im jeweiligen Gerichtsbezirk eine unerlaubte Handlung begangen wurde. Dies ist aber erst eine Frage der Begründetheit. Verlagern Sie in diesem Fall nicht die Begründetheitsprüfung in die Zulässigkeit. Zur Zuständigkeitsbegründung des § 32 genügt es, dass der Kläger schlüssig Tatsachen behauptet, aus denen sich möglicherweise das Vorliegen einer unerlaubten Handlung ergibt.[91]

⇨ § 33 ist im Rahmen der Widerklage darzustellen.[92]

(3) Ausschließliche Gerichtsstände

ausschließliche Gerichtsstände: §§ 29a, 24, 802

⇨ Für Miet- und Pachtverhältnisse gilt § 29a. Beachten Sie nochmals die Unterschiede zu § 23 Nr. 2a GVG.[93]

⇨ Bei Grundstücksstreitigkeiten ist § 24 zu beachten: Dabei muss es sich um Ansprüche *aus* dem Eigentum, einer dinglichen Belastung oder aus dem Besitz handeln.[94] Ein Anspruch aus § 433 I BGB auf Übereignung fällt nicht darunter. Hierfür gilt vielmehr nur der besondere Gerichtsstand des § 29.

hemmer-Methode: Verwechseln Sie hier nicht § 29 mit § 26. § 26 meint mit persönlichen Klagen gegen den Grundstückseigentümer z.B. den Anspruch auf Verwendungsersatz gem. §§ 994 ff. BGB bzw. auf Zustimmung gem. § 888 BGB, aber nicht auf Erfüllung eines Vertrages. Hierfür gilt § 29!

⇨ Für **Klagen** des Unternehmers ***gegen einen Verbraucher*** aus einem Haustürgeschäft handelt es sich bei § 29c, der grds. einen besonderen Gerichtsatnd begründet, um einen *ausschließlichen* Gerichtsstand, § 29c I S.2, vgl. schon Rn. 161.

⇨ § 802 erklärt sämtliche Gerichtsstände für Klagen i.R.d. Zwangsvollstreckung, wie z.B. § 766 (Vollstreckungserinnerung), § 767 (Vollstreckungsgegenklage), § 771 (Drittwiderspruchsklage) für ausschließlich.

hemmer-Methode: Die eigentliche Klausurrelevanz erlangen die ausschließlichen Gerichtsstände im Rahmen des Prorogationsverbotes nach § 40 II S.1 Nr. 2. Denken Sie daher immer bei Gerichtsstandsvereinbarungen an einen möglichen ausschließlichen Gerichtsstand als Unwirksamkeitsgrund.

cc) Verweisung nach § 281

§ 281: bei Unzuständigkeit auf Antrag Verweisungsbeschluss

Bei fehlender sachlicher oder örtlicher Zuständigkeit müsste die Klage eigentlich durch Prozessurteil als unzulässig abgewiesen werden.

---

90 Th/P, § 32 Rn. 7.
91 R/S/G, § 36 II 8; Zöller, § 12 Rn. 14.
92 Vgl. Rn. 368 ff.
93 Vgl. Rn. 152.
94 Th/P, § 24 Rn. 3-6.

Um dies zu verhindern, kann *auf Antrag* des Klägers das unzuständige Gericht sich für unzuständig erklären und den Rechtsstreit an das zuständige Gericht durch förmlichen Beschluss verweisen, § 281 I S. 1.

hemmer-Methode: Beachten Sie bitte, dass im Verwaltungsprozess gem. § 83 VwGO im Fall der sachlichen und/oder örtlichen Unzuständigkeit die §§ 17 bis 17b GVG zur Anwendung kommen. Damit wird anders als in der ZPO bei Unzuständigkeit gem. § 83 VwGO i.V.m. § 17a II S.1 GVG von Amts wegen an das zuständige Verwaltungsgericht verwiesen.
Dieser Unterschied ist deshalb gerechtfertigt, da sich im Verwaltungsprozess der Bürger gegen den Staat wehrt und daher der Rechtsschutz effektiver ausgestaltet ist.

Der Beschluss ist unanfechtbar und für das zuständige Gericht bindend, § 281 II S. 2, S. 4.

hemmer-Methode: Achtung! Dies gibt dem Gericht aber nicht die Möglichkeit „arbeitserleichternder" Verweisungen. An willkürliche Verweisungsbeschlüsse ist kein Gericht gebunden.[95] Vom Gericht, das nun die Arbeit hat, wird geprüft, ob es sich um eine derartige Willkürverweisung handelt.

Fortwirkung bisheriger Prozesshandlungen

Da der Rechtsstreit mit Eingang der Akten bei dem Gericht, an das verwiesen wurde, anhängig wird, § 281 II S. 3, findet keine Unterbrechung statt, so dass bisherige Prozesshandlungen fortwirken und alle Fristen gewahrt bleiben.[96]

dd) Fall zur örtlichen Zuständigkeit

Übungsfall

Die K-Bank finanzierte dem B den Kauf eines Neuwagens. Weil B seinen Rückzahlungsverpflichtungen in Höhe von 25.000,- € nicht nachkam, erhob K Klage vor dem Landgericht München auf Rückzahlung des ausbezahlten Betrags mit folgender Begründung:

1) K habe gegen B einen vertraglichen Rückzahlungsanspruch aus § 488 I S. 2 BGB.

2) B habe die K während der Vertragsverhandlungen arglistig und mit Schädigungsvorsatz i.S.d. § 826 BGB über seine Kreditwürdigkeit getäuscht.

K hat ihren Sitz in Regensburg, B seinen Wohnsitz in Stuttgart, die Vertragsverhandlungen fanden in München statt.

Im Rahmen der Entscheidungsfindung kommen die Richter zu dem Ergebnis, dass zwar ein vertraglicher Rückzahlungsanspruch besteht, dem B aber kein Schädigungsvorsatz nachgewiesen werden kann.

Wie ist zu entscheiden, wenn B zu Beginn der mündlichen Verhandlung die Unzuständigkeit des Landgerichts München gerügt hat?

Eine Zuständigkeit infolge allgemeinen Gerichtsstands des B entfällt, da sich dieser in Stuttgart befindet, §§ 12, 13. Allerdings besteht eine örtliche Zuständigkeit nach § 32, soweit es um die unerlaubte Handlung nach § 826 BGB geht: Die Vertragsverhandlungen fanden in München statt, nach dem Tatsachenvortrag der K soll dort eine vorsätzliche sittenwidrige Schädigung begangen worden sein. Dies gilt aber nicht ohne weiteres für den Rückzahlungsanspruch aus § 488 I S. 2 BGB.

---

95 Th/P, § 281 Rn. 14.
96 Th/P, § 281 Rn. 15.

§ 3 DIE ZULÄSSIGKEIT DER KLAGE

Hier könnte vielmehr der Gerichtsstand des vertraglichen Erfüllungsortes nach § 29 I eingreifen. Erfüllungsort für Geldschulden ist i.d.R. der Wohnsitz des Schuldners zur Zeit der Entstehung des Schuldverhältnisses, §§ 269 I, 270 IV BGB, also nicht München, sondern Stuttgart.

Dies führt zu dem Ergebnis, dass trotz Vorliegens desselben Streitgegenstands das Landgericht München für § 826 BGB örtlich zuständig ist und die Klage insoweit als unbegründet abweisen müsste. Für § 488 I S. 2 BGB, der als erfüllt angesehen wird, müsste es die Klage mangels örtlicher Zuständigkeit als unzulässig abweisen:

(1) Nach früherer Rechtsprechung des BGH bedarf dieses Ergebnis keiner Korrektur.[97] Dies wird mit dem Hinweis begründet, in diesen Fällen sei es eben am besten, im allgemeinen Gerichtsstand zu klagen. Ausnahmsweise sollen hier aber zwei Streitgegenstände vorliegen, damit im vorliegenden Fall die Rechtskraft eines abweisenden Urteils einer erneuten Klage aus § 488 I S. 2 BGB vor dem nach §§ 12, 13 zuständigen Gericht nicht entgegenstünde.

(2) Eine andere Auffassung wendet § 281 I analog an und ermöglicht auf Antrag der K eine Verweisung hinsichtlich § 488 I S. 2 BGB an das zuständige Gericht.[98] Dies hätte gegenüber (1) zwar den Vorteil, dass K nicht erneut Klage erheben müsste, setzt aber genauso eine Aufspaltung eines einheitlichen Streitgegenstands voraus.

(3) Eine dritte seit längerem im Vordringen befindliche Ansicht will im Hinblick auf den Rechtsgedanken des § 17 II GVG eine Zuständigkeit nach § 32 auch für vertragliche Ansprüche kraft Sachzusammenhangs begründen.[99]

Dies hat gegenüber (1) und (2) den entscheidenden ***prozessökonomischen Vorteil***, dass nur ein Gericht mit der Angelegenheit befasst wird.

Dieser Ansicht hat sich nun der BGH mit Beschluss vom 10.12.2002 ausdrücklich angeschlossen. Nach § 17 II GVG entscheidet das Gericht des zulässigen Rechtsweges den Rechtsstreit **unter allen in Betracht kommenden Gesichtspunkten**. Zweck der Norm ist es zu verhindern, dass sich verschiedene Gerichte mit demselben Streitgegenstand befassen. Der darin zum Ausdruck kommende Rechtsgedanke muss im Zusammenhang mit der örtlichen Zuständigkeit ebenfalls zur Anwendung kommen.

Ist damit – wie hier – lediglich ein einheitlicher Streitgegenstand zu beurteilen, führt eine Klage im Gerichtsstand der unerlaubten Handlung dazu, dass über alle rechtlichen Gesichtspunkte entschieden wird.

hemmer-Methode: Diese Entscheidung des BGH ist seit langem erwartet worden und von ihrer Bedeutung für das Examen nicht zu unterschätzen. Wir empfehlen Ihnen, diese Entscheidung unbedingt durchzulesen. Abgedruckt ist der Beschluss des BGH in Life & Law 2003, 329 ff. = NJW 2003, 828 ff.

<u>Ergebnis</u>: Das Landgericht München wird der Klage der K unter dem Gesichtspunkt des § 488 I S. 2 BGB stattgeben.

c) Funktionelle Zuständigkeit

Zuständigkeit des Rechtspflegeorgans

Die Frage der funktionellen Zuständigkeit bezieht sich darauf, welches Rechtspflegeorgan innerhalb eines sachlich zuständigen Gerichts tätig werden muss.[100]

---

97 BGH, NJW 1986, 2436.
98 Jauernig, § 12 II.
99 Zöller, § 12 Rn. 20 f.; § 32 Rn. 20; Th/P vor §12 Rn. 8; BayObLG, NJW-RR 1996, 508.
100 Th/P, vor § 1 Rn. 2.

Rechtspflegeorgane sind beispielsweise der Vorsitzende, das gesamte Richterkollegium, der Rechtspfleger oder der Urkundsbeamte der Geschäftsstelle, die in unterschiedlichen „Funktionen" an der Erledigung ein und desselben Rechtsstreits mitwirken. Die funktionelle Zuständigkeit spielt in der Fallbearbeitung regelmäßig keine Rolle.

hemmer-Methode: Eine wichtige Änderung im Rahmen der funktionellen Zuständigkeit hat es bei den Landgerichten gegeben. Der originäre Einzelrichter gem. § 348 I S. 1 hat jetzt Vorrang vor dem Kollegium und dem oligatorischen Einzelrichter. Ab Klageeingang hat der Einzelrichter als „Kammer kraft Amtes" diese zunächst allein zu bearbeiten, es sei denn, es liegt ein Fall der § 348 I oder III vor.

d) Instanzielle Zuständigkeit

Rechtsmittelzuständigkeit

Die instanzielle Zuständigkeit betrifft die Zuständigkeit der Rechtsmittelgerichte und ist daher im Zusammenhang mit den Rechtsmitteln darzustellen.[101]

e) Sonderproblem: Gewillkürte Zuständigkeit (§ 38) und rügelose Verhandlung (§ 39)

aa) Gewillkürte Zuständigkeit – Prorogation, § 38

Prorogation bzgl. sachlicher und örtlicher Zuständigkeit

Im Bereich der örtlichen und sachlichen Zuständigkeit besteht unter bestimmten Voraussetzungen die Möglichkeit, das zuständige Gericht durch Parteivereinbarung zu bestimmen, sog. Prorogation, § 38.

Sachliche und örtliche Zuständigkeit sind also dispositive Prozessvoraussetzungen. Im Gegensatz zu den Prozesshindernissen müssen sie zwar von Amts wegen berücksichtigt werden, sind aber der Parteivereinbarung zugänglich.[102] Allerdings bestehen insoweit strenge und unverzichtbare Beschränkungen, um den Missbrauch von Machtstellungen, insbesondere durch die Verwendung von AGBs, zu verhindern.

Sachlich prorogiert werden kann aber nur ein Gericht, das auch ohne Prorogation in dieser Instanz zuständig sein kann. So kann z.B. statt Amtsgericht die Zuständigkeit des Landgerichts prorogiert werden, aber nicht die des OLG!

Rechtsnatur: Prozessvertrag

Eine Gerichtsstandsvereinbarung gem. § 38 stellt nach überwiegender Auffassung einen Prozessvertrag dar, da sie im Hinblick auf einen Rechtsstreit abgeschlossen wird und ihre Hauptwirkung auf prozessualem Gebiet entfaltet.[103]

Im Versäumnisverfahren (§§ 330 ff. ZPO; vgl. dazu Rn. 387 ff.) gilt eine Prorogation entgegen dem Grundsatz in § 331 I S.1 nicht als zugestanden. Dies ist in § 331 I S.2 ausdrücklich so geregelt. Daraus folgt, dass der Kläger schlüssige Tatsachen i.S.d. § 38 ZPO behaupten und das Gericht von dessen Wahrheit überzeugen muss, vgl. § 286 ZPO.

---

101 Vgl. Rn. 569 ff.

102 Schlosser, Rn. 287 ff.

103 Th/P, vor § 38 Rn. 2; vgl. Rn. 247 f.

§ 3 DIE ZULÄSSIGKEIT DER KLAGE

Prüfungsaufbau:

Ob durch eine Gerichtsstandsvereinbarung wirksam die Zuständigkeit eines Gerichts begründet wurde, ist wie folgt zu prüfen:

(1) Liegt eine der folgenden Voraussetzungen *alternativ* vor?

§ 38 I

(a) Gehören die Vertragsparteien zu dem in § 38 I genannten Personenkreis (v.a. Kaufleute)? Auf das Vorliegen eines Handelsgeschäfts kommt es hierbei nicht an!

§ 38 II

(b) Hat eine der Vertragsparteien im Inland keinen allgemeinen Gerichtsstand, § 38 II 1 (selten!), oder wurde bei Vorliegen eines allgemeinen Gerichtsstands einer der *bereits begründeten allgemeinen oder besonderen Gerichtsstände* ausgewählt, § 38 II S. 3? Hier ist streng auf das Formerfordernis des § 38 II S. 2 zu achten!

§ 38 III

(c) Wurde die Vereinbarung *nach dem Entstehen der Streitigkeit* geschlossen, § 38 III Nr. 1 (Nr. 2 betrifft nur einen seltenen Ausnahmefall!)? Die Parteien müssen sich also über einen bestimmten Punkt des Hauptvertrags uneins geworden sein.

Hier ist streng auf einen ausdrücklichen und schriftlichen Abschluss zu achten!

Diese Zeitschranke bewirkt, dass die Gerichtsstandsvereinbarung nicht gleichzeitig mit dem Hauptvertrag, vielmehr nur gesondert abgeschlossen werden kann.

hemmer-Methode: Mit Entstehen der Streitigkeit ist aber nicht erst die Klageerhebung gemeint, sondern die außergerichtliche Meinungsverschiedenheit. Bei Streitigkeiten aus einem Vertrag ist somit der frühestmögliche Zeitpunkt der nach Abschluss des Hauptvertrags, aber schon vor dem der Rechtshängigkeit!

(2) Wurde einer der drei Prüfungspunkte bejaht, müssen außerdem *kumulativ* vorliegen:

§ 40 I

(a) Bezieht sich die Vereinbarung auf ein *bestimmtes Rechtsverhältnis*, § 40 I? Dies bedeutet Abgrenzbarkeit.

§ 40 II S. 1 Nr. 1

(b) Handelt es sich um eine Streitigkeit über vermögensrechtliche oder nichtvermögensrechtliche Ansprüche, die den Amtsgerichten ohne Rücksicht auf den Wert des Streitgegenstandes zugewiesen sind, § 40 II S. 1 Nr. 1?

§ 40 II S. 1 Nr. 2

(c) Ist für die Klage *kein ausschließlicher Gerichtsstand* begründet, § 40 II S. 1, Nr. 2?

Zuständigkeit des Gerichts bei Streit um die Wirksamkeit des die Prorogation beinhaltenden Vertrages

(3) Ein interessantes Problem entsteht, wenn der die Prorogation enthaltende Vertrag nichtig ist, z.B. weil er angefochten wurde. Fraglich ist in diesen Fällen, welches Gericht für einen Rechtsstreit zuständig ist. Nach zutreffender Ansicht ist dabei zu differenzieren:

➢ *Rechtsstreit aus dem angefochtenen Vertrag ⇨ Prorogation bleibt wirksam*

(a) Geht es um einen Rechtsstreit aus dem angefochtenen Vertrag, so soll die Prorogation wirksam bleiben. Zuständig ist also das prorogierte Gericht (die Prorogationsvereinbarung ist unabhängig von der Wirksamkeit des Rechtsgeschäfts, in dessen Rahmen die Prorogation geschlossen wurde. Sie soll gerade für den Fall gelten, dass über das Rechtsgeschäft gestritten wird. Entgegen § 139 BGB bleibt die Prorogation wirksam.

> *Bei Streit um Wirksamkeit der Proroation gilt die Prorogation nicht*

(b) Wird dagegen nur über die Wirksamkeit der Prorogation selbst gestritten, so ist für diesen Rechtsstreit natürlich nicht das prorogierte Gericht zuständig![104]

bb) Zuständigkeit infolge rügelosen Einlassens

§ 39: rügeloses Einlassen

Ist das angerufene Gericht sachlich oder örtlich unzuständig und auch eine Gerichtsstandsvereinbarung unzulässig oder nicht wirksam, so kann die Zuständigkeit durch rügeloses Verhandeln zur Sache zu Beginn der mündlichen Verhandlung begründet werden, § 39 S. 1. Dies gilt nicht in den Fällen des § 40 II S. 1, vgl. § 40 II S. 2.

Rügeloses Einlassen, § 39 ZPO
- Vermögensrechtliche Streitigkeit
- Kein ausschließlicher Gerichtsstand
  ↳ § 40 II S. 2 i.V.m. S. 1 ZPO
- Verhandeln zur Hauptsache ⇨ Erklärungen tatsächlichen oder rechtlichen Inhalts zum Streitgegenstand (Antragstellung)

Landgericht: Keine Belehrung erforderlich

Amtsgericht: Belehrung über Fiktion erforderlich, § 504 ZPO

Zur Hauptsache wird mündlich verhandelt, sobald tatsächliche oder rechtliche Äußerungen zum Streitgegenstand abgegeben werden. Dazu genügt bereits die Stellung des Antrags, die Klage als unbegründet abzuweisen, § 137; Äußerungen zu einzelnen Zulässigkeitsfragen genügen jedoch nicht.[105]

hemmer-Methode: Kommentieren Sie sich – soweit dies nach Ihrer Prüfungsordnung zulässig ist - schon jetzt § 39 als Spezialvorschrift neben § 296 III.[106] Die Zuständigkeitsfiktion tritt ohne Rücksicht auf ein Verschulden ein und kann keinesfalls durch nachträgliche Rüge beseitigt werden. Etwas anderes gilt aber im Verfahren vor den Amtsgerichten, wenn eine Belehrung nach § 504 unterblieben ist, § 39 S. 2. Dann ist auch bei verspäteter Rüge noch eine Verweisung nach § 281 I möglich.

Übungsfall

Fall: Zur Sicherung eines Darlehens bestellte der Nürnberger Kleiderfabrikant B dem Münchner Stofflieferant K eine Grundschuld in Höhe von 80.000,- € an seinem in Augsburg liegenden Grundstück. Beide Parteien vereinbaren gleichzeitig für Streitigkeiten aus Darlehen und Grundschuld die Zuständigkeit des Landgerichts Nürnberg.

Als B das Darlehen nicht zurückzahlen kann, verklagt ihn K vor dem Landgericht Nürnberg aus der Grundschuld.

a) Ist die Klage zulässig?

---

104 Vgl. Th/P § 38 Rn. 30.
105 Th/P, § 39 Rn. 6 f.
106 Vgl. Rn. 437.

b) Abwandlung: Wie ist zu entscheiden, wenn keine Zuständigkeitsvereinbarung vorliegt, B aber auf die Klage des K vor dem Landgericht Nürnberg zur Sache verhandelt?

a) Fraglich ist hier die örtliche Zuständigkeit des LG Nürnberg. Da B seinen Wohnsitz in Nürnberg hat, ist dort sein allgemeiner Gerichtsstand, §§ 12, 13. Hier besteht aber außerdem ein ausschließlicher Gerichtsstand für die Klage aus der Grundschuld gem. § 24 beim LG Augsburg.

Bestehen mehrere Gerichtsstände, so hat der Kläger grundsätzlich die Wahl, wo er Klage erheben will, § 35. Etwas anderes gilt aber, wenn für eine Klage ein ausschließlicher Gerichtsstand vorliegt, hier § 24. Ein Wahlrecht des K entfällt.

Ein an sich unzuständiges Gericht kann aber durch eine Gerichtsstandsvereinbarung zuständig werden, § 38 I. Hier liegen zwar die Voraussetzungen des § 38 I vor, denn sowohl B als auch K sind Kaufleute, § 1 I, II HGB. Einer wirksamen Prorogation steht aber § 40 II S. 1 entgegen, da es sich bei § 24 um einen ausschließlichen Gerichtsstand handelt.

Das LG Nürnberg ist damit örtlich unzuständig. Die Klage ist unzulässig und durch Prozessurteil abzuweisen.

b) Auch ohne Gerichtsstandsvereinbarung kann ein an sich unzuständiges Gericht örtlich zuständig werden, wenn die Parteien zur Hauptsache mündlich verhandeln, ohne dass der Beklagte die Unzuständigkeit rügt, § 39. Jedoch ist auch diese Zuständigkeitsfiktion nicht möglich, wenn ein ausschließlicher Gerichtsstand besteht, § 40 II S. 2.

Die Klage ist also auch in der Abwandlung wegen örtlicher Unzuständigkeit des angegangenen Gerichts als unzulässig abzuweisen.

III. Parteibezogene Prozessvoraussetzungen

1. Parteibegriff

formeller Parteibegriff

Im Zivilprozess gilt ein rein formeller Parteibegriff. Partei ist derjenige, der für sich vom Gericht Rechtsschutz begehrt (Kläger) und gegen den dieser Rechtsschutz begehrt wird (Beklagter).

hemmer-Methode: Verwechseln Sie die nur formell zu bestimmende Parteistellung keinesfalls mit der Aktiv- oder Passivlegitimation, die eine Frage der Begründetheit darstellt. Wird eine Klage deshalb abgewiesen, weil der in der Klageschrift benannte Beklagte nicht Anspruchsverpflichteter des geltend gemachten Rechts ist, kann dies nicht zu einem nachträglichen Wegfall seiner Parteistellung führen!

Auslegung möglich

Die Bestimmung der Parteien ist objektiv durch Auslegung der Angaben in der Klageschrift vorzunehmen, sog. Auslegung der Parteibezeichnung analog §§ 133, 157 BGB.[107]

hemmer-Methode: Interessant ist der in NJW-RR 2004, 510 f. nachzulesende Fall des BGH, in dem eine Baufirma K-Wohnbau (<u>Rechtsform</u>: Einzelfirma) als K-Wohnbau-GmbH verklagt wurde. Auch hier hat der BGH trotz unterschiedlicher Rechtsform eine Auslegung zugelassen, wonach die Einzelfirma K-Wohnbau richtige Beklagte sei[108].

---

107 Th/P, vor § 50 Rn. 2-4; ein sehr lehrreicher Fall zur Abgrenzung zwischen der nicht auslegungsfähigen Identitätsverwechselung (Fall 3 ZPO I) und der unter gewissen Umständen berichtigungsfähigen unrichtigen Parteibezeichnung (z.B. wird die Müller Bau OHG als Müller Bau KG bezeichnet) findet sich in JuS 1987, 828 mit Anm. von K. Schmidt.

108 Das Urteil ist zusammenfassend besprochen von Deubner in JuS 2004, 775 f.

Fall: A erhebt Klage gegen B auf Schadensersatz wegen eines Unfallschadens. Die Klageschrift wird versehentlich dem C zugestellt. In der mündlichen Verhandlung stellt sich heraus, dass tatsächlich der C den Unfall verursacht hat. Wer ist Beklagter dieses Verfahrens?[109]

B ist in der Klageschrift als Beklagter bezeichnet, auf seine fehlende Passivlegitimation kommt es erst in der Begründetheit an.

178

Unerheblich ist die versehentliche Zustellung an den C, da gegen diesen ausweislich der Klageschrift kein Rechtsschutz begehrt wird.

179

Möglicherweise kann aber die Parteibezeichnung nachträglich berichtigt werden.[110] Dies ist jedoch nur bei einer irrtümlichen Falschbezeichnung zulässig, nicht bei einem Irrtum über die Identität des in Wahrheit Anspruchsverpflichteten. Hier bezeichnete A aber genau die Person, die er - irrtümlich - für anspruchsverpflichtet hielt.

180

Demnach ist B beklagte Partei. Da sich in der mündlichen Verhandlung die Passivlegitimation des erschienenen C herausstellt, besteht die Möglichkeit eines gewillkürten Parteiwechsels.[111]

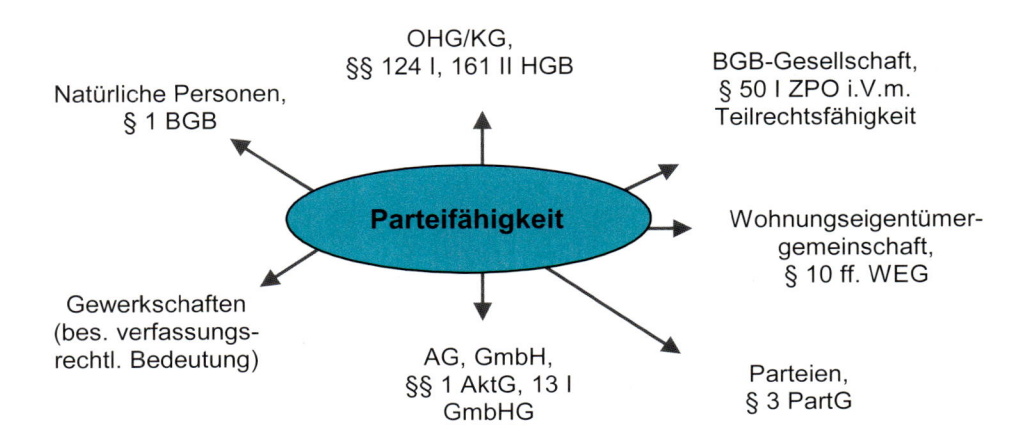

Parteifähigkeit (zentrales Konzept mit Verzweigungen):
- Natürliche Personen, § 1 BGB
- OHG/KG, §§ 124 I, 161 II HGB
- BGB-Gesellschaft, § 50 I ZPO i.V.m. Teilrechtsfähigkeit
- Wohnungseigentümergemeinschaft, § 10 ff. WEG
- Parteien, § 3 PartG
- AG, GmbH, §§ 1 AktG, 13 I GmbHG
- Gewerkschaften (bes. verfassungsrechtl. Bedeutung)

2. Parteifähigkeit

Parteifähigkeit, § 50

Nach der Feststellung, wer Partei *ist*, stellt sich die Frage, ob sie Partei sein *kann*. Die Parteifähigkeit ist in § 50 geregelt und folgt dem Grundsatz der Identität von prozessualer Parteifähigkeit und materieller Rechtsfähigkeit.

181

Ist schon bei Einreichung der Klageschrift offensichtlich, dass es an der Parteifähigkeit des Klägers fehlt, handelt es sich um eine „echte" Prozessvoraussetzung.[112]

Für den Streit über die Parteifähigkeit gilt die Partei als parteifähig.[113]

---

109 Th/P, vor § 50 Rn. 5 f.; Musielak, Rn. 188-190.
110 Vgl. dazu BGH, NJW 1987, 1946 (lehrreich!).
111 Vgl. Rn. 470 ff.
112 Vgl. Rn. 138.
113 Th/P, § 50 Rn. 11.

§ 3 DIE ZULÄSSIGKEIT DER KLAGE

a) Parteifähig sind

Beispiele Parteifähigkeit

⇨ **alle natürlichen und juristischen Personen**, §§ 1, 21 ff. BGB; § 1 AktG; § 13 I GmbHG

⇨ Personenhandelsgesellschaften OHG und KG, §§ 124 I, 161 II HGB

⇨ Parteien gem. § 3 PartG

⇨ Arbeitgeberverbände und Gewerkschaften, § 10 ArbGG, dessen Aussage wegen der besonderen, verfassungsrechtlich garantierten Bedeutung auch in der ordentlichen Gerichtsbarkeit gilt.[114]

⇨ Gesellschaft des Bürgerlichen Rechts (GbR), § 705 BGB

Mit einer für Aufregung sorgenden Entscheidung des BGH vom 29.01.2001[115] hat der BGH die Rechtsfähigkeit der GbR ausdrücklich anerkannt. Zugleich hat sich der BGH damit konsequenterweise für die Parteifähigkeit ausgesprochen.

Im zweiten Leitsatz dieser Entscheidung heißt es ausdrücklich, dass die GbR im Zivilprozess aktiv und passiv parteifähig sei. Dies ist konsequent, da parteifähig ist, wer rechtsfähig ist, § 50 I. Wenn die GbR rechtsfähig ist, muss sie also auch parteifähig sein.

Klägerin damit nur noch GbR

Mit der Anerkennung der Rechts- und Parteifähigkeit der Außengesellschaft bürgerlichen Rechts (GbR) kann nur noch die GbR selbst - soweit Gesamthandforderungen geltend zu machen sind - Klägerin sein. Denn nicht die einzelnen Gesellschafter, sondern die GbR ist materiell Rechtsinhaberin.

Gewillkürte Prozessstandschaft (wohl) nicht mehr zulässig

Für die Zulässigkeit einer sog. gewillkürten Prozessstandschaft, mit der Gesellschafter einer GbR mit Ermächtigung der übrigen vertretungsberechtigten Gesellschafter eine Forderung der GbR im eigenen Namen geltend machen, besteht seit der Entscheidung des BGH vom 29.01.2001 kein Bedürfnis mehr.[116]

§ 736 steht dieser Entscheidung nach Ansicht des BGH nicht entgegen, da dieser in Ausnahme zu § 124 II HGB zur Zwangsvollstreckung in das Gesellschaftsvermögen einen Titel gegen sämtliche Gesellschafter genügen lässt.

hemmer-Methode: Es ergibt sich aber eine neue Leseart des § 736[117]: „Zur ZVS in das Gesellschaftsvermögen einer GbR ist ein gegen alle Gesellschafter ergangenes Urteil (nicht mehr erforderlich, sondern) ausreichend."

182

---

114 Th/P, § 50 Rn. 5.

115 Vgl. BGH, NJW 2001, 1056 besprochen in Life&Law 2001, 216 ff.

116 OLG Brandenburg, Urteil vom 14.12.2005, IBR 2006, Heft 4, 203.

Vertiefungshinweis für Referendare: Haben die Gesellschafter einer GbR Klage erhoben ohne Hinweis auf ihre Stellung als Gesellschafter, weil sie der Ansicht waren, die vom BGH festgestellte Rechts- und Parteifähigkeit der GbR hindere die Einzelgesellschafter nicht daran, im eigenen Nemane Ansprüche der Gesellschaft einzuklagen, dann ist das Rubrum dahin zu berichtigen, dass nicht die Gesellschafter der GbR als Klägerin aufzuführen sind, sondern die GbR selbst Klägerin ist. Lesen Sie dazu BGH, NJW-RR 2006, 42 = LNRB 2005, 23255.

117 Vgl. K. Schmidt in NJW 2001, 993 ff. (997 und 1000).

⇨ Gemeinschaft der Wohnungseigentümer, §§ 10 ff. WEG

Mit einer sehr bedenklichen Entscheidung hat der BGH am 02.06.2005 in einem 25-seitigen „obiter dictum" nun auch die (Teil)Rechtsfähigkeit der Wohnungseigentümergemeinschaft (§§ 10 ff. WEG) anerkannt[118].

Damit muss man auch wegen § 50 I die Parteifähigkeit konsequenterweise bejahen.

Da die Wohnungseigentümergemeinschaft aber nicht prozessfähig ist, muss diese im Prozess gem. § 51 vertreten werden. Der Verwalter ist zwar wegen § 27 II Nr. 3 WEG zustellungsbevollmächtigt. Jedoch ist der Verwalter zur Vertretung im Prozess nur aufgrund eines ausdrücklichen Beschlusses befugt, § 27 II Nr. 5 WEG.

hemmer-Methode: Zur Kritik an dieser Entscheidung und den problematischen Folgefragen lesen Sie bei Interesse den sehr „deutlich" formulierten Aufsatz von BORK, *Wider die Rechtsfähigkeit der Wohnungseigentümergemeinschaft – eine resignierende Polemik*, in ZIP 2005, 1205 ff.

b) Nicht parteifähig sind

aa) Firma des Einzelkaufmanns

fehlende Parteifähigkeit:
– *Firma*

Nach § 17 II HGB kann der ins Handelsregister eingetragene Kaufmann, soweit es um Handelsgeschäfte geht, zwar unter seiner Firma klagen und verklagt werden.

Träger der Rechte und Pflichten und somit Partei ist aber nicht die Firma, die kein selbständiges Rechtsgebilde ist, sondern ihr Inhaber zu dem Zeitpunkt, in dem der Anspruch rechtshängig wurde.[119]

bb) Nachlass

– *Nachlass*

Auch der Nachlass ist nicht Partei, da er nicht rechtsfähig ist. Im Fall des Testamentsvollstreckers wird er nach h.M. auch nicht von diesem vertreten, vielmehr ist der Testamentsvollstrecker sog. Partei kraft Amtes.[120]

c) Sonderstellung des nichtrechtsfähigen Vereins[121]

Ausn.: § 50 II
⇨ *passive Parteifähigkeit des nichtrechtsfähigen Vereins*

Der nichtrechtsfähige Verein ist nach Maßgabe des § 50 II parteifähig. Soweit die Parteifähigkeit reicht, muss dieser auch als rechtsfähig angesehen werden. Ansonsten müsste die infolge Parteifähigkeit zulässige Klage immer mangels Passivlegitimation als unbegründet abgewiesen werden.

Die Regelung des § 50 II hat darüber hinaus zur Folge, dass der nichtrechtsfähige Verein Widerklage erheben und Rechtsmittel einlegen kann. Für die örtliche Zuständigkeit muss dann § 17 gelten.

---

118 BGH NJW 2005, 2061 ff. = ZIP 2005, 1233 ff.
119 Zöller, § 50 Rn. 25.
120 Zöller, § 50 Rn. 28a; vgl. Rn. 218 ff.
121 Th/P, § 50 Rn. 7 f.

§ 3 DIE ZULÄSSIGKEIT DER KLAGE

Problem: Aktive Parteifähigkeit?

Im Umkehrschluss aus § 50 II müsste sich eigentlich ergeben, dass dem nichtrechtsfähigen Verein keine Parteifähigkeit für Aktivprozesse zukommt. Deshalb müssten entweder alle Mitglieder als notwendige Streitgenossen[122] klagen oder Einzelne für sich und in gewillkürter Prozessstandschaft[123] für die anderen.

Nach Lit. zu bejahen

Weil dies unpraktikabel ist und im Ergebnis weitgehend auf eine Verweigerung von gerichtlichem Rechtsschutz hinausliefe, hat sich die Lit. schon seit langem dafür ausgesprochen, auch dem nichtrechtsfähigen Verein aktive Parteifähigkeit zuzusprechen[124]. Hierfür sprächen auch die §§ 10 ArbGG, 3 PartG.

Frühere Rechtsprechung hat aktive Parteifähigkeit dagegen verneint

Der BGH hat demgegenüber die aktive Parteifähigkeit bislang immer verneint unter Hinweis auf den klaren Wortlaut des § 50 II[125].

Evtl. jetzt Kehrtwende wegen der „GbR-Entscheidung"?

Fraglich ist, ob diese Rechtsprechung wegen der Anerkennung der Rechts- und Parteifähigkeit der GbR (vgl. Rn. 182) überhaupt noch aufrechterhalten werden kann.[126]

Die besseren Argumente sprechen dafür, dass sich der BGH im Wege richterlicher Rechtsfortbildung für die aktive Parteifähigkeit des nichtrechtsfähigen Vereins entschieden hat[127].

Wenn nämlich gem. § 54 S.1 BGB auf diesen die Vorschriften der GbR Anwendung finden (etwas anderes gilt nur bzgl. der Haftung[128]) und diese rechts- und parteifähig ist, ist damit auch das Schicksal des nichtrechtsfähigen Vereins besiegelt. Denn die für die GbR angeführten Gründe treffen erst recht auf den nichtrechtsfähigen Verein zu.

> **hemmer-Methode:** Nach Ansicht von *K. Schmidt NJW 2001, 993 [1003]* ist § 50 II damit gegenstandslos geworden. Wie <u>Sie</u> sich in einer Klausur entscheiden, ist bis zu einer ausdrücklichen Entscheidung des BGH zu diesem Punkt eine reine Geschmacksfrage. Sie sollten aber das oben aufgezeigte Problem aufwerfen und damit die Kenntnis einer neueren Entwicklung demonstrieren.

d) Fehlen der Parteifähigkeit

Parteifähigkeit = Prozessvoraussetzung

Fehlt die Parteifähigkeit während des gesamten Prozesses, so muss die Klage als unzulässig abgewiesen werden. Tritt die Parteifähigkeit während des Prozesses ein, so kann nach h.M. der zunächst bestehende Mangel durch rückwirkende Genehmigung der parteifähig gewordenen Partei geheilt werden.[129]

188

Wegfall ⇨ eventl. gewillkürter Parteiwechsel

Fällt die Parteifähigkeit während des Prozesses fort, beispielsweise nach Liquidation eines Vereins, kommt nicht ohne weiteres eine Abweisung als unzulässig in Betracht.[130] Denn u.U. ist an einen gewillkürten Parteiwechsel zu denken[131], wenn z.B. gem. § 53 BGB ein Schadensersatzanspruch gegen die Liquidatoren möglich ist.

189

---

122 Vgl. Rn. 452 ff.
123 Vgl. Rn. 220 ff.
124 Vgl. MüKo § 54, Rn. 12 m.w.N.
125 Vgl. BGH 109, 17.
126 Vgl. K. Schmidt in NJW 2001, 993 ff. (1003).
127 Vgl. dazu PALANDT § 54 Rn. 10.
128 Vgl. dazu HEMMER/WÜST Gesellschaftsrecht Rn. 381 ff.
129 Th/P, § 50 Rn. 10.
130 Th/P, § 50 Rn. 14.
131 Vgl. Rn. 470 ff.

oder Erledigung des Rechtsstreits

Wird der Verein aber vollständig aufgegeben (ordnungsgemäße Beendigung des Liquidationsverfahrens nach den §§ 47 ff. BGB), wird die Klage unzulässig; dann ist an das Problem der Erledigung des Rechtsstreits zu denken.[132]

Dass hier nur eine vollständige Auflösung durch Abwicklung relevant sein kann, ergibt sich für die OHG aus § 156 HGB, für den rechtsfähigen Verein aus §§ 47, 49 II BGB.

hemmer-Methode: Gerade im letztgenannten Fall der Auflösung von Handelsgesellschaften oder juristischen Personen ist sehr strittig, wann und unter welchen Voraussetzungen die Parteifähigkeit verloren wird.

3. Prozessfähigkeit und gesetzliche Vertretung Prozessunfähiger

a) Prozessfähigkeit

Definition

Unter Prozessfähigkeit versteht man die Fähigkeit, einen Prozess selbst oder durch einen selbst bestellten Vertreter zu führen.[133] Im Allgemeinen ist dies wichtig im Rahmen des Anwaltsprozesses, § 78, da sich dort auch die an sich prozessfähige Partei durch einen Rechtsanwalt vertreten lassen muss.

Prozessfähigkeit

Prozessfähig sind gem. §§ 51 I, 52 I i.V.m. §§ 104 ff. BGB die nach bürgerlichem Recht voll (!) Geschäftsfähigen. Eine „beschränkte" Prozessfähigkeit kann grundsätzlich nicht anerkannt werden, da ein Prozess keine Schwebezustände verträgt. Eine Ausnahme muss aber für die Fälle einer sachlich beschränkten, sog. partiellen Prozessfähigkeit gelten. Sie besteht nur für die in den §§ 112, 113 BGB, §§ 607, 640b geregelten Bereiche, dann aber unbeschränkt.[134]

Betreuung
⇨ *Prozessunfähigkeit, § 53*

Eine grundsätzlich prozessfähige Person ist im Fall des § 53 für den konkreten Rechtsstreit einem Prozessunfähigen gleichgestellt, falls der Rechtsstreit im Wirkungskreis des für sie bestellten Betreuers oder Pflegers liegt und von diesem auch tatsächlich geführt wird. Die Regelung soll die Rechtsunsicherheit vermeiden, die dadurch entstünde, dass in einem Prozess z.B. von Betreuer, § 1902 BGB, und Betreutem, der ohne Anordnung eines Einwilligungsvorbehalts selbst geschäftsfähig bleibt, § 1903 BGB, einander widersprechende Prozesshandlungen vorgenommen werden.[135]

Klage eines Prozessunfähigen:

Reicht ein Prozessunfähiger Klage ein, so ist zu differenzieren:

– *a limine - Abweisung*

(1) Ist die Prozessunfähigkeit offensichtlich, beispielsweise im Fall der Minderjährigkeit, so handelt es sich um eine echte Prozessvoraussetzung mit der Folge, dass die Klageschrift gar nicht zugestellt und kein Termin anberaumt werden darf, sog. „a limine – Abweisung".[136]

– *streitige Verhandlung über Prozessfähigkeit*

(2) Ist die Prozessfähigkeit hingegen fraglich, beispielsweise bei § 105 II BGB, so findet das Verfahren zunächst den gewohnten Fortgang; für den Streit über die Prozessfähigkeit ist der Betroffene als prozessfähig zu behandeln.[137]

---

132 Vgl. Rn. 343 ff.
133 Th/P, § 51 Rn. 2.
134 Th/P, § 52 Rn. 2.
135 Zöller, § 53 Rn. 5.
136 Vgl. Rn. 138.
137 Th/P, § 52 Rn. 7; vgl. dazu auch § 66 FGG.

§ 3 DIE ZULÄSSIGKEIT DER KLAGE

Übersieht das Gericht die Prozessunfähigkeit einer Partei, so besteht neben den Rechtsmitteln (vgl. den absoluten Revisionsgrund § 547 Nr. 4) noch die Möglichkeit einer Nichtigkeitsklage nach § 579 I Nr. 4.[138]

b) Gesetzliche Vertretung Prozessunfähiger

gesetzliche Vertretung, § 51

Im Falle der Prozessunfähigkeit tritt an ihre Stelle als Prozessvoraussetzung die gesetzliche Vertretung, § 51 I.

hemmer-Methode: Da die *gesetzliche* Vertretung die fehlende Prozessfähigkeit ersetzen soll, ist sie ebenfalls Prozessvoraussetzung!! Dahingegen handelt es sich bei der *gewillkürten* Vertretung, §§ 79 - 89, grundsätzlich nur um eine Prozess*handlungs*voraussetzung, da hier Prozessfähigkeit bereits vorliegt, vgl. Rn. 249.

bürgerliches Recht maßgebend

Der gesetzliche Vertreter wird gem. § 51 I regelmäßig nach bürgerlichem Recht bestimmt: Minderjährige werden durch ihre Eltern, § 1629 BGB, den Vormund, § 1793 BGB oder den Ergänzungspfleger, § 1909 BGB vertreten.

hemmer-Methode: Wird ein Kind in einem Prozess durch einen Beistand vertreten, so ist die Vertretung durch den sorgeberechtigten Elternteil gem. § 53a ausgeschlossen.
Unter einem Beistand i.S.d. § 53a wird das Jugendamt gem. § 1712 ff. BGB verstanden. Zwar wird durch die Beistandschaft die elterliche Sorge im materiellen Recht nicht eingeschränkt (§ 1716 BGB). Prozessual hat die Beistandschaft aber sehr wohl „verdrängende" Wirkung, wie § 53a zeigt.

Für juristische Personen und Handelsgesellschaften sind §§ 26 II, 86 BGB, 78 I AktG, 35 I GmbHG, 125, 161 II HGB zu beachten.

Für juristische Personen des öffentlichen Rechts ergibt sich die Vertretungsmacht aus Gesetz, Verordnung oder Satzung.

hemmer-Methode: Beachten Sie i.R.d. gesetzlichen Vertretung:
Da nur die Prozessvoraussetzung der fehlenden Prozessfähigkeit ersetzt wird, ist Partei nur der Vertretene, nicht der Vertreter!
Erforderlich ist stets Prozessfähigkeit des gesetzlichen Vertreters, da er nur dann wirksam Prozesshandlungen vornehmen kann.

Fall: A hatte am 17.04. gegen B Klage erhoben. Er war damals 17 Jahre alt. Im Zeitpunkt der ersten mündlichen Verhandlung am 19.09. ist A mittlerweile 18 Jahre alt geworden.

Welche Entscheidung wird das Gericht fällen? Was kann A tun?

Im Zeitpunkt der Klageerhebung war A minderjährig, also prozessunfähig. Als Prozessvoraussetzung ist die Prozessfähigkeit in jeder Lage des Verfahrens von Amts wegen zu prüfen, § 56 I. Hier wäre also die Klage als unzulässig abzuweisen. Dem kann A dadurch entgehen, dass er, nun volljährig und damit prozessfähig geworden, seine bisherige Prozessführung, also die Klageerhebung, genehmigt, § 108 III BGB analog.[139]

nachträglicher Wegfall führt zu Unterbrechung

Besteht umgekehrt die Prozessfähigkeit bei Klageerhebung und fällt sie nachträglich weg, so wird die Klage nicht als unzulässig abgewiesen, sondern es kommt zur Unterbrechung oder - möglicherweise - zur Aussetzung des Verfahrens, §§ 241, 246, 249. Der gesetzliche Vertreter führt dann den Prozess weiter.[140]

---

138 Th/P, § 52 Rn. 11.
139 Zöller, § 52 Rn. 14.
140 Th/P, § 52 Rn. 9.

4. Prozessführungsbefugnis und Prozessstandschaft

Prozessführungsbefugnis

↳ Befugnis des Klägers, ein behauptetes Recht **im eigenen Namen** gerichtlich geltende zu machen

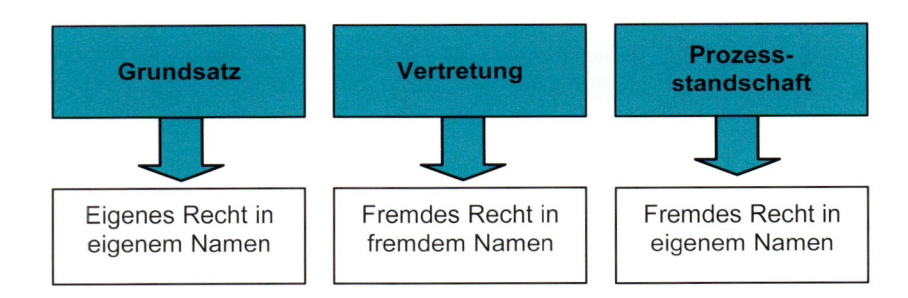

Grundsatz	Vertretung	Prozess-standschaft
Eigenes Recht in eigenem Namen	Fremdes Recht in fremdem Namen	Fremdes Recht in eigenem Namen

a) Prozessführungsbefugnis

Befugnis zur Geltendmachung eines Rechts in eigenem Namen

Die Prozessführungsbefugnis ist in der ZPO nicht ausdrücklich geregelt. Man versteht darunter die Befugnis, ein behauptetes Recht *im eigenen Namen* gerichtlich geltend zu machen.[141]

hemmer-Methode: Beachten Sie stets: Ob dem Kläger das behauptete Recht *tatsächlich* zusteht, ist eine Frage der Aktivlegitimation und damit der Begründetheit der Klage.

– eigenes Recht

Die Prozessführungsbefugnis ist grundsätzlich gegeben, wenn der Kläger ein behauptetes *eigenes Recht* im eigenen Namen geltend macht.[142] In diesen Fällen ist die Prozessführungsbefugnis in der Klausur regelmäßig nicht anzusprechen.

– Recht eines Dritten

Besonderheiten gelten nur, wenn dem materiellen Rechtsinhaber ausnahmsweise die materiell-rechtliche Verfügungsbefugnis fehlt. Die Einordnung dieser Fälle ist unter dem Stichwort Prozessstandschaft zu diskutieren.

b) Prozessstandschaft

Geltendmachung fremder Rechte

Grundsätzlich darf auf die Prozessführungsbefugnis nur eingegangen werden, wenn *fremde Rechte* in eigenem Namen als Partei geltend gemacht werden. Man spricht dann von Prozessstandschaft.[143] Sie kann sich aus Gesetz oder aus einem Rechtsgeschäft mit dem Rechtsträger ergeben.

aa) Gesetzliche Prozessstandschaft

gesetzliche Prozessstandschaft

In bestimmten Fällen räumt das Gesetz Personen, die nicht oder nicht allein Rechtsinhaber sind, ein Prozessführungsrecht ein.

Verschaffen Sie sich zunächst einen Überblick über die wichtigsten Fälle gesetzlicher Prozessstandschaft:

---

141 Th/P, § 51 Rn. 20.
142 Th/P, § 51 Rn. 21.
143 Th/P, a.a.O.

> ⇨ § 432 I S. 1 BGB, Prozessführungsrecht einzelner Mitgläubiger.
>
> ⇨ § 1011 BGB, Prozessführungsrecht einzelner Miteigentümer.
>
> ⇨ § 1281 BGB, Prozessführungsrecht von Pfandgläubiger und Gläubiger.
>
> ⇨ §§ 1368, 1369 III BGB, Prozessführungsrecht eines Ehegatten.
>
> ⇨ § 1422 S. 1 BGB, Prozessführungsrecht des verwaltenden Ehegatten bei Gütergemeinschaft.
>
> ⇨ §§ 2038 I S. 2 Hs. 2, 2039 BGB, Prozessführungsrecht eines Miterben.

Weitere Fälle gesetzlicher Prozessstandschaft sind geregelt in den §§ 1629 III BGB, 13 II UWG, 3 I S. 1 UKlaG, § 836, §171 II HGB. Wichtig ist auch § 265 II S.1.[144]

(1) § 432 BGB

— § 432 BGB

Im Fall der Mitgläubigerschaft des § 432 BGB ist zu beachten, dass die Vorschrift grundsätzlich auch auf sog. Gesamthandsgemeinschaften wie z.B. die BGB-Gesellschaft anwendbar ist.

Es müssen aber die sich aus der speziellen Regelung des Gemeinschaftsverhältnisses (§§ 705 ff. BGB) ergebenden Besonderheiten berücksichtigt werden.

Dementsprechend wird § 432 BGB von den Geschäftsführungsvorschriften der §§ 709 ff. BGB überlagert und ist beispielsweise dann unanwendbar, wenn die Geschäftsführungsbefugnis gem. § 709 BGB allen Gesellschaftern gemeinsam zusteht. Allerdings muss auch auf die Möglichkeit einer „actio pro socio" geachtet werden.[145]

(2) § 265[146]

— § 265 bei Veräußerung des streitbefangenen Gegenstandes

Ein sehr wichtiger Fall der gesetzlichen Prozessstandschaft betrifft die Veräußerung des streitbefangenen Gegenstandes.

§ 265 I stellt klar, dass jede Partei befugt ist, eine streitbefangene Sache zu veräußern oder eine streitbefangene Forderung abzutreten.[147]

Verlust der Aktivlegitimation

Tritt der Kläger die von ihm geltend gemachte Forderung an einen Dritten ab oder veräußert er die streitbefangene Sache, so verliert er hierdurch seine Aktivlegitimation. Er macht also nunmehr ein fremdes Recht im eigenen Namen geltend.

Fortführung des Rechtsstreits in gesetzlicher Prozessstandschaft

Dass er hierzu befugt ist, ergibt sich aus § 265 II S. 1, wonach die Abtretung auf den Prozess keinen Einfluss hat. Der veräußernde Kläger führt also in gesetzlicher Prozessstandschaft den Prozess über ein inzwischen fremdes Recht im eigenen Namen fort.[148]

---

144 Vgl. Rn. 205 ff.
145 Vgl. dazu ausführlich Höfler, JuS 1992, 388 ff.
146 Musielak, Rn. 181.
147 Th/P, § 265 Rn. 1.
148 Th/P, § 265 Rn. 12.

54 ZIVILPROZESSRECHT I

Übernahmemöglichkeit für Rechtsnachfolger

208 Nur wenn der Prozessgegner zustimmt, ist der Rechtsnachfolger berechtigt, den Prozess als Hauptpartei an Stelle des bisherigen Klägers zu übernehmen, § 265 II S. 2. Das Gleiche gilt bei der Veräußerung von Grundstücken, vgl. § 265 I.

Ausn.: § 265 III

209 Eine Fortführung des Prozesses durch den veräußernden Kläger kommt jedoch nicht in Betracht, wenn ein Fall des § 265 III vorliegt. Nach dieser Vorschrift fehlt dem Kläger die Prozessführungsbefugnis, wenn die Rechtskraft eines zu seinen Lasten ergehenden Urteils nicht gegen den Erwerber wirken würde.[149] Ob dies der Fall ist, bestimmt sich nach § 325 I, II.[150]

> **hemmer-Methode:** Beachten Sie: Die „Veräußerung der streitbefangenen Sache" setzt immer einen Wechsel in der Sachlegitimation voraus (z.B. Eigentum, aber auch die nur tatsächliche Besitzübertragung!). Nicht anwendbar ist § 265 bei rein persönlichen Klagen, wie z.B. aus § 433 I S. 1 BGB!
> Darüber hinaus gilt § 265 nur ab Rechtshängigkeit. Vor Rechtshängigkeit existiert für Forderungen die Sondervorschrift des § 407 II BGB.
> Zur Veräußerung des streitbefangenen Gegenstands empfehlen wir Ihnen zur Vertiefung den Aufsatz von MERLE in JA 1983, 626 ff.

Übungsfall

210 *Fall: K ist Eigentümer einer Sache, die sich im Besitz des B befindet. K erhebt gegen B Herausgabeklage nach § 985 BGB. Nach Rechtshängigkeit veräußert K die Sache nach §§ 929, 931 BGB an C, der von der Rechtshängigkeit weiß, verlangt aber unverändert Herausgabe an sich selbst. Was wird das Gericht tun?*

211 K macht ab Veräußerung ein fremdes Recht in eigenem Namen geltend. Seine Prozessführungsbefugnis ergibt sich aus § 265 II S. 1. Sie ist auch nicht durch § 265 III ausgeschlossen, da wegen der Kenntnis des C von der Rechtshängigkeit § 325 II nicht eingreift und somit ein zu Lasten des K ergehendes Urteil nach der Grundregel des § 325 I auch gegen C wirkt. Damit ist die Klage also weiterhin zulässig.

212 Die h.M. verlangt jedoch bei Veräußerung durch den Kläger, dass er den Klageantrag der veränderten materiellen Rechtslage anpaßt und diesen auf Leistung an den Rechtsnachfolger umstellt, sog. „**Relevanztheorie**": die Veräußerung sei eben doch nicht völlig irrelevant.[151]

213 Eine solche Klageänderung gem. § 263 wird wegen der Rechtskrafterstreckung auf den Rechtsnachfolger und der daraus resultierenden Vermeidung eines Folgeprozesses stets wegen Sachdienlichkeit für zulässig erachtet.

Stellt der Kläger seinen Klageantrag nicht auf Leistung an den Rechtsnachfolger um, so ist seine Klage als unbegründet abzuweisen.[152]

214 Das Gericht wird den K also gem. § 139 I darauf hinweisen, dass er seine Klage gegen B auf Herausgabe der Sache an C umzustellen habe. Kommt K diesem Hinweis nicht nach, wird die Klage als unbegründet abgewiesen.

> **hemmer-Methode:** Die Relevanztheorie gilt allerdings nicht bei einer Veräußerung auf Beklagtenseite, da man eine am Verfahren nicht beteiligte Person schlecht verurteilen kann. Allerdings besteht hier für den Kläger die Möglichkeit, eine Vollstreckungsklausel gegen den Rechtsnachfolger gem. §§ 727, 731 zu erwirken oder die Klage auf Ersatzansprüche (insbes. §§ 285, 816 I, 823 BGB) gem. § 264 Nr. 3 umzustellen!

---

149 Th/P, § 265 Rn. 19.
150 Vgl. Rn. 551 ff.
151 Th/P, § 265 Rn. 13; a.A. R/S/G, § 102 IV 2.
152 Zöller, § 265 Rn.6 m.w.N.

Außerdem ist auch bei § 265 immer an die Möglichkeit eines gewillkürten Parteiwechsels zu denken, vgl. Rn. 470 ff.

Übungsfall

Fall: Wie oben, jedoch hatte der C beim Erwerb weder positive Kenntnis noch grob fahrlässige Unkenntnis von der Rechtshängigkeit. Wie ist zu entscheiden?

215

Hier scheidet eine gesetzliche Prozessstandschaft des K gem. § 265 II aus folgendem Grund aus: Wegen Gutgläubigkeit des C, § 932 II BGB, tritt nach h.M. gem. § 325 II keine Rechtskrafterstreckung gegen C ein. Somit gilt § 265 III, der eine Ausnahmevorschrift zu § 265 II darstellt. K hat also in diesem Fall keine Prozessführungsbefugnis.

216

Dementsprechend wäre die Klage eigentlich als unzulässig abzuweisen. Die h.M. verfährt anders. Da K mangels Prozessführungsbefugnis weiterhin ein eigenes Recht in eigenem Namen geltend mache, sei die Klage des K wegen fehlender Aktivlegitimation als unbegründet abzuweisen, falls K weiter an ihr festhält.[153] Dem K ist in dieser Situation zu empfehlen, die Klage für erledigt zu erklären.[154]

217

(3) Partei kraft Amtes

Partei kraft Amtes

Ebenfalls um einen Fall der gesetzlichen Prozessstandschaft handelt es sich nach h.M. bei den sog. Parteien kraft Amtes:[155]

218

- ⇨ Insolvenzverwalter (§ 80 InsO)
- ⇨ Testamentsvollstrecker (§§ 2205, 2212 BGB)
- ⇨ Nachlassverwalter (§ 1984 BGB)
- ⇨ Zwangsverwalter (§ 152 ZVG).

Beschränkung der PFB des Rechtsinhabers

In diesen Fällen fehlt ausnahmsweise dem materiellen Rechtsinhaber die Prozessführungsbefugnis und ist der Partei kraft Amtes zugewiesen. Dies hat den Vorteil, dass der Rechtsinhaber mangels Parteistellung als Zeuge vernommen werden kann und der Prozess nicht durch seinen Tod unterbrochen wird.[156]

219

Anderer Auffassung ist die Vertretertheorie, die den Verwalter als gesetzlichen Vertreter des Rechtsträgers betrachtet.[157]

Da aber das Gesetz selbst in § 116 Nr. 1 und in § 2213 BGB von der Konstruktion der Partei kraft Amtes und der Lösung über die Prozessführungsbefugnis ausgeht, ist der h.M. zu folgen.

---

153 Zöller, § 265 Rn.9; a.A. R/S/G, § 102 III 3 b).
154 Vgl. Rn. 291 ff.
155 Zöller, vor § 50 Rn. 21.
156 Th/P, § 51 Rn. 26.
157 R/S/G, § 40 II 1 b), d).

Gesetzliche Prozessstandschaft

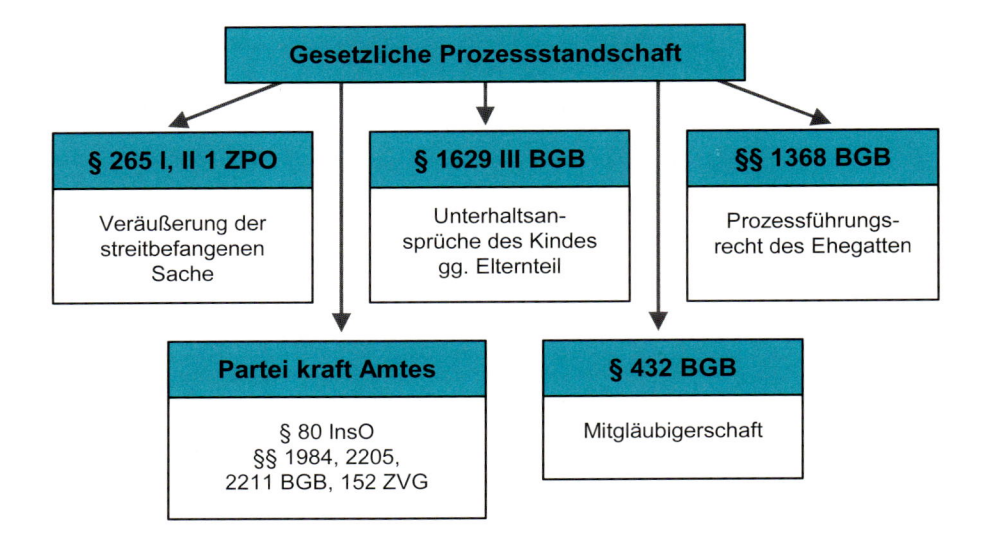

- **§ 265 I, II 1 ZPO** — Veräußerung der streitbefangenen Sache
- **§ 1629 III BGB** — Unterhaltsansprüche des Kindes gg. Elternteil
- **§§ 1368 BGB** — Prozessführungsrecht des Ehegatten
- **Partei kraft Amtes** — § 80 InsO; §§ 1984, 2205, 2211 BGB, 152 ZVG
- **§ 432 BGB** — Mitgläubigerschaft

bb) Gewillkürte Prozessstandschaft

gewillkürte Prozessstandschaft: mat.-r. Gegenstück ist Einziehungsermächtigung

Bei der gewillkürten Prozessstandschaft ermächtigt der Rechtsträger einen Dritten durch Rechtsgeschäft, einen Anspruch im eigenen Namen als Partei einzuklagen.[158] Ihr materiellrechtliches Gegenstück ist die sog. Einziehungsermächtigung nach § 185 BGB analog.

hemmer-Methode: Führen Sie sich den Unterschied zur Vertretung einerseits (im fremden Namen) und zur Abtretung andererseits (Wechsel in der Rechtszuständigkeit) nochmals vor Augen!!

Voraussetzungen:

Die gewillkürte Prozessstandschaft ist nur unter besonderen Voraussetzungen zulässig:

– *Zustimmung des Rechtsträgers*

(1) Zustimmung oder Ermächtigung des Rechtsträgers, § 185 I BGB analog.[159]

– *eigenes Interesse*

(2) Eigenes rechtsschutzwürdiges Interesse des Prozessstandschafters.[160]

Dieses ist zum einen gegeben, wenn die begehrte Entscheidung die eigene Rechtslage des Prozessführungsbefugten beeinflusst. Hierbei sind v.a. folgende Fallgruppen bedeutsam:

⇨ Forderungsabtretung aufgrund Forderungsverkauf, da der Zedent bei Übernahme einer Garantie auf den Bestand der abgetretenen Forderung haftet ⇨ der Forderungsverkäufer kann gewillkürter Prozessstandschafter sein.

⇨ Sicherungsabtretung, aufgrund der besonderen vertraglichen Beziehungen des Sicherungsgebers zum Sicherungsnehmer ⇨ der Sicherungsber kann gewillkürter Prozessstandschafter sein.

⇨ Drittschadensliquidation ⇨ der Verkäufer kann den Käufer ermächtigen, den rechtlich immer noch ihm selbst zustehenden Schadensersatzanspruch einzuklagen, da der Schaden ja beim Käufer liegt.

---

[158] Th/P, § 51 Rn. 31.
[159] Th/P, § 51 Rn. 33.
[160] Th/P, § 51 Rn. 34 f.

§ 3 DIE ZULÄSSIGKEIT DER KLAGE

Zum anderen wird verlangt, dass in Fällen des Unterliegens des Prozessführungsbefugten der Kostenerstattungsanspruch des Prozessgegners nicht gefährdet wird. Mittellosigkeit des Ermächtigten steht einer gewillkürten Prozessstandschaft somit auch entgegen.

– Abtretbarkeit des Rechts

(3) Abtretbarkeit des Rechts oder Möglichkeit der Überlassung seiner Ausübung.[161] Letzteres ist z.B. beim dinglichen Herausgabeanspruch nach § 985 BGB der Fall.

224

Problem sog. Rückermächtigung

Schließlich ist zu beachten, dass die Regeln über die gewillkürte Prozessstandschaft im Fall der sog. *Rückermächtigung* entsprechend gelten. Diese liegt vor, wenn der allein (!) Prozessführungsbefugte (z.B. Insolvenzverwalter) den verfügungsbeschränkten Rechtsinhaber (z.B. Gemeinschuldner) zur Geltendmachung des eigenen Rechts ermächtigt.

225

5. Postulationsfähigkeit

Postulationsfähigkeit als Prozesshandlungsvoraussetzung

Unter Postulationsfähigkeit versteht man die Fähigkeit, vor Gericht aufzutreten und wirksam Prozesshandlungen vorzunehmen. Sie ist *keine Prozessvoraussetzung*, sondern *lediglich Prozesshandlungsvoraussetzung*.[162]

226

Der Unterschied besteht darin, dass bei Fehlen einer Prozessvoraussetzung die Klage durch Prozessurteil als unzulässig abzuweisen ist, während bei Fehlen der Postulationsfähigkeit eben die betreffende Prozesshandlung nicht wirksam vorgenommen worden ist.[163]

> **hemmer-Methode:** In einem Fall kann das Fehlen der Postulationsfähigkeit aber mittelbar zum Fehlen einer Prozessvoraussetzung führen: Wird die Klage von einer postulationsunfähigen Person erhoben, fehlt es an der „echten" Prozessvoraussetzung der wirksamen Klageerhebung mit der Folge, dass die Klageschrift schon nicht zugestellt werden darf!

wichtig im Anwaltsprozess, §§ 78 ff.

Im Parteiprozess, also im Verfahren ohne Anwaltszwang, ist die prozessfähige Partei auch postulationsfähig. Im Anwaltsprozess muss für die Partei ein beim Prozessgericht zugelassener Rechtsanwalt als Bevollmächtigter auftreten; nur dieser ist dann postulationsfähig. Lesen Sie zur Postulationsfähigkeit die §§ 78 ff.

227

Übungsfall

Fall: Der 17-jährige K schließt im Rahmen eines nach § 112 BGB genehmigten Gewerbebetriebs Kaufverträge mit B und C. Da diese ihrer Zahlungsverpflichtung nicht nachkommen, bevollmächtigt K den Rechtsanwalt R, B auf Zahlung von 1.000,- € und C auf Zahlung von 15.000,- € zu verklagen. R erhebt vor dem zuständigen Amts- bzw. Landgericht ordnungsgemäß Klage. Nach Klageerhebung, aber noch vor dem ersten Termin, teilt K den Gerichten und den jeweiligen Beklagten mit, dass er die Prozessvollmacht des R widerrufen habe.

228

a) Im Termin vor dem Amtsgericht erscheint statt R nunmehr S und trägt vor, dass er K vertrete. Die Prozessvollmacht bringe er demnächst nach. B beantragt, die Klage als unzulässig abzuweisen, da das Vorliegen der Prozessvollmacht eine Prozessvoraussetzung sei. Ist diese Auffassung zutreffend?

b) Im Termin vor dem Landgericht erscheint K persönlich ohne Rechtsanwalt mit dem Hinweis, er wolle die Sache jetzt selbst in die Hand nehmen. C beantragt, die Klage wegen fehlender Postulationsfähigkeit des K als unzulässig abzuweisen.

---

161 Th/P, § 51 Rn. 36.
162 Vgl. Rn. 249.
163 Th/P, vor § 78 Rn.4; § 253 Rn. 19.

zu a) K ist wegen §§ 51 I, 52, § 112 BGB prozessfähig, so dass er einer Mitwirkung seines gesetzlichen Vertreters nicht bedarf. Nach § 79 können sich die Parteien im Prozess auch vertreten lassen, wobei vor dem Amtsgericht der Vertreter nicht Rechtsanwalt sein muss. Hier konnte also R aufgrund der ihm wirksam erteilten Prozessvollmacht wirksam Klage erheben. Diese Vollmacht ist später erloschen (§ 87 I), ohne dass die Erteilung einer neuen Vollmacht für S nachgewiesen wurde (§ 80 I). Hier hat B den Mangel der Prozessvollmacht gerügt (vgl. § 88 I, II).

Bei der Prozessvollmacht handelt es sich nur um eine Prozesshandlungsvoraussetzung. Dies bedeutet, dass die einmal wirksam erhobene Klage nicht dadurch unzulässig wird, dass im weiteren Verlauf des Verfahrens die Prozessvollmacht entfällt. Die Folge dieses Mangels ist allein, dass von diesem Zeitpunkt an der im Prozess auftretende vollmachtlose Vertreter keine wirksamen Prozesshandlungen mit Wirkung für und gegen die Partei mehr vornehmen kann. Die Klage wird also nicht unzulässig, sondern S wird lediglich in der Verhandlung zurückgewiesen bzw. nach Ermessen des Gerichts einstweilen zur Prozessführung zugelassen (vgl. § 89).

zu b) Hier hat K Klage vor dem Landgericht erhoben. Vor dem Landgericht herrscht Anwaltszwang (§ 78 I S.1), d.h. die Parteien müssen sich durch einen bei einem Amts- oder Landgericht zugelassenen Rechtsanwalt vertreten lassen. K konnte also nicht selbst Klage erheben. Da der R für ihn Klage erhoben hat, ist die Klage zulässig. Im Anwaltsprozess endet die Prozessvollmacht nicht durch bloße Anzeige des Widerrufs, sondern erst mit der Bestellung eines anderen Rechtsanwalts (§ 87 I). Wäre R im Termin erschienen, hätte er also nach wie vor Prozesshandlungen für K vornehmen können. Tatsächlich ist jedoch K in der Verhandlung selbst aufgetreten. Ihm fehlt aber wegen § 78 I S.1 vor dem Landgericht die Postulationsfähigkeit.

Diese ist jedoch keine Prozessvoraussetzung. Die wirksam erhobene Klage wird nicht unzulässig, sondern K ist nur nicht in der Lage, Prozesshandlungen wirksam vorzunehmen. Da K also nicht verhandeln kann, könnte auf Antrag des C gegen ihn ein Versäumnisurteil ergehen, §§ 330, 333.[164]

hemmer-Methode: Beachten Sie, dass durch das OLG-Vertretungsänderungsgesetz seit dem 01.08.2002 die bei (irgend)einem OLG zugelassenen Rechtsanwälte auch bei allen übrigen Oberlandesgerichten auftreten können, § 78 I S.2 und 3.

IV. Streitgegenstandsbezogene Prozessvoraussetzungen

hemmer-Methode: Zum Streitgegenstand wiederholen Sie bitte nochmal die Randnummern 117 ff.

1. Wirksame und ordnungsgemäße Klageerhebung[165]

Ordnungsgemäße Klageerhebung

Falls bei Einreichung der Klageschrift offensichtlich ist, dass dem Kläger die Partei- oder Prozessfähigkeit fehlt oder die Postulationsfähigkeit nicht vorliegt, ist die Klage *nicht wirksam* erhoben. Es handelt sich insoweit also um eine „echte" Prozessvoraussetzung.[166] Als ebenso schwerwiegend wird das Fehlen der Unterschrift angesehen, wobei allerdings ein richterlicher Hinweis nach § 139 III mit der Möglichkeit zur Nachholung ergehen wird.

---

164 Vgl. Rn. 387 ff.
165 Vgl. Rn. 83 ff.
166 Vgl. Rn. 138.

§ 3 DIE ZULÄSSIGKEIT DER KLAGE

Fehlt es an sonstigen Voraussetzungen der Klageschrift, die nach §§ 253 II, IV erforderlich sind, spricht man von einer *nicht ordnungsgemäß* erhobenen Klage.

Heilungsmöglichkeit

Hier wird zwar zugestellt (§§ 253 I, 270 I) und ein Termin anberaumt, im weiteren Verlauf des Verfahrens kommt es aber darauf an, ob der Mangel durch Nachholung oder durch Nichtrüge gem. § 295 geheilt wird. Falls dies nicht geschieht, ist die Klage als unzulässig abzuweisen.

2. Vorrang eines Einigungsversuchs vor einer Gütestelle – Das sog. „Schlichtungsverfahren"

Mit Gesetz vom 15.12.1999 hat der Bundesgesetzgeber den Ländern durch die Neuregelung des § 15 a EGZPO mit einer Öffnungsklausel die Möglichkeit gegeben, dem Verfahren vor dem Amtsgericht ein obligatorisches *Schlichtungsverfahren* vorzuschalten. Davon haben die Länder nur teilweise und in unterschiedlicher Art und Weise Gebrauch gemacht.

hemmer-Methode: In der Beilage zur NJW Heft 51/2001 werden die Ausführungsgesetze der Länder zu § 15 a EGZPO - soweit von der Ermächtigung Gebrauch gemacht wurde -, mit zusammenfassenden Übersichten dargestellt und die entsprechenden Gesetzestexte veröffentlicht. Vorab geben ZIETSCH/RÖSCHMANN einen Überblick über die Regelungen des vorprozessualen Güteverfahrens und setzen sich mit den einzelnen Landesregelungen auseinander.
Den Gesetzestext des Schlichtungsgesetzes Ihres jeweiligen Bundeslandes finden Sie auch im Ergänzungsband zum Schönfelder unter den **Nummer 104 ff.**
Machen Sie sich mit dem Schlichtungsgesetz Ihres Bundeslandes vertraut! Diese Problematik wurde schon im Ersten Staatsexamen geprüft, z.B. in Bayern im Termin 2002/I in der 2. Klausur.
Zur Vertiefung vgl. den Aufsatz von FRIEDRICH „Aktuelle Entscheidungen zu § 15a EGZPO" in NJW 2002, 3223 ff.

Gem. **§ 15a I EGZPO** i.V. mit dem **Schlichtungsgesetz** des jeweiligen Bundeslandes muss <u>**vor**</u> **Erhebung bestimmter Klagen** eine Schlichtung vor einer anerkannten Gütestelle versucht werden. Erst dann ist die Erhebung einer Klage zulässig.

Eine ohne den Einigungsversuch erhobene Klage ist als unzulässig abzuweisen. Eine Nachholung des Einigungsversuchs ist nicht möglich[167].

Ein Schlichtungsversuch ist vorgeschaltet:

⇨ in *vermögensrechtlichen Streitigkeiten* vor dem Amtsgericht über Ansprüche, deren Gegenstand die Summe von **750,- € nicht übersteigt**, § 15a I S.1 Nr. 1 EGZPO.

⇨ in Streitigkeiten über Ansprüche aus dem **Nachbarrecht**, § 15a I S.1 Nr. 2 EGZPO.

⇨ in Streitigkeiten über Ansprüche wegen der **Verletzung der persönlichen Ehre**, die nicht in Presse oder Rundfunk begangen worden ist, § 15a I S.1 Nr. 3 EGZPO.

⇨ in Streitigkeiten über Ansprüche nach Abschnitt 3 des AGG, § 15a I S.1 Nr. 4 EGZPO

---

167 Vgl. BGH NJW 2005, 437 ff.

> **hemmer-Methode:** Zu beachten ist allerdings, dass eine im Verlauf des Rechtsstreits erfolgte zulässige Klageänderung oder -erweiterung einen erneuten außergerichtlichen Schlichtungsversuch nicht erforderlich macht[168].
> Allerdings ist es auch nicht zulässig, eine Klageänderung rechtsmissbräuchlich zur Umgehung des Schlichtungsverfahrens einzusetzen.
> Eine solche Umgehung liegt vor, wenn eine zunächst offensichtlich unzulässig unbegründet erhobene Klage nachträglich geändert wird und nun unter die schlichtungspflichtigen Streitigkeiten fällt[169].

§ 15a II EGZPO regelt dabei wichtige Ausnahmen vom vorherigen Einigungsversuch vor der Gütestelle.

Kein Schlichtungsverfahren muss beispielsweise stattfinden vor:

⇨ Widerklagen, § 15a II S.1, Nr. 1 EGZPO

⇨ Streitigkeiten, denen ein gerichtliches Mahnverfahren vorausgegangen ist, § 15a II S.1, Nr. 5 EGZPO

⇨ vollstreckungsrechtlichen Klagen nach dem 8. Buch der ZPO, § 15a II S.1, Nr. 6 EGZPO

> **hemmer-Methode:** Weitere Ausnahmen können Sie dem in Ihrem Bundesland geltenden Schlichtungsgesetz entnehmen, vgl. auch § 15a V, 2. Hs. EGZPO !

Gemäß § 15a VI S.2 EGZPO sind die vor einer Gütestelle geschlossenen Vergleiche nach § 794 I Nr. 1 vollstreckbar.

> **hemmer-Methode:** Beachten Sie bitte, dass der Vorrang des Schlichtungsverfahrens nur „*vor Erhebung der Klage*" und nicht vor der Beantragung einer einstweiligen Verfügung (vgl. dazu Rn. 656) gilt.
> Ein anderes Ergebnis wäre mit der durch den einstweiligen Rechtsschutz bezweckten Schnelligkeit des Verfahrens unvereinbar.
> Der Antrag auf Erlass einer einstweiligen Verfügung ist demnach ohne vorherigen Einigungsversuch vor der Gütestelle zulässig.

3. Fehlende anderweitige Rechtshängigkeit

§ 261 III Nr. 1

Der erhobene prozessuale Anspruch darf gem. § 261 III Nr. 1 nicht schon anderweitig rechtshängig sein, §§ 253 I, 261 I. Damit sollen hinsichtlich desselben Streitgegenstands einander widersprechende Entscheidungen verhindert werden („Prozesssperre" bzgl. desselben Streitgegenstandes).

Identität des Streitgegenstandes

Die anderweitige Rechtshängigkeit setzt voraus, dass in dem anderen Prozess derselbe Streitgegenstand vorliegt und dieser zwischen denselben Parteien oder solchen Personen geführt wird, denen gegenüber die Rechtskraft der Entscheidung des ersten Prozesses wirkt.[170]

---

168 Vgl. BGH Urteil om 22.10.2004, Az.: V ZR 47/04; download unter www.bundesgerichtshof.de.
169 **Vertiefungshinweise für Referendare und Praktiker:**
  (1.) Sehr lesenswert ist ist der Aufsatz von BITTER, „Die Crux mit der obligatorischen Streitschlichtung nach § 15a EGZPO – Zulässige und unzulässige Strategien zur Vermeidung eines Schlichtungsverfahrens", in NJW 2005, 1235 ff.
  (2.) Eine interessante Internet-Seite zum Bayerischen Schlichtungsverfahren mit der Downloadmöglichkeit von Formularen finden Sie unter http://www.afs-rechtsanwaelte.de/schlichtung.htm.
170 Vgl. Rn. 530 ff.

§ 3 DIE ZULÄSSIGKEIT DER KLAGE

Fall: K erhebt Klage gegen B mit dem Antrag festzustellen, er sei Eigentümer einer Uhr. Wäre eine (parallele) Klage des B gegen K mit dem Antrag auf Feststellung seines Eigentums zulässig?

Auf den ersten Blick scheinen der Streitgegenstand des ersten und des zweiten Prozesses verschieden zu sein: Im ersten Verfahren soll das Eigentum des K, im zweiten Verfahren das des B festgestellt werden.

Mit der ersten Entscheidung wird jedoch nicht nur - *positiv* - das Eigentum des K festgestellt, sondern auch - *negativ* -, dass B nicht Eigentümer ist.

Dieses mit der positiven Feststellung unvereinbare Gegenteil wird als das sog. *„kontradiktorische Gegenteil"* bezeichnet und wird von der h.M. als *derselbe Streitgegenstand* angesehen[171].

Damit ist die Klage des B wegen bereits anderweitiger Rechtshängigkeit gem. § 261 III Nr. 1 unzulässig.

4. Fehlende rechtskräftige Entscheidung

entgegenstehende Rechtskraft

Schließlich darf über den rechtshängigen Streitgegenstand nicht schon anderweitig rechtskräftig entschieden worden sein, vgl. § 322 I.[172]

235

hemmer-Methode: Wenn im obigen Beispiel (Rn. 234) die Klage des K abgewiesen worden wäre, wäre nur festgestellt worden, dass K nicht Eigentümer ist, nicht aber, dass der B Eigentümer ist. Einer Klage des B stünde also § 322 I nicht engegen, da hier nicht das kontradiktorische Gegenteil und damit nicht derselbe Streitgegenstand geltend gemacht wird.

Eine Ausnahme besteht nur, wenn ein besonderes Bedürfnis nach einer zweiten Entscheidung besteht, z.B. bei Auslandsurteilen oder bei Verlust des Vollstreckungstitels und der fehlenden Möglichkeit der Wiederherstellung. Die neue Entscheidung muss dann allerdings mit der früheren identisch sein.[173]

Hiervon zu unterscheiden ist die Beseitigung einer bereits rechtskräftigen Entscheidung.[174]

5. Allgemeines Rechtsschutzbedürfnis

berechtigtes Interesse an Klage

Der Kläger muss ein berechtigtes Interesse daran haben, ein Zivilgericht zur Erreichung des begehrten Rechtsschutzes in Anspruch zu nehmen.

236

Wo das Gesetz ein solches Rechtsschutzbedürfnis nicht ausdrücklich zur Voraussetzung gemacht hat, z.B. bei der allgemeinen Leistungsklage, wird dieses allerdings nur *ausnahmsweise* aus besonderen Gründen fehlen. Ein solcher besonderer Grund liegt vor, wenn der Kläger zur Erreichung seines Zieles einen wesentlich einfacheren Weg beschreiten kann und deshalb kein Urteil benötigt.[175]

---

171 Schlosser, Rn. 215 f.

172 Vgl. Rn. 535.; Vgl. dazu BGH NJW 2004, 1252. Ein Käufer wurde in einem Mängelprozess rechtskräftig abgewiesen. Er klagte erneut und verlangte wiederum Rückzahlung, dieses mal mit dem Argument, arglistig getäuscht worden zu sein. Nach Anssicht des BGH ist die Klage unzulässig, es handle sich um denselben Streitgegenstand, damit stehe die Rechtskraft des ersten Urteils entgegen; siehe dazu auch JuS 2004, 560.

173 Th/P, § 322 Rn. 12.

174 Vgl. Rn. 632 ff.

175 Th/P, vor § 253 Rn. 27; Zöller, vor § 253 Rn. 18.

V. Besondere Prozessvoraussetzungen

besondere Prozessvoraussetzungen

In bestimmten Fällen müssen neben den allgemeinen Prozessvoraussetzungen zusätzlich besondere Prozessvoraussetzungen vorliegen.

1. Feststellungsklage, § 256 I

Feststellungsinteresse

Bei der Feststellungsklage muss der Tatsachenvortrag des Klägers erkennen lassen, dass die Feststellung des Bestehens oder Nichtbestehens eines Rechtsverhältnisses begehrt wird, vgl. Rn. 66 ff. Ob ein Rechtsverhältnis wirklich vorliegt, ist aber eine Frage der Begründetheit!

> *Beispiel für Unzulässigkeit: K begehrt Feststellung, B habe bestimmte Tatsachen über ihn verbreitet. Hier besteht aber die Möglichkeit einer (Leistungs-) Unterlassungs- oder Widerrufsklage (§§ 1004, 823 BGB).*

bes. rechtliches Interesse, § 256 I

Mit dem Erfordernis eines *rechtlichen* Interesses[176], § 256 I, besteht darüber hinaus eine besondere Ausprägung des allgemeinen Rechtsschutzbedürfnisses.

positive FK ⇨ wenn keine LK möglich ist

Bei einer *positiven Feststellungsklage* fehlt grundsätzlich das rechtliche Interesse an der alsbaldigen Feststellung eines Rechtsverhältnisses, wenn der Kläger ebenso gut eine Leistungsklage erheben kann.[177] Denn die Feststellungsklage besitzt bezüglich der Hauptsacheentscheidung keinen vollstreckungsfähigen Inhalt. Der Kläger müsste also zur Erlangung eines Vollstreckungstitels zusätzlich Leistungsklage erheben. Diese doppelte Inanspruchnahme gerichtlichen Rechtsschutzes gilt es zu vermeiden.

> *Beispiele für das Vorliegen des rechtlichen Interesses:[178]*
>
> *(1) Hinsichtlich einer Forderung ist nur der Anspruchsgrund zwischen den Parteien streitig. Zudem ist zu erwarten, dass der Beklagte bei Feststellung des Rechts dem Urteil freiwillig Folge leisten wird. Davon kann i.d.R. bei juristischen Personen des öffentlichen Rechts ausgegangen werden.*
>
> *(2) Dem Kläger ist die Bezifferung des Antrags einer Leistungsklage unmöglich oder unzumutbar, z.B. weil sich der Schaden noch in der Entwicklung befindet.*

negative FK

Bei der *negativen Feststellungsklage* besteht ein Feststellungsinteresse i.S.d. § 256 I, sobald sich jemand eines Anspruches berühmt.

> *Beispiel: B behauptet, dass K bei ihm noch erhebliche Schulden aus einem Darlehen hätte. Hier kann K gerichtlich feststellen lassen, dass er dem B nichts (mehr) schuldet.*

2. Klage auf zukünftige Leistung, §§ 257 - 259

§§ 257 ff.

Der Kläger kann unter bestimmten Voraussetzungen die Verurteilung des Beklagten zu einer Leistung begehren, auf die der Kläger zum Zeitpunkt der Klageerhebung entweder noch keinen oder noch keinen fälligen Anspruch hat, vgl. §§ 257 ff.

---

176 Ein ausschließlich wirtschaftliches oder persönliches Interesse reicht im Gegensatz zu § 43 VwGO nicht aus!
177 Th/P, § 256 Rn. 18.
178 Weitere Einzelfälle bei Zöller, § 256 Rn. 8 ff.

§ 3 DIE ZULÄSSIGKEIT DER KLAGE

Unterhaltsklage gemäß § 258 Wichtigster Fall ist die Klage auf wiederkehrende Leistungen gem. § 258, mit der in der Praxis vor allem zukünftige Ansprüche auf Zahlung von Renten oder Leistung von Unterhalt geltend gemacht werden.

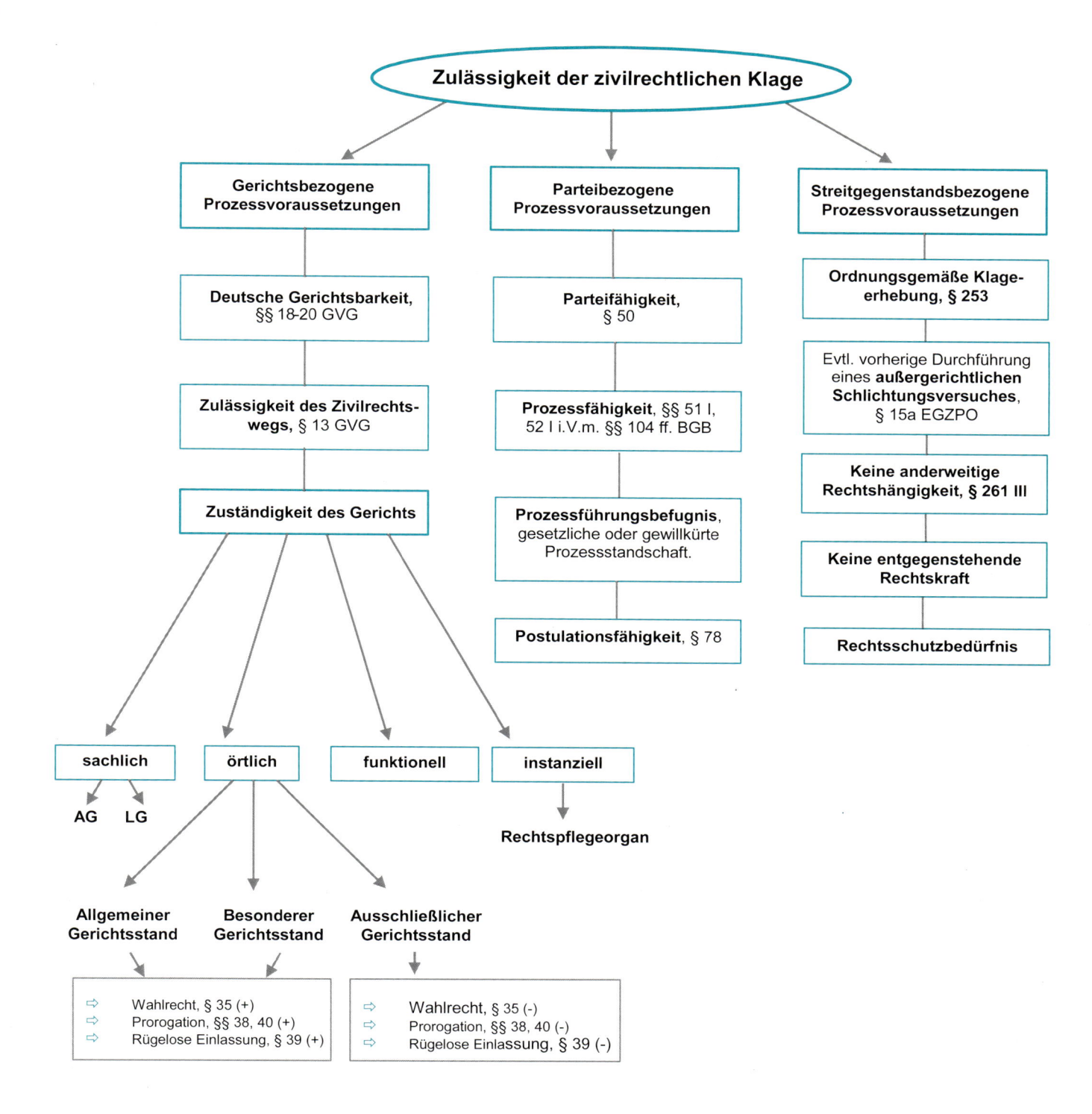

Zulässigkeit der zivilrechtlichen Klage

Gerichtsbezogene Prozessvoraussetzungen
- Deutsche Gerichtsbarkeit, §§ 18-20 GVG
- Zulässigkeit des Zivilrechtswegs, § 13 GVG
- Zuständigkeit des Gerichts
  - sachlich → AG, LG
  - örtlich
    - Allgemeiner Gerichtsstand
    - Besonderer Gerichtsstand
      - ⇨ Wahlrecht, § 35 (+)
      - ⇨ Prorogation, §§ 38, 40 (+)
      - ⇨ Rügelose Einlassung, § 39 (+)
    - Ausschließlicher Gerichtsstand
      - ⇨ Wahlrecht, § 35 (-)
      - ⇨ Prorogation, §§ 38, 40 (-)
      - ⇨ Rügelose Einlassung, § 39 (-)
  - funktionell
  - instanziell → Rechtspflegeorgan

Parteibezogene Prozessvoraussetzungen
- Parteifähigkeit, § 50
- Prozessfähigkeit, §§ 51 I, 52 I i.V.m. §§ 104 ff. BGB
- Prozessführungsbefugnis, gesetzliche oder gewillkürte Prozessstandschaft.
- Postulationsfähigkeit, § 78

Streitgegenstandsbezogene Prozessvoraussetzungen
- Ordnungsgemäße Klageerhebung, § 253
- Evtl. vorherige Durchführung eines **außergerichtlichen Schlichtungsversuches**, § 15a EGZPO
- Keine anderweitige Rechtshängigkeit, § 261 III
- Keine entgegenstehende Rechtskraft
- Rechtsschutzbedürfnis

§ 4 DIE PROZESSFÜHRUNGSMÖGLICHKEITEN DER PARTEIEN

I. Lehre von den Prozesshandlungen

1. Begriff

Def.: Herbeiführung eines prozessualen Erfolges

Im Verlauf des Verfahrens bestehen für die Parteien verschiedene Möglichkeiten, „den Prozess zu führen", die sog. Parteiprozesshandlungen. Prozesshandlungen sind von materiellen Rechtsgeschäften abzugrenzen. Die h.M. stellt für das Vorliegen einer Prozesshandlung darauf ab, ob das Verhalten einer Partei im Wesentlichen einen *Erfolg auf prozessualem Gebiet* herbeiführen soll.[179]

doppelfunktionale Prozesshandlungen

Es kann allerdings vorkommen, dass ein Parteiverhalten sowohl Wirkungen auf prozessualem als auch auf materiell-rechtlichem Gebiet entfaltet. Man spricht dann von „doppelfunktionalen Prozesshandlungen", insbesondere beim Prozessvergleich[180] und bei der Prozessaufrechnung.[181]

2. Arten

a) Bewirkungs- und Erwirkungshandlungen

Unterscheide: prozessuale Be- und Erwirkung

Prozesshandlungen lassen sich danach unterscheiden, ob die prozessuale Wirkung unmittelbar herbeigeführt wird (**Be**wirkung) oder ob dazu noch ein Tätigwerden des Gerichts erforderlich ist (**Er**wirkung).[182]

Beispiele für Bewirkungshandlungen: Klagerücknahme (§ 269), Verzicht (§ 306), Anerkenntnis (§ 307), Einlegung von Rechtsmitteln.

Beispiele für Erwirkungshandlungen: Anträge, Tatsachenbehauptungen, Geltendmachung von Einreden.

hemmer-Methode: Beachte: Bei Bewirkungshandlungen spricht man von ihrer Wirksamkeit, bei Erwirkungshandlungen von ihrer Zulässigkeit und Begründetheit!

b) Prozess- und Sachanträge

Unterscheide: Auswirkung auf Sachentscheidung oder Verfahren

Sachanträgen ist eigentümlich, dass sie auf den sachlichen Gehalt der begehrten Entscheidung Einfluss zu nehmen versuchen. Prozessanträge betreffen hingegen nur die prozessuale Gestaltung des Verfahrens.[183]

Klageantrag = Sachantrag

Der in der Klageschrift formulierte und zu Beginn der mündlichen Verhandlung gestellte Antrag des Klägers (!) ist somit Sachantrag.

Beweisantrag = Prozessantrag

Beweisanträge oder der Antrag auf Erlass eines Versäumnisurteils sind dagegen Prozessanträge.

---

[179] Th/P, Einl. III, Rn. 3.
[180] Vgl. Rn. 300 ff.
[181] Vgl. Rn. 358 ff.
[182] Zöller, vor § 128 Rn. 14.
[183] Th/P, § 297 Rn. 1 f.

§ 4 DIE PROZESSFÜHRUNGSMÖGLICHKEITEN DER PARTEIEN

Zu beachten ist, dass der vom Beklagten (!) gestellte Antrag auf Klageabweisung ebenfalls nur Prozessantrag ist. Er beeinflusst den Inhalt der Entscheidung nicht, weil die Klage bei fehlender Zulässigkeit oder Begründetheit ohnehin abgewiesen werden muss!

c) Prozessverträge

v.a. Gerichtsstandsvereinbarung, Prozessvergleich

Schließlich können Prozesshandlungen beiderseitiger Natur sein; die wichtigsten Formen der Prozessverträge sind Gerichtsstandsvereinbarungen[184] und Prozessvergleiche.[185]

247

Zulässigkeit und Wirkung beurteilt sich nach Prozessrecht, das Zustandekommen dagegen nach materiellem Recht.

Geltendmachung durch prozessuale Einrede

Die darin enthaltenen Vereinbarungen sind von den Parteien durch Erhebung einer prozessualen Einrede in den Rechtsstreit einzuführen.[186]

248

3. Anwendbare Vorschriften

a) Prozesshandlungsvoraussetzungen

Wirksamkeitserfordernis prozessualer Handlungen

Die Wirksamkeit von Bewirkungshandlungen und die Zulässigkeit von Erwirkungshandlungen erfordern das Vorliegen der persönlichen Prozesshandlungsvoraussetzungen. Diese sind:

249

> ⇨ Parteifähigkeit, vgl. Rn. 181 ff.
>
> ⇨ Prozessfähigkeit oder Vertretungsmacht im Fall gesetzlicher Vertretung, vgl. Rn. 191 ff.
>
> ⇨ Postulationsfähigkeit, vgl. Rn. 226 ff.
>
> ⇨ Vollmacht im Fall gewillkürter Vertretung (§§ 79 - 89)

§§ 133, 157, 140 BGB analog

Prozesshandlungen sind sowohl der Auslegung als auch der Umdeutung zugänglich; hier können die §§ 133, 157, 140 BGB entsprechend angewendet werden.[187]

250

grundsätzlich formfrei

Grundsätzlich sind Prozesshandlungen formfrei, es sei denn, dass etwas anderes bestimmt ist.

Erklärungsempfänger = Gericht

Erklärungsadressat ist in jedem Fall das Gericht, in vielen Fällen aber auch zusätzlich die andere Partei. Spätester Zeitpunkt der Vornahme ist die letzte mündliche Verhandlung, falls nicht abweichende Vorschriften existieren.

b) Bedingungen und Befristungen

Zulässigkeit innerprozessualer Bedingungen

Befristungen werden allgemein aufgrund des Bedürfnisses nach Rechtssicherheit im Prozess als unzulässig betrachtet. Bedingungen sind dann nicht möglich, wenn es sich um ein ungewisses künftiges Ereignis *außerhalb* des Verfahrens handelt.

251

---

184 Vgl. Rn 172 ff.
185 Vgl. Rn. 300 ff.
186 Zöller, vor § 128 Rn. 32.
187 Th/P, Einl. III, Rn. 16.

Innerprozessuale Bedingungen, über deren Eintritt das Gericht im Laufe des Prozesses entscheidet, sind aber zulässig.

hemmer-Methode: Die Rechtsunsicherheit, die sich aus prozessualen Schwebezuständen ergibt, besteht dann nämlich nicht.[188]

Bedingungsfeindlichkeit von Prozesshandlungen

↳ Aus Rechtssicherheitsgründen können Prozesshandlungen nicht unter einer außerhalb des Verfahrens stehenden Bedingung vorgenommen werden

Ausnahme

Innerprozessuale Bedingung

↳ Hängt die Bedingung lediglich von einem innerprozessualen Vorgang ab, besteht keine Rechtsunsicherheit, da das Gericht den Eintritt der Bedingung selbst herbeiführt
⇨ Eventualklagehäufung (Haupt – und Hilfsantrag)

Beispiel einer zulässigen Bedingung: Hauptantrag und Eventualantrag, über den nur entschieden werden soll, falls der Hauptantrag erfolglos bleibt (echter Hilfsantrag) oder erfolgreich ist (unechter Hilfsantrag); weiteres Beispiel ist die Eventualaufrechnung (dazu unten Rn. 361 f.).

c) Anfechtung, Widerruf, Rücknahme

§§ 116 ff. BGB nicht anwendbar

Die Vorschriften der §§ 116 ff. BGB sind auf Prozesshandlungen nicht - auch nicht analog - anwendbar.[189] Anders ist dies nur bei den Prozessverträgen, deren Zustandekommen sich ja nach materiellem Recht richtet, vgl. Rn. 247.   252

Für die Frage, ob eine Prozesshandlung nachträglich beseitigt werden kann, ist zwischen Be- und Erwirkungshandlungen zu unterscheiden.[190]

Bewirkungshandlungen grds. unwiderruflich

Bewirkungshandlungen sind grundsätzlich unwiderruflich, da der beabsichtigte Erfolg bei ihnen unmittelbar eintritt (arg.: Rechtssicherheit im Prozess). Eine Ausnahme gilt aber bei einverständlicher, nachträglicher Rücknahme durch die Prozessparteien, bei Mängeln, die einen Restitutionsgrund i.S.d. § 580 darstellen sowie dann, wenn ein Abänderungsgrund gem. § 323 vorliegt.   253

Erwirkungshandlungen grds. widerruflich

Erwirkungshandlungen sind dagegen noch von einem gerichtlichen Tätigwerden abhängig; sie können deshalb widerrufen werden, solange nicht ein Zustand eingetreten ist, auf dessen Bestehen der Prozessgegner vertrauen durfte (arg.: Vertrauensschutz): Dies ist in der Regel der Fall, wenn das Gericht die zu erwirkende Handlung vorgenommen hat.   254

---

188 Th/P, Einl. III, Rn. 14.
189 Zöller, vor § 128 Rn. 15.
190 Musielak, Rn. 143.

II. Prozessbeendigende Prozesshandlungen

1. Klagerücknahme gem. § 269

a) Einführung

Ausgangsfall

Ausgangsfall: K hatte durch Zufall von einer freistehenden Mietwohnung erfahren. Er wandte sich an die Hausverwalterin V und bekundete Interesse am Abschluss eines Mietvertrags. V erklärte, dies setze die Bezahlung einer Vermittlungsgebühr i.H.v. zwei Monatsmieten an ihren Ehemann B voraus. K war einverstanden, Abschluss des Mietvertrages und Bezahlung der Gebühr erfolgten am 15.11.2002. 255

Auf Anraten und mit Hilfe des Dödel, Student der Rechte im 3. Semester, erhob K am 05.01.2006 Klage gegen B auf Rückzahlung der Gebühr. In der mündlichen Verhandlung am 16.11.2006 verhandelten die Parteien zunächst darüber, ob die Klage wirksam erhoben wurde. In einer Verhandlungspause teilte der Dödel dem K mit, er habe soeben festgestellt, dass der Rückzahlungsanspruch seit heute verjährt sei. Daraufhin nahm K seine Klage zurück. B beantragte Klageabweisung.

Von Rechtsanwalt R eines Besseren belehrt, erhob K am 30.11.2006 erneut Klage. In der streitigen Verhandlung berief sich B auf Verjährung. Anschließend machte er geltend, dass K die Kosten des ersten Prozesses noch nicht erstattet habe.

a) Konnte K die Klage ohne die Einwilligung des B wirksam zurücknehmen?

b) Hat die zweite Klage Aussicht auf Erfolg?

Änderung der Umstände

Während eines Prozesses können Ereignisse eintreten, die es für den Kläger ratsam erscheinen lassen, sein Klagebegehren nicht weiter zu verfolgen. Der Kläger stellt etwa fest, dass seine Klage mangels Bestehens oder Beweisbarkeit des geltend gemachten Anspruchs keine Aussicht auf Erfolg hat oder erkennt, dass die Aufrechterhaltung eines erfolgversprechenden Klagebegehrens wegen Vermögenslosigkeit des Beklagten keinen weiteren Nutzen bringen, sondern nur zusätzliche Kosten verursachen würde. 256

berechtigt zur Klagerücknahme

In diesen Fällen gestattet das Gesetz dem Kläger unter bestimmten Voraussetzungen, seine Klage zurückzunehmen. 257

keine Auswirkung auf mat. Recht

Die Klagerücknahme hat keine Auswirkungen auf das vom Kläger geltend gemachte Recht. Der Kläger ist also nicht gehindert, zu einem späteren Zeitpunkt erneut Klage zu erheben. Hierin unterscheidet sich die Klagerücknahme vom Verzicht gem. § 306. 258

b) Voraussetzungen einer wirksamen Klagerücknahme

Voraussetzungen

Eine wirksame Klagerücknahme setzt voraus, dass der Kläger diese wirksam erklärt und der Beklagte seine Einwilligung erteilt, soweit diese erforderlich ist. 259

Klagerücknahme, § 269 ZPO

1 ⇨ **Eindeutige Rücknahmeerklärung** des Klägers, § 269 II ZPO ⇨ in mündlicher Verhandlung oder durch Schriftsatz
⇨ vom Zeitpunkt der Rechtshängigkeit bis Rechtskraft

2 ⇨ **Wirksame Einwilligungserklärung** des Beklagten
⇨ erforderlich erst ab Verhandlung zur Hauptsache durch Beklagten, § 269 I ZPO
⇨ widerspricht Beklagter der Klagerücknahme nicht innerhalb von 2 Wochen ⇨ Fiktion der Einwilligung, § 269 II 4 ZPO

! ⇨ Eine Klage kann auch nur teilweise zurückgenommen werden
⇨ privilegierte Klageänderung gemäß § 264 Nr. 2 Alt. 2 ZPO
(Beachte: auch hier grds. Einwilligung des Beklagten notw., § 269 I ZPO)

aa) Wirksame Erklärung der Klagerücknahme durch den Kläger

Erklärung als Prozesshandlung

Die Erklärung der Klagerücknahme ist eine einseitige Prozesshandlung. Die im allgemeinen Teil behandelten Wirksamkeitsvoraussetzungen für Prozesshandlungen müssen also vorliegen:

260

in mündl. Verhandlung oder per Schriftsatz

(1) *Form*: Gem. § 269 II S. 2 kann die Klagerücknahme in der mündlichen Verhandlung oder durch Einreichung eines Schriftsatzes erfolgen.

261

grundsätzlich unwiderruflich

(2) *Widerruf*: Ist die Einwilligung des Beklagten nicht erforderlich, so führt die Klagerücknahme unmittelbar zur Beseitigung der Rechtshängigkeit des Streitgegenstandes.

262

Als Bewirkungshandlung ist sie deshalb grundsätzlich nicht widerruflich (vgl. Rn. 253). Ein Widerruf ist jedoch mit Zustimmung des Beklagten zur Vermeidung eines neuen Prozesses zulässig.[191]

Muss der Beklagte in die Rücknahme einwilligen, so ist der Kläger an seine Erklärung gebunden, bis die Einwilligung erteilt oder versagt wird.

jedenfalls ab Rechtshängigkeit

(3) *Zeitpunkt*: Jedenfalls ab Eintritt der Rechtshängigkeit kann eine Klage zurückgenommen werden.

263

Die Klage kann auch nach Erlass eines Urteils bis zu dessen Rechtskraft zurückgenommen werden, § 269 III S. 1. Nach Einlegung eines Rechtsmittels ist die Erklärung an das Rechtsmittelgericht zu richten.

Problem: Klagerücknahme auch vor Zustellung möglich?

Durch die Einführung des § 269 III S. 3 mit Wirkung zum 01.01.2002 wird dem Kläger für den Fall der Erledigung vor Rechtshängigkeit nun die Möglichkeit eingeräumt, die Rücknahme der Klage zu erklären und über die Kosten eine Entscheidung nach billigem Ermessen herbeizuführen.

263a

Da § 269 III 3 aber auch eine Rücknahme *der Klage* voraussetzt, ist es umstritten, ob die Zustellung der Klage eine Voraussetzung für die Anwendung des § 269 III 3 ist[192].

---

[191] Th/P, § 269 Rn. 8.

§ 4 DIE PROZESSFÜHRUNGSMÖGLICHKEITEN DER PARTEIEN

Nach Ansicht des OLG Nürnberg kann eine Klage erst zurückgenommen werden, wenn sie zugestellt ist[193].

Nach Ansicht des BGH kann eine Klage im Fall des § 269 III 3 ausnahmsweise auch vor der Zustellung zurückgenommen werden[194].

Der durch die ZPO-Reform zum 01.01.2002 eingefügte § 269 III S.3 soll dem Kläger eine unkomplizierte Möglichkeit der Beendigung des Rechtsstreits geben, wenn sich der Anlass zur Klageerhebung zwischen Anhängigkeit und Rechtshängigkeit wegfällt.

Dass eine Klage begrifflich erst dann zurück genommen werden kann, wenn es sie gibt, entspricht nicht der Intention des Gesetzgebers, da die Möglichkeit geschaffen werden sollte, eine materiell gerechte Kostenentscheidung ohne einen weiteren, neue Kosten und zusätzliche Arbeit verursachenden Prozess erreichen zu können.

Gesetzesänderung zum 01.09.2004

Am 01.09.2004 ist das **„Erste Gesetz zur Modernisierung der Justiz"** in Kraft getreten. Der Bundesgesetzgeber hat mit diesem Gesetz wesentliche Teile der ZPO[195], insbesondere auch § 269 III S.3 geändert[196].

hemmer-Methode: § 269 III 3 wurde durch das Justizmodernisierungsgesetz neu gefasst und um einen Halbsatz 2 ergänzt. Bisher musste der Kläger die Klage *unverzüglich*, d.h. ohne schuldhaftes Zögern, § 121 I BGB, zurücknehmen, wollte er verhindern, dass ihm alleine die bisherigen Kosten des Rechtsstreits auferlegt werden.
Dies ist nun nicht mehr zwingend erforderlich, da der Gesetzgeber das Wort *unverzüglich* aus dem Gesetzestext wieder gestrichen hat.

§ 269 III S.3, 2.Hs. n.F. ⇨ Klagerücknahme auch vor Zustellung der Klage möglich!

Der Streit, ob für die Klagerücknahme die Klage nach der Erledigung noch dem Beklagten zugestellt werden musste oder nicht, hat der Gesetzgeber durch die Einfügung des § 269 III 3 HS 2 nun im Sinne des BGH entschieden: Die Klagerücknahme ist danach auch dann möglich, wenn die Klage noch gar nicht zugestellt wurde[197].

hemmer-Methode: Eine Kostenentscheidung des Gerichtes nach § 269 III 3 darf aber erst ergehen, wenn dem Beklagten zur Wahrung des Anspruches auf rechtliches Gehör (Art. 103 I GG) die Klageschrift zugestellt worden[198].

Teilrücknahme möglich

(4) *Beschränkung*: Der Kläger kann die Klagerücknahme auf einen Teil des Streitgegenstandes beschränken.

Eine solche Teilrücknahme erfüllt die Tatbestandsvoraussetzungen einer privilegierten Klageänderung gem. § 264 Nr. 2, 2. Alt.

---

192 Vgl. dazu TEGEDER, Die Klagerücknahme als „einseitige Hauptsachenerledigung" in NJW 2003, 3327 f.

193 OLG Nürnberg in NJW-RR 2003, 646 komentiert von DEUBNER in JuS 2003, 892 [893].

194 BGH NJW 2004, 1530 f.

195 Und der StPO.

196 Lesen Sie dazu OTTE, „Die examensrelevanten Änderungen der ZPO durch das Erste Justizmodernisierungsgesetz", in Life & Law 2004, 859 ff.; KNAUER/WOLF, „Zivilprozessuale und strafprozessuale Änderungen durch das Erste Justizmodernisierungsgesetz – Teil 1: Änderungen der ZPO", in NJW 2004, 2857 ff.; HUBER, Erstes Gesetz zur Modernisierung der Justiz – Änderungen der ZPO, in JuS 2004, 873 ff.

197 Zur Novellierung des § 269 III S.3 lesen Sie DECKENBROCK/DÖTSCH in JA 2005, 447 ff.

198 DECKENBROCK/DÖTSCH in JA 2005, 447 [449 li.Sp.]; KNAUER/WOLF, NJW 2004, 2857 [2858 li.Sp.].

hemmer-Methode: Die Frage, ob dies die Unanwendbarkeit der Vorschriften über die Klagerücknahme zur Folge hat, wird bei Darstellung der Klageänderung behandelt.[199]

bb) Wirksame Erklärung der Einwilligung durch den Beklagten

Einwilligung des Beklagten

Gem. § 269 I ist die Einwilligung des Beklagten in die Klagerücknahme erforderlich, wenn dieser begonnen hat, mündlich zur Hauptsache zu verhandeln.

Der Beklagte soll durch diese Vorschrift davor geschützt werden, dass der Kläger seine Klage in einer für ihn ungünstigen Prozesssituation zurücknimmt, um zu einem späteren Zeitpunkt erneut Klage erheben zu können.

hemmer-Methode: Der Beklagte hat also ein sog. „Recht auf Sachentscheidung".

= Prozesshandlung

Auch die Erklärung der Einwilligung ist Prozesshandlung. Insoweit gelten dieselben Voraussetzungen wie für die Erklärung der Klagerücknahme.

Insbesondere erfolgt auch diese in der mündlichen Verhandlung oder mittels Schriftsatzes. Insoweit wird § 269 II S. 2 entsprechend angewendet.[200]

Die Zustimmung des Beklagten wird gem. § 269 II S. 4 fingiert, wenn er nicht innerhalb einer Frist von zwei Wochen nach Zustellung der Rücknahmeerklärung dieser widerspricht und darauf hingewiesen worden ist.

Beginn mündliche Verhandlung

Der Beginn der mündlichen Verhandlung des Beklagten zur Hauptsache ist wie in § 39 zu bestimmen. Erforderlich ist, dass der Beklagte über den Streitgegenstand verhandelt. Die Verhandlung von Zulässigkeitsfragen ist nicht ausreichend, vgl. Rn. 175.

Im Ausgangsfall hatten die Parteien über die ordnungsgemäße Klageerhebung, also lediglich über die Zulässigkeit der Klage verhandelt. Eine Einwilligung des B in die Klagerücknahme war deshalb nicht erforderlich.

c) Wirkungen einer wirksamen Klagerücknahme

aa) Prozessrechtliche Wirkungen

prozessuale Wirkungen

Die prozessrechtlichen Wirkungen der Klagerücknahme ergeben sich aus § 269 III S. 1, S. 2:

(1) Die Rechtshängigkeit des Streitgegenstandes wird rückwirkend beseitigt.

(2) Ein bereits ergangenes Urteil wird ipso iure wirkungslos, soweit es noch nicht rechskräftig ist.

---

199 Vgl. Rn. 337.
200 Musielak, Rn. 220.

(3) Der Kläger hat die Kosten des Rechtsstreits zu tragen, soweit nicht bereits rechtskräftig über sie erkannt ist oder sie dem Beklagten aufzuerlegen sind. Dies kann insbesondere dann der Fall sein, wenn der Anlass zur Klage vor Rechtshängigkeit weggefallen ist, der Kläger die Klage daraufhin zurücknimmt und die Kosten nach dem bisherigen Sach- und Streitstand dem Beklagten aufzuerlegen sind, § 269 III S. 3[201].

hemmer-Methode: Zur Kostenentscheidung nach § 269 III S.3 lesen Sie DECKENBROCK/DÖTSCH in JA 2005, 447 ff.
Auch im Mahnverfahren (vgl. dazu Rn. 641 ff.) ist nach Ansicht des BGH § 269 III anwendbar.
Macht der Antragssteller allerdings geltend, dass der Anlass zur Einreichung des Mahnantrags vor Rechtshängigkeit entfallen sei, und dass er deswegen den Mahnantrag zurückgenommen habe (§ 269 III S.3), so hat über die Kosten des Mahnverfahrens nach Abgabe das für das streitige Verfahren zuständige Gericht zu entscheiden[202].
Für eine streitige Entscheidung nach § 269 III S.3 ist das Mahnverfahren jedoch weder bestimmt noch geeignet. Eine Kostenentscheidung nach billigem Ermessen unter Berücksichtigung des bisherigen Sach- und Streitstandes erfordert eine sachliche Prüfung nicht nur der geltend gemachten Forderung, sondern auch des behaupteten erledigenden Ereignisses und gegebenenfalls eines materiellrechtlichen Kostenanspruchs[203]. Da das Mahnverfahren bereits auf eine Schlüssigkeitsprüfung des Anspruchs verzichtet und es deswegen an einem „bisherigen Sach- und Streitstand" fehlt, müsste der Rechtspfleger jetzt in einem streitig geführten Verfahren derartige Umstände ermitteln und hierüber sodann verbindlich (rechtskraftfähig) entscheiden. Das verbietet die gesetzliche Ausgestaltung des einseitigen, weitgehend formalisierten und auf maschinelle Bearbeitung (§ 689 I S.2) angelegten Mahnverfahrens[204].

Gem. § 269 IV kann auf Antrag ein Beschluss erwirkt werden, der diese Wirkungen deklaratorisch feststellt. Diese Möglichkeit hat Bedeutung für den Fall, dass bereits ein klagestattgebendes, für vorläufig vollstreckbar erklärtes Urteil existiert:

Durch Vorlage eines nach § 269 IV ergangenen Beschlusses kann dem Gerichtsvollzieher die Wirkungslosigkeit des der Zwangsvollstreckung zugrunde liegenden Urteils nachgewiesen werden.

bb) Zulässigkeit einer erneuten Klage

Zulässigkeit neuer Klage (+) wegen § 269 IV

Die Zulässigkeit einer erneuten Klage ergibt sich mittelbar aus § 269 VI.

Die Einrede mangelnder Kostenerstattung gem. § 269 VI stellt ein Sachurteilshindernis dar, ist also nicht von Amts wegen zu berücksichtigen, sondern muss vom Beklagten gerügt werden (vgl. Rn. 140 f.).

Hinsichtlich des Zeitpunkts sind die §§ 282 III, 296 III zu beachten. Erhebt der Beklagte die Einrede rechtzeitig, so ist die Klage als unzulässig abzuweisen, wenn der Kläger die Kosten nicht innerhalb einer vom Gericht hierfür gesetzten Frist erstattet.[205]

---

201 Beachten Sie nochmals (vgl. schon Rn. 263), dass durch das Erste Gesetz zur Modernisierung der Justiz mit Wirkung zum 01.09.2004 das Wort „unverzüglich" in § 269 III S.3 gestrichen wurde.

202 Vgl. BGH NJW 2005, 512 f.

203 Vgl. Begründung des Regierungsentwurfs, BT-Drucks. 14/4722 S. 81; zu § 91a: BGH, Urteil vom 22. November 2001 - VII ZR 405/00 - NJW 2002, 680.

204 Vgl. WOLFF, NJW 2003, 553 [554].

205 Th/P, § 269 Rn. 24.

Im Ausgangsfall ist die zweite Klage des K zulässig: K hatte bereits zur Hauptsache verhandelt, als er sich auf die fehlende Kostenerstattung berief. Diese Rüge war daher wegen Verspätung und mangels genügender Entschuldigung unzulässig, §§ 269 VI, 282 III, 296 III.

cc) Materiell-rechtliche Wirkungen

Materiell-rechtliche Wirkungen

Die Klagerücknahme hat darüber hinaus auch materiell-rechtliche Auswirkungen.

Während des Prozesses abgegebene materiell-rechtliche Erklärungen (z.B. Anfechtung, §§ 142 I, 143 BGB) bleiben unabhängig von der Klagerücknahme wirksam.[206]

Zu beachten ist die Klagerücknahme insbesondere bei der Verjährung des geltend gemachten Anspruchs. Die ursprüngliche Klageerhebung hemmt die Verjährung, § 204 I Nr. 1 BGB.

Die Hemmung der Verjährung endet aber nicht mit dem Ende der Rechtshängigkeit, sondern erst 6 Monate nach der Klagerücknahme als „anderweitige Beendigung" des Prozesses, § 204 II S.1 BGB.

> Fraglich ist, ob die zweite Klage des K begründet ist. Der Anspruch auf Rückzahlung der Vermittlungsgebühr ergibt sich aus § 812 I S. 1, 1. Alt. BGB, § 5 I S. 1, S. 2 I WoVermG, könnte jedoch gem. § 5 I S. 2 WoVermG verjährt sein. Die Verjährung begann gem. § 5 I S. 2 WoVermG, § 187 I BGB am 16.11.2002. Durch die Klageerhebung am 05.01.2006 wurde die vierjährige Verjährung rechtzeitig gehemmt, § 204 I Nr. 1 BGB.

> Fraglich ist, ob die Verjährungsfrist am 16.11.2006 nach der Klagerücknahme durch K weiter gelaufen ist (vgl. § 209 BGB), die Hemmung also nur für den kurzen Zeitraum zwischen Klageerhebung und Klagerücknahme erfolgte.

> Jedoch ist § 204 II Nr. 1 BGB zu beachten, nach dem die Hemmung der Verjährung erst 6 Monate nach Prozessbeendigung (Klagerücknahme) endet.

> Da die Verjährungshemmung am 30.11.2006 noch andauerte, ist der Anspruch auf Rückzahlung der Vermittlungsgebühr nicht verjährt. Die Klage ist somit begründet und hat Aussicht auf Erfolg.

dd) Streit über die Wirksamkeit der Klagerücknahme

Streit über Wirksamkeit
Entscheidung durch Gericht bei:

Ein Streit zwischen den Parteien über die Wirksamkeit der Klagerücknahme ist von dem Gericht, bei dem der Rechtsstreit rechtshängig war bzw. ist, nach mündlicher Verhandlung zu entscheiden.[207]

– *Unwirksamkeit: § 303*

Verneint das Gericht eine wirksame Klagerücknahme, so ist hierüber durch Zwischenurteil, § 303, oder in den Gründen des Endurteils zu entscheiden.

– *Wirksamkeit: § 269 IV*

War die Klagerücknahme wirksam, so stellt das Gericht dies in entsprechender Anwendung von § 269 IV durch Beschluss fest. Nach anderer Ansicht ist durch Endurteil zu entscheiden.

---

206 R/S/G, § 130 III 1.
207 Th/P, § 269 Rn. 23 m.w.N.

d) Klagerücknahmeversprechen[208]

meist: außergerichtlicher Vergleich

Soweit die Parteien ihren Streit in einem außergerichtlichen Vergleich beilegen, verpflichtet sich der Kläger meist zur Rücknahme seiner Klage.

272

Es handelt sich hierbei um eine sog. Zulässigkeitseinrede (vgl. bereits Rn. 140 f.).

Die in Zusammenhang mit einem solchen Klagerücknahmeversprechen auftretenden Probleme sollen bei der Darstellung des Prozessvergleichs[209] behandelt werden.

2. Anerkenntnis, § 307

a) Einführung

hemmer-Methode: Lesen Sie zum Anerkenntnis zunächst die §§ 307, 93.

Bestehen des Klageanspruchs

Stellt der Beklagte fest, dass der vom Kläger geltend gemachte, prozessuale Anspruch besteht, so hat er die Möglichkeit, diesen Anspruch anzuerkennen.

273

Anerkenntnisurteil ohne streitige Verhandlung

Der Prozess wird dann ohne streitige Verhandlung über den Anspruch durch ein Anerkenntnisurteil zugunsten des Klägers beendet. Der Beklagte kann auf diese Weise die Entstehung weiterer Verfahrenskosten verhindern. Unter bestimmten Voraussetzungen sind die Kosten des Rechtsstreits sogar dem Kläger aufzuerlegen.

Gegenstück zu Verzicht

Das Anerkenntnis stellt das Gegenstück zu dem in Anschluss zu behandelnden Verzicht gem. § 306 dar.

– *Unterscheide:*

In prozessrechtlicher Hinsicht ist das Anerkenntnis vom Geständnis i.S.v. § 288 I zu unterscheiden.[210] Gegenstand des Anerkenntnisses ist der vom Kläger geltend gemachte prozessuale Anspruch. Das Geständnis bezieht sich demgegenüber auf die vom Prozessgegner vorgetragenen Tatsachen.

274

– *Geständnis*

– *Schuldanerkenntnis*

In materiell-rechtlicher Hinsicht ist das Anerkenntnis vom Schuldanerkenntnis i.S.v. §§ 780, 781 BGB abzugrenzen.[211] Das Anerkenntnis stellt eine gegenüber dem Gericht vorzunehmende Prozesshandlung dar, die zur Beendigung des Rechtsstreits durch ein Anerkenntnisurteil führt. Das Schuldanerkenntnis hingegen ist ein zwischen den Parteien abzuschließender, materiell-rechtlicher Vertrag.

Ob ein Anerkenntnis zugleich ein Angebot an den Kläger zum Abschluss eines solchen Vertrages darstellt, ist in jedem Einzelfall durch Auslegung zu ermitteln. Wenn dies bejaht wird, liegt eine sog. doppelfunktionale Prozesshandlung vor, deren prozessrechtliche und materiell-rechtliche Wirkungen getrennt voneinander zu beurteilen sind.

---

208 Vgl. Rn. 314.
209 Vgl. Rn. 300 ff.
210 Schlosser, Rn. 138, 157.
211 R/S/G, § 133 IV 7 c).

b) Voraussetzungen für den Erlass eines Anerkenntnisurteils

Voraussetzungen

Vor Erlass eines Anerkenntnisurteils muss insbesondere geprüft werden, ob das Anerkenntnis wirksam erklärt wurde und die Prozessvoraussetzungen vorliegen.

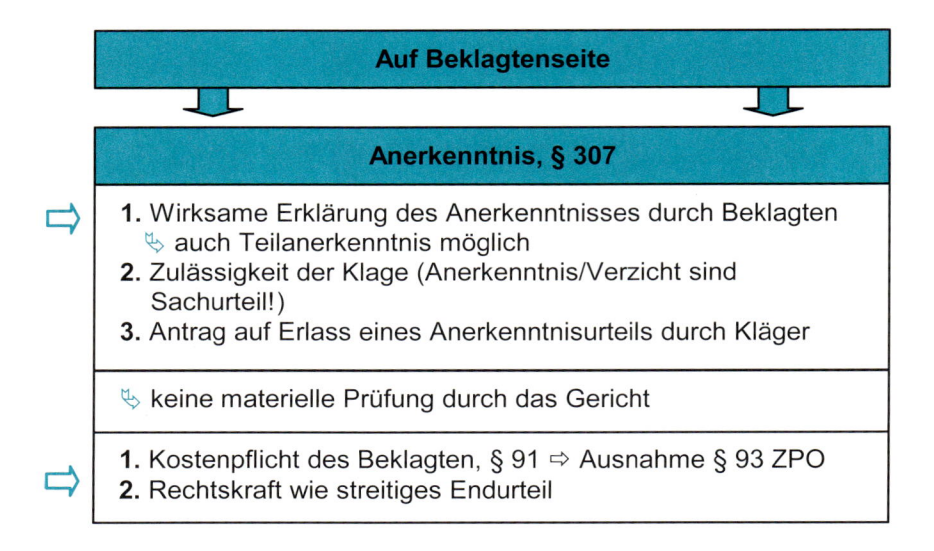

Auf Beklagtenseite

Anerkenntnis, § 307

⇨ 1. Wirksame Erklärung des Anerkenntnisses durch Beklagten
   ↳ auch Teilanerkenntnis möglich
2. Zulässigkeit der Klage (Anerkenntnis/Verzicht sind Sachurteil!)
3. Antrag auf Erlass eines Anerkenntnisurteils durch Kläger

↳ keine materielle Prüfung durch das Gericht

⇨ 1. Kostenpflicht des Beklagten, § 91 ⇨ Ausnahme § 93 ZPO
2. Rechtskraft wie streitiges Endurteil

aa) Wirksame Erklärung des Anerkenntnisses durch den Beklagten

als Prozesshandlung wirksam

Die wirksame Erklärung des Anerkenntnisses setzt wiederum voraus, dass die im allgemeinen Teil behandelten Wirksamkeitserfordernisse für Prozesshandlungen erfüllt sind.

(1) *Form*: Das Anerkenntnis erfolgt entweder in der mündlichen Verhandlung, § 307 S.1, oder im schriftlichen Verfahren, da eine mündliche Verhandlung nicht (mehr) erforderlich ist, § 307 S.2[212].

(2) *Widerruf*: Als Bewirkungshandlung ist das Anerkenntnis unwiderruflich und unanfechtbar. § 290 betrifft nur den Widerruf eines Geständnisses und ist insoweit auch nicht entsprechend anwendbar. Zulässig ist der Widerruf jedoch, wenn der Kläger zustimmt, ein Restitutionsgrund gem. § 580 vorliegt oder die Voraussetzungen für eine Abänderungsklage gem. § 323 gegeben sind.[213]

(3) *Beschränkung*: Das Anerkenntnis kann auf einen abgrenzbaren Teil des geltend gemachten Anspruchs beschränkt werden, § 307 S.1, 2.Alt.

Bedingungsfeindlichkeit

(4) *Bedingung*: Das Anerkenntnis darf nicht mit einer Bedingung verbunden werden.

---

212 **Hinweis**: Nach § 307 S.2 kann ein Anerkenntnisurteil (nun) **stets** ohne mündliche Verhandlung ergehen. Dies war nach bisheriger Rechtslage nur im schriftlichen Vorverfahren und im Sonderfall des § 128 II möglich. Dies ist eine Änderung, die im Zuge des Justizmodernisierungsgestzes mit Wirkung zum 01.09.2004 in Kraft getreten ist. Dass § 310 III S.1 immer noch auf den nun gestrichenen § 307 II verweist, stellt ein Redaktionsversehen des Gesetzgebers dar. Kritisch zur Neuregelung: KNAUER/WOLF, NJW 2004, S. 2861.

213 BGH NJW 1981, 2193; Th/P, § 307 Rn. 8.

Hiervon zu unterscheiden sind folgende Fälle:[214]

Abgrenzung:

⇨ Der Beklagte verwahrt sich gegen die Kosten oder macht das Fehlen einer Prozessvoraussetzung geltend. Hierbei handelt es sich nicht um echte Bedingungen: Das Gericht prüft von Amts wegen, ob die Prozessvoraussetzungen vorliegen und wer die Kosten zu tragen hat.

⇨ Der Beklagte erkennt den geltend gemachten Anspruch dem Grunde nach an und bestreitet lediglich dessen Höhe. In diesem Fall erlässt das Gericht ein Anerkenntnisgrundurteil gem. § 304, über die Höhe des Anspruchs wird streitig verhandelt.

⇨ Der Beklagte erkennt den Anspruch an, behält sich aber die Aufrechnung mit einer nichtkonnexen Gegenforderung vor. Das Gericht erlässt dann ein Anerkenntnisvorbehaltsurteil gem. § 302, über die Gegenforderung wird streitig verhandelt.

⇨ Der Beklagte erkennt den Anspruch an, macht jedoch geltend, eine Verurteilung könne nur Zug um Zug erfolgen.

Wenn der Kläger daraufhin seinen Antrag ändert und nur noch Verurteilung Zug um Zug begehrt, so ist der Beklagte dem Anerkenntnis gemäß zu verurteilen.

Erhält der Kläger seinen Antrag auf unbedingte Verurteilung aufrecht, so wird § 307, beschränkt auf den anerkannten Anspruch, entsprechend angewandt. Das Gericht entscheidet dann streitig nur noch über das Gegenrecht des Beklagten. Besteht dieses, so erfolgt Verurteilung Zug um Zug, andernfalls Verurteilung ohne Einschränkung. Das jeweilige Endurteil ist kein Anerkenntnisurteil.

Dispositionsbefugnis des Beklagten

(5) *Dispositionsbefugnis*: Der Beklagte muss hinsichtlich des geltend gemachten Anspruchs dispositionsbefugt sein. Dies ist in Ehe- und Kindschaftssachen nicht der Fall, §§ 617, 640. Rechtsfolgen, die das geltende Recht nicht vorsieht oder verbietet oder die sittenwidrig sind, können ebenfalls nicht Gegenstand eines Anerkenntnisses sein.[215]

278

bb) Erfüllung der Prozessvoraussetzungen

Sachurteil

Durch ein Anerkenntnisurteil wird dem Kläger der von ihm geltend gemachte Anspruch zuerkannt. Ein Anerkenntnisurteil stellt deshalb ein Sachurteil dar. Dieses setzt voraus, dass die Klage zulässig ist. Das Gericht hat also zu prüfen, ob die Prozessvoraussetzungen vorliegen.

279

Eine Ausnahme wird hinsichtlich des Rechtsschutzbedürfnisses zugelassen: Das Gericht prüft vor Erlass eines Anerkenntnisurteils nicht mehr, ob der geltend gemachte Anspruch tatsächlich besteht. Die zeitaufwendige Prüfung, ob das Rechtsschutzbedürfnis vorliegt, würde deshalb den Zweck dieser Prozessvoraussetzung in sein Gegenteil verkehren.[216]

cc) Erlass von Amts wegen

Kein Antrag des Klägers nötig

Seit 01.01.2002 setzt der Erlass eines Anerkenntnisurteils keinen Antrag des Klägers mehr voraus.

280

---

214 R/S/G, § 133 IV 2.
215 Th/P, § 307 Rn. 6.
216 Musielak, Rn.209 m.w.N.

Damit entfällt der Streit, wie zu verfahren ist, wenn ein solcher Antrag des Klägers nicht gestellt wurde oder der Kläger auf ein streitiges Urteil besteht. Das Gericht *muss* jetzt im Falle eines wirksamen Anerkenntnisses durch Anerkenntnisurteil entscheiden.

c) Wirkungen des Anerkenntnisurteils

keine Prüfung mat. Rechtslage

(1) Liegen die Voraussetzungen für ein Anerkenntnisurteil vor, so erkennt das Gericht dem Kläger den von ihm geltend gemachten Anspruch zu. Es prüft nicht, ob dieser Anspruch tatsächlich besteht.

Auf das Anerkenntnisurteil finden die §§ 313b, 311 II S. 3, 310 III Anwendung.

Kosten: Beklagter, § 91 I 1

(2) Die Kosten des Rechtsstreits hat grundsätzlich der Beklagte als unterlegene Partei zu tragen, § 91 I S. 1.

Ausnahme: § 93

Liegen die Voraussetzungen des § 93 vor, so sind die Kosten ausnahmsweise dem Kläger aufzuerlegen.

Anlass zur Klageerhebung im Sinne dieser Vorschrift besteht, wenn der Kläger annehmen musste, sein Ziel nur durch einen Prozess erreichen zu können.[217] Diese Voraussetzung ist in der Regel schon dann erfüllt, wenn der spätere Beklagte trotz Fälligkeit nicht geleistet hat. Ob zusätzlich eine Aufforderung durch den späteren Kläger erforderlich ist, wird unterschiedlich beantwortet. Unstreitig ist hingegen, dass es auf ein Verschulden und auf die materielle Rechtslage nicht ankommt[218].

Der Beklagte muss den Anspruch ferner sofort anerkannt haben, also vor Verlesung der Sachanträge in der ersten mündlichen Verhandlung, bei frühem ersten Termin im Schriftsatz gem. § 275 I S. 2, bei schriftlichem Vorverfahren bereits in der Verteidigungsanzeige gem. § 276 I S. 1.[219]

Achtung: Enthält beim schriftlichen Vorverfahren die Verteidigungsanzeige noch keinen Antrag auf Klageabweisung, sondern wirklich nur die Anzeige der Verteidigungsbereitschaft, so kann nach neuester Rechtsprechung des BGH der Beklagte auch noch in seinem Klageerwiderungsschreiben „sofort" im Sinne des § 93 anerkennen. Referendare lesen hierzu unbedingt BGH, NJW 2006, 2490 ff. = Life and Law, Bayern Spezial 2006, Heft 11, Seite 5 ff.

Nach h.M. ist nicht erforderlich, dass der Beklagte mit dem Anerkenntnis die sofortige Erfüllung verbindet.[220]

Werden die Kosten gem. § 93 dem Kläger auferlegt, so kann dieser die Kostenentscheidung isoliert mit dem Rechtsmittel der sofortigen Beschwerde anfechten, § 99 II S. 1, es sei denn, dass der Streitwert der Hauptsache die Berufungssumme von 600,- € nicht übersteigt, § 99 II S. 2.

vorläufige Vollstreckbarkeit: § 708 Nr. 1

(3) Für die vorläufige Vollstreckbarkeit gilt § 708 Nr. 1, d.h. das Urteil ist ohne Sicherheitsleistung vorläufig vollstreckbar.

wie streitiges Endurteil

(4) Ein Anerkenntnisurteil erwächst wie ein streitiges Endurteil in Rechtskraft und kann mit Berufung oder Revision angefochten werden.

---

217 Th/P, § 93 Rn. 4 ff.
218 Lehrreich hierzu auch der kurze Beitrag von HUBER, „Aus der Praxis: Schriftliches Vorverfahren und sofortiges Anerkenntnis", in JuS 2003, 698.
219 Th/P, § 93 Rn. 6 ff.
220 Th/P, § 93 Rn. 3; a.A. Zöller, § 93 Rn. 4.

Die Berufung gegen ein Anerkenntnisurteil führt jedoch nur dann zu der Prüfung, ob der dem Kläger zugesprochene Anspruch tatsächlich besteht, wenn der Beklagte zum Widerruf des Anerkenntnisses berechtigt ist, also in den Fällen der §§ 580, 323.[221]

3. Verzicht, § 306

a) Einführung

Gegenstück zum Anerkenntnis

Der Kläger kann auf den von ihm geltend gemachten Anspruch verzichten, wenn er feststellt, dass dieser nicht besteht. Auf Antrag des Beklagten wird die Klage dann durch ein Verzichtsurteil abgewiesen.

Gegenstück zum Verzicht ist das vorstehend behandelte Anerkenntnis. Viele der dort behandelten Probleme stellen sich auch beim Verzicht und sind sinngemäß wie dort zu entscheiden.

Unterscheide: Klagerücknahme, § 269

Der Verzicht muss in prozessrechtlicher Hinsicht von der Klagerücknahme gem. § 269 I abgegrenzt werden. **Anders als bei der Klagerücknahme** bringt der Kläger durch die Erklärung des Verzichts zum Ausdruck, dass der von ihm geltend gemachte Anspruch nicht besteht. Eine **erneute Klage** ist deshalb **nicht mehr möglich**. Der Beklagte muss also nicht geschützt werden, so dass seine Einwilligung für ein Verzichtsurteil nicht erforderlich ist.

Erlassvertrag

In materiell-rechtlicher Hinsicht ist der Verzicht vom Erlassvertrag i.S.v. § 397 BGB abzugrenzen. Insoweit gelten die Ausführungen zum Anerkenntnis sinngemäß.[222]

b) Voraussetzungen für den Erlass eines Verzichtsurteils

aa) Wirksame Erklärung des Verzichts durch den Kläger

Prozesshandlungsvoraussetzungen

Die Erklärung des Verzichts muss wirksam sein, insbesondere müssen die Prozesshandlungsvoraussetzungen vorliegen.

(1) *Form*: Der Verzicht wird in der mündlichen Verhandlung erklärt.

(2) *Widerruf*: Der Verzicht ist grundsätzlich unwiderruflich, es gelten jedoch dieselben Ausnahmen wie beim Anerkenntnis.[223]

Teilverzicht

(3) *Beschränkung*: Obwohl in § 306 nicht ausdrücklich erwähnt, kann auch der Verzicht auf einen abgrenzbaren Teil des Anspruchs beschränkt werden.

Dispositionsbefugnis

(4) *Dispositionsbefugnis*: Der Kläger muss auf den geltend gemachten Anspruch wirksam verzichten können. Fälle fehlender Dispositionsbefugnis finden sich beispielsweise in den §§ 1614 I BGB, 4 IV S. 1 TVG.

bb) Erfüllung der Prozessvoraussetzungen

Sachurteil

Auch das Verzichtsurteil ist Sachurteil. Sein Erlass setzt also voraus, dass die Prozessvoraussetzungen erfüllt sind.

---

221 Zöller, vor § 306 Rn. 6.
222 Vgl. Rn. 274.
223 Vgl. Rn. 276.

cc) Antrag des Beklagten

kein Anspruch auf streitiges Urteil

Soweit der Beklagte ein Verzichtsurteil ablehnt und eine streitige Verhandlung beantragt, ist sinngemäß wie beim Anerkenntnis zu entscheiden: Für eine streitige Verhandlung fehlt dem Beklagten das Rechtsschutzbedürfnis.[224]

c) Wirkungen des Verzichtsurteils

Klageabweisung

(1) Liegen die Voraussetzungen für den Erlass eines Verzichtsurteils vor, so hat das Gericht die Klage abzuweisen. Ob der geltend gemachte Anspruch tatsächlich nicht besteht, prüft das Gericht nicht.

Die Vorschriften der §§ 313b, 311 II S. 3 finden Anwendung.

Kosten: Kläger, § 91 I 1

(2) Die Kosten des Rechtsstreits trägt gem. § 91 I S. 1 der Kläger. § 93 wird nicht entsprechend angewendet.[225]

vorläufige Vollstreckbarkeit: § 708 Nr. 1

(3) Für die vorläufige Vollstreckbarkeit gilt § 708 Nr. 1.

Rechtsmittel wie streitiges Urteil

(4) Die Ausführungen zur Rechtskraft eines Anerkenntnisurteils sowie zu den Rechtsmitteln gelten sinngemäß.

4. Übereinstimmende beiderseitige Erledigterklärung, § 91a

a) Einführung

Ausgangsfall: § 362 BGB nach Rechtshängigkeit

Ausgangsfall: K wurde von B bei einem Verkehrsunfall verletzt. B ist zunächst fälschlicherweise der Ansicht, ihn treffe keine Schuld. Er lehnt deshalb die Bezahlung der dem K entstandenen Arztkosten ab, woraufhin K Klage erhebt. Als der Prozess einen für B ungünstigen Verlauf nimmt, zahlt dieser den eingeforderten Betrag und beruft sich hierauf im Prozess. Wie soll sich K jetzt verhalten?

hemmer-Methode: Für den prozessualen Teil im Referendarexamen typisch ist die Frage nach dem für eine Partei empfehlenswerten Prozessverhalten.
Nennen Sie hier nicht nur die richtige Lösung. Einmal mehr gilt: Probleme schaffen - nicht wegschaffen. Zeigen Sie also kurz auf, welche anderen Prozessführungsmöglichkeiten aus welchen Gründen nicht ratsam erscheinen. Zeigen Sie dem Korrektor auf diese Weise, dass Sie sich einen Überblick über die einzelnen Institute verschafft haben.

(1) K könnte seinen ursprünglichen Antrag aufrechterhalten. Der bei Klageerhebung noch bestehende Anspruch des K ist jedoch zu dem der Entscheidung zugrundezulegenden Zeitpunkt der letzten mündlichen Verhandlung (§ 296a) gem. § 362 I BGB bereits erloschen. Die Klage wäre daher als unbegründet abzuweisen. K müsste gem. § 91 die Kosten des Rechtsstreits tragen.

(2) Dies gilt auch, wenn K auf den geltend gemachten Anspruch gem. § 306 verzichtet.

(3) Gem. § 269 III S. 2 müsste K die bereits entstandenen Kosten auch dann tragen, wenn er - die Einwilligung des B vorausgesetzt - seine Klage zurücknimmt.

---

[224] Vgl. Rn. 281.
[225] Th/P, § 306 Rn. 4.

§ 4 DIE PROZESSFÜHRUNGSMÖGLICHKEITEN DER PARTEIEN

Eine Kostenentscheidung zu Lasten von K erscheint jedoch unvereinbar mit den ursprünglichen Erfolgsaussichten seiner Klage.

Zu einer günstigeren Kostenverteilung könnte die Abgabe einer Erledigterklärung führen.

Erledigterklärung zur Kostenvermeidung

Eine *Erledigterklärung* kommt in Betracht, wenn eine zunächst zulässige und begründete Klage später unzulässig oder unbegründet wird, sich also in der Hauptsache erledigt. Das die Unzulässigkeit oder Unbegründetheit bewirkende Ereignis wird dabei als *Erledigungsereignis* bezeichnet.

> **hemmer-Methode:** Achten Sie hier stets auf die richtige Terminologie. Das Erledigungs*ereignis* führt zwar dazu, dass die Klage unzulässig oder unbegründet wird, also zur Erledigung, hat aber auf den Prozessverlauf keinen Einfluss. Erst die Erledigt*erklärung* hat Auswirkungen auf das Verfahren.

Unterscheide:

Hinsichtlich der Einzelheiten muss unterschieden werden zwischen einseitiger Erledigterklärung, bei der nur der Kläger eine Erledigterklärung abgibt, und übereinstimmender Erledigterklärung, bei der sich der Beklagte der Erledigterklärung des Klägers anschließt.

292

– übereinstimmende Erledigterklärung: § 91a

Die **übereinstimmende Erledigterklärung** hat in **§ 91a** teilweise eine gesetzliche Regelung gefunden. Sie führt zur Beendigung des Rechtsstreits in der Hauptsache: Die **Rechtshängigkeit** des Streitgegenstandes **wird beseitigt** und das Gericht hat nur noch durch Beschluss über die Kosten zu entscheiden.

– einseitige Erledigterklärung: gesetzlich nicht geregelt

Die **einseitige Erledigterklärung** ist gesetzlich nicht geregelt. Sie führt nicht zur Beendigung des Prozesses, stellt nach h.M. eine besondere Form der Klageänderung dar und soll daher erst im Rahmen der zu einer Änderung des Streitgegenstandes führenden Prozesshandlungen behandelt werden.[226]

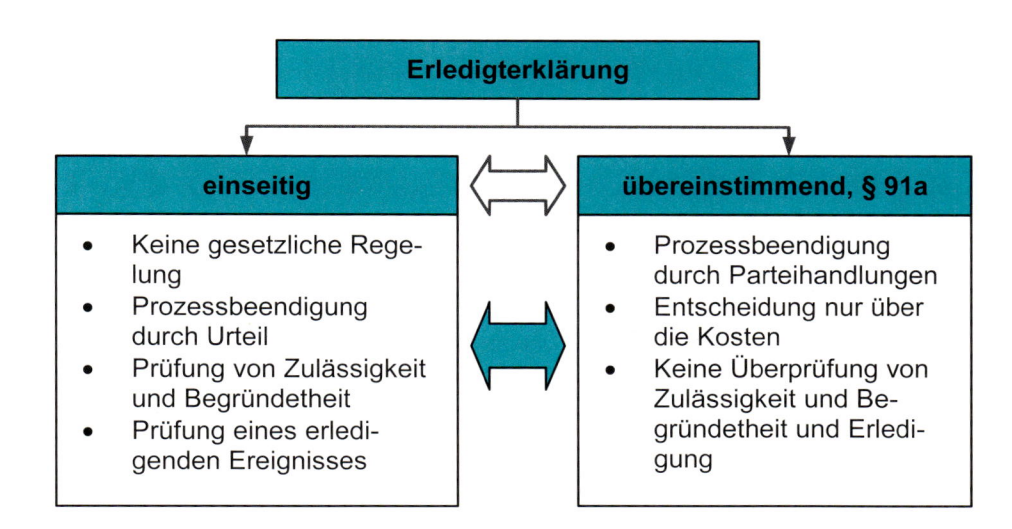

```
                    Erledigterklärung
                   /              \
            einseitig          übereinstimmend, § 91a
```

einseitig
- Keine gesetzliche Regelung
- Prozessbeendigung durch Urteil
- Prüfung von Zulässigkeit und Begründetheit
- Prüfung eines erledigenden Ereignisses

übereinstimmend, § 91a
- Prozessbeendigung durch Parteihandlungen
- Entscheidung nur über die Kosten
- Keine Überprüfung von Zulässigkeit und Begründetheit und Erledigung

b) Wirksamkeitsvoraussetzungen

Nehmen Sie an, K hätte im Ausgangsfall die Hauptsache für erledigt erklärt, B sich dieser Erklärung angeschlossen. Was hätte das Gericht nun zu prüfen?

---

226 Vgl. Rn. 343 ff.

aa) Wirksame übereinstimmende Erledigterklärung

Erledigterklärung ist Prozesshandlung

Die Erledigterklärungen von Kläger und Beklagtem müssen wirksam erfolgt sein.

(1) Form: Gem. § 91a kann die Erledigterklärung in der mündlichen Verhandlung, durch Einreichung eines Schriftsatzes oder zu Protokoll der Geschäftsstelle erfolgen.

Änderung zum 01.01.2004 ⇨ § 91a I S.2

Im Rahmen des ersten Justizmodernisierungsgesetzes wurde in § 91a I mit Wirkung zum 01.09.2004 ein Satz 2 eingefügt. Danach gilt das Schweigen einer Partei auf eine Erledigterklärung der anderen hin als Zustimmung zu dieser, wenn die Partei zuvor durch das Gericht auf diese Folge hingewiesen worden ist.

Hat demnach der Kläger nach Rechtshängigkeit den Rechtsstreit für erledigt erklärt und reagiert der Beklagte auf diese Erklärung trotz entsprechendem Hinweis durch das Gericht nicht, so gilt der Rechtsstreit damit als beidseitig für erledigt erklärt.

> **hemmer-Methode**: Erklärt eine Partei den Rechtsstreit für erledigt, so müssen sie zunächst stets prüfen, ob der Beklagte dieser Erledigterklärung ausdrücklich widersprochen hat oder ob es an einem gerichtlichen Hinweis nach § 91a I 2 fehlt.
> In diesen Fällen handelt es sich dann um einen Fall der <u>*einseitigen*</u> Erledigterklärung durch den Kläger. Dabei handelt es sich um eine zulässige Klageänderung der ursprünglichen Klage in eine Klage auf Feststellung, dass die ursprüngliche Klage zulässig und begründet war und mittlerweile Erledigung eingetreten ist (vgl. hierzu Rn. 343 ff.). Hat hingegen der Beklagte der Erledigterklärung trotz gerichtlichem Hinweis nicht widersprochen, so müssen sie feststellen, dass damit gemäß der Fiktion des § 91a I 2 beidseitige Erledigung eingetreten ist, und dass das Gericht nun nur noch über die Kosten zu entscheiden hat, § 91a I 1.

(2) Prozesshandlungsvoraussetzungen: Soweit die Erledigterklärungen in Anwaltsprozessen zu Protokoll der Geschäftsstelle abgegeben werden, entfällt der Anwaltszwang gem. § 78 V.[227]

grundsätzlich unwiderruflich

(3) Widerruf: Da die übereinstimmende Erledigterklärung unmittelbar zur Beendigung des Rechtsstreits in der Hauptsache führt, also eine Bewirkungshandlung darstellt, kommt ein Widerruf grundsätzlich nicht in Betracht.

Der Kläger kann seine Erklärung jedoch bis zur Zustimmung des Beklagten bzw. deren Fiktion nach § 91a I S.1 widerrufen.[228] Teilweise wird auch ein einverständlicher Widerruf für zulässig gehalten, solange das Gericht noch keine Kostenentscheidung getroffen hat.[229]

bedingungsfeindlich

(4) Bedingung: Wie jede Prozesshandlung darf die beidseitige Erledigterklärung nur mit innerprozessualen Bedingungen verbunden werden. Die hilfsweise Erledigterklärung für den Fall einer bestimmten Entscheidung über den Hauptantrag wird jedoch für unzulässig erachtet.[230]

ab Anhängigkeit möglich

(5) Zeitpunkt: Die Erklärung kann ab Anhängigkeit abgegeben werden, wird jedoch nicht vor Eintritt der Rechtshängigkeit wirksam.

---

[227] Th/P, § 91a Rn. 16.
[228] Zöller, § 91a Rn. 10.
[229] R/S/G, § 132 II 2 d).
[230] Zöller, § 91a Rn. 13.

§ 4 DIE PROZESSFÜHRUNGSMÖGLICHKEITEN DER PARTEIEN

nach Rechtsmitteleinlegung

Da die übereinstimmende Erledigterklärung konstitutiv die Beendigung des Prozesses zur Folge hat, kann sie auch nach Erlass eines noch nicht rechtskräftigen Urteils, also zwischen den Instanzen abgegeben werden. Nach Rechtsmitteleinlegung sind die Erklärungen an das Rechtsmittelgericht zu richten.[231]

bb) Tatsächliche Erledigung der Hauptsache?

keine Prüfung der tats. Erledigung

Ob die Klage zunächst zulässig und begründet war und später unzulässig oder unbegründet wurde, sich also *tatsächlich erledigt* hat, hat das Gericht bei wirksamer übereinstimmender Erledigterklärung nicht zu entscheiden.[232]

296

Durch die übereinstimmende Erledigterklärung bringen die Parteien zum Ausdruck, dass sie den Rechtsstreit beenden wollen und nur noch an einer Kostenentscheidung interessiert sind. Eine derartige Prüfung würde daher dem Dispositionsgrundsatz widersprechen.

c) Wirkungen der Entscheidung

aa) Entscheidung

*Beschluss:
"Hauptsache wurde erledigt."*

(1) Liegt nach den vorstehenden Ausführungen eine wirksame übereinstimmende Erledigterklärung vor, so wird das Gericht zunächst durch Beschluss feststellen, dass die Hauptsache *für erledigt erklärt wurde* (nicht: sich erledigt hat).

297

Kostenverteilung nach billigem Ermessen, § 91a

(2) Gem. § 91a I S. 1 ist dann unter Berücksichtigung des bisherigen Sach- und Streitstandes nach billigem Ermessen über die Kosten zu beschließen.

Das Gericht hat also zu entscheiden, wie der Rechtsstreit nach den allgemeinen kostenrechtlichen Bestimmungen zu entscheiden gewesen wäre, wenn die von den Parteien behauptete Erledigung nicht eingetreten wäre.[233]

Dieser Prognose sind nur die bisherigen, also die bis zur Erledigterklärung erzielten Prozessergebnisse zugrunde zu legen. Schwierige Rechtsfragen müssen nicht geklärt werden. Eine summarische Prüfung der Rechtslage genügt.

hemmer-Methode: In der Klausur könnte also die Frage auftauchen, wer die Kosten des Verfahrens trägt. Sie müssen dann prüfen, ob die Klage bis zur übereinstimmenden Erledigungserklärung zulässig und schlüssig war.

Reichen die bisherigen Prozessergebnisse nicht aus, um über die Erfolgsaussichten der Klage zu entscheiden, so sind die Kosten gegeneinander aufzuheben (entsprechend § 92 I S. 1, 1. Alt.).

Neue Beweiserhebungen sind nur zulässig, soweit diese zur Gewährung rechtlichen Gehörs unerlässlich sind. Soweit teilweise darüber hinausgehende Beweiserhebungen für zulässig erachtet werden, widerspricht dies dem Zweck der übereinstimmenden Erledigterklärung, den Rechtsstreit hinsichtlich der Hauptsache zu beenden.[234]

---

231 Zöller, § 91a Rn. 21.
232 Th/P, § 91a Rn. 22.
233 Zöller, § 91a Rn. 24.
234 Zöller, § 91a Rn. 26; Musielak, Rn. 233.

Sofortige Beschwerde

Auch hier kann gegen die Kostenentscheidung die sofortige Beschwerde erhoben werden, wenn der Streitwert der Hauptsache 600,- € übersteigt, § 91 a II.

Vollstreckungstitel i.S.v. § 794 I S. 1 Nr. 3

HINWEIS FÜR REFERENDARE: Der Kostenbeschluss stellt einen Vollstreckungstitel gem. § 794 I S. 1 Nr. 3 dar und ist deshalb nicht für vorläufig vollstreckbar zu erklären.

Im Ausgangsfall wird das Gericht also durch Beschluss feststellen, dass die Hauptsache für erledigt erklärt wurde. Da sich aus dem bisherigen Sach- und Streitstand ergibt, dass die Klage des K Aussicht auf Erfolg hatte, wird das Gericht die Kosten gem. § 91a dem B auferlegen.

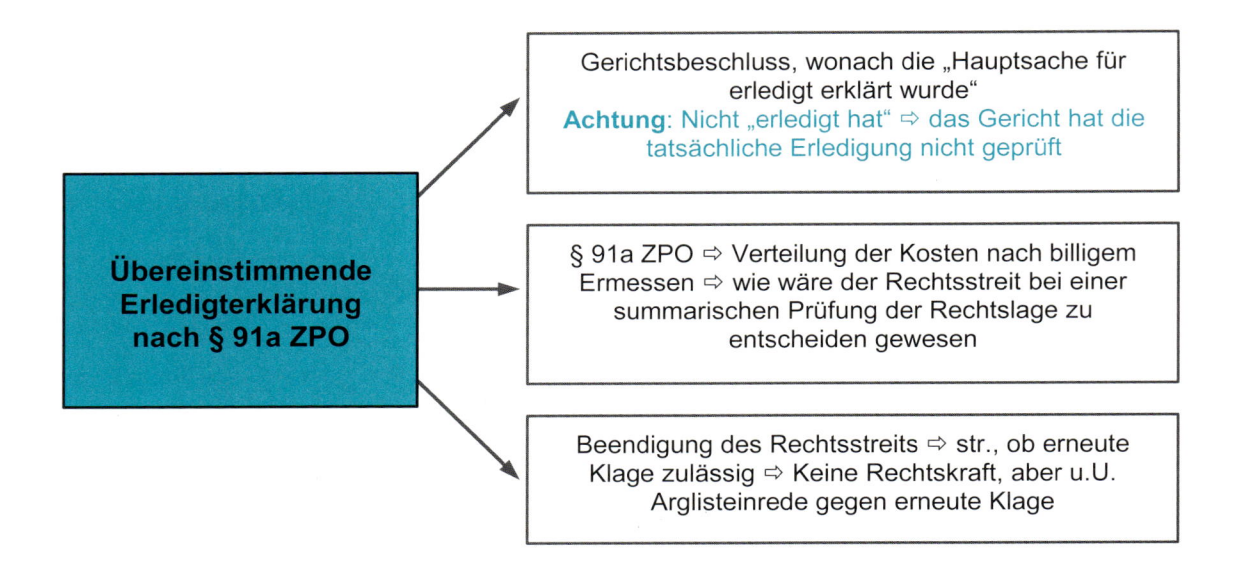

Übereinstimmende Erledigterklärung nach § 91a ZPO
- Gerichtsbeschluss, wonach die „Hauptsache für erledigt erklärt wurde" — Achtung: Nicht „erledigt hat" ⇨ das Gericht hat die tatsächliche Erledigung nicht geprüft
- § 91a ZPO ⇨ Verteilung der Kosten nach billigem Ermessen ⇨ wie wäre der Rechtsstreit bei einer summarischen Prüfung der Rechtslage zu entscheiden gewesen
- Beendigung des Rechtsstreits ⇨ str., ob erneute Klage zulässig ⇨ Keine Rechtskraft, aber u.U. Arglisteinrede gegen erneute Klage

bb) Wirkungen

Beendigung des Rechtsstreits

(1) Die übereinstimmende Erledigterklärung führt zur Beendigung des Rechtsstreits über die Hauptsache. Die Rechtshängigkeit des Streitgegenstandes wird also beseitigt.

Unwirksamwerden bisheriger Entscheidungen, § 269 III 1 analog

(2) Im bisherigen Verfahren getroffene, noch nicht rechtskräftige Entscheidungen werden wirkungslos.

Zur Begründung dieser in § 91a I nicht ausdrücklich geregelten Rechtsfolgen wird meist auf eine Analogie zu § 269 III S. 1 zurückgegriffen. Auch § 269 III S. 3 wird insoweit entsprechend angewendet.[235]

str.: erneute Klageerhebung? e.A.: (+)

(3) Umstritten ist, ob der Kläger nach beidseitiger Erledigterklärung erneut Klage erheben kann. Unter Hinweis auf die bei der Klagerücknahme geltende Regelung wird dies teilweise bejaht. Die übereinstimmende Erledigterklärung unterscheide sich insoweit nicht von einer mit Einwilligung des Beklagten vollzogenen Klagerücknahme.

h.M.: prozessuale Arglisteinrede

Demgegenüber wird darauf hingewiesen, dass sich der Beklagte nur im Hinblick auf die endgültige Erledigung des Rechtsstreits auf eine Kostenentscheidung nach billigem Ermessen einlasse. Dies sei dem Kläger auch bekannt. Dem Beklagten stehe daher gegenüber einer erneuten Klage eine prozessuale Arglisteinrede zu (Gedanke des venire contra factum proprium).[236]

---

235 Th/P, § 91a Rn. 21.
236 R/S/G, § 132 II 4; Musielak, Rn. 235.

§ 4 DIE PROZESSFÜHRUNGSMÖGLICHKEITEN DER PARTEIEN

d) Rechtsnatur

eigenständiges Rechtsinstitut

Vorstehend wurde bereits deutlich, dass die Lösung in § 91a nicht geregelter Probleme in Anlehnung an andere, vollständig geregelte Institute gesucht wird.

299

Es hat sich jedoch gezeigt, dass eine alle offenen Fragen lösende Analogie zu einem Institut nicht existiert. Der Streit um die Rechtsnatur der übereinstimmenden Erledigterklärung bringt daher nichts ein. Diese sollte vielmehr als eigenständiges Rechtsinstitut angesehen, die Lösung einzelner Probleme aus der vorhandenen gesetzlichen Regelung, im Übrigen aus Sinn und Zweck des Instituts abgeleitet werden.

5. Prozessvergleich

a) Einführung

einvernehmliche Beendigung des Rechtsstreits

Durch Abschluss eines Prozessvergleichs haben die Parteien die Möglichkeit, den Rechtsstreit einvernehmlich zu beenden und auf diese Weise die Entstehung weiterer Kosten zu verhindern.

300

Gem. § 278 I soll das Gericht in jeder Lage des Verfahrens auf eine solche gütliche Beilegung des Streits hinwirken.

PRAXIS-TIPP: Wenn ein gerichtlicher Sachverständiger tätig geworden ist, sollte man als Anwalt darauf achten, einem Vergleichsabschluss nur nach sorgfältiger Überlegung zuzustimmen.
Der Grund hierfür liegt in der mit Wirkung zum 01.08.2002 in Kraft getretenen Vorschrift des § 839a BGB, wonach ein Schadensersatzanspruch gegen einen gerichtlichen Sachverständigen nur dann besteht, wenn der Schaden durch eine gerichtliche *Entscheidung* eingetreten ist.
Bei einem Vergleich entscheidet aber das Gericht nicht (mehr). Damit kann aber auch kein Anspruch gegen den Sachverständigen entstehen, auch nicht bei den gröbsten Fehlern.
Hätte dies der Rechtsanwalt erkennen können, so haftet nun er gegenüber seinem Mandanten.
Und genau diese Angst ist es, die in der Praxis bereits spürbar dazu geführt hat, dass nach dem Tätigwerden gerichtlicher Sachverständiger die beteiligten Anwälte den Parteien nur noch ganz selten zu Vergleichsabschlüssen raten[237].

seit 01.01.2002 Prozessvergleich auch im schriftlichen Vorverfahren möglich auf gerichtlichen Vorschlag

Durch die ZPO-Reform wurden mit Wirkung zum 01.01.2002 die Möglichkeiten des Abschlusses eines gerichtlichen Vergleichs erweitert. Ein solcher kann nunmehr bereits im schriftlichen Vorverfahren ohne mündliche Verhandlung geschlossen werden, § 278 VI.

Voraussetzung war bislang, dass die Parteien einen gerichtlichen Vorschlag durch Schriftsatz annehmen.

seit 01.09.2004 auch auf Initiative der Parteien möglich

Dies ist durch das Erste Justizmodernisierungsgesetz mit Wirkung zum 01.09.2004 nun dahingehend erweitert worden, dass die Initiative auch von den Parteien selbst ausgehen kann, § 278 VI S.1, 1.Var.

hemmer-Methode: Die Wirkungen eines auf diese Art geschlossenen Vergleiches entsprechen denen eines in der mündlichen Verhandlung zu Protokoll gebrachten Prozessvergleichs.

---

237 Vgl. dazu VRiLG Ulrich in IBR 2003, 585.

b) Rechtsnatur

Prozessvertrag mit Doppelnatur

Die Rechtsnatur des Prozessvergleichs ist umstritten. Zum Teil wird der Prozessvergleich als privatrechtlicher Vertrag mit prozessualen Wirkungen (Prozessbeendigung) angesehen. Demgegenüber wird auch die Auffassung vertreten, der Prozessvergleich sei rein prozessualer Natur.

Gegen beide Extrempositionen spricht, dass der Prozessvergleich stets prozessuale und materiell-rechtliche Wirkungen miteinander verknüpft. Richtigerweise ist der Prozessvergleich deshalb als **Prozessvertrag mit Doppelnatur** anzusehen. Prozessualer und materiell-rechtlicher Regelungsbestandteil stehen nicht isoliert nebeneinander, sondern bedingen sich in ihrer Wirkung und Wirksamkeit gegenseitig.

> **hemmer-Methode:** Dies entspricht dem Willen der Parteien, die den Rechtsstreit nur mit einer bestimmten privatrechtlichen Wirkung beenden wollen.[238]

c) Parteien und Inhalt des Prozessvergleichs

Einigung der Parteien über Streitgegenstand

Der Prozessvergleich wird von den Parteien des Rechtsstreits, unter Umständen unter Hinzuziehung eines Dritten als Vertragspartei, abgeschlossen. Der Wortlaut des § 794 I S. 1 Nr. 1 ist insoweit missverständlich: Stets müssen beide Parteien an dem Prozessvergleich beteiligt sein, da sie nur gemeinschaftlich über den Streitgegenstand verfügen können.[239]

Inhaltlich kann der Prozessvergleich den gesamten Streitgegenstand oder nur einen Teil davon regeln. Er kann auch prozessfremde Rechte der Parteien oder Dritter einbeziehen, z.B. wenn zwischen den Parteien noch andere, außerhalb des zu beendigenden Rechtsstreits stehende Ansprüche streitig sind.[240]

d) Wirksamkeitsvoraussetzungen

doppelte Voraussetzungen

Wegen seines Charakters als doppelfunktionaler Prozessvertrag sind beim Prozessvergleich hinsichtlich seiner Wirksamkeit sowohl materiell-rechtliche als auch prozessrechtliche Voraussetzungen zu beachten:

Prozessvergleich

Materielle Voraussetzungen, § 779 BGB
- Beilegung eines Streits oder der Ungewissheit über ein disponibles Rechtsverhältnis
- Gegenseitiges Nachgeben
- Kein Widerruf des V. (bei Widerrufsvorbehalt)

Prozessuale Voraussetzungen
- vor einem deutschen Gericht zwischen den Prozessparteien
- Streitgegenstand eines anhängigen Verfahrens
- Protokollierung, §§ 160 III Nr. 1, 162 („vorgelesen und genehmigt"), 163 ZPO oder schriftliche Annahme eines gerichtlichen Vergleichsvorschlags, § 278 VI ZPO
- Vorliegen Prozesshandlungsvoraussetzungen

---

[238] Th/P, § 794 Rn. 3 m.w.N.
[239] Th/P, § 794 Rn. 9.
[240] Th/P, § 794 Rn. 14.

aa) Materiell-rechtliche Voraussetzungen

– materiell-rechtlich

⇨ Das Zustandekommen und die Wirksamkeit des Prozessvergleichs beurteilen sich nach den allgemeinen Vorschriften der §§ 104 ff., 119 ff., 134, 138, 145 ff. BGB.

hemmer-Methode: Soweit eine im Vergleich getroffene Vereinbarung zu ihrer Wirksamkeit der notariellen Beurkundung bedarf, wird diese durch die Protokollierung des Vergleichs ersetzt, § 127a BGB, § 160 III Nr. 1.

⇨ Die Parteien müssen hinsichtlich des Vergleichsgegenstandes dispositionsbefugt sein. Die Dispositionsbefugnis fehlt insbesondere in bestimmten Ehe-, Status- und Unterhaltssachen, vgl. z.B. § 1614 I BGB.

⇨ Zudem bietet § 779 BGB für den Vergleich einen besonderen Unwirksamkeitsgrund.

hemmer-Methode: Vergegenwärtigen Sie sich noch einmal die Voraussetzungen des § 779 BGB:
Es muss ein Streit oder Ungewissheit über ein Rechtsverhältnis vorliegen. Ferner muss ein gegenseitiges Nachgeben beider Parteien gegeben sein, wobei jedes nur geringfügige Opfer ausreicht (z.B. Stundung).[241]

bb) Prozessrechtliche Voraussetzungen

– Prozessrechtlich

⇨ Der Vergleich ist von den Parteien vor *einem* deutschen Gericht zu schließen, § 794 I S. 1 Nr. 1.

⇨ Der Vergleich muss den Streitgegenstand eines anhängigen Verfahrens betreffen.

⇨ Ein Streitverfahren muss anhängig sein, § 794 I Nr. 1.

⇨ Der Vergleich muss ordnungsgemäß protokolliert, vorgelesen und genehmigt sein, §§ 160 III Nr. 1, 162 I S. 3, 163 I, oder nach den Anforderungen des § 278 VI zustande gekommen sein.

⇨ Die allgemeinen Prozesshandlungsvoraussetzungen müssen vorliegen.

cc) Widerrufsvorbehalt

aufschiebende Bedingung

Schließlich wird in der Praxis häufig ein Widerrufsvorbehalt vereinbart. Dabei handelt es sich um eine aufschiebende, nicht um eine auflösende Bedingung. Es besteht kein Bedürfnis, der aus dem Vergleich begünstigten Partei einen Vollstreckungstitel an die Hand zu geben, solange die fristgemäße Erklärung des Widerrufs noch nicht erfolgt, die Bedingung also noch nicht eingetreten ist.[242]

Widerruf = Prozesshandlung

Auch der Widerruf eines Vergleichs ist eine Prozesshandlung.[243] Hinsichtlich der vereinbarten Widerrufsfrist ist zu beachten, dass sie Bestandteil der Parteivereinbarung ist und nicht als richterliche oder gesetzliche Frist i.S.d. § 224 II qualifiziert werden kann.

---

241 Vgl. aber auch BAG, NZA 2001, 632; dort wurde ein gegenseitiges Nachgeben verneint, weil lediglich auf ein streitiges Urteil verzichtet wird, ohne dass bzgl der Kosten des Verfahrens ein Nachgeben feststellbar war.

242 Zöller, § 794 Rn. 10.

243 Zöller, § 794 Rn. 10a-c.

Eine Verlängerung dieser Frist kann also nur im Einvernehmen mit den Vertragsparteien erfolgen. Eine Verlängerung durch das Gericht scheidet aus.

Erklärungsempfänger

Erklärungsempfänger ist jedenfalls das Gericht. Der Widerruf eines Prozessvergleichs kann aber wirksam **sowohl dem Gericht als auch der anderen Vergleichspartei** gegenüber erklärt werden, wenn die Parteien keine hiervon abweichende Vereinbarung getroffen haben.[244]

e) Wirkungen

Prozessbeendigung

aa) In *prozessualer Hinsicht* hat der Prozessvergleich prozessbeendigende Wirkung, d.h. die Rechtshängigkeit des Verfahrens endet. Diese Folge lässt sich insbesondere der Kostenvorschrift des § 98 entnehmen. Außerdem lässt er noch nicht rechtskräftige Urteile, soweit sie den Vergleichsgegenstand betreffen, wirkungslos werden.[245]

keine Rechtskraft des Prozessvergleichs

Zwar erwächst der wirksam abgeschlossene Vergleich nicht in Rechtskraft. Einer Leistungsklage hinsichtlich einer im Vergleich vereinbarten Verpflichtung fehlt jedoch regelmäßig das Rechtsschutzbedürfnis, da der Prozessvergleich tauglicher Vollstreckungstitel i.S.d. § 794 I Nr. 1 ist.

hemmer-Methode: Eine Ausnahme besteht jedoch, wenn im Rahmen der Vollstreckung aus dem Vergleich von vornherein mit einer Vollstreckungsabwehrklage i.S.d. §§ 767, 795, 794 I S. 1 Nr. 1 zu rechnen ist.[246]

materiell-rechtliche Neuregelung

bb) In *materiell-rechtlicher Hinsicht* führt der Vergleich zu einer Neuordnung der Parteibeziehungen entsprechend der getroffenen Vereinbarungen zwischen den Parteien.[247]

f) Unwirksame Prozessvergleiche[248]

Ausgangsfall

Fall: A klagt gegen B auf Kaufpreiszahlung i.H.v. 12.000,- €. Vor Gericht schließen die Parteien hinsichtlich der der Höhe nach bestrittenen Forderung einen Prozessvergleich, wonach B dem A 9.000,- € zahlen soll.

aa) A ficht den Vergleich an, weil B ihn bei Vergleichsabschluss arglistig getäuscht hat. Er begehrt eine für ihn günstigere Entscheidung.

bb) A tritt gem. § 323 I BGB von dem Vergleich zurück, weil B den im Vergleich festgesetzten Kaufpreis trotz Fristsetzung nicht bezahlt hat. Er begehrt eine für ihn günstigere Entscheidung.

cc) Der Vergleich wurde nicht ordnungsgemäß protokolliert, vgl. § 160 III Nr. 1. Außerdem erschien B ohne Anwalt, so dass ihm die Postulationsfähigkeit fehlte.

zu aa) Bevor A Klage auf Kaufpreiszahlung erhebt, muss zunächst festgestellt werden, ob überhaupt ein wirksamer Vergleich abgeschlossen und dieser dann wirksam angefochten worden ist.

Problematisch erscheint, ob A zur Klärung dieser Frage den alten Prozess fortführen kann oder ob er eine neue Klage erheben muss.

---

244 BGH, NJW 2005, 3576 ff. = Life and Law, Bayern Spezial 2006, Heft 2, Seite 2 ff.

245 Th/P, § 794 Rn. 26, 28.

246 Th/P, § 794 Rn. 29.

247 Th/P, § 794 Rn. 30.

248 Vgl. dazu BGH, Life&Law 2000, 25 ff. = NJW 1999, 2903 f.

§ 4 DIE PROZESSFÜHRUNGSMÖGLICHKEITEN DER PARTEIEN

Hier ist, wirksame Anfechtung gem. § 123 I BGB unterstellt, der Vergleichsvertrag gem. § 142 I BGB **ex tunc** nichtig. Aus der Doppelnatur des Prozessvergleichs ergibt sich, dass diese materiell-rechtliche Nichtigkeit auch die prozessuale Folge des Vergleichs - die Prozessbeendigung - nicht eintreten lässt. Da es somit an der prozessbeendigenden Wirkung fehlt, ist das alte Verfahren rechtshängig geblieben. Einem neuen Verfahren stünde die negative Prozessvoraussetzung der anderweitigen Rechtshängigkeit entgegen.[249] A muss deshalb den alten Prozess fortführen.

zu bb) Soweit ein Rücktritt vom Vergleich nach § 323 I BGB in Betracht kommt, stellt sich folgendes Problem: Weil der Vergleich in diesen Fällen nur **ex nunc** unwirksam wird, kann die Prozessbeendigung als punktuelles Ereignis nicht mehr berührt werden.

(1) Der Vergleich war bis zur Erklärung des Rücktritts wirksam. Orientiert man sich konsequent an der Frage nach der prozessbeendigenden Wirkung des Vergleichs, so kommt in diesem Fall (dogmatisch richtig) nur die Einleitung eines neuen Verfahrens in Frage.[250]

(2) Der gegenteiligen Auffassung ist jedoch zuzugeben, dass eine Fortsetzung des alten Prozesses aus Gesichtspunkten der Prozessökonomie sinnvoll erscheint, da sich so das ursprüngliche Gericht mit der Fortsetzung des Rechtsstreits befassen kann.[251]

zu cc) Bei prozessualen Unwirksamkeitsgründen kommt eine Prozessbeendigung von vornherein nicht in Betracht.

Es stellt sich jedoch die Frage, ob der Vergleichsinhalt durch Umdeutung, § 140 BGB, oder Auslegung, §§ 133, 157 BGB, wenigstens in materiell-rechtlicher Hinsicht aufrechterhalten werden kann. Dies ist unter Zugrundelegung des hypothetischen Parteiwillens zu beantworten und i.d.R. zu verneinen, da die Parteien oftmals einen Vergleich nur mit Vollstreckungsmöglichkeit wollen.[252] Dies setzt aber einen wirksamen **Prozessvergleich** voraus.

hemmer-Methode: Wird eine Aufrechterhaltung (ausnahmsweise) bejaht, so ist das ursprüngliche Gericht bei der Fortsetzung des alten Rechtsstreits an die durch den Vergleich neu geordnete materielle Rechtslage gebunden.

g) Klagerücknahmeversprechen

außergerichtlicher Vergleich: Verpflichtung zur Klagerücknahme

Insbesondere in außergerichtlichen Vergleichen verpflichtet sich die klagende Vertragspartei meist zur Rücknahme der Klage. Auch bei Prozessvergleichen, die aus prozessrechtlichen Gründen unwirksam sind und ausnahmsweise in materiell-rechtlicher Hinsicht aufrechterhalten werden, kann dem Parteiwillen eine Verpflichtung zur Klagerücknahme zu entnehmen sein.

prozessuale Einrede i.S.d. §§ 282 III, 296 III

Durch ein solches Klagerücknahmeversprechen wird die Rechtshängigkeit des Streitgegenstandes nicht beseitigt.

Vielmehr ist das Klagerücknahmeversprechen als prozessuale Einrede rechtzeitig (beachte §§ 282 III, 296 III!) geltend zu machen mit der Folge der Abweisung der Klage als unzulässig (vgl. dazu schon Rn. 141).[253]

Um eine prozessuale Einrede handelt es sich deshalb, weil das Klagerücknahmeversprechen Wirkungen auf prozessualem Gebiet entfaltet und somit einen Prozessvertrag darstellt.[254]

---

249 Th/P, § 794 Rn. 36 m.w.N.
250 BGH NJW 1986, 1348.
251 R/S/G, § 131 IV 3, 5; BAG, NJW 1983, 2212.
252 Zöller, § 794 Rn. 15.
253 Zöller, § 269 Rn. 3.
254 Musielak, Rn. 225.

hemmer-Methode: Einer (Wider)Klage auf Erfüllung des Rücknahmeversprechens fehlt wegen dieser Einredemöglichkeit das Rechtsschutzbedürfnis.[255]

III. Prozesshandlungen, die den Streitgegenstand betreffen

1. Klagenhäufung

Unterscheide:
subjektive + objektive / ursprüngl. + nachträgl. Klagenhäufung

Bisher wurde davon ausgegangen, dass ein Kläger gegen einen Beklagten einen prozessualen Anspruch geltend macht. Stehen auf Kläger- oder Beklagtenseite mehrere Parteien oder werden in einem Prozess mehrere prozessuale Ansprüche geltend gemacht, so spricht man von subjektiver bzw. objektiver Klagenhäufung. Je nachdem, ob bereits bei Beginn des Prozesses eine solche Klagenhäufung vorliegt oder diese erst während des Prozesses eintritt, wird weiter zwischen ursprünglicher und nachträglicher Klagenhäufung unterschieden.

a) Objektive Klagenhäufung, § 260

aa) Begriff

Mehrzahl prozessualer Ansprüche

Eine Mehrzahl prozessualer Ansprüche und damit eine objektive Klagenhäufung liegt nach dem herrschenden zweigliedrigen Streitgegenstandsbegriff vor, wenn der Kläger entweder mehrere Anträge stellt oder seinem Klagebegehren mehrere Lebenssachverhalte zugrundelegt.[256]

> *Beispiele: Der Kläger verlangt vom Beklagten Herausgabe einer in seinem Eigentum stehenden Sache, sowie Schadensersatz wegen deren Beschädigung (mehrere Anträge); der Kläger fordert vom Beklagten Kaufpreiszahlung und stützt sein Klagebegehren sowohl auf den Kaufvertrag als auch auf ein diesbezügliches Schuldanerkenntnis (mehrere Lebenssachverhalte, vgl. Rn. 117 ff.).*

Unterscheide:
mehrfache rechtliche Begründung

Keine Klagenhäufung ist gegeben, wenn der Kläger den geltend gemachten Anspruch lediglich auf eine mehrfache rechtliche Begründung stützt.[257]

> *Beispiel: Der Kläger begründet sein Herausgabeverlangen sowohl mit seinem Eigentum als auch mit einem Rückgabeanspruch aus Mietvertrag.*

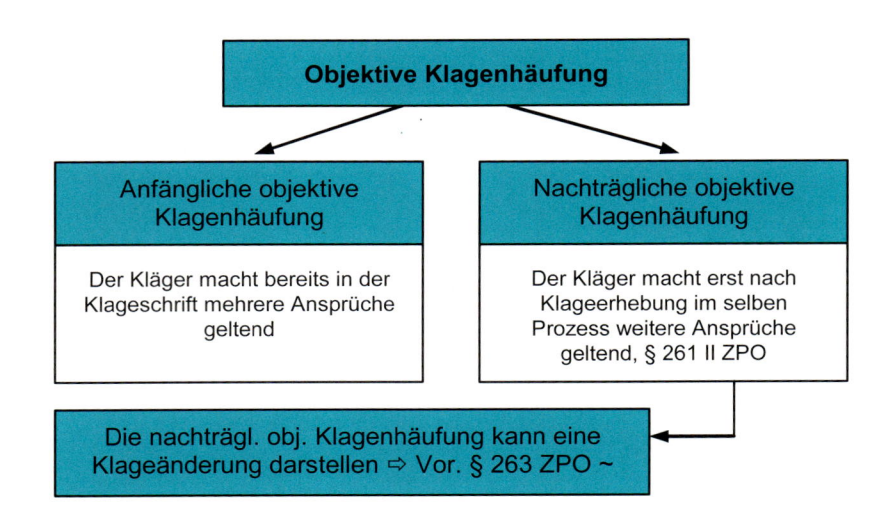

```
                    Objektive Klagenhäufung
                    /                    \
   Anfängliche objektive          Nachträgliche objektive
      Klagenhäufung                    Klagenhäufung

  Der Kläger macht bereits in der   Der Kläger macht erst nach
  Klageschrift mehrere Ansprüche    Klageerhebung im selben
         geltend                    Prozess weitere Ansprüche
                                    geltend, § 261 II ZPO

              Die nachträgl. obj. Klagenhäufung kann eine
              Klageänderung darstellen ⇨ Vor. § 263 ZPO ~
```

---

255 Zöller, § 269, Rn. 3; a.A. Th/P, § 269 Rn. 2.
256 Th/P, § 260 Rn. 2 f.
257 Zöller, § 260 Rn. 1.

bb) Entstehung

(1) Anfängliche Klagenhäufung

Die Klagenhäufung entsteht anfänglich, wenn der Kläger bereits in der Klageschrift mehrere prozessuale Ansprüche geltend macht.

318

(2) Nachträgliche Klagenhäufung

Die Klagenhäufung tritt nachträglich ein, wenn der Kläger nach Klageerhebung im selben Prozess einen weiteren prozessualen Anspruch in der mündlichen Verhandlung oder durch Zustellung eines Schriftsatzes geltend macht, § 261 II.

319

hemmer-Methode: Die nachträgliche Klagenhäufung wird von der Rechtsprechung des BGH auch als Klageänderung i.S.d. § 263 angesehen, da ein neuer Streitgegenstand in den Prozess eingeführt wird (vgl. Rn. 331).
Daher ist die nachträgliche objektive Klagenhäufung in der Klausur an zwei Stellen anzusprechen:
1. In der Zulässigkeit der Klage bei der Frage der Zulässigkeit der Klageänderung, § 263.
2. Zwischen Zulässigkeit und Begründetheit der Klage sind die Verbindungsvoraussetzung des § 260 zu prüfen.

§ 147

Da der Kläger nicht verpflichtet ist, mehrere Ansprüche in einer Klage zu verbinden, die gemeinsame Verhandlung und Entscheidung über diese Ansprüche aber prozessökonomisch sein kann, hat das Gericht die Möglichkeit eine Prozessverbindung anzuordnen, § 147. Auch hierdurch entsteht eine nachträgliche Klagenhäufung.

cc) Arten

Unterscheide:

Nach dem Verhältnis, zwischen den geltend gemachten prozessualen Ansprüchen, sind **kumulative** (Rn. 322) und **eventuale** (Rn. 325) Klagenhäufung zu unterscheiden.[258]

320

– kumulative Klagenhäufung

Begehrt der Kläger bedingungslos eine Entscheidung über alle erhobenen Ansprüche, so liegt eine *kumulative Klagenhäufung* vor.

– eventuale Klagenhäufung

Macht der Kläger die Entscheidung über einen prozessualen Anspruch davon abhängig, dass das Gericht über einen anderen Anspruch mit bestimmtem Ergebnis entscheidet, so spricht man von einer *eventualen Klagenhäufung*. In der Praxis am häufigsten sind die Fälle, in denen über den Hilfsantrag erst und nur dann entschieden werden soll, wenn der Hauptantrag unzulässig oder unbegründet ist.

> *Beispiel: Der Kläger begehrt Verurteilung des Beklagten zur Herausgabe einer ihm gehörenden Sache und beantragt hilfsweise die Feststellung seines Eigentums.*

Zulässigkeit innerproz. Bedingung

Hauptantrag und Hilfsantrag sind in diesen Fällen zulässigerweise mit einer innerprozessualen Bedingung verbunden (vgl. nochmals Rn. 251): Das Gericht darf über den Hilfsantrag, der mit Klageerhebung rechtshängig wird, erst befinden, wenn die Entscheidung über den Hauptantrag in der vom Kläger bestimmten Weise ergangen ist.[259]

---

258 Eine dritte Fallgruppe ist die sog. alternative Klagenhäufung, die nur bei der Wahlschuld, § 262 BGB, Bedeutung hat, vgl. Th/P, § 260 Rn. 7.
259 Th/P, § 260 Rn. 17.

Tritt die innerprozessuale Bedingung hingegen nicht ein, so entfällt rückwirkend die Rechtshängigkeit des Hilfsantrags.[260]

dd) Verbindungsvoraussetzungen

Voraussetzungen

Eine objektive Klagenhäufung ist nur unter folgenden Voraussetzungen zulässig:

– *Parteiidentität*

(1) *Kläger und Beklagter* müssen hinsichtlich aller prozessualen Ansprüche *identisch* sein.

– *Zuständigkeit hinsichtlich aller Ansprüche*

(2) Das *Prozessgericht* muss für alle erhobenen Ansprüche sachlich und örtlich *zuständig* sein, § 260.

hemmer-Methode: Bei Bestimmung der sachlichen Zuständigkeit ist insbesondere § 5 1. Hs. zu beachten, wonach mehrere prozessuale Ansprüche zusammengerechnet werden.

– *dieselbe Prozessart*

(3) Ferner müssen alle Ansprüche *in derselben Prozessart* geltend gemacht werden können, § 260. Unzulässig ist etwa die Verbindung eines gewöhnlichen Prozesses mit einem Urkundenprozess.

– *kein Verbindungsverbot*

(4) Es darf *kein Verbindungsverbot* bestehen, vgl. §§ 610 II S. 1, 640c.

– *§ 263?*

(5) Die vom Kläger gem. § 261 II vollzogene nachträgliche Klagenhäufung kann eine *Klageänderung* darstellen. In diesem Fall müssen auch die für eine Klageänderung geltenden Voraussetzungen erfüllt sein. Die §§ 263 f. werden insoweit entsprechend angewendet.[261]

– *§ 147?*

(6) Die nachträgliche Klagenhäufung durch *Prozessverbindung* ist nur unter den Voraussetzungen des § 147 zulässig.

(7) Bei eventueller Klagenhäufung müssen Haupt- und Hilfsantrag in einem rechtlichen und wirtschaftlichen Zusammenhang stehen.[262]

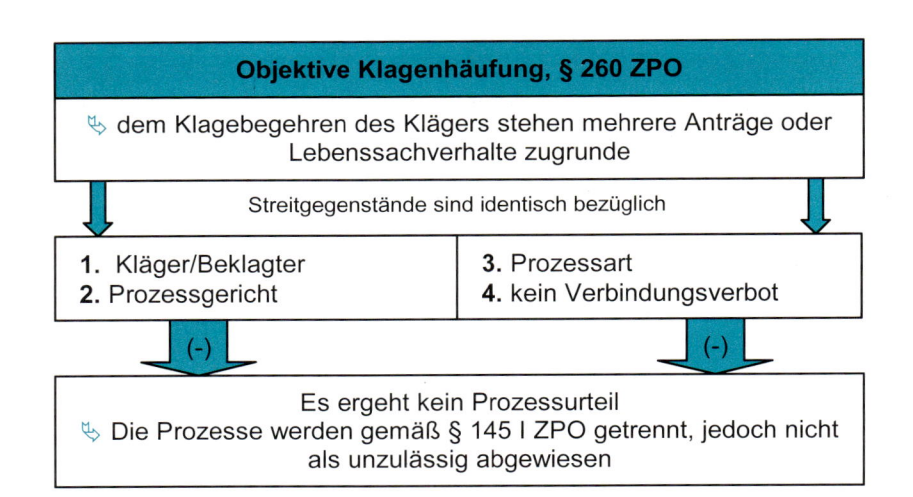

Objektive Klagenhäufung, § 260 ZPO

↳ dem Klagebegehren des Klägers stehen mehrere Anträge oder Lebenssachverhalte zugrunde

Streitgegenstände sind identisch bezüglich

1. Kläger/Beklagter 2. Prozessgericht	3. Prozessart 4. kein Verbindungsverbot
(−)	(−)

Es ergeht kein Prozessurteil
↳ Die Prozesse werden gemäß § 145 I ZPO getrennt, jedoch nicht als unzulässig abgewiesen

---

[260] Zöller, § 260 Rn. 4.
[261] Musielak, Rn.170; Zöller, § 263 Rn. 2 m.w.N.; vgl. auch Rn. 328 ff.
[262] R/S/G, § 99 III 2; Musielak, Rn. 142.

ee) Zulässigkeitsprüfung und Rechtsfolgen

(1) Kumulative Klagenhäufung[263]

Prozessvoraussetzungen für sämtliche Klagen

In den Fällen der kumulativen Klagenhäufung stellt das Gericht zunächst fest, ob für jeden prozessualen Anspruch, also für jede der verbundenen Klagen, die Prozessvoraussetzungen vorliegen.

Soweit für eine Klage die sachliche oder örtliche Zuständigkeit des Gerichts nicht gegeben ist, kommt eine Verweisung an das zuständige Gericht in Betracht, § 281 I S. 1. Fehlen bei einer Klage sonstige Zulässigkeitsvoraussetzungen, so ist diese als unzulässig abzuweisen.

hemmer-Methode: Beachten Sie, dass gem. § 5, 1.HS mehrere in einer Klage geltend gemachten Ansprüche zusammengerechnet werden (Streitwerterhöhung)!

Voraussetzung objektiver Klagenhäufung

Nach Prüfung der Prozessvoraussetzungen prüft das Gericht die Voraussetzungen der objektiven Klagenhäufung.

evtl. Trennung gem. § 145

Liegen diese nicht vor, so **muss** das Gericht die Prozesstrennung gem. § 145 anordnen. Ist die Klagenhäufung hingegen zulässig, so **kann** das Gericht über die Klagen gemeinsam verhandeln und entscheiden. Es ist hierzu jedoch nicht verpflichtet. Vielmehr liegt es im Ermessen des Gerichts, ob es dies tut oder eine getrennte Verhandlung gem. § 145 anordnet.

gemeinsame Verhandlung und Entscheidung

Findet eine gemeinsame Verhandlung statt und ist der Streit über die erhobenen Ansprüche zum selben Zeitpunkt zur Entscheidung reif, so wird hierüber in einem Endurteil entschieden.

evtl. Teilurteil, § 301

Bei fehlender Entscheidungsreife eines Anspruchs besteht wiederum die Möglichkeit der Prozesstrennung gem. § 145. Das Gericht kann aber auch hinsichtlich des zur Entscheidung reifen Anspruchs ein Teilurteil erlassen, § 301.

(2) Eventuelle Klagenhäufung[264]

Bedingung bestimmt Aufbau:

Bei eventueller Klagenhäufung macht der Kläger durch die innerprozessuale Bedingung deutlich, dass er eine Entscheidung über den Hilfsantrag nur für den Fall einer bestimmten Entscheidung über den Hauptantrag wünscht. An der hierdurch vorgegebenen Reihenfolge hat sich die Prüfung des Gerichts zu orientieren.

echter und unechter Hilfsantrag

Man unterscheidet dabei den **echten Hilfsantrag** („bekomme ich A nicht, so möchte ich wenigstens B") vom **unechten Hilfsantrag** („bekomme ich A, dann möchte ich auch noch B").

Hauptantrag vor Hilfsantrag ⇨ zwingende Prüfungsreihenfolge

Zunächst sind also die Zulässigkeit und die Begründetheit des Hauptantrags zu prüfen. Nur wenn das Gericht hierbei zu einem Ergebnis kommt, von dem der Kläger eine Entscheidung über den Hilfsantrag abhängig gemacht hat, die innerprozessuale Bedingung also eingetreten ist, darf über den Hilfsantrag entschieden werden. Die Voraussetzungen der objektiven Klagenhäufung sind dann im Rahmen der Zulässigkeit des Hilfsantrags zu prüfen.

---

263 Th/P, § 260 Rn. 11, 15, 16.
264 Th/P, § 260 Rn. 17.

hemmer-Methode: Die Prüfungsreihenfolge bei der Klagenhäufung ist sehr wichtig. Prägen Sie sich diese genau ein. Fehler in diesem Bereich (es wird beispielsweise ein Hilfsantrag geprüft, bevor der Eintritt der Bedingung festgestellt wurde) werden im Examen „gnadenlos abgestraft".

Ist in einer Klausur nach den Erfolgsaussichten mehrerer, miteinander verbundener Klagen gefragt, so ist also zwischen kumulativer und eventueller Klagenhäufung zu unterscheiden.

Bei _kumulativer Klagenhäufung_ ist wie folgt vorzugehen:
1. Sind die Klagen zulässig?
2. Ist die Klagenhäufung zulässig?
3. Sind die Klagen begründet?

Bei _eventueller Klagenhäufung_ ist hingegen zu fragen:
1. Ist der Hauptantrag zulässig und begründet?
2. Ist die innerprozessuale Bedingung eingetreten?
3. Ist die Klagenhäufung zulässig?
4. Ist der Hilfsantrag zulässig?
5. Ist der Hilfsantrag begründet?

b) Subjektive Klagenhäufung

Streitgenossenschaft, bzw. Parteierweiterung

Die Zulässigkeit der ursprünglichen subjektiven Klagenhäufung bestimmt sich nach den Vorschriften über die Streitgenossenschaft, vgl. Rn. 440 ff., die der nachträglichen subjektiven Klagenhäufung nach den Regeln über die Parteierweiterung, vgl. Rn. 475 ff.

2. Klageänderung

hemmer-Methode: Lesen Sie zur Klageänderung zunächst die §§ 263, 264, 267, 268.

a) Einführung

Ausgangsfall

Fall: K hat gegen B Klage auf Übereignung und Übergabe eines Fahrzeugs mit der Behauptung erhoben, B sei ihm hierzu aus einem zwischen den Parteien abgeschlossenen Kaufvertrag verpflichtet. Während des Verfahrens erfährt K, dass das Fahrzeug bereits vor Klageerhebung durch Nachlässigkeit des B völlig zerstört wurde.

K erklärt deshalb in der mündlichen Verhandlung, dass er Schadensersatz statt der Leistung verlange. Muss das Gericht prüfen, ob dieser Antrag sachdienlich ist, wenn B die Einwilligung verweigert?

nachträgliche Änderung der Sachlage

Während eines Verfahrens können Ereignisse eintreten, die es für den Kläger günstig erscheinen lassen, die ursprünglich erhobene Klage zu verändern. Dem Interesse des Klägers an einer solchen Klageänderung kann sowohl das schützenswerte Interesse des Beklagten an einer Entscheidung über die bisherige Klage entgegenstehen als auch die mangelnde Prozesswirtschaftlichkeit der Klageänderung.

Das Gesetz macht die Zulässigkeit einer Klageänderung deshalb davon abhängig, dass entweder der Beklagte darin einwilligt oder das Gericht diese für sachdienlich erachtet, § 263.

hemmer-Methode: Ist in einer Klausur nach den Erfolgsaussichten einer geänderten Klage gefragt, so muss zunächst festgestellt werden, ob eine zulässige Klageänderung vorliegt.

§ 4 DIE PROZESSFÜHRUNGSMÖGLICHKEITEN DER PARTEIEN

> Erst wenn dies bejaht wird, kann zur Zulässigkeit und Begründetheit der geänderten Klage Stellung genommen werden.
> **Erforderlich ist also folgende, dreistufige Prüfung:**
> 1. Ist die Klageänderung zulässig?
> 2. Ist die geänderte Klage zulässig?
> 3. Ist die geänderte Klage begründet?

b) Voraussetzungen einer wirksamen Klageänderung

aa) Wirksame Erklärung der Klageänderung

neuer Streitgegenstand

Durch die Klageänderung wird ein neuer Streitgegenstand in den Prozess eingeführt. Sie erfolgt deshalb durch Zustellung eines Schriftsatzes oder durch Geltendmachung des neuen prozessualen Anspruchs in der mündlichen Verhandlung, § 261 II. Die Vornahme der Klageänderung ist Prozesshandlung. Ihre Zulässigkeit muss deshalb nach den allgemeinen Vorschriften über Prozesshandlungen bestimmt werden. Insoweit gelten keine weiteren Besonderheiten. 330

bb) Vorliegen einer Klageänderung

Im Anschluss hieran muss festgestellt werden, ob überhaupt eine Änderung der Klage gegeben ist.

(1) Änderung des Streitgegenstandes

Änderung Klageantrag oder Lebenssachverhalt

Eine Klageänderung liegt insbesondere vor, wenn der Streitgegenstand der bisherigen Klage geändert wird, sog. **objektive Klageänderung**. 331

Folgt man dem herrschenden, zweigliedrigen Streitgegenstandsbegriff[265], so setzt eine objektive Klageänderung also voraus, dass der Kläger den von ihm gestellten Antrag und/ oder den diesem zugrundeliegenden Lebenssachverhalt verändert.[266]

auch:

– *nachträgliche obj. Klagenhäufung*

Eine objektive Klageänderung liegt nach ständiger Rechtsprechung des BGH jedoch auch dann vor, wenn neben dem bisherigen, unveränderten Streitgegenstand ein neuer, weiterer Streitgegenstand in den Prozess eingeführt wird. In diesem Falle muss neben der Zulässigkeit der Klageänderung geprüft werden, ob die Voraussetzungen für eine objektive Klagenhäufung vorliegen.[267]

– *Parteiwechsel*

Tritt während des Prozesses eine neue Partei an die Stelle der bisherigen Partei (Parteiwechsel) oder neben diese (Parteierweiterung), so spricht man von **subjektiver Klageänderung**. Diese folgt ihren eigenen Regeln und wird bei der Darstellung der Parteienmehrheit behandelt, vgl. Rn. 475 ff. 332

(2) Ausnahmen, § 264

§ 264: stets zulässige Klageänderung

Liegt eine Klageänderung vor, so muss in einem zweiten Schritt festgestellt werden, ob diese ausnahmsweise „nicht als solche anzusehen" ist, § 264. 333

---

265 Vgl. dazu nochmals Rn. 117 ff.; insbesondere Rn. 122.
266 Th/P, § 263 Rn. 2 f.
267 Zöller, § 263 Rn. 2; vgl. auch Rn. 316 ff.

Der Wortlaut des § 264 ist nach allgemeiner Meinung jedoch berichtigend auszulegen: Da die dort geregelten Fälle (mit Ausnahme der Nr. 1, dazu sogleich im Anschluss) wegen der erforderlichen Änderung des Klageantrages allen Streitgegenstandstheorien zufolge sehr wohl eine Klageänderung darstellen, ist die Vorschrift so zu lesen, als stünde dort: „Als eine *stets zulässige* Klageänderung ist es anzusehen, wenn ... ".

(a) § 264 Nr. 1: Keine Klageänderung

Nr. 1:
kein Fall der Klageänderung

§ 264 Nr. 1 ist hierbei ohne jede praktische Bedeutung. Da die dort genannte Berichtigung oder Ergänzung der tatsächlichen oder rechtlichen Ausführungen keine Auswirkung auf den Streitgegenstand hat, eine Klageänderung also ohnehin nicht vorliegt, hat die Vorschrift lediglich klarstellende Funktion.[268]

334

(b) § 264 Nr. 2, 3: Stets zulässige Klageänderung

Nr. 2, 3:
Klageänderung typischerweise sachdienlich

In den Fällen der §§ 264 Nr. 2 und 3 hingegen liegt wegen der Änderung des Antrages sehr wohl eine Änderung des Streitgegenstandes und damit eine Klageänderung vor. Bei genauerer Betrachtung handelt es sich um Konstellationen, in denen diese Klageänderung typischerweise sachdienlich ist.[269]

335

Nr. 2:
quantitative / qualitative Erweiterung/Beschränkung

§ 264 Nr. 2 betrifft jede qualitative oder quantitative Erweiterung oder Beschränkung des ursprünglichen Antrags. In diesen Fällen bleibt der vorgetragene Lebenssachverhalt, über den verhandelt wird, unverändert. Es liegt deshalb im Interesse einer wirtschaftlichen Prozessführung, eine Klageänderung zuzulassen.

336

> *Beispiele: Forderung eines höheren oder geringeren Betrages als ursprünglich; Antrag auf Verurteilung Zug um Zug statt unbeschränkter Verurteilung und umgekehrt; Umstellung einer Feststellungsklage auf eine Leistungsklage und umgekehrt*

str.:
Anwendbarkeit § 269 bei Beschränkung

Umstritten ist, ob im Falle einer Beschränkung des ursprünglichen Klageantrags (§ 264 Nr. 2, 2. Alt.) hinsichtlich des zurückgenommenen Teils des Antrags die Vorschriften über die Klagerücknahme Anwendung finden. Dabei wird teilweise vertreten, dass die Beschränkung des Klageantrags im Interesse des Beklagten von dessen Einwilligung abhängen solle, soweit dieser bereits zur Hauptsache verhandelt habe, § 269 I.[270]

337

Nach anderer Auffassung enthält § 264 Nr. 2, 2. Alt. hingegen eine Sonderregelung gegenüber § 269 I. Das Gesetz, das eine Klageänderung grundsätzlich sogar vom Zeitpunkt der Rechtshängigkeit an von einer Einwilligung abhängig mache, habe in den Fällen des § 264 Nr. 2, 2. Alt. vom Erfordernis einer Einwilligung gerade absehen wollen.[271]

Nr. 3: Forderung d. Surrogats wg. späterer Veränderung

§ 264 Nr. 3 betrifft alle Fälle, in denen statt des ursprünglichen Gegenstandes ein Surrogat oder Schadensersatz gefordert wird.

338

Wortlaut ungenau ⇨ subjektiv zu bestimmen

Die Vorschrift gilt entgegen ihrem Wortlaut **auch dann, wenn die Veränderung** der tatsächlichen Umstände **bereits vor Klageerhebung** eingetreten ist und der **Kläger** hiervon **keine Kenntnis** hatte, selbst wenn die Unkenntnis auf Fahrlässigkeit beruht.

339

---

268 Zöller, § 264 Rn. 1.
269 Schlosser, Rn. 149.
270 Zöller, § 264 Rn. 4a m.w.N.; TH/P, § 264 Rn. 6.
271 Musielak, Rn.172 m.w.N.; Schlosser, Rn. 151, Übungsaufgabe 4.

> **hemmer-Methode:** Der Begriff der später eingetretenen Veränderung ist also nicht objektiv, sondern subjektiv aus Sicht des Klägers zu bestimmen.[272]

Im Fall hat K seinen ursprünglichen Antrag geändert, so dass ein anderer Streitgegenstand und somit eigentlich eine Klageänderung vorliegt. K macht jedoch wegen der nachträglichen Unmöglichkeit statt des Anspruchs auf Übereignung und Übergabe gem. § 433 I S. 1 BGB einen Anspruch auf Schadensersatz statt der Leistung gem. §§ 280 I, III, 283 S.1 BGB geltend. Da K erst nach Klageerhebung von der Zerstörung des Fahrzeugs erfuhr, sind die Voraussetzungen des § 264 Nr. 3 erfüllt. Auf eine Einwilligung des B in die Klageänderung oder deren Sachdienlichkeit kommt es deshalb nicht mehr an. Das Gericht wird deshalb prüfen, ob die geänderte Klage zulässig und begründet ist.

cc) Einwilligung des Beklagten oder Sachdienlichkeit

(1) Einwilligung des Beklagten

§ 267 als Einwilligungsfiktion

Liegt eine Klageänderung vor, die nicht nach § 264 privilegiert ist, so ist zunächst zu prüfen, ob der Beklagte in diese eingewilligt hat. Hierbei ist insbesondere § 267 zu beachten.

340

Diese Vorschrift enthält nur eine objektive Komponente: Der Beklagte darf der Klageänderung nicht widersprochen und muss zur geänderten Klage mündlich verhandelt haben. Nicht erforderlich ist, dass sich der Beklagte des Vorliegens einer Klageänderung bewusst war.[273]

(2) Sachdienlichkeit

Maßstab für Sachdienlichkeit ist Prozessökonomie

Hat der Beklagte in die Klageänderung nicht eingewilligt, so muss das Gericht entscheiden, ob die Klageänderung sachdienlich ist. Maßstab hierfür ist das Gebot der Prozesswirtschaftlichkeit:[274]

341

Es muss zu erwarten sein, dass durch eine Entscheidung über die geänderte Klage der Streit zwischen den Parteien endgültig erledigt und ein neuer Rechtsstreit verhindert werden kann. Hierbei ist auch zu berücksichtigen, ob die bisherigen Prozessergebnisse bei der Entscheidung über die geänderte Klage berücksichtigt werden können.

Kommt das Gericht zu dem Ergebnis, dass die Klageänderung nicht sachdienlich ist, so ist diese unzulässig.

Das Gericht wird dann über den ursprünglich gestellten Antrag entscheiden, soweit der Kläger diesen aufrechterhält. Hat der Kläger zu diesem Anspruch hingegen im gesamten letzten Termin nicht mehr verhandelt, so kann nach h.M. ein Versäumnisurteil gegen ihn ergehen, §§ 330, 333.[275]

> **hemmer-Methode:** Wenn der ursprüngliche Antrag nicht aufrechterhalten wurde, darf wegen § 308 I hierüber grds. nicht mehr entschieden werden. Trotzdem muss hierüber nach ganz h.M. bei unzulässiger Klageänderung entschieden werden, da ansonsten der Kläger durch eine bewusst unzulässige Klageänderung dem Beklagten sein „Recht auf ein klageabweisendes Sachurteil" nehmen könnte. Daher wendet die h.M. §§ 330, 333 an!

---

272 Th/P, § 264 Rn. 7.
273 Th/P, § 267 Rn. 1.
274 Zöller, § 263 Rn. 13.
275 Vgl. Rn. 387 ff.

wirksame Klageänderung ⇨ Rechtshängigkeit des geänderten Klageantrages

Liegt hingegen nach § 264 keine (Nr. 1) bzw. ein Fall einer stets zulässigen Klageänderung vor (Nr. 2 und 3), willigt der Beklagte ein (§ 263 1.Alt. bzw. § 267) oder erachtet das Gericht die Klageänderung für sachdienlich (§ 263 2.Alt.), so ist die Klageänderung zulässig.

Das Gericht hat dann über Zulässigkeit und Begründetheit der geänderten Klage zu entscheiden. Der Streitgegenstand der geänderten Klage wird mit Vornahme der Klageänderung rechtshängig, § 261 II. Die Rechtshängigkeit des ursprünglichen Streitgegenstandes entfällt.

c) Streit über die Zulässigkeit der Klageänderung

evtl. Zwischenurteil, § 303, über Wirksamkeit der Klageänderung

Streiten die Parteien darüber, ob eine Klageänderung überhaupt vorliegt oder diese sachdienlich ist, so kann das Gericht über diesen Zwischenstreit wahlweise durch Zwischenurteil (§ 303) oder in den Gründen des Endurteils entscheiden.

Die Entscheidung, dass eine Klageänderung nicht vorliegt oder diese sachdienlich ist, ist unanfechtbar, § 268.

Die Entscheidung, dass eine Klageänderung vorliegt, die nicht als sachdienlich zugelassen wird, ist hingegen mit Berufung oder Revision anfechtbar.

3. Einseitige Erledigterklärung

a) Einführung

Ausgangsfall

Ausgangsfall: *Trotz mehrfacher Mahnungen hat es B schuldhaft versäumt, eine fällige Kaufpreisforderung des K zu begleichen. K reicht am 07.04.2005 eine Klageschrift bei Gericht ein, die dem B am 11.04.2005 zugestellt wird. B hatte bereits am 10.04.2005 bezahlt. In der mündlichen Verhandlung erklärt K die Hauptsache für erledigt. Wie hat das Gericht zu entscheiden, wenn sich B dieser Erklärung nicht anschließt?*

Erledigung

Wird im Laufe eines Prozesses eine ursprünglich zulässige und begründete Klage unzulässig oder unbegründet spricht man vom Eintritt eines erledigenden Ereignisses.

Im Fall der Erledigung der Hauptsache stellt sich nun die Frage, wie sich der Kläger prozessual am sinnvollsten verhalten soll. Schließlich hat er ja zunächst zu Recht geklagt und möchte verständlicher Weise sowohl die vorgeschossenen Gerichtskosten (vgl. § 12 I S. 1 GKG) als auch evtl. entstandene Anwaltskosten von B erstattet haben.

⇨ Bleibt der Kläger untätig, so verliert er den Prozess und trägt damit gem. § 91 ZPO die Kosten des Rechtsstreits.

⇨ Nimmt er die Klage zurück, so hat er gem. § 269 III S. 2 ZPO ebenfalls die Kosten des Verfahrens zu tragen.

hemmer-Methode: Es besteht daher ein Bedürfnis, im Fall einer ursprünglich zulässigen und begründeten Klage ohne Kostentragung „aus dem Prozess rauszukommen".
Diese Möglichkeit hat der Kläger, wenn er den Rechtsstreit (einseitig) für erledigt erklärt).

§ 4 DIE PROZESSFÜHRUNGSMÖGLICHKEITEN DER PARTEIEN

> Hat der Kläger - z.B. aus Unkenntnis - zunächst die Klage zurückgenommen, so hat er keine Chance mehr. Er trägt die Kosten des Rechtsstreits gem. § 269 III S.2, ohne dass eine Anfechtung oder Umdetung der Klagerücknahme in Betracht käme.
> Lesen Sie hierzu die äußerst examensrelevante Entscheidung des BGH in Life and Law 2007, Heft 3, 177 ff. = NJW 2007, 1460 ff.

gesetzlich nicht geregelt

Die einseitige Erledigterklärung ist im Gesetz nicht geregelt. Ihre Behandlung wirft eine Vielzahl von Problemen auf, deren Lösung sich an der gegensätzlichen Interessenlage der Parteien orientieren muss.

344

relevant wegen Kostenentscheidung

Der Beklagte, der sich der Erledigterklärung des Klägers nicht anschließt, gibt dadurch zu verstehen, dass nach seiner Ansicht die Klage von Anfang an unzulässig oder unbegründet war.

Er ist deshalb an einer Klageabweisung nach streitiger Verhandlung interessiert. Mit einer bloßen Kostenentscheidung nach billigem Ermessen gem. § 91a ist er gerade nicht einverstanden.

Der Kläger geht zwar davon aus, dass seine Klage jetzt unzulässig oder unbegründet ist. Er erwartet aber, dass bei der Kostenentscheidung den seiner Ansicht nach zunächst bestehenden Erfolgsaussichten der Klage Rechnung getragen wird.

ursprünglich Zulässigkeit und Begründetheit

Um den Interessen beider Parteien gerecht zu werden, muss also entschieden werden, ob die Klage zunächst zulässig und begründet war und - sollte dies der Fall sein - später unzulässig oder unbegründet wurde.

Umstritten ist die dogmatische Umsetzung dieses Ergebnisses:

h.M.:
Klageänderungstheorie

(1) Nach der absolut herrschenden **Klageänderungstheorie**[276] stellt die einseitige Erledigterklärung des Klägers eine Änderung der ursprünglichen Leistungsklage in eine Feststellungsklage dar.

345

Streitgegenstand ist die Feststellung, dass die ursprünglich zulässige und begründete Klage nachträglich durch ein bestimmtes Ereignis unzulässig oder unbegründet wurde.

Der Streitgegenstand der Feststellungsklage schließt also den der bisherigen Leistungsklage mit ein.

Eine solche Klageänderung ist als Beschränkung des ursprümglichen Antrages jedenfalls nach h.M. gem. § 264 Nr. 2 statthaft. Außerdem liegt ein Fall der Sachdienlichkeit gem. § 263 Alt. 2 vor.

Das Feststellungsinteresse gem. § 256 I wird wegen der möglichen Erledigung der Hauptsache bejaht, da es ansonsten keine andere Möglichkeit gibt, von der Kostentragungspflicht loszukommen.

345a

⇨ Würde der Kläger seinen ursprünglichen Antrag aufrechterhalten, wäre diese als unzulässig und/oder unbegründet abzuweisen. K müsste gem. § 91 die Kosten des Rechtsstreits tragen.

⇨ Dies würde auch gelten, wenn der Kläger auf den geltend gemachten Anspruch gem. § 306 verzichten würde.

⇨ Gem. § 269 III S. 2 müsste der Kläger die bereits entstandenen Kosten auch dann tragen, wenn er seine Klage zurücknimmt.

---

276   BGH NJW 1994, 2364; Zöller, § 91a Rn. 34; Jauernig, § 42 VI 2.

Da aber eine Kostenentscheidung zu Lasten des Klägers bei einer ursprünlich zulässigen und begründeten Klage jedoch unvereinbar mit den ursprünglichen Erfolgsaussichten seiner Klage ist, kann man bereits deswegen das Feststellungsinteresse gem. § 256 I bejahen.

a.A.:
Rechtsinstitut sui generis

(2) Eine Mindermeinung lehnt die Klageänderungstheorie ab: Bei dem festzustellenden Erledigungsereignis handle es sich um eine Tatsache und nicht um ein Rechtsverhältnis i.S.v. § 256 I. Das Interesse an einer günstigen Kostenentscheidung könne als Feststellungsinteresse nicht anerkannt werden.

Die einseitige Erledigterklärung sei deshalb ein Rechtsinstitut eigener Art.[277] Der Kläger begehre die Entscheidung, dass sich die Hauptsache erledigt habe.

a.A.:
bes. Form der Klagerücknahme

(3) Nach einer weiteren Ansicht handelt es sich bei der einseitigen Erledigterklärung um eine besondere Form der Klagerücknahme, die ohne Einwilligung des Beklagten erfolgen kann und nicht die Kostenfolge des § 269 III S. 2 auslöst[278] (Klagerücknahmetheorie).

(4) Im Schrifttum wird vereinzelt vorgeschlagen, dass die seit 01.01.2002 eingeführte Vorschrift des § 269 III 3 entsprechend auf den Fall anzuwenden ist, in dem das Erledigungsereignis erst nach Rechtshängigkeit eingetreten ist, um auf diese Weise den Aufwand einer Klageänderung zu vermeiden[279].

Diese Ansicht ist abzulehnen[280]. Abgesehen davon, dass dieser Vorschlag den eindeutigen Wortlaut des Gesetzes gegen sich hat, fehlt es sowohl an einer Lücke im Gesetz als auch an der für eine Analogie erforderliche Vergleichbarkeit des in § 269 III 3 geregelten Tatbestandes mit der Erledigung der Hauptsache nach Rechtshängigkeit.

Behauptet der Kläger, das erledigende Ereignis sei nach Rechtshängigkeit seiner Klage eingetreten und schließt sich der Beklagte der Erledigungserklärung nicht an, dann streiten die Parteien entweder darüber, ob die Klage zuvor zulässig und begründet war oder ob es das erledigende Ereignis überhaupt gibt.

Der Beklagte hat ein Recht darauf, dass diese Fragen verbindlich vom Gericht geklärt werden. Im Gegensatz zu dieser Fallkonstellation existiert im Zeitpunkt der Rechtshängigkeit keine zulässige und begründete Klage, wenn der Klagegrund bereits zuvor wegfiel. Dementsprechend bedarf es auch keiner Klärung darüber, ob sich eine zuvor zulässige und begründete Klage nachträglich erledigt habe.

Diese Unterschiede schließen eine analoge Anwendung des § 269 III 3 auf den Fall aus, dass die Erledigung erst nach Rechtshängigkeit stattgefunden hat.

hemmer-Methode: Die verschiedenen Ansichten zur Rechtsnatur der einseitigen Erledigterklärung unterscheiden sich im praktischen Ergebnis nicht. In der Klausur *können* sie den Meinungsstreit *kurz* aufwerfen und sich dann für die herrschende Klageänderungstheorie entscheiden.
Die Klageänderungstheorie hat bereits eine hinreichende dogmatische Konturierung erfahren und ist besser handhabbar als ein „Rechtsinstitut eigener Art".

---

[277] Musielak, Rn. 240; R/S/G, § 132 III 3.
[278] Stein/Jonas, § 91a Rn. 39.
[279] Vgl. Bonifacio in MDR 2002, 499 f.
[280] Vgl. DECKENBROCK/DÖTSCH, Die Novellierung des § 269 III S.3 ZPO, JA 2005, 447 [448 f.]; MUSIELAK, Neue Fragen im Zivilverfahrensrecht, JuS 2002, 1203 [1205].

> Auch die Klagerücknahmetheorie überzeugt wegen der unterschiedlichen Voraussetzungen und Rechtsfolgen dieses Rechtsinstituts nicht. Es reicht aber auch aus, sich einfach der h.M. anzuschließen und eine Klageänderung in eine Feststellungsklage anzunehmen. In den meisten Musterlösungen von Examensklausuren wird der Meinungsstreit nämlich erst gar nicht dargestellt.

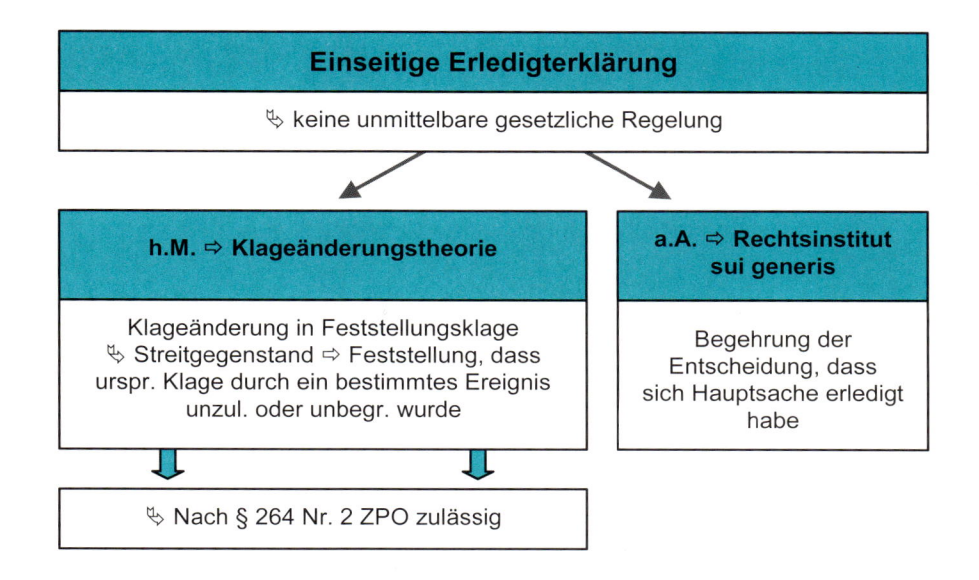

Einseitige Erledigterklärung
↳ keine unmittelbare gesetzliche Regelung

h.M. ⇨ Klageänderungstheorie
Klageänderung in Feststellungsklage
↳ Streitgegenstand ⇨ Feststellung, dass urspr. Klage durch ein bestimmtes Ereignis unzul. oder unbegr. wurde

a.A. ⇨ Rechtsinstitut sui generis
Begehren der Entscheidung, dass sich Hauptsache erledigt habe

↳ Nach § 264 Nr. 2 ZPO zulässig

b) Vom Gericht durchzuführende Prüfung

aa) Zulässigkeit der geänderten Klage

Die Klageänderung ist als Beschränkung des ursprünglichen Antrages jedenfalls nach h.M. gem. § 264 Nr. 2 statthaft. Außerdem liegt ein Fall der Sachdienlichkeit gem. § 263 Alt. 2 vor.

Besonderheiten

Wie bei der beidseitigen Erledigterklärung muss das Gericht zunächst die Wirksamkeit der Erledigterklärung prüfen. Insoweit ist auf folgende Besonderheiten hinzuweisen:

– *§ 91a nicht anwendbar*

(1) *Form*: Da § 91a nicht anwendbar ist, kann die Erklärung nicht zu Protokoll der Geschäftsstelle abgegeben werden; § 78 V ist daher nicht anwendbar. Sie muss also in der mündlichen Verhandlung oder schriftsätzlich gem. § 261 II erfolgen.[281]

– *§ 78 V gilt nicht*

(2) *Prozesshandlungsvoraussetzungen*: In Anwaltsprozessen besteht stets Anwaltszwang, weil § 78 V nicht anwendbar ist (s.o.).

– *frei widerruflich*

(3) *Widerruflichkeit:* Im Gegensatz zur beidseitigen Erledigterklärung stellt die einseitige Erledigterklärung eine frei widerrufliche Erwirkungshandlung dar. Der Kläger kann also während des Rechtsstreits durch erneute Klageänderung wieder zu seinem ursprünglichen Antrag übergehen.[282]

hilfsweise Aufrechterhaltung des urspr. Klageantrags

(4) *Bedingung*: Innerprozessuale Bedingungen sind zulässig. In der Praxis häufig ist insbesondere die hilfsweise Aufrechterhaltung des ursprünglichen Klageantrags.[283]

---

281 Th/P, § 91a Rn. 31.
282 Zöller, § 91a Rn. 35.
283 Vgl. Rn. 356 a.E.

hemmer-Methode: Die hilfsweise Erledigterklärung für den Fall einer bestimmten Entscheidung über den Hauptantrag wird allerdings bei der einseitigen Erledigterklärung für unzulässig erachtet.[284]

– nicht „zwischen den Instanzen"

(5) *Zeitpunkt*: Im Gegensatz zur beiderseitigen Erledigterklärung[285] ist die einseitige Erledigterklärung zwischen den Instanzen, also nach Erlass eines Urteils, nicht möglich. Das Gericht ist gem. § 318 an das bereits erlassene Urteil gebunden. Eine Erledigung kann erst wieder nach Einlegung eines Rechtsmittels gegenüber dem Rechtsmittelgericht erklärt werden.[286]

(6) Das Feststellungsinteresse gem. § 256 I wird wegen der möglichen Erledigung der Hauptsache bejaht, da es ansonsten keine andere Möglichkeit gibt, von der Kostentragungspflicht loszukommen (vgl. Rn. 345a).

(7) Sonstige Zulässigkeitsvoraussetzungen.

bb) Begründetheit der Erledigungsfeststellungsklage

tatsächliche Erledigung

Liegt eine wirksame Erledigterklärung und damit eine Klageänderung in eine Feststellungsklage vor, so muss entschieden werden, ob sich die Hauptsache tatsächlich erledigt hat.

349

(1) Zulässigkeit und Begründetheit der Klage bei Erledigung

urspr. zul. und begr. Klage

Nur eine zulässige und begründete Klage kann sich in der Hauptsache erledigen. Es ist deshalb zunächst zu prüfen, ob die Klage zum Zeitpunkt des behaupteten Erledigungsereignisses zulässig und begründet war.

350

str.:
Zeitpunkt

Umstritten ist, welcher Zeitpunkt hierfür frühestens in Betracht kommt:

351

M.M.:
Anhängigkeit der Klage

Eine Mindermeinung stellt auf den Zeitpunkt der Anhängigkeit ab.[287] Da der Kläger keinen Einfluss auf den Zeitraum zwischen der Einreichung der Klage bei Gericht und ihrer Zustellung nehmen könne, dürften ihm etwaige Verzögerungen im Zustellungsbetrieb der Gerichte nicht zur Last fallen.

Der Gesetzgeber selbst habe diesen Gedanken der Regelung des § 167 (lesen!) zugrunde gelegt. Der Beklagte, der durch sein Verhalten nicht zur Erhebung der Klage Anlass gegeben habe, könne durch ein sofortiges Anerkenntnis eine Kostenentscheidung zu seinen Lasten vermeiden, § 93.

h.M.:
Rechtshängigkeit

Nach der h.M. ist hingegen auf den Eintritt der Rechtshängigkeit abzustellen.[288] Erst mit Zustellung der Klageschrift entstehe ein Prozessrechtsverhältnis zwischen den Parteien. Vor diesem Zeitpunkt existiere kein Streitgegenstand und damit keine Hauptsache, die sich erledigen könne. Der Beklagte habe ein Recht auf Abweisung einer zum Zeitpunkt ihrer Erhebung unzulässigen oder unbegründeten Klage.

---

284 Zöller, a.a.O.
285 Vgl. Rn. 295 a.E.
286 Zöller, § 91a Rn. 38.
287 Zöller, § 91a Rn. 42 m.w.N.
288 BGH NJW 1982, 1598; Schlosser, Rn. 145; Musielak, Rn. 241.

> **hemmer-Methode:** Der Eintritt der Rechtshängigkeit ist aber lediglich der _früheste_ Zeitpunkt, der für eine Erledigung der Hauptsache in Betracht kommt. Es ist also nicht erforderlich, dass die Klage bereits bei Rechtshängigkeit zulässig und begründet ist. Auch eine bei Eintritt der Rechtshängigkeit unzulässige oder unbegründete Klage kann sich also erledigen, wenn sie nur zum Zeitpunkt des Erledigungsereignisses zulässig und begründet war.

Folgt man im Ausgangsfall der h.M., so hätte der – mangels entgegenstehender Hinweise zulässige – Feststellungsantrag des K keine Aussicht auf Erfolg: Zum Zeitpunkt der Klagezustellung am 11.04.2003 war sein Anspruch gegen B bereits durch Erfüllung erloschen, sein ursprünglicher Klageantrag also unbegründet. K müsste gem. § 91 die Kosten tragen.

(2) Erledigung vor Rechtshängigkeit

Problem:
Kosten bei Erledigung vor Rechts-, aber nach Anhängigkeit

Hat der Kläger, der wegen des vorprozessualen Verhaltens des Beklagten hinreichenden Anlass zur Klageerhebung hatte, auch auf der Grundlage der h.M. die Möglichkeit, eine für ihn ungünstige Kostenentscheidung im Ergebnis zu verhindern?

Bis zum 31.12.2001

Bis zum 31.12.2001 war dieses Problem nach einer Ansicht bereits bei der Kostenentscheidung selbst durch eine entsprechende Anwendung von § 93 auf den Beklagten zu lösen: Habe der Beklagte dem Kläger durch sein Verhalten Anlass zur Klageerhebung gegeben, so seien ihm die Kosten aufzuerlegen.[289]

352a

Diese Ansicht ist wegen der Einfügung des § 269 III S.3 mit Wirkung zum 01.01.2002 hinfällig geworden. Denn diese Vorschrift regelt diesen Fall nun zumindest dergestalt, dass sich die Kostentragung nach billigem Ermessen richtet und dass der Kläger- um diese Rechtsfolge herbeizuführen – aktiv werden muss. Daneben ist für eine analoge Anwendung des § 93 (=_automatische_ Kostentragung durch den Beklagten) kein Platz mehr.

h.M.: § 286 BGB ⇨ Feststellungsurteil

Nach anderer, wohl überwiegender Ansicht, richtete sich die Kostenentscheidung bisher nach § 91. Der Kläger konnte aber die ihm entstandenen Kosten als Schadensersatz (z.B. als Verzugsschaden gem. §§ 280 I, II, 286 BGB) geltend machen.[290]

352b

> **hemmer-Methode:** Eine Leistungsklage ist für diese Konstellation allerdings problematisch, weil der Kläger zu diesem Zeitpunkt den genauen Schaden noch nicht beziffern kann, vgl. § 253 II Nr. 2. Es wurde deshalb für zulässig erachtet, dass der Kläger mittels Klageänderung die Feststellung beantragt, der Beklagte habe aus materiellem Recht die Kosten des Rechtsstreits zu tragen.

Seit dem 01.01.2002

Seit dem 01.01.2002 räumt § 269 III S.3 dem Kläger für den Fall der Erledigung vor Rechtshängigkeit nun die Möglichkeit der Abwälzung der Kosten auf den Beklagten ein, indem die Rücknahme der Klage erklärt wird (Entscheidung nach billigem Ermessen)[291].

352c

> **hemmer-Methode:** Problematisch ist es allerdings, wie der Richter nach billigem Ermessen entscheiden soll, wenn die Erledigung vor Rechtshängigkeit eingetreten ist? Der Beklagte, der beispielsweise nach Anhängigkeit gezahlt hat, wird auch dann, wenn ihm die Klageschrift noch zugestellt wird, keine Klageerwiderung in der Sache vornehmen, sondern allenfalls auf die erfolgte Zahlung hinweisen.

---

289 Th/P, § 91a Rn. 39.
290 Überblick bei Knöringer, S. 172.
291 Beachten Sie nochmals (vgl. schon Rn. 263), dass durch das Erste Gesetz zur Modernisierung der Justiz mit Wirkung zum 01.09.2004 das Wort „unverzüglich" in § 269 III S.3 gestrichen wurde.

Dem Richter steht in dieser Situation nur die Klageschrift als Beurteilungsgrundlage zur Verfügung. Der Kläger wird also auf eine schlecht prognostizierbare Ermessensentscheidung des Gerichts verwiesen. Dieses Ermessen wird vor allem durch die Erfolgsaussichten der eingereichten Klage bestimmt, womit eine Inzidentprüfung dieser erforderlich wird. Allerdings können auch noch andere Faktoren zu berücksichtigen sein, z.B. inwiefern der Beklagte Anlass zur Klageerhebung gegeben hat oder wie schnell der Kläger seine Klage zurückgenommen hat, und ob durch sein Verhalten dem Beklagten bereits Kosten entstanden sind.

Ungelöste Fragen

§ 269 III 3 hat aber mehr ungeklärte Fragen aufgeworfen als gelöst.

Gilt § 269 III 3 auch bei Erledigung vor Anhängigkeit

(a) So ist es insbesondere **umstritten, ob** diese Vorschrift eine Erledigung nach Anhängigkeit, aber vor Rechtshängigkeit voraussetzt, oder ob **auch die Erledigung vor Anhängigkeit** von ihr erfasst wird.

Nach Ansicht der Rechtsprechung und der h.L. muss § 269 III 3 direkt oder jedenfalls analog auch für den Fall einer Erledigung vor Einreichung der Klage angewendet werden[292]. Dies entspräche dem Wortlaut der Norm, da auch bei einer Erledigung vor Anhängigkeit „der Anlass zur Einreichung der Klage vor Rechtshängigkeit weggefallen" ist.

Setzt § 269 III 3 die Zustellung der Klage voraus

(b) Bis zum 31.08.2004 war umstritten, ob die Zustellung der Klage eine Voraussetzung für die Anwendung des § 269 III 3 ist.

Mit der Einfügung des § 269 III S.3, 2.Hs. hat sich die Problematik erledigt: Die Klagerücknahme ist danach auch dann möglich, wenn die Klage noch gar nicht zugestellt wurde[293].

hemmer-Methode: Eine Kostenenscheidung des Gerichtes nach § 269 III 3 darf aber erst ergehen, wenn dem Beklagten zur Wahrung des Anspruches auf rechtliches Gehör (Art. 103 I GG) die Klageschrift zugestellt wurde[294].

Die früher h.M. (Klageänderung in Feststellungsklage, Rn. 352b) gilt weiter

(c) Fraglich und weitgehend ungeklärt ist auch die Frage, wie sich § 269 III 3 auf die bislang herrschende Meinung auswirken wird.[295] Ist die Geltendmachung der Kosten über das Verzugsrecht neben der Möglichkeit des § 269 III S.3 denkbar?

Keinesfalls wird man dem Kläger entgegenhalten können, die Regelung des § 269 III S.3 sei abschließend. Denn am Vorliegen des Verzugs (materielles Recht) ändert die Möglichkeit des § 269 III S.3 nichts. Nach wie vor muss es dem Kläger daher möglich sein, aus *diesem* Grund die Kosten auf den Beklagten abzuwälzen.

Man könnte allenfalls daran denken, dass dem Kläger das Rechtsschutzbedürfnis dafür fehlt, seine ursprüngliche Klage in eine Feststellungsklage bzgl. der Kostenerstattungspflicht des Beklagten unter dem Gesichtspunkt des Verzugsschadens zu ändern.

---

292 OLG München in OLG-Report München 2004, 218 f.; LG Düsseldorf in NJW-RR 2003, 213; kommentiert von DEUBNER in JuS 2003, 271; die Entscheidung des OLG Köln wird kommentiert von DEUBNER in JuS 2003, 892 [893]; DECKENBROCK/DÖTSCH, Die Novellierung des § 269 III S.3 ZPO, JA 2005, 447 [448]; MUSIELAK/FOERSTE, ZPO, § 269, Rn. 13.

293 **Vgl. dazu bereits Rn. 263a, b**; zur Novellierung des § 269 III S.3 lesen Sie DECKENBROCK/DÖTSCH in JA 2005, 447 ff.

294 DECKENBROCK/DÖTSCH in JA 2005, 447 [449 li.Sp.]; KNAUER/WOLF, NJW 2004, 2857 [2858 li.Sp.].

295 diese Diskussion ist anschaulich dargestellt bei ELZER, NJW 2002, 2006 ff.

§ 269 III S.2 eröffnet aber dem Richter nur eine summarische Billigkeitsentscheidung. Für den Kläger kann es aber günstiger sein, den Prozess fortzuführen, damit das Gericht die Sach- und Rechtslage in allen Einzelheiten prüfen kann.

Da auf diesem Weg eventuell für den Kläger eine günstigere (Kosten)Entscheidung erzielt werden kann, sollte es stets dem Kläger überlassen bleiben, wie er reagieren will, wenn sich der Rechtsstreit bereits vor seiner Rechtshängigkeit erledigt hat[296].

hemmer-Methode: So jetzt auch DECKENBROCK/DÖTSCH, Die Novellierung des § 269 III S.3 ZPO, JA 2005, 447 [449].

(3) Erledigungsereignis

Unterscheide: proz./sachl. Erledigung

Erledigungsereignisse können zur Unzulässigkeit oder zur Unbegründetheit der Klage führen. Insoweit ist zwischen prozessualen und sachlichen Erledigungsereignissen zu unterscheiden[297].

Prozessuale Erledigungsereignisse sind beispielsweise der nachträgliche Wegfall des Feststellungsinteresses bei einer Feststellungsklage oder der Verlust der Parteifähigkeit während des Prozesses.

In sachlicher Hinsicht kommen neben dem Erlöschen des Anspruchs durch Erfüllung die Aufrechnung mit einer Gegenforderung, der Untergang einer herausverlangten Sache oder ein außergerichtlicher Vergleich in Betracht.

Erledigungsereignis

Prozessuale Erledigung ⇨ ursprüngliche Klage wird unzulässig
- Verlust der Parteifähigkeit während des Prozesses
- Wegfall des Feststellungsinteresses

Sachliche Erledigung ⇨ ursprüngliche Klage wird unbegründet
- Erfüllung (bei Zahlung unter Vorbehalt (-), wenn nur zur Abwendung der ZwV)
- Aufrechnung
- Außergerichtlicher Vergleich

Beispiel[298]: Die Klägerin verlangt von der Beklagten die Bezahlung eines seit 2002 fälligen Kaufpreises. Im Prozess am 10.07.2005 rechnet der Beklagte mit einer ebenfalls seit 2002 fälligen Darlehensforderung auf. Das Bestehen dieser Forderung hat K stets bestritten. Das Gericht hält die Gegenforderung dagegen für begründet.

K erklärt den Rechtsstreit für erledigt. B schließt sich der Erledigungserklärung nicht an.

Ist die zulässige Feststellungsklage begründet?

---

296 Vgl. MUSIELAK, Neue Fragen im Zivilverfahrensrecht, JuS 2002, 1203 [1206].
297 ZÖLLER, § 91a Rn. 3 f.
298 **BGH Life & Law 2003, 765 ff.** = NJW 2003, 3134 ff.; besprochen von BILLING in JuS 2004, 186 ff.

Die Feststellungsklage wäre begründet, wenn sich die Hauptsache erledigt hat. Dies ist dann der Fall, wenn die Leistungsklage ursprünglich, also zum Zeitpunkt des behaupteten Erledigungsereignisses zulässig und begründet war und jetzt durch ein bestimmtes Ereignis unzulässig oder unbegründet geworden ist.

1. Die ursprünglich erhobene Leistungsklage müsste zulässig gewesen sein.

Fraglich ist hier lediglich, ob der Klägerin wegen der Möglichkeit der Aufrechnung das Rechtsschutzbedürfnis fehlte. Man könnte argumentieren, die Klägerin hätte ihrerseits gegen die Forderung des Beklagten mit ihrer Forderung aufrechnen müssen, anstatt sie in vollem Umfang einzuklagen.

Dem ist jedoch entgegenzuhalten, dass es sich bei der Gegenforderung des Beklagten um eine von der Klägerin zunächst bestrittene Darlehensforderung handelte, die in keinem rechtlichen Zusammenhang mit der Kaufpreisforderung der Klägerin stand. In dem über diese Forderung des Beklagten anhängigen Rechtsstreit musste sich K schon wegen § 145 III nicht mit einer (Hilfs-)Aufrechnung verteidigen. Da K die Gegenforderung des Beklagten bestritt, war es ihm bis zu deren rechtskräftigen Feststellung auch nicht zuzumuten, von einer gerichtlichen Geltendmachung der eigenen Forderung in Höhe der Gegenforderung des Beklagten abzusehen und sich statt dessen durch Aufrechnung zu befriedigen.

Damit ist das Rechtsschutzbedürfnis gegeben und die Leistungsklage war zulässig.

2. Die ursprüngliche Leistungsklage müsste begründet gewesen und nachträglich durch ein bestimmtes Ereignis unbegründet geworden sein.

a) Das Bestehen der Kaufpreisforderung ist zu unterstellen. Weiterhin besteht Einigkeit darüber, dass diese Forderung durch die Aufrechnung mit der dem Beklagten vor Rechtshängigkeit der Klageforderung aufrechenbar zustehenden Gegenforderung erloschen ist.

b) Problematisch ist dagegen die Frage, ob die Klage durch die von dem Beklagten erklärte Aufrechnung nachträglich unbegründet geworden ist oder ob sie wegen der Rückwirkung der Aufrechnungserklärung gemäß § 389 BGB von Anfang an unbegründet war.

Wenn die Aufrechnungslage (§ 387 BGB) - wie im vorliegenden Fall - bereits vor Zustellung der Klage bestanden hat, ist in Literatur und Rechtsprechung umstritten, ob das erledigende Ereignis die Aufrechnungslage oder die Aufrechnungserklärung (§ 388 Satz 1 BGB) ist.

aa) Ein Teil der jüngeren Rechtsprechung und die überwiegende Kommentarliteratur sehen wegen der materiell-rechtlichen Rückwirkung nach § 389 BGB die Aufrechnungslage als erledigendes Ereignis an und verneinen demnach, wenn die Aufrechnungslage schon vor Klageerhebung bestanden hat, eine Erledigung der Hauptsache, weil diese nur durch ein nach Klagezustellung liegendes Ereignis eintreten kann[299].

bb) Die Gegenansicht hält demgegenüber die durch § 389 BGB angeordnete Rückwirkung als lediglich materiell-rechtliche Fiktion für die verfahrensmäßige Frage der Erledigung der Hauptsache für bedeutungslos und stellt auf den tatsächlichen Vorgang der Erledigungserklärung als erledigendes Ereignis ab[300].

cc) Der BGH hat nun entscheiden, dass auch für den Fall, dass die Aufrechnungslage bereits vor Rechtshängigkeit der Klageforderung bestanden hat, nicht die Aufrechnungslage, sondern erst die Aufrechnung als solche, also die Aufrechnungserklärung, das erledigende Ereignis darstellt.

---

299 Vgl. OLG Hamm MDR 2000, 296, 297; OLG Jena OLG-Report 1997, 135, 136.
300 Vgl. BayObLG NJW-RR 2002, 373 f; OLG Düsseldorf NJW-RR 2001, 432 = MDR 2000, 540.

(1) Ein erledigendes Ereignis ist der Eintritt einer Tatsache mit Auswirkungen auf die materiell-rechtlichen Voraussetzungen der Zulässigkeit oder Begründetheit der Klage. Die materiell-rechtliche Wirkung, die bei der Aufrechnung die Geltendmachung der Klageforderung berührt, ist deren Erlöschen. Dieser Erfolg wird aber, wie § 389 BGB eindeutig besagt, (erst) durch die Aufrechnung, d.h. durch die Aufrechnungserklärung (§ 388 Satz 1 BGB) „bewirkt" und nicht (bereits) durch die Aufrechnungslage[301]. Das Vorliegen einer Aufrechnungslage führt, wenn und solange die Aufrechnung nicht erklärt wird, noch nicht zum Erlöschen der beiderseitigen Forderungen.

(2) Tritt die Erlöschenswirkung erst mit der Erklärung der Aufrechnung ein, so war die Klage bis dahin zulässig und begründet. Die von § 389 BGB angeordnete Fiktion („gilt") der Rückwirkung des Erlöschens auf den Zeitpunkt der Aufrechnungslage ändert daran nichts. Diese Fiktion der Rückwirkung hat lediglich zur Folge, dass nicht nur die Hauptforderungen erlöschen, sondern auch Ansprüche z.B. auf Verzugszinsen für den Zeitraum bis zur Erklärung der Aufrechnung, die ohne die Rückwirkung nach wie vor bestünden, ab dem Zeitpunkt der Aufrechnungslage wegfallen. Diese *materiell-rechtliche Rückwirkung tritt aber* gleichfalls *erst mit Abgabe der Aufrechnungserklärung ein*. Sie steht damit der Auffassung, dass prozessual die Aufrechnungserklärung und nicht die Aufrechnungslage das erledigende Ereignis darstellt, nicht entgegen.

(3) Weder die Abwägung der Interessen der Beteiligten noch sonstige Billigkeitserwägungen rechtfertigen ein abweichendes Ergebnis.

Zwar mag es zutreffen, dass sich der Inhaber einer aufrechenbaren Forderung wegen § 389 BGB ab Bestehen der Aufrechnungslage „wirtschaftlich nicht mehr als Schuldner zu fühlen" braucht, weil er jederzeit durch Erklärung der Aufrechnung die Forderung seines Gläubigers rückwirkend zum Erlöschen bringen kann. Gleichwohl wird damit nicht schon die Aufrechnungslage zum „relevanten" Erledigungsereignis.

Es ist grundsätzlich dem beklagten Schuldner zur freien Entscheidung überlassen, ob und wann er durch Erklärung der Aufrechnung (§ 388 Satz 1 BGB) die Erlöschenswirkung (mit der materiell-rechtlichen Folge des § 389 BGB) eintreten lassen will.

Fordert ihn der Kläger vorprozessual zur Zahlung auf, so vermag der Schuldner, dem die Aufrechnungslage bekannt ist, durch Erklärung der Aufrechnung vor Rechtshängigkeit eine etwaige Klage von Anfang an unbegründet zu machen. Sieht der Kläger von einer vorprozessualen Aufforderung ab, können ihm gemäß § 93 die Prozesskosten zur Last fallen.

Dagegen besteht für den klagenden Gläubiger nicht in jedem Falle die Möglichkeit, sich seinerseits vor Klageerhebung durch Erklärung der Aufrechnung gegen die Forderung des beklagten Schuldners zu befriedigen. Für ihn kann die Aufrechnung aus Rechtsgründen ausgeschlossen oder aus tatsächlichen Gründen unmöglich sein. Im Übrigen kann der Kläger - wie der Beklagte - gute Gründe haben, von einer Aufrechnungserklärung zunächst abzusehen, so wenn Kläger und/oder Beklagter mehrere Forderungen haben, mit denen und gegen die aufgerechnet werden kann.

Würde man bei einer vor Rechtshängigkeit gegebenen Aufrechnungslage bereits diese grundsätzlich als erledigendes Ereignis ansehen, so dass bei einer erst im Prozess erklärten Aufrechnung des Beklagten die Klage gleichwohl als von Anfang an unbegründet zu behandeln wäre, hätte dies zur Folge, dass auch in den soeben genannten Fällen der Kläger weder durch Klagerücknahme noch durch die Erledigungserklärung verhindern könnte, mit den durch die Klageerhebung verursachten Kosten belastet zu werden, sofern der Beklagte der Erledigung nicht zustimmt.

Ergebnis: Da bezüglich des erledigenden Ereignisses auf den Zeitpunkt der Aufrechnungserklärung – die hier erst im Verlaufe des Prozesses erfolgte – abzustellen ist, war die Leistungsklage ursprünglich begründet und ist erst durch die Aufrechnungserklärung unbegründet geworden. Damit ist die Feststellungsklage begründet.

---

[301] Vgl. BGHZ 109, 47 [51].

hemmer-Methode: Die Examensrelevanz dieser Entscheidung dürfen Sie auf keinen Fall unterschätzen.

Erfüllung unter Vorbehalt = Erledigung

Es kommt vor, dass der Beklagte die vom Kläger geforderte Leistung unter Vorbehalt erbringt. Soweit er sich dadurch nur die Rückforderung für den Fall vorbehalten möchte, dass er später das Nichtbestehen der Forderung beweisen kann (vgl. § 814 BGB), tritt Erledigung der Hauptsache ein.

vorläufige Befriedigung ≠ Erledigung

Erbringt er die Leistung hingegen nur, um die Zwangsvollstreckung aus einem für vorläufig vollstreckbar erklärten Urteil der Vorinstanz abzuwenden, während er in der Rechtsmittelinstanz weiterhin die Abweisung der Klage beantragt, so erledigt sich die Hauptsache nicht.[302]

c) Wirkung der Entscheidung

aa) Begründetheit

stattgebendes Feststellungsurteil

Ist die Feststellungsklage wegen Erledigung der Hauptsache begründet, so stellt das Gericht dies durch Endurteil (§ 300) fest. Der Beklagte trägt die Kosten des Verfahrens gem. § 91 I S. 1 (nicht: § 91°). Bisher ergangene, noch nicht rechtskräftige Entscheidungen werden aufgehoben.[303]

hemmer-Methode: Der BGH hatte einen recht skurrilen Fall zu entscheiden. Es lag ein Fall einer Erledigung nach Rechtshängigkeit vor. Der Kläger erklärte einseitig den Rechtsstreit für erledigt. Das Gericht bestimmte einen Termin für die mündliche Verhandlung über die Feststellungsklage. Daraufhin nahm der Kläger die Klage zurück.
Das war ein Fehler, wie der BGH zu Recht entschieden hat[304]. Denn nun musste der Kläger die Kosten tragen. Dass die ursprüngliche Klage zulässig und begründet gewesen sei, spiele für § 269 III S.2 keine Rolle.
Die Entscheidung ist richtig. Wer eine Klage zurücknimmt, der begibt sich in die Rolle des Unterlegenen. Die Faulheit, einen Verhandlungstermin wahrzunehmen, rechtfertigt es unter keinen Umständen, die kostenrechtlichen Grundsätze zu durchbrechen[305].

Da der Streitgegenstand der Feststellungsklage den der ursprünglichen Leistungsklage umfasst, steht die Rechtskraft des Endurteils einer erneuten Leistungsklage entgegen.[306]

bb) Unbegründetheit

Klageabweisung, wenn

Hat sich die Hauptsache nicht erledigt, so ist nach dem Grund hierfür zu unterscheiden:

– *urspr. Klage unzulässig / unbegründet*

(1) Kommt das Gericht zu dem Ergebnis, dass die ursprüngliche Klage bereits zum Zeitpunkt des behaupteten Erledigungsereignisses unzulässig oder unbegründet war, so weist das Gericht die Feststellungsklage durch Endurteil als unbegründet ab. Der Kläger trägt gem. § 91 die Kosten des Verfahrens.

Auch die Rechtskraft dieses Endurteils steht einer erneuten Leistungsklage entgegen.[307]

---

302 R/S/G, § 132 I 3.
303 Th/P, § 91a Rn. 38.
304 BGH NJW 2004, 223 f.
305 Die a.A. von BONIFACIO, MDR 2002, 499 ff., der § 269 III S.3 analog anwenden will, ist entschieden abzulehnen!
306 Th/P, § 91a Rn. 51.

§ 4 DIE PROZESSFÜHRUNGSMÖGLICHKEITEN DER PARTEIEN

– *fehlende Erledigung*

(2) Kommt das Gericht zu dem Ergebnis, dass die ursprüngliche Klage immer noch zulässig und begründet ist, sich also gar nicht erledigt hat, so ist der Feststellungsantrag ebenfalls unbegründet.

Dass seine Klage aus diesem Grund abgewiesen wird, kann der Kläger dadurch verhindern, dass er seinen ursprünglichen Hauptantrag hilfsweise aufrechterhält. Dies stellt eine zulässige innerprozessuale Bedingung dar.[308]

Übersicht zur einseitigen Erledigterklärung nach Rechtshängigkeit

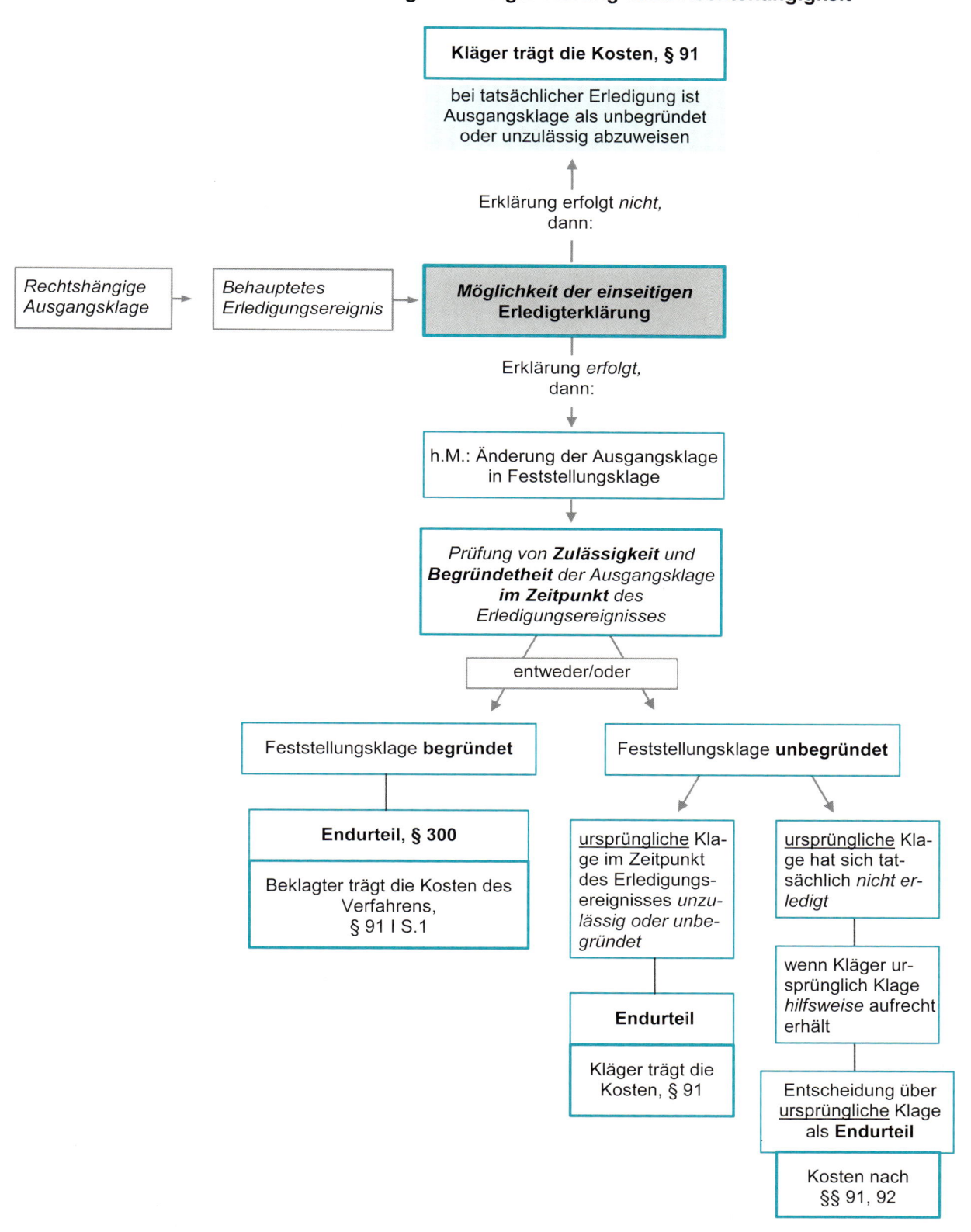

```
Rechtshängige      Behauptetes              Möglichkeit der einseitigen
Ausgangsklage  →   Erledigungsereignis  →   Erledigterklärung
```

Erklärung erfolgt *nicht*, dann:
→ **Kläger trägt die Kosten, § 91**
   bei tatsächlicher Erledigung ist Ausgangsklage als unbegründet oder unzulässig abzuweisen

Erklärung *erfolgt*, dann:
→ h.M.: Änderung der Ausgangsklage in Feststellungsklage
→ *Prüfung von **Zulässigkeit** und **Begründetheit** der Ausgangsklage **im Zeitpunkt** des Erledigungsereignisses*

entweder/oder:

Feststellungsklage begründet
- **Endurteil, § 300**
- Beklagter trägt die Kosten des Verfahrens, § 91 I S.1

Feststellungsklage unbegründet
- ursprüngliche Klage im Zeitpunkt des Erledigungsereignisses *unzulässig oder unbegründet*
  - **Endurteil**
  - Kläger trägt die Kosten, § 91
- ursprüngliche Klage hat sich tatsächlich *nicht erledigt*
  - wenn Kläger ursprünglich Klage *hilfsweise* aufrecht erhält
  - Entscheidung über ursprüngliche Klage als **Endurteil**
  - Kosten nach §§ 91, 92

---

307 Th/P, a.a.O.
308 Zöller, § 91a Rn. 45; vgl. auch Rn. 348.

IV. Prozesshandlungen, die der selbständigen und unselbständigen Verteidigung des Beklagten dienen

1. Überblick über die Verteidigungsmöglichkeiten des Beklagten

Verteidigungsmöglichkeiten des Beklagten:

Der Beklagte hat verschiedene Möglichkeiten, sich zu verteidigen und dadurch ein klagestattgebendes Urteil zu verhindern.

– *Bestreiten*

Er kann sich darauf beschränken, die vom Kläger vorgetragenen, anspruchsbegründenden Tatsachen zu bestreiten, so dass diese beweisbedürftig sind.[309]

Im Rahmen der Beweisaufnahme hat der Beklagte dann die Möglichkeit, durch eigene Beweisanträge den Beweis der anspruchsbegründenden Tatsachen zu verhindern.

– *Einreden*

Der Beklagte kann jedoch auch Tatsachen vortragen, die eine den Anspruch des Klägers hindernde, vernichtende oder hemmende Einrede im prozessualen Sinne begründen.

– *Widerklage*

Schließlich hat der Beklagte die Möglichkeit, durch Erhebung einer Widerklage zum Angriff auf den Kläger überzugehen.

– *Prozessaufrechnung*

Im Folgenden sollen die Prozessaufrechnung als wichtige anspruchsvernichtende Einwendung sowie die Widerklage ausführlich behandelt werden.

2. Prozessaufrechnung[310]

a) Einführung

Unterscheide:

Grundsätzlich zu unterscheiden sind

– *mat.- rechtliche Wirkung*

⇨ die Aufrechnungserklärung als materiell-rechtliche Willenserklärung mit Gestaltungswirkung, §§ 388 S. 1, 389 BGB, und

– *Geltendmachung im Prozess*

⇨ die Einrede der Aufrechnung im Prozess, also die Behauptung der schon außerprozessual erklärten Aufrechnung als Prozesshandlung.[311]

Beide können äußerlich zusammenfallen, wenn die Aufrechnung erst im Prozess erklärt wird (Prozessaufrechnung). Dann handelt es sich um eine sog. doppelfunktionale Prozesshandlung, die Akte des materiellen und des prozessualen Rechts zusammenfasst.

Dieser Doppeltatbestand besagt allerdings nicht, dass die Wirksamkeit stets einheitlich zu beurteilen ist.

Anders als beim Prozessvergleich ist die Wirksamkeit des Rechtsgeschäfts grundsätzlich allein nach materiellem Recht, die Geltendmachung im Prozess rein prozessual zu beurteilen.[312]

> **hemmer-Methode:** Achten Sie auf die unterschiedliche Terminologie beim Prozessvergleich, vgl. Rn. 300 ff. Dort spricht man von Doppelnatur. Die Lehre vom Doppeltatbestand gilt dort als überwunden.

---

309 Vgl. Rn. 490 ff.
310 Zur Aufrechnung vgl. ausführlich HEMMER/WÜST, BGB-AT III Rn. 249 ff.
311 Zöller, § 145 Rn. 11.
312 Th/P, § 145 Rn. 12, 14.

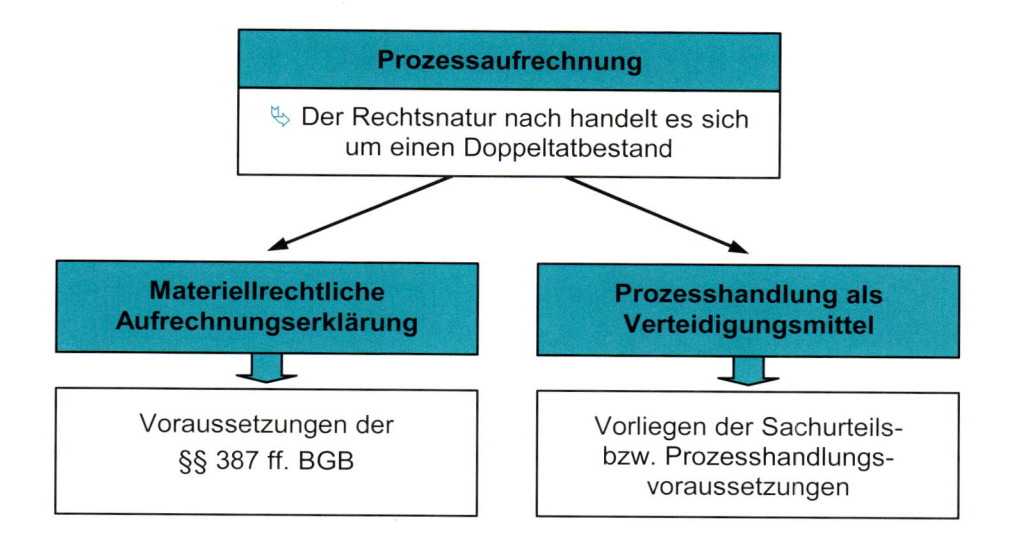

§ 4 DIE PROZESSFÜHRUNGSMÖGLICHKEITEN DER PARTEIEN

Prozessaufrechnung
↳ Der Rechtsnatur nach handelt es sich um einen Doppeltatbestand

- **Materiellrechtliche Aufrechnungserklärung** → Voraussetzungen der §§ 387 ff. BGB
- **Prozesshandlung als Verteidigungsmittel** → Vorliegen der Sachurteils- bzw. Prozesshandlungsvoraussetzungen

b) Prozessaufrechnung in der Fallbearbeitung

Ausgangsfall

Fall: A klagt gegen B aus einer verjährten Forderung. B rechnet im Prozess mit einer unbestrittenen Gegenforderung in gleicher Höhe auf und erhebt die Einrede der Verjährung. Wie ist zu entscheiden? [359]

Rein materiell-rechtlich betrachtet wäre die Gegenforderung durch Aufrechnung erloschen (§ 389 BGB) und könnte wegen § 813 I S. 2 BGB nicht einmal kondiziert werden.

Bestehen der Klageforderung kann nicht dahingestellt bleiben wegen § 322 II

Handelt es sich allerdings um eine Prozessaufrechnung, so kann sie als rechtsvernichtende Einwendung nicht wie in einer rein materiell-rechtlichen Prüfung vor den rechtshemmenden Einreden geprüft werden. [360]

Vielmehr ist auf sie nur einzugehen, wenn Bestehen und Durchsetzbarkeit der Hauptforderung feststehen.[313] Ließe man offen, ob die Klageabweisung auf die Aufrechnung oder eine andere Einrede gestützt wird (so z.T. die früher vertretene **Klageabweisungstheorie**), so wäre ungewiss, ob über die Aufrechnungsforderung eine rechtskräftige Entscheidung (vgl. dazu § 322 II!) ergangen ist oder nicht. Die Entscheidung würde dann nur in einen zweiten Prozess verlagert werden (sogenannte **Beweiserhebungstheorie**: zuerst muss über Klageforderung Beweis erhoben werden).

Hemmer-Methode: Aus diesem Grund geht eine Gegenaufrechnung des Klägers gegen eine Aufrechnung des Beklagten im Prozess immer „ins Leere". Die Klageforderung erlischt nämlich durch die Aufrechnung. Damit erlischt auch die Aufrechnungsforderung, § 389 BGB. Die zeitlich nachfolgende Gegenaufrechnung kann daher die Forderung, mit der aufgerechnet wurde, nicht mehr zum Erlöschen bringen, da diese bereits erloschen war.
Der Kläger muss in solchen Fällen seine ursprüngliche Klage für erledigt erklären[314] und nachträglich die Klage um Zahlung der weiteren Forderung erweitern. Dies wäre eine gem. § 264 Nr. 2 ZPO stets zulässige Klageänderung gewesen.
Lesen Sie dieses interessante Urteil des Kammergerichts Berlin nach bei KG, Life & Law 2006, Heft 9, 599 ff.

Eventualaufrechnung

Die Aufrechnung kann auch nur für den Fall erklärt werden, dass die Hauptforderung besteht, sog. Eventualaufrechnung. [361]

---

313 Th/P, § 145 Rn. 15; Musielak, Rn. 264 m.w.N.
314 Zur Erledigung des Rechtsstreits nach erfolgter Aufrechnung lesen Sie nochmals Rn. 353 sowie BGH Life & Law 2003, 765 ff. = NJW 2003, 3134 ff.

Dann wird die Aufrechnung unter einer aufschiebenden Bedingung erklärt, der die grundsätzliche Bedingungsfeindlichkeit von Prozesshandlungen sowie § 388 S. 2 BGB nicht entgegenstehen.

Diese gilt nämlich nicht, soweit es sich um eine innerprozessuale Bedingung handelt: Der Zustand der Rechtsunsicherheit im Prozess besteht gerade nicht, wenn der Eintritt der Bedingung vom Prozessverlauf selbst abhängt („teleologische Reduktion" des § 388 S.2 BGB).[315]

Außerdem wird in § 45 III GKG (Nr. 115 im Schönfelder) die Eventualaufrechnung als möglich vorausgesetzt.

Übungsfall

Fall: A klagt gegen B auf Zahlung von 2.500,- €. Nach mehreren mündlichen Verhandlungen erklärt B die Aufrechnung mit einer Gegenforderung, deren Bestehen A bestreitet. Das Gericht wertet die Aufrechnung als Prozessverschleppung und weist den Aufrechnungseinwand als verspätet zurück. Anschließend verurteilt es den B zur Zahlung. Kann B die Gegenforderung noch von A einfordern?

Ob B die Forderung über 2.500,- € von A mit Erfolg einklagen kann, hängt davon ab, ob sie durch die im Prozess erklärte Aufrechnung erloschen ist.

Zwar wurde hier der Aufrechnungseinwand gemäß § 296 II als verspätet zurückgewiesen.[316] Wegen des **Doppeltatbestandes der Prozessaufrechnung** führt dies jedoch nicht automatisch dazu, dass auch materiellrechtlich die Aufrechnung unberücksichtigt bleibt.

Dies führt zu dem allgemein als ungerecht empfundenen Ergebnis, dass grundsätzlich wegen § 389 BGB trotz Nichtberücksichtigung des Aufrechnungseinwandes die Gegenforderung erloschen ist.

Um dieses Ergebnis zu umgehen, werden verschiedene Lösungsansätze vertreten[317]:

(a) Man könnte die Aufrechnungserklärung mit ihrer Geltendmachung im Prozess als einheitliches Rechtsgeschäft im Sinne des § 139 BGB ansehen und so zu einer Unwirksamkeit auch des materiell-rechtlichen Teils kommen.[318]

(b) Die Aufrechnungserklärung erfolgt konkludent unter der Bedingung ihrer prozessualen Berücksichtigung.[319] § 388 S. 2 BGB steht dem nicht entgegen. Entweder fasst man diese Bedingung nicht als echte Bedingung, sondern als sogenannte Rechtsbedingung auf (Abhängigkeit von gesetzlichen Erfordernissen, hier Rechtzeitigkeit) oder man reduziert § 388 S. 2 BGB teleologisch, da sein Normzweck (Vermeidung von Rechtsunsicherheit bei der Ausübung von Gestaltungsrechten) gerade in diesem Fall nicht greift. Diese sog. Eventualaufrechnung im Prozess ist auch durch § 45 III GKG gesetzlich anerkannt.

hemmer-Methode: Im Fall ist eine Entscheidung zwischen diesen Ansichten nicht erforderlich, da sie alle zu demselben - logisch zwingenden - Ergebnis führen. Selbst der BGH lässt diese Frage in seinen Entscheidungen ausdrücklich offen!

Die Präklusion der Behauptung einer außerprozessual erklärten Aufrechnung führt allerdings, wie auch sonst bei verspätetem Erfüllungseinwand, zum endgültigen Rechtsverlust.[320]

---

315 Vgl. Rn. 251.
316 Vgl. Rn. 428 ff.
317 Vgl. dazu auch BGH, NJW 1994, 2769.
318 R/S/G, § 105 III 2 a).
319 Musielak, Rn.265; Schlosser, Rn. 325.
320 Vgl. Rn. 428 ff.

§ 4 DIE PROZESSFÜHRUNGSMÖGLICHKEITEN DER PARTEIEN

c) Rechtshängigkeit der Aufrechnungsforderung?

Ausgangsfall

Fall: A klagt gegen B aus Forderung. B erhebt Aufrechnungseinwand mit Gegenforderung. Die Gegenforderung will B zudem in einem gesonderten Prozess geltend machen.

363

Entscheidend für die Frage der Zulässigkeit der zweiten Klage ist, ob der prozessualen Geltendmachung der Gegenforderung entgegensteht, dass diese bereits im ersten Prozess im Wege der Aufrechnung geltend gemacht wurde. Die Unzulässigkeit könnte sich insofern aus der entgegenstehenden Rechtshängigkeit des geltend gemachten prozessualen Anspruchs ergeben, § 261 III Nr. 1.[321]

h.M.: keine Rechtshängigkeit durch Prozessaufrechnung

Voraussetzung wäre allerdings, dass der zunächst geltend gemachte Aufrechnungseinwand zur Rechtshängigkeit der Gegenforderung geführt hat. Dies ist jedoch nach h.M. abzulehnen, da die Aufrechnung nicht Klage i. S. v. § 261 III Nr. 1, sondern Verteidigungsmittel ist und damit keinen weiteren Streitgegenstand begründet.[322]

Eine andere Auffassung kann sich auch nicht aus der Rechtskraftwirkung des § 322 II ergeben, da diese eine Ausnahme darstellt.

Außerdem ist das Problem vom BGB-Gesetzgeber eigenständig für den Fall der Verjährung in § 204 I Nr. 5 BGB geregelt worden.

d) Rechtskraftwirkung, § 322 II

Fall: Das Gericht sieht das Bestehen einer im Prozess zur Aufrechnung gestellten Forderung als bewiesen an und weist daher die Zahlungsklage rechtskräftig ab. Der ursprüngliche Beklagte klagt nunmehr in einem zweiten Prozess wiederum die Aufrechnungsforderung ein. Er beruft sich darauf, dass die Aufrechnung im Vorprozess nicht wirksam erklärt worden sei.

364

§ 322 II

Als Ausnahme von dem Grundsatz, dass nur der in der Klage erhobene prozessuale Anspruch in Rechtskraft erwächst, § 322 I,[323] ordnet § 322 II an, dass auch über die Aufrechnungsforderung, soweit sie **nicht besteht**, eine rechtskräftige Entscheidung ergeht. Allerdings ist darauf zu achten, dass die Aufrechnungsforderung von dieser Wirkung stets nur bis zur Höhe der Hauptforderung ergriffen wird.

auch hinsichtlich urspr. Bestehens (etc.) der Gegenforderung

Geregelter Fall des § 322 II ist demnach, dass das Gericht die Aufrechnungsforderung für unbegründet erklärt. Die Vorschrift gilt jedoch nach allg. M. auch für den Fall, dass die Aufrechnungsforderung infolge der Aufrechnung **nicht mehr** besteht, wenn die Klage wegen begründeter Aufrechnung abgewiesen wird.[324] Auch hier wäre eine Klage des Aufrechnenden hinsichtlich der Aufrechnungsforderung bereits unzulässig, da die Rechtskraft der Erstentscheidung (§ 322 II entsprechend) entgegensteht.

365

nur soweit über Gegenforderung entschieden wurde

Die Rechtskraftwirkung tritt nicht ein, wenn wegen des Nichtbestehens der Klageforderung über die Aufrechnungsforderung nicht entschieden wird, sowie wenn die Aufrechnung wegen eines Aufrechnungsverbots (z.B. § 393 BGB) vom Gericht nicht zugelassen wird.[325]

---

321 Vgl. Rn. 233 f.
322 Th/P, § 145 Rn. 20; Zöller, § 145 Rn. 18 m.w.N.
323 Vgl. Rn. 530 ff.; insbesondere Rn. 538.
324 Musielak, Rn. 269 m.w.N.; vgl. Rn. 541.
325 Zöller, § 322 Rn. 18, 20.

Flussdiagramm

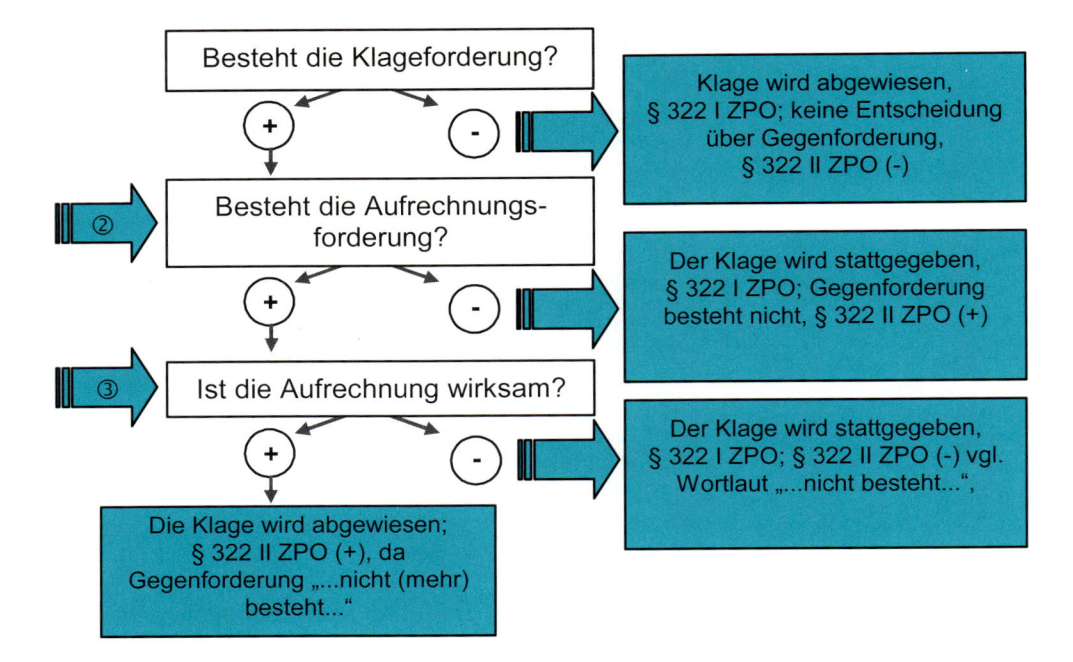

- **Besteht die Klageforderung?**
  - **+** → (weiter)
  - **−** → Klage wird abgewiesen, § 322 I ZPO; keine Entscheidung über Gegenforderung, § 322 II ZPO (−)
- ② **Besteht die Aufrechnungsforderung?**
  - **+** → (weiter)
  - **−** → Der Klage wird stattgegeben, § 322 I ZPO; Gegenforderung besteht nicht, § 322 II ZPO (+)
- ③ **Ist die Aufrechnung wirksam?**
  - **+** → Die Klage wird abgewiesen; § 322 II ZPO (+), da Gegenforderung „...nicht (mehr) besteht..."
  - **−** → Der Klage wird stattgegeben, § 322 I ZPO; § 322 II ZPO (−) vgl. Wortlaut „...nicht besteht...",

e) Unterschiedliche Entscheidungsreife von Haupt- und Aufrechnungsforderung

Entscheidungsreife der Klageforderung

aa) Im Fall vorzeitiger Entscheidungsreife der Aufrechnungsforderung ist unter Zugrundelegung der Beweiserhebungstheorie eine vorgreifliche Entscheidung nicht möglich.

Aufrechnungsforderung noch nicht spruchreif ⇨ Vorbehaltsurteil + Nachverfahren, § 302

bb) Ist in einem Prozess die Klägerforderung entscheidungsreif, die Aufrechnungsforderung jedoch nicht, so bietet § 302 I dem Richter die Möglichkeit, über die Hauptforderung getrennt im Wege eines Vorbehaltsurteils zu entscheiden.

hemmer-Methode: Dies gilt gem. § 145 III auch dann, wenn Hauptforderung und Aufrechnungsforderung nicht in rechtlichem Zusammenhang stehen.

In einem Nachverfahren, § 302 IV, wird dann über die Aufrechnungsforderung gesondert entschieden und durch Endurteil das Vorbehaltsurteil entweder aufgehoben (Variante: Aufrechnung ist begründet) oder unter Wegfall des Vorbehalts aufrechterhalten (Variante: Aufrechnung ist unbegründet).[326]

f) Aufrechnung und Rechtsweg[327]

anderweitige Rechtswegzuständigkeit hinsichtlich Gegenforderung

Für die Zulässigkeit der Prozessaufrechnung ist es nicht erforderlich, eine gesonderte örtliche und sachliche Zuständigkeitsprüfung vorzunehmen.

Umstritten ist aber, ob eine anderweitige Rechtswegzuständigkeit die Prüfung und Entscheidung der Gegenforderung hindert, soweit diese nicht unbestritten oder rechtskräftig festgestellt ist.

Fallbeispiel

Bsp.: Das Land X verklagt den B auf Rückzahlung zuviel geleisteter Subventionen. Der B bestreitet in der Verhandlung vor dem VG das Bestehen des Anspruchs.

---

326 Th/P, § 302 Rn. 12 ff.
327 Th/P, § 145 Rn. 24; Musielak, Rn. 275.

Sollte das Gericht jedoch zu einer anderen Auffassung gelangen, rechne er hilfsweise mit einem Anspruch aus Amtspflichtverletzung gegen das Land X auf. B erläutert daraufhin dem Gericht den Sachverhalt, der der Amtspflichtverletzung zugrunde lag. Das Land X bestreitet die Zuständigkeit des Verwaltungsgerichts für die Aufrechnung.

Das Prinzip der Eventualaufrechnung selbst ist zulässig, da sie von einer innerprozessualen Bedingung (nämlich der Rechtsauffassung des Gerichts) abhängt. Problematisch ist jedoch, dass gemäß § 71 I Nr.2 GVG nicht das Verwaltungsgericht, sondern das Landgericht (als Zivilgericht) für die Frage zuständig ist, ob der geltend gemachte Anspruch aus Amtshaftung (§ 839, Art. 34 GG) besteht.

Rechtswegfremde Aufrechnung unzulässig

1. Nach früherer Ansicht war deshalb die Aufrechnung mit Ansprüchen einer anderen Rechtswegzuständigkeit nur dann möglich, wenn die Gegenforderung unanfechtbar oder aber rechtskräftig festgestellt war.[328]

⇨ *§ 17 II 1 GVG gilt nach h.M. nicht*

2. Durch die Neufassung von § 17 II 1 GVG, der sowohl für Zivil- als auch für Verwaltungsgerichte (vgl. § 173 VwGO) gilt, hat aber nunmehr das im Fall zuständige Verwaltungsgericht *den gesamten* Rechtsstreit unter allen in Betracht kommenden rechtlichen Gesichtspunkten zu entscheiden.

a) Dazu gehören nach einer z.T. vertretenen Ansicht auch Fragen der Aufrechnung.[329] Das Verwaltungsgericht könnte also eigentlich nach dieser Ansicht auch das Bestehen und die Höhe der Forderung aus Amtspflichtverletzung beurteilen.

b) Nach ganz h.M.[330] kann aber mit § 17 II GVG eine Aufrechnung mit einer rechtswegfremden Forderung nicht begründet werden. Bei der Aufrechnung handelt es sich nämlich nicht um einen rechtlichen Gesichtspunkt, sondern um einen eigenen neuen Anspruch. Zwar begründet die Aufrechnung keinen echten, neuen Streitgegenstand, da die Gegenforderung nicht rechtshängig wird. Wegen der Rechtskraftwirkung des § 322 II besteht allerdings eine vergleichbare Sachlage. Schließlich ist auch nicht einzusehen, warum hinsichtlich der Aufrechnung eine weitergehende Zuständigkeit bestehen soll als bei der Widerklage (vgl. Rn. 368 ff.), für die § 17 II GVG nicht gilt.

hemmer-Methode: Das Gericht darf aber die Aufrechnung jedenfalls dann berücksichtigen, wenn die Forderung rechtskräftig festgestellt oder unbestritten ist[331].

§ 17 II 2 GVG

c) Dieser Streit bedarf hier jedoch keiner Entscheidung, da im vorliegenden Fall jedenfalls die Regelung des § 17 II 2 GVG zu beachten ist, wonach die Zuständigkeit gerade nicht in Fragen der Amtspflichtverletzung begründet sein soll (Art. 34 S.3 GG). Hier besteht vielmehr ein Vorrang des ordentlichen Rechtswegs, was sich mit der Regelung im Grundgesetz (Art. 34 S.3 GG) begründen lässt, die nicht durch eine einfachgesetzliche Regelung umgangen werden kann.

3. Widerklage

a) Einführung

„Gegenklage des Beklagten"

Im Zivilprozess kann für den Beklagten ein Interesse bestehen, gegen den Kläger seinerseits eine Klage zu erheben, etwa weil ihm gegen den Kläger eine Gegenforderung zusteht, über die er eine rechtskräftige Entscheidung erstreiten möchte.

---

328 Kopp, § 40 VwGO, Rn. 45.
329 Baumbach/Lauterbach/Albers/Hartmann; ZPO, § 17 GVG, Rn. 6.
330 Vgl. dazu BVerwG NJW 1999, 160; BAG in NZA 2001, 1158 (1159); Th/P, § 145 Rn. 24.
331 Vgl. Th/P § 17 GVG, Rn. 9 a.E.

Vorteile:	Eine solche Gegenklage des Beklagten heißt Widerklage und bietet besondere Vorteile[332] für den Beklagten, den sog. Widerkläger:	369

Vorteile der Widerklage, § 33 ZPO

① Nach § 33 ZPO besteht ein besonderer Gerichtsstand ⇨ gemeinsame Verhandlung

② Die Widerklage kann auch in der mündlichen Verhandlung erhoben werden, § 261 II ZPO

③ Die Widerklage kann ohne Gerichtskostenvorschuss erhoben werden, § 12 II Nr. 1 GKG

④ Widerklage kann unter den Voraussetzungen des § 533 I ZPO noch in der Berufungsinstanz erhoben werden

i. ü. gewöhnliche Klage	Im Übrigen handelt es sich bei der Widerklage um eine „normale" Klage, die vom Gesetzgeber aus Gründen der Prozessökonomie und Rechtsklarheit besonders privilegiert wird.	370

b) Zulässigkeit der Widerklage

Besonderheiten	Neben den allgemeinen Prozessvoraussetzungen, die auch für die Widerklage gelten, sind folgende Besonderheiten zu beachten:	371

aa) Besonderer Gerichtsstand

– *bes. Gerichtsstand, § 33*	§ 33 begründet einen zusätzlichen, besonderen Gerichtsstand. Örtlich zuständig für die Widerklage ist demnach das Gericht der Klage, soweit der Gegenanspruch mit dem in der Klage geltend gemachten Anspruch oder mit den gegen ihn vorgebrachten Verteidigungsmitteln in Zusammenhang steht.	372
gemeinsame Verhandlung von Klage und Widerklage	Sinn und Zweck dieser Regelung ist es, Klagen, die in einem solchen Zusammenhang stehen, gemeinsam zu verhandeln und zu entscheiden, um eine doppelte Beweisaufnahme und eventuell widersprechende Entscheidungen zu vermeiden.[333]	373
Konnexität	Der von § 33 geforderte Zusammenhang ist prozessualer Natur und betrifft nicht nur den rechtlichen, sondern auch den wirtschaftlichen Zusammenhang von Widerklage und Klage bzw. Verteidigungsvorbringen. Man kann insofern auf den Begriff der Konnexität i.S.v. § 273 BGB zurückgreifen. Erforderlich ist also ein einheitlicher Lebenssachverhalt.[334]	374
Bsp.: Kaufpreis - Mängelbeseitigung	*Fall: A klagt gegen B auf Kaufpreiszahlung. B erhebt Widerklage auf Mängelbeseitigung, da die Kaufsache mangelhaft ist. Ist die Widerklage zulässig?*	375

---

332 **Vertiefungshinweis für Referendare:** Ein weiterer Vorteil der Widerklage ist die Ersparnis von Verfahrenskosten. Zwar werden gem. § 45 I 1 GKG der Gebührenstreitwert von Klage und Widerklage (anders gem. § 5 2.Hs. beim Zuständigkeitsstreitwert) zusammengerechnet. Allerdings ist dies wegen der Gebühren***degression*** ein Vorteil. M.a.W.: Ein Rechtsstreit über 50.000,- € ist *billiger* als zwei Prozesse über jeweils 25.000,- €!

333 Zöller, § 33 Rn. 2.

334 Th/P, § 33 Rn. 4.

Erforderlich für die Zulässigkeit der Widerklage ist gem. § 33 ein rechtlicher oder wirtschaftlicher Zusammenhang zwischen den in Klage und Widerklage geltend gemachten Ansprüchen. Zu fordern ist insoweit, dass für Klage und Widerklage zumindest eine anspruchsbegründende Tatsache ein und demselben Sachverhalt zu entnehmen ist. Hier ist sowohl für Klage als auch für Widerklage anspruchsbegründend, dass zwischen A und B ein Kaufvertrag abgeschlossen wurde. Konnexität i.S.v. § 33 ist also gegeben. Die Widerklage kann zulässigerweise beim Gericht der Klage erhoben werden.

Bsp.: Prozessaufrechnung ⇨ Widerklage bzgl. Gegenforderung

Fall: A klagt gegen B auf Kaufpreiszahlung i.H.v. 1.000,- €. B erklärt die Aufrechnung mit einer nichtkonnexen Gegenforderung i.H.v. 3.000,- € und erhebt hinsichtlich des überschießenden Restbetrages seiner Forderung i.H.v. 2.000,- € Widerklage auf Zahlung. Ist die Widerklage zulässig?

376

Hier scheidet eine Bejahung des rechtlichen Zusammenhangs zwischen Klage- und Widerklageanspruch aus. Allerdings besteht ein Zusammenhang zwischen dem Verteidigungsmittel der Aufrechnung und dem Widerklageanspruch, da die Aufrechnungsforderung und die in der Widerklage geltend gemachte Forderung denselben Anspruchsgrund in sich tragen. Die Widerklage ist deshalb zulässig.

bb) Prozessuale Bedeutung der Konnexität

Konnexität als Zulässigkeitsvoraussetzung?

Umstritten ist, ob bei fehlender Konnexität überhaupt zulässigerweise eine Widerklage erhoben werden kann.

377

Rspr.:
bes. Prozessvoraussetzung der Widerklage

(1) Nach Auffassung der Rechtsprechung und Teilen der Literatur regelt nämlich § 33 nicht nur einen besonderen Gerichtsstand der Widerklage, sondern begründet mit dem Erfordernis der Konnexität zudem eine besondere Prozessvoraussetzung für die Widerklage.[335]

Lit.:
nur besonderer Gerichtsstand

(2) Die Gegenauffassung beurteilt § 33 demgegenüber lediglich als besonderen Gerichtsstand der Widerklage, ohne darüber hinaus eine besondere Prozessvoraussetzung zu konstruieren.[336]

Für letztere Auffassung spricht die systematische Stellung des § 33 sowie sein Wortlaut, der darauf hindeutet, dass lediglich ein weiterer Gerichtsstand und keine Zulässigkeitsvoraussetzung geschaffen werden sollte. Außerdem fehlt in § 33 das Wörtchen „...kann eine Widerklage **nur** erhoben werden, wenn...".

Ferner setzt § 145 II die Zulässigkeit einer nicht konnexen Widerklage voraus. Dass dieser Meinungsstreit nicht nur theoretischer Natur ist, zeigt folgender Fall.

Relevanz des Meinungsstreites

Fall: A, der in Augsburg wohnt, verklagt B in München auf Räumung eines Grundstücks. B erhebt Widerklage wegen eines Verkehrsunfalls in München, den A verschuldet haben soll. A rügt die Unzulässigkeit der Widerklage. Zu Recht?

378

Vorliegend besteht eindeutig kein Zusammenhang zwischen Klage und Widerklage. § 33 kann also für die Widerklage keinen Gerichtsstand in München begründen.

1. Erhebt man mit dem BGH den prozessualen Zusammenhang von Klage und Widerklage darüber hinaus zur besonderen Prozessvoraussetzung, so wäre die Widerklage als unzulässig abzuweisen. Eine Heilung gemäß § 295 I ist zwar grds. möglich, scheidet hier aber wegen der ausdrücklichen Rüge des A aus.

---

335 BGH NJW 1975, 1228; R/S/G, § 98 II 2 d).
336 Jauernig, § 46 II; Zöller, § 33, Rn. 1 m.w.N.

2. Nach der Gegenauffassung begründet § 33 jedoch lediglich einen besonderen Gerichtsstand, so dass sich die örtliche Zuständigkeit des Gerichts in München auch aus anderen Vorschriften ergeben kann. B macht Ansprüche aus einem Verkehrsunfall in München geltend. Eine besondere örtliche Zuständigkeit des Gerichts in München ergibt sich somit aus § 32, § 20 StVG. Will das Gericht hier Klage und Widerklage nicht in einem Prozess verhandeln, so besteht wegen des fehlenden rechtl. Zusammenhangs die Möglichkeit der Prozesstrennung, § 145 II.

cc) Rechtshängigkeit der Klage

Rechtshängigkeit der Klage nur bei Erhebung der Widerklage Rechtshängigkeit der Klage erforderlich

Eine Widerklage ist nur zulässig, soweit zum Zeitpunkt der Widerklage eine Klage bereits bzw. noch rechtshängig ist.[337]

Zu beachten ist aber, dass ein Wegfall der Rechtshängigkeit der Klage nach Erhebung der Widerklage deren Zulässigkeit nicht berührt. Die Rechtshängigkeit der Klage ist also nur notwendiges *„Sprungbrett"* für die Widerklage.

dd) Zuständigkeitsbegründung durch rügelose Einlassung

Soweit kein rechtlicher Zusammenhang zwischen Klage und Widerklage besteht und die örtliche Zuständigkeit des Gerichts auch nicht durch andere Vorschriften begründet wird, besteht die Möglichkeit der Zuständigkeitsbegründung infolge rügeloser Einlassung durch den Widerbeklagten.[338]

Heilbarkeit bei fehlender Konnexität: § 39 oder § 295

Je nachdem, ob man § 33 lediglich als Regelung der örtlichen Zuständigkeit ansieht oder darüber hinaus die Konnexität als besondere Prozessvoraussetzung begreift, lässt sich dieses Ergebnis über § 39 oder § 295 begründen.

ee) Parteiidentität

Widerklage nur zwischen den Parteien der Hauptklage

Die Privilegien der Widerklage finden ihren Grund in dem Umstand, dass der Kläger und Widerbeklagte eine Rechtsverfolgung initiiert hat und es ihm deshalb zugemutet werden kann, vom Beklagten und Widerkläger am selben Ort im selben Verfahren in Anspruch genommen zu werden.

Diese Gerechtigkeitswertung zwingt zu dem Schluss, dass die Vorzüge der Widerklage nur im Fall der Parteiidentität zwischen Klage und Widerklage zum Tragen kommen können. Die Widerklage muss deshalb zwischen den Parteien der Hauptklage erhoben werden.[339]

hemmer-Methode: Zur parteierweiternden sog. Drittwiderklage vgl. sogleich unter Rn. 385a – c!

ff) Verbindungsverbot

dieselbe Prozessart, kein Verbindungsverbot

Schließlich muss hinsichtlich der Klage und Widerklage dieselbe Prozessart zulässig sein.[340]

---

337 Th/P, § 33 Rn. 23.
338 Th/P, § 33 Rn. 19.
339 Th/P, § 33 Rn. 28.
340 Th/P, § 33 Rn. 27.

Daraus folgt, dass eine Widerklage nicht im Arrestverfahren oder im Rahmen einer einstweiligen Verfügung erhoben werden kann. Nur beschränkt zulässig ist die Widerklage in Ehe- und Statusverfahren, §§ 610 II, 632 II, 640c S. 2.

Fraglich ist, ob gegenüber einer im ordentlichen Verfahren erhobenen Klage eine Widerklage in der Form des Urkundenprozesses zulässig ist.

Fall[341]: Die Klägerin kaufte durch notariellen Vertrag von der Beklagten deren Geschäftsanteile an einer GmbH. Mit der Klage begehrte die Klägerin im Hauptantrag die Feststellung, dass der notarielle Vertrag nichtig ist. Hilfsweise hat sie beantragt, die Beklagte zu verurteilen, sie von Kaufpreisverbindlichkeit Zug um Zug gegen Rückübertragung des Geschäftsanteils freizustellen. Mit ihrer im Urkundenprozess erhobenen Widerklage nahm die Beklagte die Klägerin auf Zahlung des Kaufpreises aus dem Vertrag in Anspruch. Ist die Widerklage zulässig?

1. Die Widerklage müsste entsprechend dem Grundgedanken des § 260 in derselben Prozessart wie die Klage erhoben worden sein. Problematisch ist, dass die Widerklage im Urkundenverfahren, die Klage jedoch im ordentlichen Verfahren erhoben worden ist.

Die Einschränkung des § 260 verfolgt den Zweck, dass in einem Prozess nicht Klagen miteinander verbunden werden sollen, deren Verfahrensregeln derart gravierende Unterschiede aufweisen, dass eine gemeinsame Verhandlung und Entscheidung nicht oder nur unter Schwierigkeiten möglich ist.

Ein solcher wesentlicher Unterschied zwischen Verfahren, der einer Prozessverbindung entgegensteht, ist anzunehmen, wenn für die Rechtsmittel gegen die Entscheidung über verschiedene Klageanträge oder eine Widerklage unterschiedliche Instanzenzüge gegeben sind.

Die über eine Klage im Urkundenprozess entscheidenden Urteile unterliegen jedoch denselben Rechtsmitteln wie Urteile im ordentlichen Verfahren. Ein selbstständig anfechtbares Vorbehaltsurteil mit anschließendem Nachverfahren kennt auch das ordentliche Verfahren im Fall einer Aufrechnung (§ 302). Auch ist ein Vorbehaltsurteil mittels Berufung angreifbar.

2. Möglicherweise ist die Statthaftigkeit der Urkundenwiderklage gegenüber einer im ordentlichen Verfahren erhobenen Klage **durch § 595 I ausgeschlossen**.

a) Diese Vorschrift untersagt eine Widerklage nur gegenüber einer im Urkundenprozess erhobenen Klage.

b) Allerdings könnte § 595 I hier analog anwendbar sein. Voraussetzung dafür wäre zunächst das Vorliegen einer vergleichbaren Interessenlage. Das Verbot der Widerklage im Urkundenprozess ist in der Gesetzesbegründung damit gerechtfertigt worden, dass eine Widerklage „die notwendig zu erhaltende Einfachheit des Verfahrens stören würde".

Dem Kläger im Urkundenprozess soll nämlich durch das unter Zurückstellung nicht urkundlich belegter Einwendungen zu Stande kommende Vorbehaltsurteil ein Vollstreckungsprivileg gewährt werden. Das Verbot der Widerklage dient deshalb seinem Interesse daran, dass der Erlass eines Vorbehaltsurteils nicht durch eine Widerklage verzögert wird. Diese Interessenlage besteht aber nicht, wenn ein Beklagter gegenüber einer Klage im ordentlichen Verfahren eine Widerklage im Urkundenprozess erhebt. Zwar ist die entstehende Prozessverbindung mit der zuvor erhobenen ordentlichen Klage möglicherweise geeignet, die Erledigung der Urkundenwiderklage zu verzögern.

---

341 vgl. BGH Life & Law 2003, 20 ff. = NJW 2002, 751 ff.

Der im Urkundenprozess klagende **Widerkläger hätte dies** aber **verhindern können, wenn er** seinen Anspruch mit einer **selbstständigen Urkundenklage geltend gemacht hätte**.

Unterlässt er dies, verzichtet er auch auf die aus § 595 Abs. 1 folgende Privilegierung. Mangels vergleichbarer Interessenlage ist daher § 595 I nicht analog anwendbar.

c) Für die Zulassung der Urkundenwiderklage im ordentlich Verfahren sprechen auch prozessökonomische Gesichtspunkte. Aufgrund der Möglichkeit, über die Urkundenwiderklage noch vor Entscheidung über die Klage ein Vorbehaltsurteil im Wege eines Teilurteils zu erlassen, kann der Widerkläger im Regelfall schneller als im ordentlichen Verfahren einen vorläufig vollstreckbaren Titel erlangen.

Ergebnis: Die Widerklage ist zulässig.

c) Besondere Fälle der Widerklage

aa) Aufrechnung und Widerklage

RSB bei Aufrechnungsmöglichkeit?

In Klausuren beliebt ist der Vortrag des Klägers, einer Widerklage fehle das Rechtsschutzbedürfnis, da eine rechtskräftige Entscheidung über die in der Widerklage geltend gemachten Ansprüche wegen § 322 II auch über eine Prozessaufrechnung erreicht werden könne.

(+) wg. fehlender Rechtshängigkeit der Gegenforderung bei Aufrechnung

Diesem Einwand lässt sich mit dem Argument begegnen, dass bei Nichtbestehen der Klageforderung eine Prozessaufrechnung und damit die Rechtskraftwirkung des § 322 II leer läuft, der Beklagte durch die Widerklage hingegen stets eine rechtskräftige Entscheidung über die ihm zustehende Forderung erreichen kann.

u.U.:
Eventualaufrechnung + Eventualwiderklage

Hat der Beklagte Zweifel, ob die Klageforderung besteht, so bietet es sich für ihn sogar an, beide Rechtsinstitute durch ein Eventualverhältnis zu verbinden:

Er erklärt die Eventualaufrechnung für den Fall des Bestehens der Klageforderung (dann Rechtskraft gem. § 322 II) und erhebt Eventualwiderklage für den Fall der Unbegründetheit der Klageforderung.

bb) Possessorische Klage und petitorische Widerklage

Ausgangsfall: §§861 (?), 985 BGB

Fall[342]: A überlässt B zur Probe seinen Pkw und nimmt ihn anschließend heimlich vom Grundstück des B mit nach Hause. B erwirkt durch einstweilige Verfügung die Herausgabe des Pkw an einen Sequester (vgl. § 938 II 1. Alt.) und erhebt Besitzschutzklage (Anspruch aus § 861 BGB). Während des Prozesses erhebt A Widerklage auf Herausgabe des Pkw mit der Begründung, dem B stehe kein Besitzrecht an diesem zu.

Gegen die Zulässigkeit der petitorischen Widerklage bestehen keine Bedenken.

Problematisch ist, dass gem. § 863 BGB dem Besitzschutzanspruch aus § 861 BGB gerade nicht entgegengehalten werden darf, dass der Besitzstörer, hier also A, zum Besitz der Sache berechtigt sei. Dies führt zu dem seltsamen Ergebnis, dass beide Herausgabeklagen begründet wären.

Um diese logische Divergenz zu vermeiden, ist in solchen Fällen durch entsprechende Anwendung von § 864 II BGB die Besitzschutzklage als unbegründet abzuweisen ist.

---

342 nach BGH NJW 1979, 1358.

Der Schutzzweck von § 863 BGB, eine rasche Wiederherstellung der Besitzlage vor Störung zu ermöglichen, entfällt nämlich nicht nur, wenn das Recht des Täters rechtskräftig feststeht, § 864 II BGB, sondern auch, wenn insofern Entscheidungsreife besteht. Soweit also das Eigentumsrecht des A sowie das fehlende Besitzrecht des B entscheidungsreif festgestellt sind, findet hier § 863 BGB keine Anwendung, § 864 II BGB analog. Die Besitzschutzklage aus § 861 BGB ist als unbegründet abzuweisen, der petitorischen Widerklage stattzugeben.

hemmer-Methode: Zum Besitzschutz lesen Sie vertiefend HEMMER/WÜST, Sachenrecht I, Rn. 218 ff., insbesondere Rn. 233 f.!

cc) Eventualwiderklage

zul. innerprozessuale Bedingung

Eine Widerklage kann auch hilfsweise erhoben werden für den Fall einer bestimmten Entscheidung über die Klage. Insoweit liegt eine zulässige innerprozessuale Bedingung vor. Hauptanwendungsbereich ist die Kombination von Eventualaufrechnung und -widerklage.[343]

dd) Sachliche Zuständigkeit bei Widerklage

hemmer-Methode: Lesen Sie zunächst die Vorschrift des § 5 2.Hs., wonach keine Addition der Streitwerte von Klage und Widerklage erfolgt.

Liegt der Wert der Widerklage über dem Betrag von 5.000,- €, so wird damit automatisch die Zuständigkeit des Landgerichts begründet (vgl. Wortlaut von § 506), also auch dann, wenn der Streitwert der Ausgangsklage unter 5.000,- € gelegen war. Das Amtsgericht muss über seine Unzuständigkeit aber gem. § 504 belehren. Unterbleibt die Belehrung, so wird auch durch rügeloses Verhandeln zur Sache das Amtsgericht nicht zuständig, vgl. § 39 S. 2!

Ist die Ausgangsklage bereits vor dem Landgericht erhoben, so können Zuständigkeitsprobleme auftreten, wenn die (ansonsten zulässige) Widerklage den Betrag von 5.000,- € unterschreitet und damit die diesbezügliche Zuständigkeit des Amtsgerichts begründet.

Bsp.: A verklagt den B auf 15.000,- € Schmerzensgeld. B erhebt i.H.v. 3.000,- € Widerklage. A rügt die Zuständigkeit des Landgerichts für die Widerklage.

Grds. ist für Forderungen bis 5.000,- € das Amtsgericht sachlich zuständig, vgl. §§ 23, 71 GVG. Etwas anderes ergibt sich auch nicht unmittelbar aus § 33, da diese Vorschrift nur für die örtliche Zuständigkeit gilt. Andererseits zeigt diese Vorschrift den Willen des Gesetzgebers, zwei zusammengehörige Verfahren auch vor einen Richter zu bringen.

Um diesen gesetzgeberischen Zweck zu realisieren, könne auch auf den Rechtsgedanken der hinter § 33 stehe zurückgegriffen werden.[344]

Richtiger Ansicht nach folgt die Zuständigkeit des Landgerichts jedoch aus dem Rechtsgedanken des § 506, da diese Vorschrift gerade für den Fall des unterschiedlichen Streitwerts von Klage und Widerklage von der einheitlichen Zuständigkeit des Landgerichts ausgehe. Dabei kann es deshalb keinen Unterschied machen, ob nun zuerst Klage beim Landgericht oder aber beim Amtsgericht erhoben worden sei. Für beide Klagen ist daher das Landgericht zuständig.

---

343 Th/P, § 33 Rn. 14.

344 So Mayer, JuS 1991, 678.

Exkurs: Dritt-Widerklage

(1) Begriff

Dritt-Widerklage:
Neuer Streitgenosse des Klägers (Widerbeklagten)

Von Dritt-Widerklage spricht man insbesondere dann, wenn der Beklagte im Wege der Widerklage den Kläger und einen Dritten, bislang nicht am Prozess Beteiligten als neuen Streitgenossen des Klägers (und Widerbeklagten) verklagt.

hemmer-Methode: Unnötige Fehler vermeiden! Die Dritt-Widerklage hat mit der Drittwiderspruchsklage (§ 771) nichts zu tun! Achten Sie also genau auf die richtige Wortwahl: Die Drittwiderspruchsklage (§ 771) ist eine eigene vollstreckungsrechtliche Klageart in Form der prozessualen Gestaltungsklage; die Dritt-Widerklage bezeichnet hingegen ein Problem der allgemeinen Zulässigkeit einer Klage (Parteierweiterung u. Zuständigkeit des Gerichts).

z. B. nach Autounfall

Klassische und examensrelevanteste Fallvariante der Dritt-Widerklage ist der Prozess infolge eines Autounfalls.

Bsp.: A verklagt den B und dessen Haftpflichtversicherung auf Zahlung von 3.000,- € Schadensersatz für sein Kfz, das bei einem Unfall mit B beschädigt wurde. B seinerseits ist im Laufe der Verhandlung davon überzeugt, dass A die alleinige Schuld an dem Unfall trifft. Er erhebt deshalb Widerklage gegen den A auf Zahlung von 2.500,- €; außerdem verklagt er gleichzeitig die Haftpflichtversicherung des A über den gleichen Betrag.

Während die Klage des B gegen den A unproblematisch eine Widerklage i.S.d. § 33 ist, handelt es sich bei der Klage gegen die Versicherung des A um eine sog. Dritt-Widerklage: Die Versicherung war, obwohl nun Streitgenosse des A, am Ausgangsprozess nicht beteiligt. Fraglich ist, ob diese Erweiterung auf die Versicherung zulässig ist.

hemmer-Methode: Gerade der Straßenverkehrsunfall ist die klausurträchtigste Variante der Dritt-Widerklage, denn er bietet viele Möglichkeiten zur Klausurerstellung! Neben Fragen der haftungsbegründenden Kausalität und des Verschuldens (§§ 823 I, 276 BGB) sind hier regelmäßig Grundprobleme der Gefährdungshaftung (§ 7 StVG) zu bewältigen.
Auch die Frage des zu ersetzenden Schadens (§§ 249 ff. BGB) sowie Fragen des Mitverschuldens und der Mitverursachung (§§ 254 BGB, 9, 17 StVG) spielen regelmäßig eine bedeutende Rolle. Schließlich lassen sich auch prozessuale Probleme integrieren, vgl. die Zuständigkeiten nach § 32, § 20 StVG. Meist wird es dann auch noch auf das Wahlrecht des § 35 ankommen! Im Zusammenhang mit der Dritt-Widerklage bekommen diese prozessualen Grundfragen dann noch ganz besondere Relevanz (s.u.).

(2) Voraussetzungen

Unterfall d. Parteierweiterung

Da der Dritt-Widerbeklagte selbst nicht Partei des Ausgangsprozesses ist, handelt es sich um einen Unterfall der **Parteierweiterung**, so dass deren Regeln grds. Anwendung finden.[345]

---

345 Vgl. Th/P, § 33, Rn. 10 f.; v. § 50, Rn. 25.

§ 4 DIE PROZESSFÜHRUNGSMÖGLICHKEITEN DER PARTEIEN

Grds. auch Widerklage gegen Kläger notwendig

(a) Nach der Rechtsprechung ist aber noch zu fordern, dass sich die Dritt-Widerklage *gleichzeitig* auch gegen den ursprünglichen Kläger richtet.[346] Nur ausnahmsweise kann die Widerklage auch isoliert gegen den Dritten erhoben werden. Dies rechtfertige sich aus dem Sinn und Zweck der Widerklage, zusammengehörende Ansprüche einheitlich zu verhandeln und zu entscheiden. Werden keine schutzwürdigen Belange des Widerbeklagten verletzt, steht der Zulässigkeit einer isolierten Drittwiderklage nichts im Wege.

Ausnahmsweise aber isolierte Drittwiderkage zulässig

Dementsprechend hat der BGH zuletzt die Zulässigkeit einer isolierten Drittwiderklage in einem Fall bejaht, in dem der Kläger nicht selbst Unfallbeteiligter war. Ihm wurden die Ansprüche vom Unfallbeteiligten abgetreten. Sodann hat er den anderen Beteiligten verklagt. Dieser wiederum hat die Widerklage nur gegen den Unfallgegner gerichtet.[347]

In der Literatur wird (zum Teil) vertreten, dass eine Drittwiderklage nur zulässig sei, wenn ein Fall der Streitgenossenschaft vorliege. Daher könne eine isolierte Dritt-Widerklage nicht zulässig sein, da bei nur *einem* Widerbeklagten keine Streitgenossenschaft vorliegen kann.[348] Aber auch in der Literatur werden Ausnahmen zugelassen, so dass sich die Ergebnisse mit denen des BGH letztlich decken.[349]

Vorauss. des § 33 müssen gegeben sein (BGH)

(b) Die Auffassung der Rspr., dass es sich bei der in § 33 ZPO geforderten Konnexität um eine besondere Zulässigkeitsvoraussetzung der Widerklage handelt, hat wiederum zur Folge, dass die Dritt-Widerklage (auch isoliert) nur dann zulässig ist, wenn die für die Widerklage gegen den Kläger notwendige Konnexität gegeben ist.

Da dies nach Ansicht der Literatur anders ist (§ 33 ZPO lediglich als besonderer Gerichtsstand), richtet sich nach ihr die Zulässigkeit allein nach den §§ 59, 60.[350]

(c) *Hinzu* kommt nach Ansicht des BGH, da es sich bei einer Parteierweiterung nach seiner Ansicht um einen Fall des § 263 ZPO handelt, dass die Sachdienlichkeit gegeben sein muss.[351]

Die Dritt-Widerklage hat demnach folgende Voraussetzungen:

⇨ „Widerklage" gegen Dritten (und den Kläger)

⇨ Streitgenossenschaft dieser beiden, §§ 59, 60 (Lit, es sei denn ausnahmsweise isoliert möglich, s.o.)

⇨ Konnexität i.S.d. § 33 bzgl. Klage und (Dritt-)Widerklage (BGH)

⇨ Zustimmung o. Sachdienlichkeit, §§ 263, 267 (BGH)

---

346 BGHZ 40, 185 (187).
347 BGH NJW 2007, 1753 f.; Life and Law 2007, Heft 8.
348 Knöringer, S, 190.
349 Zöller / Vollkommer, ZPO, 26. Aufl. § 33, Rn. 24.; Stein / Jonas / Roth, ZPO, 22. Aufl., § 33, Rn. 44.
350 Vgl. zur Streitgenossenschaft Rn. 440 ff.; vgl. zu dem klassischen Streit zur Konnexität noch einmal Rn. 377 f. Wenn man dem BGH folgt, ist die Forderung nach der Konnexität auch bei der Driiwiderklage natürlich nur konsequent.
351 Vgl. Th/P, v. § 50, Rn. 25 m.w.N.;

Drittwiderklage

↳ Der Widerkläger verklagt (neben dem Kläger = Widerbeklagten) einen Dritten bisher am Prozess Unbeteiligten im Wege der Widerklage

BGH
- „echte" Widerklage - muss sich grds. **auch** gegen den Kläger richten (zur Ausnahme vgl. BGH NJW 2007, 1753) – daher Konnexität erforderlich
- Vorauss. der nachträglichen Parteierweiterung, §§ 263 ff. ZPO analog
  ⇨ Zustimmung oder Sachdienlichkeit

Literatur
- Keine echte Widerklage
- Zulässigkeit richtet sich nach §§ 59 f. ZPO
- § 33 ZPO gilt nicht

(3) Örtliche Zuständigkeit

Problem: Örtliche Zuständigkeit

Regelmäßig Probleme wirft jedoch weniger die Frage nach der Zulässigkeit der Parteierweiterung auf: Meist werden Kläger und Dritter gesamtschuldnerisch verklagt und die Sachdienlichkeit gegeben sein.

Problematisch ist dagegen vor allem die Frage nach der *örtlichen* Zuständigkeit des Gerichts.

> *Bsp.: X und Bauunternehmer B aus Erlangen haben einen Vertrag über den Bau eines Einfamilienhauses in Bamberg geschlossen. Da Mängel in Höhe von 4.500,- € auftreten, verweigert X die Zahlung des noch ausstehenden Restlohns i.H.v. 3.800,- €.*
>
> *Daraufhin erhebt B Klage vor dem örtlich zuständigen Amtsgericht in Erlangen auf Zahlung der ausstehenden 3.800,- €. Als nach den ersten Verhandlungstagen eine Mitschuld des Bamberger Architekten A an den Mängeln absehbar ist, verklagt X seinerseits sowohl den B als auch den A gesamtschuldnerisch auf Zahlung von 1.000,- € Schadensersatz vor dem Amtsgericht Erlangen.*

Die Widerklage des X gegen den B ist zulässig, da dieser jedenfalls seinen Wohnsitz in Erlangen hat und auch die notwendige Konnexität von Klage und Widerklage gegeben ist. Fraglich bleibt allerdings, ob auch die Dritt-Widerklage gegen den B vor dem Amtsgericht Erlangen zulässig ist, da A weder seinen Wohnsitz in Erlangen hat (§§ 12, 13), noch der Erfüllungsort in Erlangen liegt (§ 29, § 269 BGB). Auch eine rügelose Einlassung des A nach § 39 kann im vorliegenden Fall noch nicht angenommen werden.

Fraglich ist demzufolge, ob sich die örtliche Zuständigkeit des Amtsgerichts Erlangen nicht möglicherweise aus § 33 ergeben kann.

Dagegen spricht jedoch, dass eine „Widerklage" gegen eine Person, die nicht selbst nicht Kläger im Ausgangsprozess ist, keine Widerklage i.S.d. § 33 ist. Diese Vorschrift ist schon vom Tatbestand her nicht anwendbar. Zwar hat die alte Rechtsprechung[352] gleichwohl in ähnlich gelagerten Fällen darauf verwiesen, dass die Frage der Zumutbarkeit der Verteidigung gegen eine solche Klage auch im Hinblick auf die örtliche Zuständigkeit alleine eine Frage der Sachdienlichkeit i.S.d. § 263 sei, mit der neueren Rechtsprechung[353] ist dies jedoch ebenfalls abzulehnen, da die Vorschrift des § 263 nur die Frage betreffe, ob überhaupt, nicht aber wo verhandelt werden dürfe.

---

[352] BGH NJW 1966, 1028.
[353] BGH NJW 1991, 2838; NJW 1993, 2120.

> **hemmer-Methode:** Denken in Zusammenhängen! Die wichtigste Wirkung der Widerklage ist die Privilegierung des Widerklägers: Klage und Widerklage werden einheitlich vor dem gleichen Richter entschieden; widersprechende Ergebnisse, wie sie bei getrennten Klagen möglich sind (X gewinnt zwar gegen den B, ein Mitverschulden des A wird festgestellt, gleichwohl verliert X vor einem anderen Gericht gegen den Mitverursacher A) werden somit vermieden. Auf den Fall übertragen: Die bisherige Beweisaufnahme legt ein Mitverschulden des A nahe; für den X ist es deshalb günstig, den Gegenangriff auch gegen A zu starten. A war jedoch an der bisherigen Beweiserhebung gar nicht beteiligt, er konnte sich somit auch nicht gegen das bisherige Prozessergebnis wehren. Schon insofern sind an die Voraussetzungen der Dritt-Widerklage strenge Anforderungen zu knüpfen. Das Argument der Zumutbarkeit der alten Rechtsprechung im Hinblick auf die örtliche Zuständigkeit geht auch deshalb ins Leere!

Da weder ein allgemeiner noch ein besonderer Gerichtsstand für den A in Erlangen gegeben ist, müsste die Klage somit eigentlich als unzulässig abgetrennt werden. Allerdings bleibt nach der neueren Rspr. in einem solchen Fall die Möglichkeit der Entscheidung nach § 36 I Nr.3.[354]

V. Sanktionen bei mangelnder Prozessführung

allgemeine Prozessförderungspflicht

Stünde es im Belieben einer Partei, ob und mit welcher Sorgfalt sie sich am Verfahren beteiligt, so könnte sie dessen zeitlichen Ablauf zu Lasten der anderen Partei bestimmen. Im Folgenden soll dargestellt werden, welche Nachteile das Gesetz einer Partei auferlegt, die von ihren Prozessführungsmöglichkeiten überhaupt nicht oder erst verspätet Gebrauch macht.

386

1. Versäumnisverfahren

vollständige Mitwirkungsverweigerung

Soweit eine Partei ihre Beteiligung am Prozess vollständig unterlässt, kommt die Durchführung eines Versäumnisverfahrens in Betracht.

387

a) Versäumnisverfahren gegen den Beklagten

VU gegen Beklagten häufig Prüfungsstoff

Als Prüfungsstoff für das Referendarexamen am besten geeignet und in der Praxis am häufigsten ist das Versäumnisverfahren gegen den Beklagten. Erscheint dieser nicht zur mündlichen Verhandlung und ergeben die vom Kläger vorgetragenen Tatsachen, dass dessen Anspruch besteht, so wird der Klage durch ein Versäumnisurteil stattgegeben.

388

> *Ausgangsfall:* K hat gegen B Klage auf Rückzahlung eines Darlehens erhoben. In der ersten mündlichen Verhandlung am 24.04.2003 erscheint B nicht. K beantragt den Erlass eines Versäumnisurteils gegen B. Er trägt vor, er habe dem B am 02.04.2002 10.000,- € als Darlehen gewährt. Dieses Darlehen habe er am 24.02.2003 gekündigt, Rückzahlung sei bisher nicht erfolgt. Wie wird das Gericht entscheiden?

Voraussetzungen:

Lesen Sie zu den Voraussetzungen für ein Versäumnisurteil gegen den Beklagten zunächst die §§ 331 I, II; 332 - 335.

aa) Antrag auf Erlass eines Versäumnisurteils

Antrag

Gem. § 331 I S. 1 muss der Kläger einen Antrag auf Erlass des Versäumnisurteils stellen.

389

---

354 Zöller, § 33 Rn. 23.

Umstritten ist, ob ein solcher besonderer Prozessantrag ausdrücklich gestellt werden muss, oder ob bei Säumnis des Beklagten dem vom Kläger gestellten Sachantrag im Wege der Auslegung entnommen werden kann, dass für diesen Fall eine Entscheidung durch Versäumnisurteil gewünscht wird.[355]

> **hemmer-Methode:** In einer Klausur sollten Sie sich bei Fehlen eines besonderen Antrags stets für die Möglichkeit der Auslegung des Sachantrags entscheiden, um nicht auf ein Hilfsgutachten ausweichen zu müssen. Denken Sie daran: Der Schwerpunkt der meisten zivilrechtlichen Klausuren liegt im materiell-rechtlichen Teil; er sollte keinesfalls durch eine Weichenstellung in der prozessrechtlichen Einkleidung in ein Hilfsgutachten verlagert werden. Dies gilt auch hinsichtlich aller weiteren Voraussetzungen für den Erlass eines Versäumnisurteils.

bb) Säumnis des Beklagten

Säumnis im Termin

Der Beklagte muss in einem Termin zur mündlichen Verhandlung säumig sein, also nicht erscheinen oder verhandeln, §§ 331 I S. 1, 333.

Säumnis der Partei

- Termin zur mündlichen Verhandlung (nicht Beweis- oder Gütetermin; beachte aber §§ 370 I, 279 I ZPO)
- Form- und fristgerechte Ladung zum Termin, § 335 I Nr. 2 ZPO
- Fristgerechte Mitteilung von Tatsachenvorbringen und Anträgen, §§ 335 I Nr. 3, 274 III ZPO (gilt nicht bei VU gegen den Kläger!)

Säumnis ① kann sich ergeben ② aus ③

Nichterscheinen	Nichtverhandeln	Nichtvertreten
§§ 330, 331 I 1 Partei erscheint nicht zum Termin	§ 333 keinerlei aktive gerichtliche Beteiligung	§ 78 trotz Anwaltszwang nicht vertreten
Ausnahme: § 337 ZPO		

(1) Termin zur mündlichen Verhandlung

auch Fortsetzungstermin

Termin in diesem Sinne ist nicht nur *der erste Termin* zur mündlichen Verhandlung, sondern sind auch *alle weiteren Termine*, auf die die mündliche Verhandlung gem. § 227 I S. 1 vertagt wurde, § 332. Ein Versäumnisurteil ist also auch dann möglich, wenn der Beklagte in früheren Terminen erschienen ist und verhandelt hat. Auch *der frühe erste Termin* gem. § 275 ist ein Termin zur mündlichen Verhandlung.

reiner Beweistermin (-)

Ein *Beweistermin*, also ein Termin, der zum Zwecke der Durchführung der Beweisaufnahme gem. § 279 II bestimmt wurde, ist kein Termin zur mündlichen Verhandlung. Zu beachten ist jedoch, dass ein vor dem Prozessgericht durchgeführter Beweistermin nach Beendigung der Beweisaufnahme einen Termin zur mündlichen Verhandlung darstellt, §§ 370 I, 332.

---

[355] Musielak, Rn. 150 m.w.N.

§ 4 DIE PROZESSFÜHRUNGSMÖGLICHKEITEN DER PARTEIEN

Sühnetermin (-)

Auch die Güteverhandlung nach § 278 II und weitere Termine zum Zweck der gütlichen Beilegung des Rechtsstreits (sog. *Sühnetermin, vgl. § 278 III)*), sind keine Termine zur mündlichen Verhandlung.[356]

hemmer-Methode: Beachten Sie aber folgendes: Erscheint im Gütetermin gem. § 278 II, III eine Partei unentschuldigt nicht, soll sich die eigentliche mündliche Verhandlung unmittelbar anschließen, vgl. § 279 I S.1. Dort kann dann ein Versäumnisurteil ergehen. Deshalb ist Vorsicht geboten, bevor man den Gütetermin versäumt.[357]
Erscheinen beide Parteien in der Güteverhandlung nicht, so ist gem. § 278 IV das Ruhen des Verfahrens anzuordnen.

(2) Form- und fristgerechte Ladung zum Termin

ordnungsgemäße Ladung

Der Beklagte muss zu dem Termin ordnungsgemäß, also form- und fristgerecht geladen worden sein. Dieses Erfordernis ergibt sich mittelbar aus § 335 I Nr. 2.

Eine formgerechte Ladung setzt insbesondere eine wirksame Zustellung von Amts wegen voraus, §§ 166 ff.

Außer in den Fällen des § 218 ist die Einhaltung der Ladungsfrist gem. § 217 zu beachten. Diese kann vom Vorsitzenden abgekürzt werden, § 226.

hemmer-Methode: Beachten Sie fogenden Unterschied bei den Fristen für das Erscheinen zu einem Termin:
Unter der *Ladungsfrist des § 217* versteht man die *vor jedem* Termin einzuhaltende Frist. Aus dem Wort „zwischen" ergibt sich, dass der Zustellungstag und der Tag des Termins nicht mitgezählt werden.
Mit der *Einlassungsfrist des § 274 III* (vgl. Rn. 393) ist die Frist zwischen der Zustellung der Klage und dem *ersten* Termin zur mündlichen Verhandlung gemeint.

Fehlt es an einer ordnungsgemäßen Ladung, so ist der Antrag auf Erlass eines Versäumnisurteils durch Beschluss zurückzuweisen, § 335 I Nr. 2.

Ist die vom Vorsitzenden bestimmte Ladungsfrist nach Auffassung des Gerichts zu kurz, so ist die Verhandlung über den Antrag des Klägers zu vertagen, § 337.

(3) Fristgerechte Mitteilung von Tatsachenvorbringen und Anträgen

rechtzeitige Mitteilung des klägerischen Vorbringens

Der Beklagte muss vor der mündlichen Verhandlung Gelegenheit erhalten, das klägerische Vorbringen auf seine Erfolgsaussichten hin zu überprüfen. Er muss beurteilen können, ob ihm ein Versäumnisurteil droht, wenn er dem Termin fernbleibt.[358]

Die vom Kläger gestellten Sachanträge und das zu deren Begründung dienende, tatsächliche mündliche Vorbringen sind dem Beklagten deshalb rechtzeitig durch Schriftsatz mitzuteilen, § 335 I Nr. 3.

Für das Vorbringen des Klägers in der Klageschrift ist also die Einlassungsfrist zu beachten, § 274 III. Für das Vorbringen in sonstigen Schriftsätzen gilt die Frist des § 132. Auch diese Fristen können vom Vorsitzenden gem. § 226 abgekürzt werden.

---

356 Vgl. Zöller, vor § 330 Rn. 2.
357 Vgl. auch HARTMANN in **NJW 2001, 2577 [2582]**.
358 Schlosser, Rn.174 f.

Wurden diese Fristen nicht eingehalten, so ist der Antrag des Klägers auf Erlass eines Versäumnisurteils durch Beschluss zurückzuweisen, § 335 I Nr. 3.

Wurde eine vom Vorsitzenden bestimmte Frist nach Ansicht des Gerichts zu kurz bemessen, so wird die Verhandlung vertagt, § 337.

(4) Nichterscheinen oder Nichtverhandeln

bis Schluss mdl. Verhandlung

Säumig im engeren Sinne ist der Beklagte, wenn er im Termin zur mündlichen Verhandlung nicht erscheint, § 331 I S. 1. Maßgeblicher Zeitpunkt hierfür ist der Schluss der mündlichen Verhandlung, § 220 II.

In Verfahren ohne Anwaltszwang nicht erschienen ist der Beklagte dann, wenn er nicht persönlich erscheint, nicht durch einen Bevollmächtigten oder im Falle seiner Prozessunfähigkeit nicht durch seinen gesetzlichen Vertreter vertreten wird.

beachte: Postulationsfähigkeit!

In Verfahren mit Anwaltszwang § 78 ist der Beklagte - auch wenn er persönlich anwesend ist - dann nicht erschienen, wenn kein bei dem Prozessgericht zugelassener Rechtsanwalt für ihn auftritt. Dem Beklagten fehlt es dann an der erforderlichen Postulationsfähigkeit.

auch bei sitzungspolizeilicher Entfernung

Säumnis kann auch dadurch eintreten, dass der Beklagte auf Anordnung des Gerichts aus dem Sitzungszimmer entfernt wird, § 158 S. 1, §§ 176 ff. GVG. § 333 stellt das Nichtverhandeln dem Nichterscheinen gleich. Beteiligt sich der Beklagte jedoch teilweise an der Erörterung des Rechtsstreits, so ist er nicht säumig, § 334.

Stellt der Kläger einen Antrag auf Erlass eines Versäumnisurteils, obwohl der Beklagte nach diesen Vorschriften nicht säumig ist, so ist der Antrag durch Beschluss zurückzuweisen.

Ist der Beklagte zwar säumig, aber nach Ansicht des Gerichts ohne sein Verschulden am Erscheinen verhindert, so ist die Verhandlung über den Antrag zu vertagen, § 337. § 337 setzt insoweit einen erheblichen Verhinderungsgrund voraus.

hemmer-Methode: Beachten Sie, dass das BVerfG[359] die sog. „Schonklausel" für Anwälte für verfassungswidrig erklärt hat. Das Gericht erklärte eine berufsrechtliche Vorschrift (§ 13 BORA) zum Versäumnisurteil für nichtig. Nach der nun gestrichenen Vorschrift durfte ein Anwalt ohne vorherige Ankündigung kein Versäumnisurteil beantragen, wenn nicht die gegnerische Partei selbst, sondern deren Anwalt den Termin versäumt hat.
Danach verzichtet ein Rechtsanwalt aus Rücksichtnahme auf einen Anwaltskollegen auf die – nach der Prozessordnung zulässige – Beantragung eines Versäumnisurteils, wenn der gegnerische Anwalt nicht zum Termin erschienen ist. Mit einem solchen Verzicht unterlasse es der Anwalt, einen vollstreckbaren Titel für seinen Mandanten zu erstreiten, argumentierten die Verfassungsrichter. Dadurch sei aber womöglich das Vermögen des Mandanten gefährdet, weil der Prozessgegner bis zum Abschluss des Verfahrens zahlungsunfähig werden könnte. Die Vorschrift nütze daher nur der Anwaltschaft, nicht aber dem Recht suchenden Bürger.

cc) Zulässigkeit der Klage

allgem. Sachurteilsvoraussetzungen

Durch ein Versäumnisurteil wird dem Kläger der von ihm geltend gemachte Anspruch zuerkannt. Ein Versäumnisurteil ist also ein echtes Sachurteil und setzt deshalb voraus, dass die Klage zulässig ist.

---

[359] BVerfG in NJW 2000, 347 ff.

Das Gericht hat also vor Erlass eines Versäumnisurteils zu prüfen, ob die von Amts wegen zu berücksichtigenden Prozessvoraussetzungen vorliegen.[360]

keine Geständnisfiktion hinsichtl. Prorogation, § 331 I S. 2

Eine Sonderregelung gilt gemäß § 331 I S. 2 für die Zuständigkeit des Gerichts, aufgrund einer vorgetragenen Vereinbarung über den Gerichtsstand gem. § 38 oder über den Erfüllungsort gemäß § 29 II.

Zur Erinnerung: Ergibt sich die Zuständigkeit des Gerichts nicht aus den gesetzlichen Zuständigkeitsvorschriften, so kommt eine Zuständigkeit kraft Vereinbarung in Betracht. Ob die tatsächlichen Voraussetzungen für die Statthaftigkeit einer solchen Vereinbarung vorliegen, muss von Amts wegen berücksichtigt werden.

Bei Klagen, die vermögensrechtliche Ansprüche betreffen und für die kein ausschließlicher Gerichtsstand bestimmt ist, kann jedoch die Zuständigkeit des Gerichts gem. §§ 39 S. 1, 40 II S. 2 durch rügeloses Verhandeln des Beklagten zur Hauptsache begründet werden. Das Gericht macht deshalb in einem solchen Fall die Parteien nicht auf das Fehlen einer gesetzlichen Zuständigkeitsvorschrift aufmerksam, sondern wartet ab, ob der Beklagte die Unzuständigkeit rügt.[361]

Ist der Beklagte säumig, so hat er aber nicht die Möglichkeit, die Unzuständigkeit geltend zu machen oder rügelos zur Hauptsache zu verhandeln bzw. die Zuständigkeit zuzugestehen.

Die beschriebene Vorgehensweise ist deshalb bei Säumnis des Beklagten unzulässig. Dies ergibt sich mittelbar aus § 331 I S. 2: Diese Vorschrift bestimmt, dass Tatsachen, die vom Kläger für eine gewillkürte Zuständigkeit vorgetragen werden, nicht als zugestanden anzunehmen sind, also des Beweises bedürfen, § 288 I. § 331 I S. 2 setzt damit voraus, dass der Kläger verpflichtet ist, solche Tatsachen darzutun und das Gericht von ihrer Richtigkeit zu überzeugen.

Für die **Zuständigkeit des Gerichts** gilt deshalb im Versäumnisverfahren der Grundsatz der **Ermittlung von Amts wegen**.

Konsequenzen fehlender Prozessvoraussetzungen

Stellt das Gericht fest, dass Prozessvoraussetzungen fehlen, so ist zu unterscheiden:

– Behebbarkeit: Zurückweisung durch Beschluss

Kann die Prozessvoraussetzung noch nachträglich erfüllt werden, so ist der Antrag auf Erlass des Versäumnisurteils durch Beschluss zurückzuweisen, § 335 I Nr. 1.

Der Kläger hat dann Gelegenheit, den Mangel der Prozessvoraussetzung zu beheben oder den Nachweis für deren Vorliegen zu beschaffen.

– Unbehebbarkeit: Prozessurteil, evtl. § 281

Steht das Fehlen der Prozessvoraussetzung hingegen endgültig fest, so ist die Klage durch Prozessurteil als unzulässig abzuweisen. Fehlt die sachliche oder örtliche Zuständigkeit, so ist auf entsprechenden Antrag hin an das zuständige Gericht zu verweisen, § 281 I S. 1.

dd) Schlüssigkeit der Klage, § 331 II, 1.HS

hemmer-Methode: Vermeiden Sie hierbei den Begriff „Begründetheit". Eine Begründetheitsprüfung findet vor Erlass des Versäumnisurteils gerade nicht statt, da lediglich das Vorbringen der erschienenen Partei gewürdigt wird.

---

360 Th/P, § 331 Rn. 3.
361 Etwas anderes gilt nur dann, wenn das Verfahren vor dem Amtsgericht stattfindet, §§ 39 S. 2, 504.

Hat sich das Gericht vom Vorliegen der Prozessvoraussetzungen überzeugt, so hat es zu prüfen, ob die Klage schlüssig ist:

Geständnisfiktion, § 331 I S. 1

(1) Zunächst hat das Gericht die Tatsachen, die vom Kläger zur Begründung seines prozessualen Anspruchs in der mündlichen Verhandlung vorgetragen werden, als zugestanden anzunehmen, § 331 I S. 1. Diese bedürfen also keines Beweises, § 288 I.

früheres (schriftl.) Bestreiten unbeachtlich

Dies gilt auch für solche Tatsachen, die der Beklagte schriftsätzlich oder in einem früheren Termin zur mündlichen Verhandlung bereits bestritten hatte. Selbst wenn eine vorangegangene Beweisaufnahme ergeben hat, dass bestimmte Tatsachen nicht vorliegen, sind diese als zugestanden anzunehmen.

<u>*Ausnahme*</u>*: § 331 I S.2*

Keine Anwendung findet die Geständnisfiktion gem. § 331 I S.2 für den Tatsachenvortrag zur Zuständigkeit des Gerichts nach §§ 29 II, 38.

Eine Prorogation bzw. eine Vereinbarung über den Erfüllungsort gilt im Versäumnisverfahren demnach nicht als zugestanden. Der Kläger muss daher schlüssige Tatsachen i.S.d. §§ 29 II, 38 ZPO behaupten und das Gericht von dessen Wahrheit überzeugen, vgl. § 286 ZPO.

Rechtfertigung des Sachantrags auf Grundlage der Geständnisfiktion

(2) Das Gericht hat dann zu prüfen, ob der als zugestanden anzunehmende Tatsachenvortrag des Klägers seinen Klageantrag rechtfertigt, § 331 II. Dies ist zu bejahen, wenn die Tatbestandsvoraussetzungen derjenigen Vorschriften des materiellen Rechts erfüllt sind, die den geltend gemachten, prozessualen Anspruch verwirklichen.

Die Schlüssigkeit ist hingegen zu verneinen, wenn anspruchsbegründende Tatsachen nicht vorgetragen wurden oder der Kläger selbst Tatsachen vorgetragen hat, aus denen sich das Bestehen einer rechtshindernden Einwendung bzw. die Geltendmachung einer rechtsvernichtenden Einwendung ergibt. Im Hinblick auf Einreden reicht das bloße Bestehen aber nicht aus, vielmehr muss der Kläger vortragen, dass sich der Beklagte auch z.B. auf die Verjährung berufen hat (sog. „inkorporierte Einrede").[362]

hemmer-Methode: Die Säumnis des Beklagten führt also nur zu einer Fiktion hinsichtlich des Vorliegens von Tatsachen (sog. *Geständnisfiktion*), nicht zu einer Fiktion hinsichtlich des Bestehens des Anspruchs (sog. *Anerkenntnisfiktion*).
Gerade deshalb eignet sich das Versäumnisverfahren gegen den Beklagten hervorragend als prozessuale Einkleidung einer Klausur, deren Schwerpunkt im materiell-rechtlichen Bereich liegt. In einer solchen Klausur unterstellen Sie nach Prüfung der übrigen Voraussetzungen für den Erlass eines Versäumnisurteils den in der Aufgabenstellung enthaltenen Tatsachenvortrag des Klägers als wahr und prüfen dann unter dem Gesichtspunkt der Schlüssigkeit - wie gewohnt - die materielle Rechtslage.

Schlüssigkeit (+): VU

Kommt das Gericht bei der Schlüssigkeitsprüfung zu einem positiven Ergebnis, so erlässt es das beantragte Versäumnisurteil, § 331 II Hs. 1.

Schlüssigkeit (-): abweisendes Sachurteil

Stellt das Gericht hingegen fest, dass die Klage nicht schlüssig ist, weil die vom Kläger vorgetragenen Tatsachen seinen Klageantrag nicht rechtfertigen, so hätte selbst bei Anwesenheit des Beklagten keine Entscheidung zu dessen Lasten ergehen können. Das Gericht hat deshalb in dieser Situation die Klage durch Sachurteil als unbegründet abzuweisen, § 331 II Hs. 2.

---

362 Zöller, § 331 Rn. 4.

> **hemmer-Methode:** Im Tenor findet sich aber lediglich die Formulierung: „Die Klage wird abgewiesen". Warum dies der Fall ist (unzulässig, unbegründet, derzeit unbegründet), ergibt sich erst aus den Entscheidungsgründen[363].

Im Ausgangsfall ist B im Termin zur mündlichen Verhandlung nicht erschienen. Die Klage ist mangels entgegenstehender Hinweise auch zulässig. Nach dem Tatsachenvortrag des K ist seine Klage jedoch unschlüssig: K hatte das Darlehen erst am 24.02.2003 gekündigt. Zum Zeitpunkt der mündlichen Verhandlung am 24.04.2003 war das Darlehen also noch nicht zur Rückzahlung fällig, § 488 III S.2 BGB. Das Gericht wird deshalb die Klage des K durch Endurteil als unbegründet abweisen.

b) Wirkung der Entscheidungen des Gerichts

Überblick

Vorstehend wurden die möglichen Entscheidungen des Gerichts während eines Versäumnisverfahrens bereits aufgeführt. Hier noch einmal ein zusammenfassender Überblick: **402**

aa) Zurückweisung des Antrags durch Beschluss

§ 335 I Nr. 1 - 3: zurückweisender Beschluss

In den Fällen des § 335 I Nr. 1 - 4 weist das Gericht den Antrag des Klägers auf Erlass eines Versäumnisurteils durch Beschluss zurück, gegen den sofortige Beschwerde stattfindet, §§ 336, 567 I. **403**

Das Verfahren wird nach Rechtskraft dieses Beschlusses in einem vom Gericht zu bestimmenden Termin zur streitigen Verhandlung fortgesetzt.

bb) Vertagung der Verhandlung

§§ 335 II, 337: Vertagung

Das Gericht kann die Verhandlung über den Antrag auf Erlass eines Versäumnisurteils aber auch vertagen, § 335 II. Ein Anspruch auf Vertagung besteht jedoch nur, wenn die Voraussetzungen des § 227 vorliegen. **404**

In den Fällen des § 337 (schuldlose Säumnis[364] bzw. zu kurze Einlassungs- oder Ladungsfrist) hingegen muss das Gericht die Verhandlung von Amts wegen vertagen und den säumigen Beklagten zu dem neuen Termin laden.

Die Entscheidung ergeht durch Beschluss, gegen den in entsprechender Anwendung des § 336 die sofortige Beschwerde stattfindet.

cc) Abweisung der Klage durch Prozess- oder Sachurteil

Prozessurteil und abweisendes Sachurteil: „unechtes VU"

Das Prozessurteil, durch das die Klage wegen endgültigen Fehlens von Prozessvoraussetzungen abgewiesen wird und das Sachurteil, das bei fehlender Schlüssigkeit der Klage ergeht, werden häufig als unechte Versäumnisurteile bezeichnet. Dieser Begriff ist irreführend, weil es sich bei diesen Urteilen nicht um Versäumnisurteile, sondern um streitige Endurteile handelt: Sie ergehen nicht gegen den säumigen Beklagten, sondern gegen den Kläger. Statthafte Rechtsmittel sind deshalb Berufung und Revision. **405**

---

363 Th/P § 313, Rn. 10 a.E.

364 Eine schuldhafte Säumnis liegt auch dann vor, wenn der Prozessbevollmächtigte, der kurzfristig und nicht vorhersehbar an der Wahrnehmung des Termins gehindert ist, nicht das ihm Mögliche und Zumutbare getan hat, um dem Gericht rechtzeitig seine Verhinderung mitzuteilen. Lesen Sie dazu BGH, Life and Law 2006, Heft 6, 389 ff. = NJW 2006, 448 f. = LNRB 2005, 27648.

dd) Versäumnisurteil

echtes VU

Durch das Versäumnisurteil wird dem Kläger der von ihm geltend gemachte Anspruch zuerkannt. Gem. § 313b kann das Urteil in vereinfachter Form, also ohne Tatbestand und Entscheidungsgründe ergehen.

Die Kosten hat der Beklagte als unterlegene Partei des Rechtsstreits zu tragen, § 91 I S. 1.

Für die vorläufige Vollstreckbarkeit gilt § 708 Nr. 2.

hemmer-Methode: Einem für vorläufig vollstreckbar erklärten Versäumnisurteil steht gem. § 700 I ein im Mahnverfahren ergangener Vollstreckungsbescheid gleich, vgl. Rn. 652.

Rechtsbehelf gegen Versäumnisurteil und Vollstreckungsbescheid ist der nun näher zu behandelnde Einspruch.

c) Einspruch gegen Versäumnisurteil

Einspruch als besonderer Rechtsbehelf gegen VU, (§§ 338 ff.)

Gegen Endurteile finden die Rechtsmittel der Berufung oder der Revision (§ 511 ff.) statt. Für diese ist charakteristisch, dass der Rechtsstreit vor einem Gericht der höheren Instanz seine Fortsetzung findet, sog. *Devolutiveffekt*.[365]

Eine Überprüfung des Urteils durch das Prozessgericht selbst hätte regelmäßig keine Aussicht auf Erfolg, weil dieses bereits eine umfassende Begründetheitsprüfung vorgenommen hat.

hemmer-Methode: Beachten Sie für die mündliche Prüfung eine wichtige Ausnahme von diesem Grundsatz. Der neue § 321a ermöglicht die Überprüfung von nicht berufungsfähigen erstinstanzlichen Urteilen durch dasselbe Prozessgericht, wenn der Anspruch auf rechtliches Gehör in entscheidungserheblicher Weise verletzt wurde. Hierdurch soll letztlich das BVerfG entlastet werden, das eine Vielzahl von auf Art. 103 I GG gestützter Verfassungs-beschwerden abzuurteilen hat.

Vor Erlass eines Versäumnisurteils findet jedoch lediglich eine Schlüssigkeitsprüfung statt. Ob die Klage tatsächlich begründet ist, hat das Prozessgericht noch nicht geprüft.

Der Gesetzgeber hat deshalb einen besonderen Rechtsbehelf gegen Versäumnisurteile, den sog. Einspruch, geschaffen.

Der Einspruch führt, soweit er zulässig ist, zu einer Prüfung der Zulässigkeit und Begründetheit der Klage durch das Prozessgericht selbst. Dem Einspruch fehlt also der Devolutiveffekt.

Nehmen Sie an, im Ausgangsfall hätte das Gericht fälschlicherweise Versäumnisurteil gegen B erlassen. Wie wird das Gericht über einen form- und fristgerecht eingelegten Einspruch des B entscheiden, wenn die mündliche Verhandlung über den Einspruch am 26.05.2003 stattfindet?

Lesen Sie zum Einspruch zunächst die §§ 338 - 346, 514.

---

365 Vgl. Rn. 568.

aa) Zulässigkeit des Einspruchs

Prüfung v.A.w.

Hat der Beklagte gegen ein Versäumnisurteil Einspruch eingelegt, so prüft das Prozessgericht von Amts wegen dessen Zulässigkeit, § 341 I S. 1.

408

(1) Statthaftigkeit

statthaft nur gegen echtes, erstes VU

Der Einspruch ist statthaft, wenn er sich gegen ein (echtes) Versäumnisurteil richtet, § 338. D.h., das Urteil muss gegen den Säumigen wegen der Säumnis ergangen sein.

409

hemmer-Methode: Beachten Sie, dass die Berufung gegen ein Versäumnisurteil gemäß § 514 I nicht statthaft ist.

Unstatthaft ist der Einspruch, wenn es sich dabei um ein zweites Versäumnisurteil handelt, § 345. Gegen dieses findet das Rechtsmittel der Berufung statt, § 514 II.

(2) Frist

Notfrist:
2 Wochen ab Zustellung

Der Einspruch muss innerhalb einer zweiwöchigen Notfrist eingelegt werden, die mit Zustellung des Versäumnisurteils beginnt, § 339 I.[366]

410

Exkurs: Die Wiedereinsetzung in den vorigen Stand

Bei der Fristversäumung einer Notfrist (aber nicht nur bei dieser) ist an die Möglichkeit der Wiedereinsetzung in den vorigen Stand gem. § 233 zu denken.

410a

Unter Wiedereinsetzung in den vorigen Stand versteht man die Möglichkeit, die Wirkung der Versäumung einer verfahrensrechtlichen Frist oder eines Termins wieder zu beseitigen.

Die Wiedereinsetzung durchbricht damit u.U. auch die Rechtskraft der Entscheidung, die mit dem versäumten Rechtsmittel angegriffen wird.

In allen Prozess- und Verwaltungsverfahrensordnungen wird unter weitgehend identischen Voraussetzungen eine derartige Möglichkeit eingeräumt.

Die Voraussetzungen sind:

⇨ die Versäumung der Frist ohne Verschulden der Partei

⇨ ein Antrag der Partei, die die Frist oder den Termin versäumt hat

⇨ Glaubhaftmachung der Versäumnisgründe

⇨ Nachholen der versäumten Handlung

410b

---

366 In arbeitsgerichtlichen Verfahren beträgt die Notfrist eine Woche, § 59 S. 1 ArbGG.

(I.) Zulässigkeit des Wiedereinsetzungsantrages

(1.) Statthaftigkeit bei Versäumung einer Frist

Statthaftigkeit

Gem. § 233 kann eine Wiedereinsetzung in den vorigen Stand nur gewährt werden, wenn eine Partei ohne Verschulden an der Einhaltung einer **Notfrist** oder einer **Rechtsmittelbegründungsfrist** oder der **Wiedereinsetzungsfrist des § 234** gehindert war.

hemmer-Methode: Eine Frist ist eine Notfrist, wenn sie ausdrücklich in der ZPO als solche bezeichnet wird, § 224 I S.2. Notfristen können nicht verlängert oder verkürzt werden. Dies folgt für Parteivereinbarung aus § 224 I S.1 und für gerichtliche Vornahme aus § 224 II, denn bei keiner Notfrist ist eine Verlängerungs- oder Verkürzungsmöglichkeit vorgesehen.

(2.) Zuständigkeit

Zuständigkeit

Zuständig für die Entscheidung über den Wiedereinsetzungsantrag ist gem. § 237 das Gericht, das auch über die versäumte Prozesshandlung zu befinden hat.

(3.) Form

Form

Der Antrag muss die Tatsachen enthalten, mit denen die Wiedereinsetzung begründet wird. Die Tatsachen sind glaubhaft zu machen (vgl. dazu § 294).

Der Antrag bedarf überdies derselben Form wie die versäumte Prozesshandlung (§ 236 I).

(4.) Antragsfrist

Frist

Die Antragsfrist beträgt zwei Wochen (§§ 234 I, II). Die Frist beginnt mit dem Wegfall des Hindernisses, das die Einhaltung der Frist verhindert hat, zu laufen. Der Tag an dem das Hindernis behoben wird, wird bei der Frist nicht mitgerechnet, § 187 I BGB.

§ 234 I S2 verlängert die Wiedereinsetzungsfrist in den Fällen der Rechtsbehelfe auf einen Monat ab Wegfall des Hinderungsgrundes[367].

hemmer-Methode: Gemeint sind hiermit vor allem die Fälle, in denen eine Partei auf Prozesskostenhilfe angewiesen ist und über diese erst nach Ablauf der eigentlichen Frist für den jeweilgen Rechtsbehelf entschieden wird. In diesem Fall ist sie unverschuldet daran verhindert, die gesetzliche Frist zur Einlegung des Rechtsmittels zu wahren. Ihr bleibt nach Gewährung der Prozesskostenhilfe nunmehr noch ein Monat Zeit, um zu entscheiden, ob sie sich eines Rechtsmittels bedienen will oder nicht.

In § 234 III ist eine absolute Antragsfrist von einem Jahr ab dem Ende der versäumten Frist enthalten.

hemmer-Methode: Nach Ende der Jahresfrist kann die Wiedereinsetzung also auch dann nicht mehr gewährt werden, wenn das Hindernis fortbesteht.

---

[367] Dies ist eine Änderung, die im Zuge des Justizmodernisierungsgestzes mit Wirkung zum 01.09.2004 in Kraft getreten ist.

§ 4 DIE PROZESSFÜHRUNGSMÖGLICHKEITEN DER PARTEIEN

(5.) Prozesshandlungsvoraussetzungen

Wie bei jeder Prozesshandlung müssen auch hier alle Prozesshandlungsvoraussetzungen vorliegen (Partei- und Prozessfähigkeit, Postulationsfähigkeit, Vertretungsmacht etc.).

(6.) Rechtsschutzbedürfnis

Am Rechtsschutzbedürfnis kann es insbesondere fehlen, wenn:

⇨ die Frist gar nicht versäumt ist,

⇨ die versäumte Prozesshandlung prozessual überholt ist oder

⇨ die Versäumung keine nachteiligen Folgen für den Antragsteller hat.

(II.) Begründetheit des Wiedereinsetzungsantrages

410d

(1.) Unschuldete Fristversäumung

keine Wiedereinsetzung bei Verschulden

Eine Wiedereinsetzung in den vorigen Stand kann nur gewährt werden, wenn eine Partei ohne Verschulden an der Einhaltung der entsprechenden Frist gehindert war (vgl. z.B. § 233).

Unverschuldet bedeutet das Fehlen von Vorsatz und Fahrlässigkeit. Ob im konkreten Fall ein Verschulden vorliegt oder nicht bestimmt sich danach, ob die gebotene Sorgfalt außer Acht gelassen wurde[368].

**hemmer-Methode: Beachten Sie aber, dass sich ein Verschulden dann nicht mehr auswirkt, wenn eine fristgerechte Weiterleitung der (schuldhaft) an das Landgericht adressierten Berufungsbegründung im ordentlichen Geschäftsgang an das Oberlandesgericht ohne Weiteres erwartet werden kann.
Im konkreten Fall ging die Berufungsbegründung 6 Tage vor Fristablauf beim unzuständigen Landgericht ein. Eine Weiterleitung an das zuständige Oberlandesgericht erfolgte zwar, aber erst nach Ablauf der Berufungsbegründungsfrist. Nach Ansicht des BGH war dem Berufungskläger Wiedereinsetzung in den vorigen Stand zu gewähren, da während eines solch langen Zeitraums damit gerechnet werden kann und darf, dass der Schriftsatz fristgerecht weitergeleitet wird. Das Verschulden (falsche Adressierung) wirkt sich daher nicht mehr aus. Begründet hat dies der BGH mit der Fürsorgepflicht der Justiz.
Jedenfalls als Referendar müssen Sie diese Entscheidung kennen. Lesen Sie daher dieses Urteil BGH nach in NJW 2006, 3499 ff.**

Wichtige Zurechnungsnormen sind §§ 51 II, 85 II

Bei diesem prozessualen Verschulden müssen Sie als Verschuldenszurechnungsnormen § 51 II (gesetzlicher Vertreter) und § 85 II (Prozessbevollmächtigter, i.d.R. der Rechtsanwalt[369]) beachten.

Bei Rechtsanwälten muss auf die für eine Prozessführung erforderliche, übliche Sorgfalt eines ordentlichen Rechtsanwalts abgestellt werden.

---

[368] Vgl. dazu das sehr interessante und lehrreiche Beispiel des LAG Bremen in NZA 2002, 580 ff.

[369] Im Strafverfahren findet allerdings diese Verschuldenszurechnung nach absolut h.M. nicht statt, da dies mit der Stellung des Beschuldigten im Strafprozess nicht vereinbar wäre.

Es ist aber nicht möglich, über § 278 BGB i.V.m. § 85 II das Verschulden der Rechtsanwaltsgehilfen dem Anwalt und dessen Verschulden dann der Partei zuzurechnen[370].

§ 85 II ist insoweit eine abschließende Sonderregelung. Möglich ist aber in solchen Fällen die direkte Anwendung des § 85 II, wenn der Fehler der Büroangestellten auf ein sog. Organisationsverschulden des Rechtsanwalts zurückzuführen ist.

Die Schaffung einer Büroorganisation, die bei der Berechnung und Überwachung von Fristen Fehler soweit wie möglich ausschließt, ist nämlich eine eigene Obliegenheit des Rechtsanwalts[371].

Beispiel: *Der Assessor als freier Mitarbeiter eines Rechtsanwalts (BGH NJW 2004, 2901 f.)*

Beispiel: Assessor[372] *F. ist seit Sommer 2001 als freier Mitarbeiter bei Rechtsanwalt B. beschäftigt. Er bearbeitet die ihm übertragenen Sachen innerhalb der Kanzlei selbständig, tritt aber vor Gericht nicht auf und unterzeichnet auch keine Schriftsätze oder Schreiben. In den Assessor F. übertragenen Sachen überlasst Rechtsanwalt B. dem Assessor F. auch die Arbeiten, die er in „eigenen" Sachen selbst durchführt.*

Rechtsanwalt B. weist nun im vorliegenden Fall den Assessor F. an, eine Frist zu berechnen und persönlich in den Fristenkalender einzutragen. Assessor F. vertut sich bei der Berechnung um genau eine Woche. Deswegen wird die Frist versäumt.

Ist der Antrag auf Wiedereinsetzung erfolgreich?

Nach § 233 ist die Wiedereinsetzung in den vorigen Stand nur bei unverschuldeter Fristversäumung eröffnet.

Die Versäumung der Frist beruht auf dem Verschulden von Assessor F., der sich bezüglich des Ablaufs der Frist um eine Woche vertan hat. Fraglich war nun, ob das Verschulden von Assessor F. gemäß § 85 II dem Verschulden der Partei gleichsteht.

Bedient sich der Rechtsanwalt bei der Bearbeitung eines Rechtsstreits eines angestellten *Rechtsanwalts*, so gilt folgende Unterscheidung:

Die Partei muss sich das Verschulden des angestellten Anwalts gem. § 85 II wie eigenes zurechnen lassen, wenn diesem der Rechtsstreit vom prozessbevollmächtigten Rechtsanwalt zur selbständigen Bearbeitung übergeben worden ist. Denn in diesem Fall gilt der angestellte Rechtsanwalt als Vertreter des Prozessbevollmächtigten und damit der Partei selbst.

Bestand dagegen seine Aufgabe nur aus vorbereitenden und unselbständigen Tätigkeiten, kann sein Verschulden dem Prozessbevollmächtigten bzw. der Partei ebenso wenig zugerechnet werden wie das von Büropersonal[373].

Für einen nichtanwaltlichen, voll juristisch ausgebildeten (freien) Mitarbeiter des Bevollmächtigten gilt nichts anderes[374].

Der Grundsatz, dass das Verschulden eines Vertreters der Partei ohne Entlastungsmöglichkeit wie eigenes zuzurechnen ist, würde ausgehöhlt, wenn es der Prozessbevollmächtigte in der Hand hätte, die selbständige Bearbeitung der Sache einem anderen zu übertragen und damit sich und seine Partei weitgehend aus der Verantwortung für Versäumnisse zu ziehen.

---

370 Th/P § 85 Rn. 13.

371 **Hinweis für Referendare und Praktiker:** Bei externen Hindernissen ist zu beachten, dass auf die Postlaufzeiten, die nach den organisatorischen und betrieblichen Vorkehrungen der Post für den Normalfall bekannt gemacht werden, vertraut werden darf. Dies gilt auch für Laufzeitangaben anderer konzessionierter Postbeförderungsunternehmen. Auch auf den Sendebericht eines Fax darf vertraut werden. Bei Netzstörungen, die den Zugang eines Fax verhindern, ohne dass dies aus dem gedruckten Sendebericht hervorgeht, besteht ein Wiedereinsetzungsgrund. Gleiches muss für den nur in elektronischer Form vorliegenden Sendebericht eines Computerfaxes gelten.

372 Bezeichnung eines Juristen nach dem bestandenen Zweiten Juristischen Staatsexamen.

373 BGH NJW-RR 1992, 1019; BGH NJW 1974, 1511.

374 ZÖLLER, ZPO, § 85 Rn. 19.

§ 4 DIE PROZESSFÜHRUNGSMÖGLICHKEITEN DER PARTEIEN

Assessor F. hat die ihm übertragene Sache innerhalb der Kanzlei des prozessbevollmächtigten Rechtsanwalts - wie üblich - selbständig bearbeitet. Ihm sind auch die Arbeiten überlassen worden, die der Prozessbevollmächtigte der Klägerin sonst selbst durchführt. Dementsprechend hat Assessor F. die Schriftsätze der Klägerin verfasst und die Fristen des Verfahrens berechnet und notiert.

Bei den dem Assessor F. übertragenen Aufgaben handelt es sich mithin um einen wesentlichen Teil des anwaltlichen Pflichtenkreises. Assessor F. ist deshalb als Unterbevollmächtigter und damit als Bevollmächtigter im Sinne des § 85 II anzusehen.

Ergebnis: Die Wiedereinsetzung in den vorigen Stand ist somit nicht eröffnet[375].

(2.) Nachholung der versäumten Handlung

Nachholung der versäumten Handlung

Die versäumte Prozess- oder Verfahrenshandlung ist innerhalb der Frist für die Wiedereinsetzung nachzuholen, § 236 II.

Wiedereinsetzung nur ausnw. v.A.w. möglich

Eine Gewährung der Wiedereinsetzung ohne Antrag kommt nur dann in Betracht, wenn die Wiedereinsetzungsgründe offensichtlich sind und die versäumte Prozesshandlung innerhalb der Frist bereits nachgeholt wurde, vgl. §§ 236 II S.2, 2. HS.

hemmer-Methode: Zur Wiedereinsetzung in den anderen Verfahrensordnungen (VwGO, SGG, FGG, ArbGG) lesen Sie den ausführlichen hemmer-background in Life & Law 2005, Heft 8, Seite 531 ff.

Exkurs Ende

(3) Form

schriftlich beim judex a quo

Die Einlegung des Einspruchs erfolgt durch Einreichung einer Einspruchsschrift bei dem Prozessgericht (sog. judex a quo), § 340 I. Diese ist der Gegenpartei zuzustellen, § 340a.[376]

Die Einspruchsschrift muss den Erfordernissen des § 340 II entsprechen. Gem. § 340 II S. 2 besteht dabei die Möglichkeit, nur gegen einen abgrenzbaren Teil des Versäumnisurteils Einspruch einzulegen.

fehlende Begründung führt u.U. zu Präklusion

Die Begründung gem. § 340 III S. 1 ist hingegen keine Zulässigkeitsvoraussetzung des Einspruchs. Soweit diese fehlt und auch nicht innerhalb der Einspruchsfrist nachgeholt wird, sind jedoch im weiteren Verfahren die nicht vorgebrachten Angriffs- und Verteidigungsmittel und Zulässigkeitsrügen nur unter den Voraussetzungen der §§ 296 I, III, IV zuzulassen, §§ 340 III S. 3.

bb) Wirkung der Entscheidungen des Gerichts

(1) Unzulässigkeit des Einspruchs

unzulässiger Einspruch: Verwerfung

Stellt das Gericht fest, dass der Einspruch unzulässig ist, so hat es diesen zu verwerfen, § 341 I S. 2. Die Entscheidung erfolgt durch Urteil, wobei es keiner mündlichen Verhandlung bedarf, § 341 II.

---

375 Vgl. dazu auch BGH NJW 2004, 2901 f.

376 Bei Verfahren vor den Amtsgerichten ist insoweit § 496, bei arbeitsgerichtlichen Verfahren § 59 S. 2 ArbGG zu beachten.

(2) Zulässigkeit des Einspruchs, § 342

zulässiger Einspruch: Zurückversetzung des Prozesses in Lage vor Säumnis, § 342

Der zulässige Einspruch verhindert, dass das Versäumnisurteil in Rechtskraft erwächst, § 705 S. 2, und versetzt den Prozess in die Lage vor Eintritt der Säumnis zurück, § 342.

Entscheidung über Zulässigkeit und Begründetheit der Klage

Dies bedeutet, dass das Gericht nun in einem neuen Termin zur mündlichen Verhandlung, dem sog. Einspruchstermin, über die Zulässigkeit und Begründetheit der Klage entscheidet. Der Einspruchstermin ist gem. § 341a bekannt zu machen.

Geständnisfiktion, § 331 I S. 1 entfällt

Wegen der Ausklammerung des Säumnistermins hat das Gericht bei seiner Entscheidung nun auch die Prozessergebnisse aus Terminen vor Eintritt der Säumnis zu beachten, die das Gericht bei der im Versäumnisverfahren durchgeführten Schlüssigkeitsprüfung gerade nicht berücksichtigen durfte.[377]

hemmer-Methode: In Klausuren wird nach der Zulässigkeit des Einspruchs häufig geprüft, ob dieser „begründet" ist. Dies ist ein schwerer Fehler! Hat das Gericht die Zulässigkeit des Einspruchs festgestellt, so prüft es gerade nicht, ob das Versäumnisurteil in gesetzwidriger Weise ergangen und der Einspruch deshalb „begründet" ist.
Das Gericht prüft nur, ob die Klage zulässig und begründet ist. Ob die Voraussetzungen für den Erlass eines Versäumnisurteils vorlagen, ist dafür völlig unerheblich!
Ist in der Klausur nach den Erfolgsaussichten eines Einspruchs gefragt, ist also folgende, dreistufige Prüfung vorzunehmen:
1. Ist der Einspruch zulässig?
2. Ist die Klage zulässig?
3. Ist die Klage begründet?
Ob das Versäumnisurteil zu Recht ergangen ist, ist lediglich relevant für die Frage, wer die Kosten dieses Verfahrens zu tragen hat, vgl. § 344.

Bei Begründetheit der Klage: Aufrechterhaltung des VU + evtl. § 709 S. 3

Kommt das Gericht zu dem Ergebnis, dass die Klage zulässig und begründet ist, so kann dem Kläger der geltend gemachte Anspruch nicht durch ein vorläufig vollstreckbares Urteil zuerkannt werden.

Da auch das Versäumnisurteil gem. § 708 Nr. 2 vorläufig vollstreckbar ist, würde dies zur Existenz von zwei vollstreckungsfähigen Titeln führen. Das Gericht hat deshalb durch Endurteil lediglich auszusprechen, dass die im Versäumnisurteil getroffene Entscheidung aufrechtzuerhalten ist, §§ 343 S. 1, 709 S. 3.

Klageabweisung: Aufhebung des VU

Stellt das Gericht fest, dass die Klage unzulässig oder unbegründet ist, so ist die Klage durch Endurteil abzuweisen und das Versäumnisurteil aufzuheben, § 343 S. 2.

Kosten der Säumnis: § 344

Hinsichtlich der Kosten des Rechtsstreits ist zu unterscheiden: Die durch die Säumnis entstandenen Kosten sind gem. § 344 dem Beklagten aufzuerlegen, wenn das Versäumnisurteil in gesetzlicher Weise ergangen ist und das Versäumnisurteil zugunsten des Beklagten aufgehoben oder abgeändert wird[378].

Nur in diesem Zusammenhang prüft das Gericht also, ob die Voraussetzungen für den Erlass des Versäumnisurteils vorlagen. Im Übrigen trägt die Kosten der Kläger, § 91.

---

377 Zöller, § 342 Rn. 2.
378 **Hinweis für Referendare und Praktiker:**
Nach BGH NJW 2004, 2309 f. trägt der Beklagte auch dann die durch die Versäumnis veranlassten Kosten, wenn der Kläger seine Klage im Einspruchstermin zurücknimmt. Es kommt lediglich darauf an, dass das Versäumnisurteil in gesetzlicher Weise ergangen ist. § 344 verdrängt insoweit, d.h. hinsichtlich der Mehrkosten durch die Säumnis, die Vorschrift des § 269 III S.2.

hemmer-Methode: Der BGH hatte einen recht skurrilen Fall zu entscheiden. Es lag ein Fall einer Erledigung nach Rechtshängigkeit vor. Der Kläger erklärte einseitig den Rechtsstreit für erledigt (vgl. dazu nochmals Rn. 343 ff.). Das Gericht bestimmte einen Termin für die mündliche Verhandlung über die Feststellungsklage. Daraufhin nahm der Kläger die Klage zurück.

Das war ein Fehler, wie der BGH zu Recht entschieden hat. Denn nun musste der Kläger die Kosten tragen. Dass die ursprüngliche Klage zulässig und begründet gewesen sei, spiele für § 269 III S.2 keine Rolle.

Die Entscheidung ist richtig. Wer eine Klage zurücknimmt, der begibt sich in die Rolle des Unterlegenen. Die Faulheit, einen Verhandlungstermin nicht wahrnehmen zu wollen, rechtfertigt es unter keinen Umständen, die kostenrechtlichen Grundsätze zu durchbrechen[379].

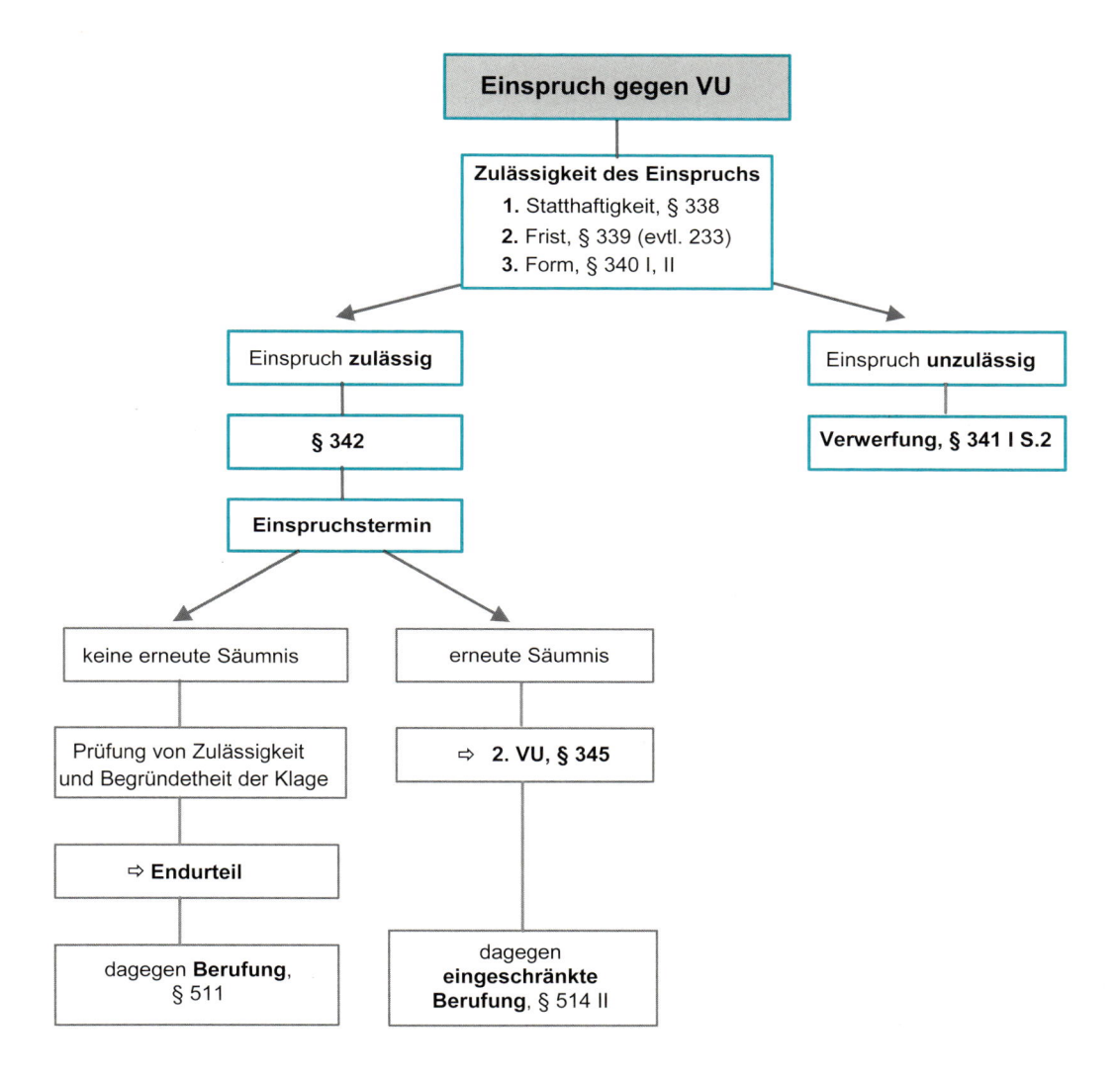

```
                    Einspruch gegen VU
                            |
                Zulässigkeit des Einspruchs
                  1. Statthaftigkeit, § 338
                  2. Frist, § 339 (evtl. 233)
                  3. Form, § 340 I, II
                   /                    \
        Einspruch zulässig        Einspruch unzulässig
                |                          |
              § 342                 Verwerfung, § 341 I S.2
                |
        Einspruchstermin
           /          \
  keine erneute     erneute Säumnis
   Säumnis               |
       |            ⇨ 2. VU, § 345
  Prüfung von             |
  Zulässigkeit und    dagegen
  Begründetheit    eingeschränkte
  der Klage        Berufung, § 514 II
       |
   ⇨ Endurteil
       |
   dagegen Berufung,
      § 511
```

Im Ausgangsfall ist der Einspruch zulässig. Zum Zeitpunkt der mündlichen Verhandlung über den Einspruch des B ist die Klage des K jedoch zulässig und begründet: Gem. §§ 488 III; 187 I, 188 II BGB war das Darlehen mit Ablauf des 24.05.2003 zur Rückzahlung fällig. Das Gericht wird deshalb durch Endurteil aussprechen, dass die im Versäumnisurteil getroffene Entscheidung aufrechterhalten wird. Hinsichtlich der Kosten wird B als Unterlegener gem. § 91 zur Tragung „auch der weiteren Kosten des Rechtsstreits" verurteilt.

---

[379] Lesen Sie hierzu BGH NJW 2004, 223 f.; die a.A. von BONIFACIO, MDR 2002, 499 ff., der § 269 III S.3 analog anwenden will, ist entschieden abzulehnen.

Auf § 344 kommt es in diesem Fall gar nicht an. Deswegen ändert die Tatsache, dass das Versäumnisurteil nicht in gesetzlicher Weise ergangen ist, nichts an der Kostentragungspflicht des B. Etwas anderes würde nur dann gelten, falls hier ein klageabweisendes Endurteil ergangen wäre: Dann hätte B trotz § 344 auch nicht die durch seine Säumnis verursachten Kosten tragen müssen, weil das Versäumnisurteil nicht gesetzmäßig ergangen war.

hemmer-Methode: Merken Sie sich: § 344 greift als Sonderregelung der Kostentragungspflicht nur unter zwei Voraussetzungen ein:
1.) Das ergangene Versäumnisurteil wird aufgehoben oder abgeändert, und es ergeht streitiges Endurteil zugunsten des Säumigen.
2.) Das Versäumnisurteil ist in gesetzlicher Weise ergangen.
Bleibt es bei einer Verurteilung des Beklagten, hat dieser gem. § 91 ohnehin die Kosten des Rechtsstreits einschließlich der durch die Säumnis verursachten Kosten zu tragen. Eines gesonderten Kostenausspruchs gem. § 344 bedarf es in diesem Fall dann gar nicht.

cc) Zweites Versäumnisurteil

Säumnis im Einspruchstermin

Ist der Beklagte, der gegen ein Versäumnisurteil Einspruch eingelegt hat, im Einspruchstermin erneut säumig (sog. „Kettensäumnis", zweimal unmittelbar nacheinander), so wird sein Einspruch durch Versäumnisurteil verworfen, § 345.

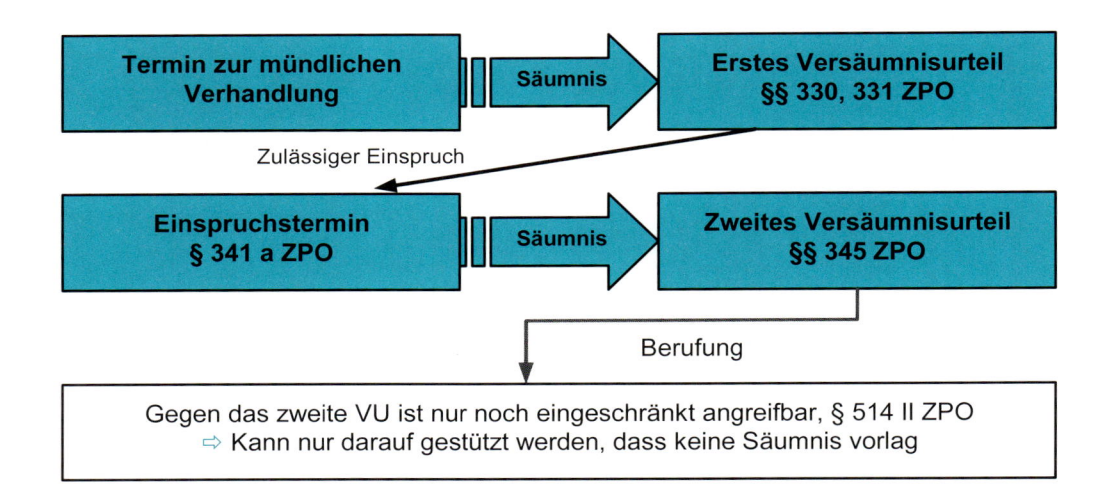

417

```
Termin zur mündlichen         Säumnis      Erstes Versäumnisurteil
Verhandlung                                §§ 330, 331 ZPO

          Zulässiger Einspruch

Einspruchstermin              Säumnis      Zweites Versäumnisurteil
§ 341 a ZPO                                §§ 345 ZPO

                                           Berufung

Gegen das zweite VU ist nur noch eingeschränkt angreifbar, § 514 II ZPO
⇒ Kann nur darauf gestützt werden, dass keine Säumnis vorlag
```

Dies gilt auch bei Säumnis in der Sitzung, auf die die mündliche Verhandlung gem. §§ 335 II, 337 vertagt wurde.

gegen 2. VU nur Berufung, § 514 II

Gegen dieses zweite Versäumnisurteil steht dem Beklagten kein weiterer Einspruch zu. Er kann lediglich mit dem Rechtsmittel der Berufung geltend machen, dass ein Fall der Säumnis nicht vorgelegen habe, § 514 II.

418

str.:
Prüfungsumfang des Gerichts

Heftig umstritten ist, ob das Prozessgericht vor Erlass des zweiten „VU" auch die Zulässigkeit und Schlüssigkeit der Klage sowie die Gesetzmäßigkeit des ersten Versäumnisurteils überprüfen muss, und ob ein entsprechender Prüfungsrahmen des Berufungsgerichts besteht.

419

Wie wird das Gericht im Ausgangsfall entscheiden, wenn B in dem Einspruchstermin am 26.05.2003 nicht erscheint?

§ 4 DIE PROZESSFÜHRUNGSMÖGLICHKEITEN DER PARTEIEN

(1) Prüfung von Zulässigkeit und Schlüssigkeit der Klage vor Erlass des Zweiten Versäumnisurteils

*Einspruch gegen Vollstreckungsbescheid:
auch Zulässigkeit und Schlüssigkeit der Klage, vgl. § 700 VI*

Ist Gegenstand des Einspruchs ein Vollstreckungsbescheid, der im Mahnverfahren erlassen wurde, so muss das Prozessgericht vor Erlass eines zweiten Versäumnisurteils (gem. § 700 I steht der Vollstreckungsbescheid einem 1. Versäumnisurteil gleich) prüfen, ob die Klage zulässig und schlüssig ist, § 700 VI.

420

Vollstreckungsbescheid § 699 ZPO

↳ Nach § 700 I ZPO steht dieser einem ersten Versäumnisurteil gleich, gegen das der Einsruch nach § 338 ZPO zulässig ist

⬇ ⬇

Vor Erlass eines 2. VU hat das Gericht nach § 700 IV ZPO die Zulässigkeit und Begründetheit der Klage zu überprüfen
Arg.: Da der VB auf einem Mahnbescheid beruht, wurde in diesem Fall anders als bei Erlass eines „echten" 1. VU die Zulässigkeit und Begründetheit der Klage noch nicht geprüft (vgl. § 692 I Nr. 2 ZPO).

Wegen der Kongruenz des Prüfungsumfangs hat in der Berufung gegen ein 2. VU aus einem VB entgegen § 514 II ZPO die Prüfung von Zulässigkeit und Begründetheit zu erfolgen

---

Durch diese Vorschrift wird berücksichtigt, dass vor Erlass eines Vollstreckungsbescheides anders als im Versäumnisverfahren das Bestehen des Anspruchs noch nicht geprüft worden ist (vgl. § 692 I Nr. 2): Der Erlass des Vollstreckungsbescheids, für den gem. § 20 Nr. 1 RPflG der Rechtspfleger zuständig ist, setzt nur voraus, dass der Antragsgegner nicht rechtzeitig Widerspruch gegen den Mahnbescheid eingelegt hat, § 699 I S. 1.

Exkurs

Kann nun der Beklagte gegen das zweite Versäumnisurteil Berufung mit der Begründung einlegen, die Klage sei unzulässig oder unschlüssig gewesen?

Diese Frage ist zu bejahen: Grundsätzlich sind erstinstanzliche Entscheidungen in vollem Umfang vom Berufungsgericht überprüfbar, sog. Gleichlauf des Prüfungsrahmens. Dies muss auch für die Berufung gegen ein zweites Versäumnisurteil gelten. § 514 II ist deshalb stets so auszulegen, dass das Berufungsgericht die Entscheidung des Prozessgerichts vollständig überprüfen kann, sog. Grundsatz vom „Gleichlauf des Prüfungsrahmens!".

> Der Beklagte kann also bei vorangegangenem Vollstreckungsbescheid seine Berufung damit begründen, die Klage sei unzulässig oder unschlüssig gewesen. Auch insoweit macht er geltend, dass der Fall der Versäumung i.S.v. § 514 II nicht vorgelegen habe.[380]

Exkurs Ende

---

[380] BGH NJW 1991, 43.

Einspruch gegen VU:

Wie aber ist die Rechtslage, wenn sich der Einspruch nicht gegen einen Vollstreckungsbescheid gerichtet hat, sondern gegen ein echtes Versäumnisurteil?

BGH:
(-), weil § 700 VI nur für VB gilt

Der BGH verneint vor Erlass des 2. VU eine entsprechende Prüfungspflicht des Prozessgerichts mit dem Hinweis, dass beim Versäumnisverfahren eine dem § 700 VI entsprechende Vorschrift gerade fehlt.[381]

Auch der Wortlaut von § 345, wonach der Einspruch *verworfen* wird, deute darauf hin, dass vor Erlass des zweiten Versäumnisurteils eine sachliche Prüfung des Klagebegehrens nicht mehr erfolgt.

a.A.:
wegen § 342 umfassende Prüfung

Die Gegenansicht lehnt den Umkehrschluss aus § 700 VI ab.[382] § 345 bestimmt nach dieser Auffassung nur, dass gegen einen verworfenen Einspruch kein weiterer Einspruch möglich ist. Die Vorschrift sage hingegen nichts darüber aus, unter welchen Voraussetzungen der Einspruch zu verwerfen ist.

Dass nur eine zulässige und schlüssige Klage verworfen werden darf, wird mit der Restitutionswirkung des § 342 begründet: Die Zurückversetzung des Prozesses in die Lage vor Eintritt der ersten Säumnis führe dazu, dass jetzt wieder dieselbe Prüfung wie vor Erlass des ersten Versäumnisurteils erfolgen muss.

Der Erlass einer Entscheidung, die mangels Zulässigkeit oder Schlüssigkeit der Klage erkennbar unrichtig ist, sei mit dem Grundsatz des rechtlichen Gehörs und der Bindung des Richters an Gesetz und Recht unvereinbar.

Stellungnahme: BGH überzeugend

Dieser Ansicht ist der BGH zu Recht nicht gefolgt. Hat nämlich die erste Säumnis zu einem Versäumnisurteil geführt, ist die Partei anschließend zu besonders sorgfältiger Prozessführung gehalten, da sie nun die Wirkungen und Folgen einer Säumnis weiß. Die materiell-rechtlichen und verfahrensrechtlichen Voraussetzungen für die Verurteilung des Beklagten sind bereits geprüft worden. Eine nochmalige Prüfung ist überflüssig und mangels Schutzwürdigkeit auch nicht geboten.

Exkurs

Der Prüfungsumfang des Berufungsgerichts gem. § 514 II beschränkt sich in diesem Fall dem Wortlaut nach auf die Frage, ob das Prozessgericht zu Unrecht die Säumnis angenommen hat. Da dies das Prozessgericht auch vor Erlass des technisch zweiten VU nach der Rspr. des BGH überprüft, entspricht diese Rspr. auch dem Grundsatz vom „Gleichlauf des Prüfungsrahmens!"

Exkurs Ende

(2) Prüfung der Gesetzmäßigkeit des ersten Versäumnisurteils vor Erlass des Zweiten Versäumnisurteils

str.:
Prüfung der Gesetzmäßigkeit des 1. VU vor Erlass eines 2. VU

Von dem eben behandelten Problem zu unterscheiden ist die Frage, ob das Prozessgericht vor Erlass des zweiten Versäumnisurteils auch die Gesetzmäßigkeit des ersten Versäumnisurteils (d.h. ob die Säumnisvoraussetzungen vorlagen) überprüfen muss.

---

381 Vgl. BGH, NJW 1999, 2599 = Life&Law 1999, 640 ff.
382 Rosenberg/Schwab/Gottwald, § 107 VI; Th/P, § 345 Rn. 4.

Teilweise wird diese Frage bejaht, die Überprüfbarkeit einer Entscheidung durch das Berufungsgericht aber gleichzeitig abgelehnt: Nur das zweite, nicht aber das erste Versäumnisurteil sei Gegenstand der Berufung.[383]

Gegen diese Auffassung wird vorgebracht, dass der Grundsatz des identischen Prüfungsrahmens von Prozess- und Berufungsgericht durchbrochen wird.

Eine Überprüfung des ersten Versäumnisurteils sei ferner mit der Restitutionswirkung des § 342 unvereinbar: Aufgrund der Zurückversetzung des Prozesses in die Lage vor Eintritt der Säumnis könne es auf die Gesetzmäßigkeit des ersten Versäumnisurteils gerade nicht ankommen.[384]

Im Ausgangsfall kann die Entscheidung des ersten Meinungsstreits dahinstehen: B ist im Einspruchstermin nicht nur säumig, die Klage ist zu diesem Zeitpunkt auch zulässig und schlüssig.

Ob das Gericht ein zweites Versäumnisurteil erlässt, hängt also nur davon ab, wie man den zweiten Meinungsstreit entscheidet. Soweit man die Gesetzmäßigkeit des ersten Versäumnisurteils nicht für erforderlich hält, kann ein zweites Versäumnisurteil ergehen. Entscheidet man sich für die andere Ansicht, so kann nur ein - erstes - Versäumnisurteil ergehen, das wieder mit Einspruch anfechtbar ist: Das erste Versäumnisurteil war mangels Schlüssigkeit der Klage fehlerhaft.

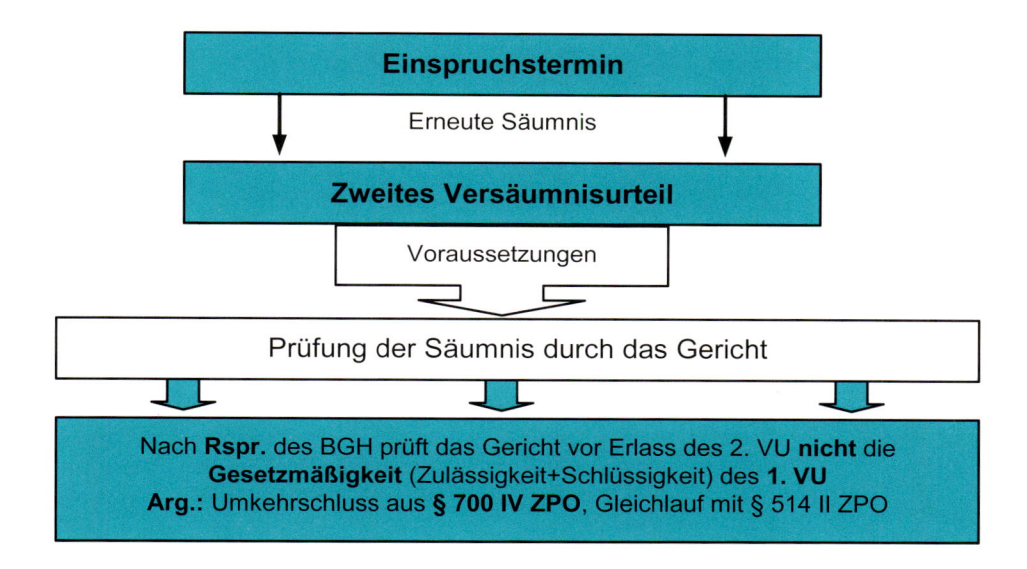

```
                    Einspruchstermin
                           │
                    Erneute Säumnis
                           ▼
                Zweites Versäumnisurteil
                           │
                    Voraussetzungen
                           ▼
            Prüfung der Säumnis durch das Gericht
                           ▼
   Nach Rspr. des BGH prüft das Gericht vor Erlass des 2. VU nicht die
        Gesetzmäßigkeit (Zulässigkeit+Schlüssigkeit) des 1. VU
        Arg.: Umkehrschluss aus § 700 IV ZPO, Gleichlauf mit § 514 II ZPO
```

d) Sonstige Säumnisverfahren

untergeordnete Bedeutung

Sonstige Säumnissituationen sind im Referendarexamen von geringer Bedeutung und sollen daher nur kurz vorgestellt werden.

423

aa) Versäumnisverfahren gegen den Kläger

§ 330: VU gegen Kläger

Erscheint der Kläger im Termin zur mündlichen Verhandlung nicht, so gelten im Wesentlichen die Voraussetzungen für den Erlass eines Versäumnisurteils gegen den Beklagten.

424

Der entscheidende Unterschied besteht darin, dass eine Schlüssigkeitsprüfung nicht stattfindet. Der Kläger ist also auf Antrag des Beklagten mit seiner Klage abzuweisen, wenn er säumig und die Klage zulässig ist, § 330.

---

[383] Knöringer, S. 242 f. m.w.N.
[384] Elser, JuS 1994, 965, 967 m.w.N.

§ 335 I Nr. 3 findet keine Anwendung, weil der Beklagte keine Sachanträge stellt, die dem Kläger mitgeteilt werden könnten.

Reichweite der Rechtskraft eines VU gegen den Kläger

Zur **Reichweite der Rechtskraft** eines Versäumnisurteils gegen den Kläger lösen Sie folgenden Fall:

Fall[385]: Der Kl. machte im Jahr 2004 gegen die Bekl. einen Anspruch auf Rückzahlung eines Darlehens klageweise geltend. Das Landgericht wies die Klage des Kl. durch Versäumnisurteil vom 29.06.2004 ab, nachdem es den Kl. zuvor in einem Schriftsatz darauf hingewiesen hatte, dass die Klageforderung nicht fällig sei. Seinen Einspruch gegen das Versäumnisurteil nahm der Kl. am 16.11.2004 zurück. Im Januar 2005 erhob der Kl. erneut Klage auf Zahlung von 10.000,- € nebst Zinsen.

Ist die Klage zulässig?

Die Klage ist unzulässig, wenn die Rechtskraft des landgerichtlichen Versäumnisurteils vom 29.06.2004 der Zulässigkeit einer erneuten Klage auf Rückzahlung des Darlehens entgegensteht.

Klage unbegründet

1. Im Vorprozess ist der Streit der Parteien um den angeblichen Rückzahlungsanspruch des Kl. durch das genannte Versäumnisurteil beendet worden. Seit der Rechtskraft dieses Versäumnisurteils steht daher zwischen den Parteien rechtskräftig fest, dass dem Kl. der streitgegenständliche Darlehensrückzahlungsanspruch gegen die Bekl. nicht zusteht.

2. Eine Einschränkung dieser Rechtskraftwirkung dahin, dass mit dem Versäumnisurteil vom 29.06.2004 nur die Unbegründetheit der Klageforderung zum damaligen Zeitpunkt rechtskräftig feststehe und dies die Zulässigkeit einer erneuten, auf neue Tatsachen gestützten gerichtlichen Geltendmachung derselben Forderung unberührt lasse, ist nicht möglich.

⇨ *Problem: Evtl. mangels Fälligkeit nur **derzeit** unbegründet*

Die Rechtskraftwirkung eines Urteils, mit dem die Klage wegen Fehlens eines bestimmten Tatbestandsmerkmals (z. B. mangelnde Fälligkeit des Anspruchs) als - zur Zeit - unbegründet abgewiesen wird, kann zwar dahin eingeschränkt sein, dass sie der späteren klageweisen Geltendmachung desselben Anspruchs mit der Begründung, dass das bisher fehlende Tatbestandsmerkmal nunmehr gegeben sei, nicht entgegensteht.

a) Das setzt aber stets voraus, dass die Auslegung des Urteils ergibt, dass die Klage gerade wegen des Fehlens des Tatbestandsmerkmals, dessen Vorliegen in dem neuen Prozess dargetan werden soll, abgewiesen worden ist, ständige Rechtsprechung[386].

b) Eine derartige Feststellung lässt sich indes bei einem die Klage abweisenden Versäumnisurteil nicht treffen. Bei Säumnis des Kl. wird die Klage nicht auf Schlüssigkeit und Begründetheit geprüft, sondern ihre Abweisung erfolgt nach der gesetzlichen Regelung des § 330 (ggf. i.V.m. § 333) allein auf Grund der Säumnis des Kl. mit der Wirkung, dass er mit seiner Klage schlechthin abgewiesen wird.

aa) Wie bei dem gegebenen Sach- und Streitstand im Falle eines kontradiktorischen Urteils die Entscheidung hätte lauten können oder müssen, ist dabei nicht relevant, sodass es der BGH abgelehnt hat, die Rechtskraft eines klageabweisenden Versäumnisurteils im obigen Sinne einzuschränken[387].

bb) Gegen eine Einschränkung der Rechtskraft spricht auch der Gesichtspunkt der Rechtssicherheit. Wer als Beklagter in einen Rechtsstreit verwickelt wurde, muss sich mit der Rechtskraft eines klageabweisenden Urteils grundsätzlich darauf verlassen können, wegen desselben Anspruchs nicht erneut vor Gericht gezogen zu werden.

---

[385] Nach BGH NJW 2003, 1044 f.; besprochen in JuS 2003, 1157 f.
[386] Vgl. z.B. BGH NJW-RR 2001, 310.
[387] BGH NJW 1961, 1969 sowie BGH NJW 2003, 1044 [1045]; ZÖLLER, ZPO, § 322 Rn. 56; a.A. STEIN/JONAS/LEIPOLD, ZPO, § 322 Rn. 253 f.

Eine Ausnahme von diesem Grundsatz ist nur dann gerechtfertigt, wenn aus dem rechtskräftigen Urteil ersichtlich und damit auch für den obsiegenden Beklagten erkennbar ist, dass die Klage allein deshalb abgewiesen wurde, weil ein bestimmtes Tatbestandsmerkmal (z.B. die Fälligkeit des Anspruchs) nicht vorlag, das später jedoch noch eintreten kann.

cc) Ein klageabweisendes Versäumnisurteil, das allein auf der Säumnis des Kl. beruht und keine Begründung zur Sache enthält, erfüllt diese Voraussetzung für eine Einschränkung seiner Rechtskraftwirkungen nicht. Bei solchen Urteilen würde die Rechtskraftwirkung für die Bekl. entscheidend entwertet, wenn sie damit rechnen müssten, aus Gründen, die aus dem Urteil nicht ersichtlich sind, erneut wegen desselben Anspruchs in einen Rechtsstreit verwickelt zu werden.

dd) Diese uneingeschränkte Rechtskraftwirkung klageabweisender Versäumnisurteile ist für einen Kl., dessen Anspruch materiell-rechtlich nur ein vorübergehendes Hindernis (z.B. mangelnde Fälligkeit) entgegensteht, auch keine unbillige Härte, da er durch die Einspruchsmöglichkeit des § 338 geschützt ist.

Ergebnis: Im vorliegenden Fall steht daher die Rechtskraft des landgerichtlichen Versäumnisurteils vom 29.06.2004 der Zulässigkeit der Klage vom Januar 2005 entgegen.

bb) Versäumnisverfahren gegen den Beklagten im schriftlichen Vorverfahren, § 331 III

§ 331 III:
VU im schriftlichen Vorverfahren

Hat sich der Vorsitzende für ein schriftliches Vorverfahren entschieden, so muss der Beklagte innerhalb einer Notfrist von zwei Wochen anzeigen, dass er sich gegen die Klage verteidigen möchte, §§ 272 II, 276 I S. 1.

Unterlässt er dies, so kann gegen ihn auf Antrag des Klägers ein Versäumnisurteil ohne Durchführung einer mündlichen Verhandlung ergehen, §§ 331 III, 335 I Nr. 4. Allerdings muss das Gericht den Beklagten auf diese Folge der Frsitversäumung hinweisen, § 276 II.

Die fehlende Anzeige der Verteidigungsbereitschaft ersetzt nur die Säumnis im Termin zur mündlichen Verhandlung; die übrigen Voraussetzungen für den Erlass eines Versäumnisurteils müssen vorliegen.

Der Prozessantrag auf Erlass des Versäumnisurteils im schriftlichen Vorverfahren kann aber gem. § 331 III S.2 schon in der Klageschrift gestellt werden.

Fall: Der K beantragt im schriftlichen Vorverfahren den Erlass eines Versäumnisurteils. Die Klage ist allerdings nicht zulässig bzw. schlüssig. Kann gegen den Kläger ein unechtes Versäumnisurteil (= klageabweisendes Endurteil) auch im schriftlichen Vorverfahren ergehen?

Ob ein solches klageabweisendes unechtes Versäumnisurteil **auch im Fall des § 331 III** ergehen kann, ist umstritten. In diesem Fall fehlt es nämlich an der Anberaumung eines Verhandlungstermins und damit an einer mündlichen Verhandlung.

1. Nach einer Ansicht, die den **§ 331 III einschränkend** interpretiert, hat das Gericht Termin zur mündlichen Verhandlung anzuberaumen und im folgenden Verhandlungstermin den Kläger auf die fehlende Schlüssigkeit hinweisen, § 139 II.

a) Zweck des § 331 III sei, das Verfahren gegen den untätig bleibenden Beklagten zu beschleunigen. Dann könne ein unechtes Versäumnisurteil nur gegen den Beklagten nicht aber gegen den Kläger ohne mündliche Verhandlung ergehen. Bei Säumnis des Beklagten im Verhandlungstermin i.S.v. § 331 I, II müsste der Kläger auf Bedenken gegen die Zulässigkeit oder Begründetheit der Klage hingewiesen werden.

Dann könnte er seinen Vortrag ergänzen oder der Klageabweisung durch andere Prozesshandlungen entgehen.

b) Würde man dagegen im schriftlichen Vorverfahren ohne mündliche Verhandlung das unechte Versäumnisurteil gegen den Kläger erlassen, so verlöre er diese Möglichkeit, d.h. die Säumnis des Beklagten würde sich zum Nachteil des Klägers auswirken[388].

2. Die **Gegenmeinung (h.M.**[389]**)** hielt ein **unechtes Versäumnisurteil auch im schriftlichen Vorverfahren für zulässig.**

a) Diese Ansicht kann sich auf den Wortlaut des § 331 III S.1 stützen. Dort ist schlechthin von der „Entscheidung" die Rede. Es wird nicht nur von einem Versäumnisurteil gegen den Beklagten gesprochen.

b) Hält man aber einen Termin zur mündlichen Verhandlung nach dieser Ansicht für entbehrlich, so darf dennoch keine Überraschungsentscheidung ergehen. Vielmehr wird man fordern müssen, dass auch hier die richterliche Hinweispflicht zu beachten ist. Das Gericht wird deshalb den Kläger schriftlich auf die Bedenken gegen die Schlüssigkeit hinweisen müssen.

Erst wenn der Kläger auch dann nicht schlüssig vorträgt, kann das unechte Versäumnisurteil, hier Abweisung der Klage als unbegründet, im schriftlichen Vorverfahren ergehen.

3. Dieser **Meinungsstreit** ist **nunmehr durch** den **Gesetzgeber entschieden** worden.

Durch das Justizmodernisierungsgesetz ist mit Wirkung zum 01.09.2004 § 331 III um einen Satz 3 ergänzt worden. Danach wurde dem Gericht die Möglichkeit eingeräumt, auch ohne eine mündliche Verhandlung ein sog. „unechtes Versäumnisurteil" gegen den Kläger zu erlassen, falls sich sein Klagevorbringen *in einer Nebenforderung (z.B. Zinsen)* als unbegründet erweist.

Daraus folgt, dass in den anderen Fällen (wenn es also nicht um eine Nebenforderung geht) eine mündliche Verhandlung gesetzlich geboten ist.

Ergebnis: Da der **Hauptantrag** des Klägers durch sein Vorbringen insgesamt nicht gerechtfertigt ist, muss das Gericht mündlich verhandeln.

cc) Entscheidung nach Lage der Akten, § 331a

Alternative zum VU: Entscheidung nach Lage der Akten, § 331a, sofern bereits mündlich verhandelt

Erscheint eine Partei, die gegen ein Versäumnisurteil Einspruch eingelegt hat, im Einspruchstermin nicht, so kann ein zweites Versäumnisurteil gegen sie ergehen. Diese Möglichkeit besteht jedoch nicht, wenn die Partei im Einspruchstermin erscheint und in einem darauf folgenden Termin erneut säumig ist. In einem solchen Folgetermin kann nur ein technisch erstes Versäumnisurteil ergehen, gegen das erneut Einspruch eingelegt werden kann. Für ein zweites VU ist nämlich eine sog. Kettensäumnis erforderlich.[390]

426

Die Gegenpartei kann eine solche Prozessverschleppung verhindern, indem sie gem. §§ 331a, 251a II eine Entscheidung nach Aktenlage beantragt.

Das Gericht muss dann prüfen, ob der Rechtsstreit unter Berücksichtigung des gesamten bisher vorgebrachten Tatsachenstoffes zur Entscheidung reif ist. Gelangt das Gericht zu einem positiven Ergebnis, so entscheidet es den Rechtsstreit durch streitiges Endurteil. Andernfalls lehnt es den Prozessantrag auf Entscheidung nach Lage der Akten durch unanfechtbaren Beschluss ab, § 336 II.

---

388 Vgl. OLG Nürnberg, NJW 1980, 460.
389 Vgl. Baumbach/Lauterbach/Albers/Hartmann, § 331 ZPO, Rn. 24.
390 Vgl. dazu nochmals Rn. 417.

§ 4 DIE PROZESSFÜHRUNGSMÖGLICHKEITEN DER PARTEIEN

Beachten Sie: Eine Entscheidung nach Lage der Akten setzt stets voraus, dass in einem früheren Termin mündlich verhandelt wurde, §§ 331a S. 2, 251a II S. 1.

dd) Verfahren bei Säumnis beider Parteien

Säumnis beider Parteien

Sind in einem Termin zur mündlichen Verhandlung beide Parteien säumig, so hat das Gericht folgende Möglichkeiten:

(1) Vertagung der Verhandlung gem. § 227 I S. 2 Nr. 1

(2) Entscheidung nach Aktenlage gem. § 251° I, II

(3) Anordnung des Ruhens des Verfahrens gem. § 251a III

2. Präklusion

a) Einführung

Zweck: Prozessbeschleunigung

Die Vorschrift des § 296 setzt den Parteien hinsichtlich ihres Vorbringens zeitliche Grenzen.

Danach muss oder kann das Gericht Angriffs- und Verteidigungsmittel sowie bestimmte Zulässigkeitsrügen unter bestimmten Voraussetzungen zurückweisen. Grund hierfür ist das Bedürfnis nach Prozessbeschleunigung.

§ 296 stellt eine wirksame Sanktion dar, wenn die Parteien ihren Prozessförderungspflichten nicht nachkommen.

Zurückweisung setzt Vorwerfbarkeit des Verhaltens voraus

Vorab sei darauf hingewiesen, dass § 296 mit dem Anspruch auf rechtliches Gehör vereinbar ist, jedoch einer verfassungskonformen Auslegung bedarf; eine Zurückweisung kommt nur in Betracht, wenn ein der Partei vorwerfbares Verhalten vorliegt und das Gericht keine zumutbaren prozessleitenden Maßnahmen unterlassen hat.[391]

> **Fall:** Im Prozess benennt der Kläger K einen Zeugen X so kurzfristig, dass dieser nicht mehr rechtzeitig geladen werden kann. Das Gericht bleibt untätig und weist im Folgetermin den Beweisantrag als verspätet zurück, da dies andernfalls zu einer Verzögerung führen würde. War eine Zurückweisung hier möglich?
>
> In diesem Fall hätte das Gericht den Kläger darauf hinweisen müssen, dass er den Zeugen X zum Termin mitbringen kann, damit dieser als sog. präsenter Zeuge vernommen werden kann. Infolge dieser unterlassenen Mitwirkung des Gerichts kann das Angriffsmittel des K auch nicht als verspätet zurückgewiesen werden.

keine Zurückweisung von Rechtsausführungen und Sachanträgen

Da sich § 296 I, II auf Angriffs- und Verteidigungsmittel beschränkt, vgl. die beispielhafte Aufzählung in § 282 I, ist darauf zu achten, dass eine Zurückweisung von Rechtsausführungen und Sachanträgen nicht möglich ist.[392]

> **hemmer-Methode:** Eine beliebte Falle ist hier die vom Beklagten kurz vor Schluss der mündlichen Verhandlung erhobene Widerklage. Auf sie findet § 296 I, II keine Anwendung. Die Widerklage ist nicht Angriffsmittel, sondern der Angriff selbst! Vgl. zu diesem Trick der „Flucht in die Widerklage" auch Rn. 439. Dieses war bereits mehrfach Gegenstand von Examensklausuren!

---

391 Th/P, § 296 Rn. 1, 9.
392 Th/P, § 146 Rn. 2.

b) Tatbestände des § 296

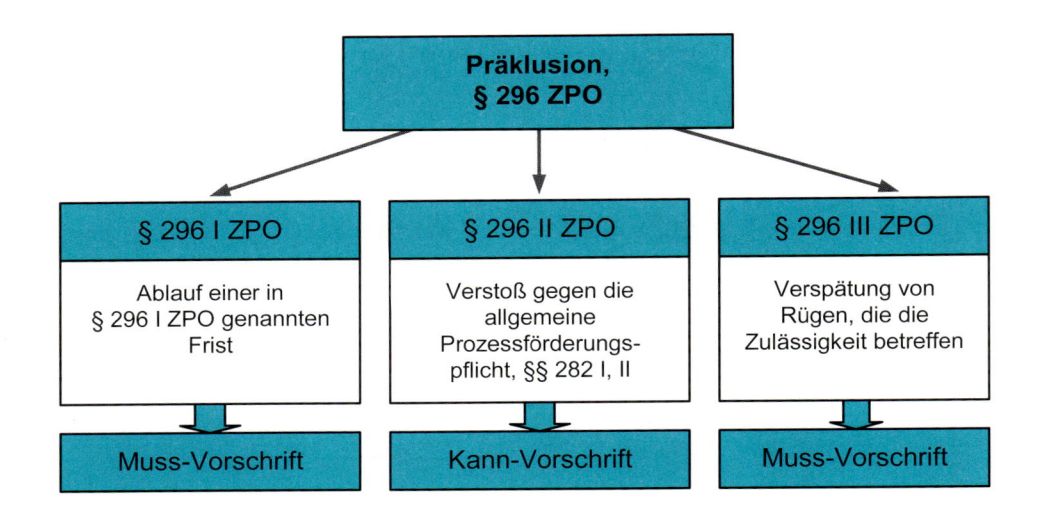

```
                    Präklusion,
                     § 296 ZPO
        ┌───────────────┼───────────────┐
        ▼               ▼               ▼
   § 296 I ZPO     § 296 II ZPO    § 296 III ZPO
   Ablauf einer    Verstoß gegen    Verspätung von
   in § 296 I ZPO  die allgemeine   Rügen, die die
   genannten       Prozessförde-    Zulässigkeit
   Frist           rungspflicht,    betreffen
                   §§ 282 I, II
        ▼               ▼               ▼
   Muss-Vorschrift  Kann-Vorschrift  Muss-Vorschrift
```

aa) § 296 I

zwingende Zurückweisung

§ 296 I normiert die **Pflicht** des Richters, Angriffs- und Verteidigungsmittel einer Partei zurückzuweisen, wenn diese nach Ablauf einer der in § 296 I genannten Fristen (lesen!) vorgebracht werden, eine Zulassung den Rechtsstreit verzögern würde und die Verspätung nicht genügend entschuldigt wird.

431

(1) Verzögerungsbegriff

Verzögerungsbegriff:

Das Gericht hat festzustellen, ob aufgrund der Fristversäumung die Erledigung des Rechtsstreits verzögert wird. Es trifft diesbezüglich eine Prognoseentscheidung „nach freiem Ermessen".

432

Umstritten ist, welcher Maßstab bei der Bestimmung der Verzögerung anzulegen ist.

h.M.:
absoluter Verzögerungsbegriff

Nach der h.M. gilt der sog. *absolute Verzögerungsbegriff*. Danach ist eine Verzögerung gegeben, wenn der Rechtsstreit bei Zulassung des verspäteten Vorbringens länger dauern würde als bei Zurückweisung.[393]

a.A.:
relativer Verzögerungsbegriff

Nach a.A. soll der sog. *relative bzw. kausale bzw. hypothetische Verzögerungsbegriff* maßgeblich sein. Eine Verzögerung liegt hiernach nur dann vor, wenn bei rechtzeitigem Vorbringen (Hypothese!) das Verfahren früher hätte beendet werden können als bei verspätetem Vorbringen.[394]

Für die h.M. spricht die Praktikabilität. Untersuchungen darüber, welche mutmaßliche Entwicklung das Verfahren bei rechtzeitigem Vorbringen genommen hätte, werden vermieden. Solche Untersuchungen wären in Grenzfällen äußerst langwierig und würden zu einer Verzögerung führen, die § 296 gerade vermeiden will.

aber:
keine strikte Anwendung des absoluten Verzögerungsbegriffes

Allerdings bestehen gegen eine strikte Anwendung des absoluten Verzögerungsbegriffs dann Bedenken, wenn es sich geradezu aufdrängt, dass auch bei rechtzeitigem Vorbringen eine entsprechende Verzögerung eingetreten wäre.

433

---

393 Th/P, § 296 Rn. 14.
394 Nachweise bei Zöller, § 296 Rn. 21.

Die Zurückweisung von Vorbringen als verspätet verstößt gegen den Anspruch des Prozessbeteiligten auf rechtliches Gehör aus Art. 103 GG, wenn sich ohne weitere Erwägungen aufdrängt, dass die Verzögerung auch bei rechtzeitigem Vorbringen eingetreten wäre.

Die Präklusionsvorschriften der Zivilprozeßordnung dürfen nicht dazu benutzt werden, verspätetes Vorbringen auszuschließen, wenn ohne jeden Aufwand erkennbar ist, daß die Pflichtwidrigkeit - die Verspätung allein - nicht kausal für die Verzögerung ist.

Das BVerfG hat für diese Fälle entschieden, dass eine Anwendung des § 296 ausscheiden muss.[395]

In den genannten Fällen wird also auch der hypothetische Prozessverlauf berücksichtigt; eine von Sinn und Zweck des § 296 nicht beabsichtigte Überbeschleunigung durch strikte Anwendung des absoluten Verzögerungsbegriffs wird vermieden.

hemmer-Methode: Ein Vorbringen darf im frühen ersten Termin nicht als verspätet zurückgewiesen werden, wenn nach der Sach- und Rechtslage eine Streitbeendigung in diesem Termin von vornherein ausscheidet, etwa weil es sich erkennbar um einen Durchlauftermin oder um einen offensichtlich schwierigen Prozess handelt. Die Zurückweisung von Vorbringen als verspätet verstößt gegen den Anspruch des Prozessbeteiligten auf rechtliches Gehör aus Art 103 GG, wenn sich ohne weitere Erwägungen aufdrängt, dass die Verzögerung auch bei rechtzeitigem Vorbringen eingetreten wäre. Die Präklusionsvorschriften der ZPO dürfen nicht dazu benutzt werden, verspätetes Vorbringen auszuschließen, wenn ohne jeden Aufwand erkennbar ist, dass die Pflichtwidrigkeit - die Verspätung allein - nicht kausal für die Verzögerung ist.[396].

Die Auffassung des BVerfG[397] kann als vermittelnde Ansicht zwischen absolutem und relativem Verzögerungsbegriff angesehen werden.

(2) Nicht genügende Entschuldigung

einfaches Verschulden ausreichend

Für § 296 I ist einfaches Verschulden ausreichend. Verschulden eines Vertreters wird der Partei gem. § 51 II (gesetzlicher Vertreter) bzw. § 85 II (Prozessbevollmächtigter) zugerechnet.[398]

434

keine vorsorgliche Geltendmachung sämtlicher denkbarer Verteidigungs- bzw. Angriffsmittel erforderlich

Bei dem für die jeweilige Partei geltenden Sorgfaltsmaßstab ist Folgendes zu berücksichtigen: Es kann nicht Sinn und Zweck der Präklusionsvorschriften sein, eine Partei dazu zu bringen, möglichst frühzeitig im Prozess alle möglicherweise relevanten Tatsachen und Beweismittel vorzubringen. Auch dies würde zu einer Überfrachtung und Verschleppung des Verfahrens führen, die gerade vermieden werden soll. Deshalb handelt auch die Partei sorgfältig, die ihr Vorbringen am Verlauf des Prozesses, also am Vorbringen der Gegenpartei und an richterlichen Hinweisen, orientiert.[399]

435

Fall: K klagt gegen B auf Schadensersatz aus Vertragsverletzung. Kurz vor Schluss der mündlichen Verhandlung kommen dem Gericht Bedenken, ob zwischen K und B ein wirksamer Vertrag besteht. Das Gericht ist der Auffassung, es kämen nur deliktische Ansprüche in Betracht.

---

395 Zöller, § 296 Rn. 22, BVerfG, NJW 1995, 1417 ff.
396 Vgl. dazu zuletzt BGH, NJW-RR 2005, 1296 f.
397 BVerfG, NJW 1995, 1417 ff.
398 Th/P, § 296 Rn. 28.; zu § 85 II lessen Sie nochmals die Hemmer-Methode bei Rn. 410.
399 Zöller, § 296 Rn. 23.

Nach einem entsprechenden richterlichen Hinweis trägt K nun Tatsachen bezüglich des Verschuldens des B vor. Kann das Gericht dieses Vorbringen als verspätet zurückweisen?

Solange für K die Möglichkeit eines Anspruchs aus Vertragsverletzung bestand, musste er gemäß § 280 I S.2 BGB zum Verschulden des B nichts vorbringen. Es kann von ihm nicht verlangt werden, sofort und ohne konkrete Veranlassung alle erdenklichen, nur möglicherweise relevanten Tatsachen vorzubringen; zudem muss K auch die Möglichkeit haben, prozesstaktisch vorzugehen, also zunächst das Auffinden der (nicht)verschuldensrelevanten Tatsachen dem Gegner zu überlassen.

Nach dem richterlichem Hinweis bestand für K die konkrete Veranlassung, zur Verschuldensfrage Stellung zu nehmen. Dies hat er getan. Ein Verschulden für eine evtl. Verzögerung ist nicht gegeben.

bb) § 296 II

Verstoß gegen allgemeine Prozessförderungspflicht

Gem. § 296 II **kann** das Gericht Angriffs- und Verteidigungsmittel zurückweisen, wenn eine Partei diese entgegen ihrer allgemeinen Prozessförderungspflicht gem. § 282 I, II nicht rechtzeitig vorgebracht hat.

436

Voraussetzung ist insoweit, dass eine Verzögerung des Rechtsstreits eintritt und der Verstoß gegen die allgemeine Prozessförderungspflicht auf grober Nachlässigkeit beruht.

grobe Fahrlässigkeit

Der Begriff der groben Nachlässigkeit ist deckungsgleich mit dem der groben Fahrlässigkeit. Grobe Nachlässigkeit ist also nur dann gegeben, wenn der Verstoß gegen die Prozessförderungspflicht jedem hätte einleuchten müssen. Auch insoweit erfolgt eine Zurechnung gem. §§ 51 II, 85 II.[400]

> *Fall:* K klagt gegen B und beauftragt Rechtsanwalt R mit seiner Vertretung. Daraufhin verreist K für zwei Monate, ohne zuvor mit R die Einzelheiten des Falles besprochen zu haben. Deshalb kann R bestimmte Tatsachen erst nach Rückkehr des K im Prozess vorbringen.
>
> Hier hätte es sich dem K geradezu aufdrängen müssen, dass er zumindest vor seiner Abreise seinen Anwalt soweit über den Fall in Kenntnis setzt, dass dieser ohne sein Beisein zur Sache verhandeln kann. Das Verhalten des K ist deshalb als grob nachlässig zu beurteilen.

cc) § 296 III

Zulässigkeitsrügen

§ 296 III knüpft an die in § 282 III normierte Pflicht der Parteien an, **Zulässigkeitsrügen** (vgl. dazu nochmals Rn. 141) gleichzeitig vor der Verhandlung der Hauptsache vorzubringen.

437

Die §§ 296 III, 282 III gelten nur hinsichtlich der Prozesshindernisse, also nicht für die von Amts wegen zu berücksichtigenden Prozessvoraussetzungen.[401]

nur bei genügender Entschuldigung

Entgegen § 282 III verspätet vorgebrachte Rügen sind nicht zuzulassen, soweit keine genügende Entschuldigung durch die Partei erfolgt. Insoweit gelten die Ausführungen zu § 296 I.

§ 39 lex specialis bzgl. Zuständigkeit

Soweit die fehlende sachliche oder örtliche Zuständigkeit nicht rechtzeitig gerügt wird, geht § 39 als Spezialvorschrift vor.[402]

---

400 Th/P, § 296 Rn. 37.
401 Th/P, § 296 Rn. 40 f.
402 Th/P, § 296 Rn. 41.

c) Sonderproblem: Sog. „Flucht in die Säumnis- bzw. Widerklage"

Ausgangsfall

Fall: *K klagt gegen B auf Kaufpreiszahlung. Der Richter setzt dem B zur Klageerwiderung eine Frist bis zum 10.03.2003, Termin wird am 10.04.2003 anberaumt. Erst am 09.04.2003 teilt B seinem Rechtsanwalt R Tatsachen mit, die eine Anfechtung des Kaufvertrages begründen. Wie wird R handeln?*

438

Trägt R die anfechtungsrelevanten Tatsachen einschließlich Beweisangeboten im Termin am 10.04.2003 vor, so muss dieses Vorbringen gem. §§ 296 I, 276 I S. 2 als verspätet zurückgewiesen werden, wenn der Beweis nicht erbracht werden kann. Sinnvoll ist hier die sog. *„Flucht in die Säumnis"*.[403]

R erscheint nicht zum Termin am 10.04.2003 und lässt Versäumnisurteil gegen B ergehen. Gegen dieses legt er Einspruch ein und bringt zusammen mit dem Einspruch die neuen Tatsachen und Beweisangebote vor. Da durch den Einspruch gem. § 342 der Prozess in die Lage vor Eintritt der Säumnis zurückversetzt wird, tritt der Einspruchstermin an die Stelle des Säumnistermins. Dadurch wird zwar nicht die Fristversäumung geheilt. Es tritt aber keine Verzögerung ein, wenn im Einspruchstermin die Beweiserhebung erfolgen kann.

Flucht in Widerklage

Eine weitere Reaktion auf eine drohende Präklusion ist die sog. *„Flucht in die Widerklage"*.[404]

439

einheitliche Berücksichtigung des Tatsachenvorbringens

Soweit der Beklagte mit einem Verteidigungsvorbringen eigentlich präkludiert ist, dieses aber auch zur Begründung einer von ihm erhobenen Widerklage dient, ist es n.A. des BGH nicht möglich, ein und dasselbe Vorbringen zwar für die Widerklage, nicht aber als Verteidigungsvorbringen hinsichtlich der Klage zu berücksichtigen. Das Gericht müsse das Vorbringen deshalb insgesamt berücksichtigen.

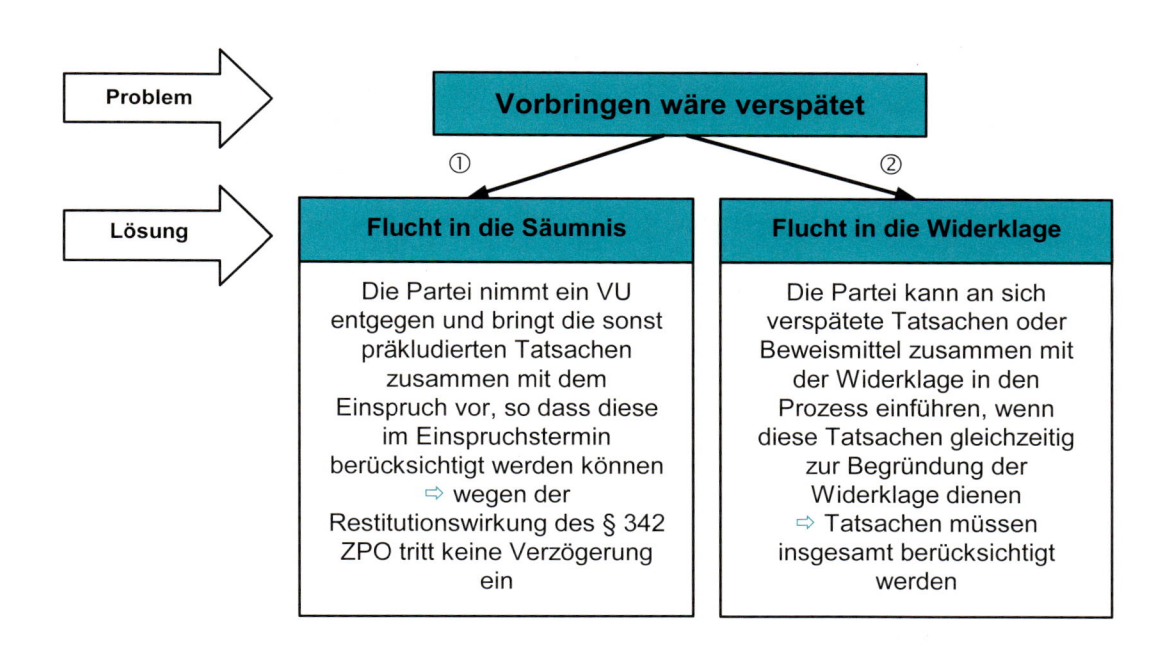

Problem → **Vorbringen wäre verspätet**

Lösung →

① **Flucht in die Säumnis**

Die Partei nimmt ein VU entgegen und bringt die sonst präkludierten Tatsachen zusammen mit dem Einspruch vor, so dass diese im Einspruchstermin berücksichtigt werden können
⇨ wegen der Restitutionswirkung des § 342 ZPO tritt keine Verzögerung ein

② **Flucht in die Widerklage**

Die Partei kann an sich verspätete Tatsachen oder Beweismittel zusammen mit der Widerklage in den Prozess einführen, wenn diese Tatsachen gleichzeitig zur Begründung der Widerklage dienen
⇨ Tatsachen müssen insgesamt berücksichtigt werden

Vertiefungshinweis für Referendare und Praktiker:
Zum *„Verspätungsrecht im Berufungsverfahren"* vgl. SCHNEIDER in NJW 2003, 1434 ff.

---

[403] Musielak, Rn. 340 f.
[404] Musielak, Rn. 342.

§ 5 DIE BETEILIGUNG MEHRERER AM RECHTSSTREIT

I. Streitgenossenschaft

mehrere Personen auf einer Seite

Stehen auf der Seite einer Partei mehrere Personen, so spricht man von subjektiver Klagenhäufung oder Streitgenossenschaft.

hemmer-Methode: Die Streitgenossenschaft zählt zu den schwierigeren Gebieten des Prozessrechts und eignet sich wegen der Berührungspunkte mit dem materiellen Recht als Prüfungsstoff für das Referendarexamen. Vermeiden Sie die Anhäufung von Detailwissen und bemühen Sie sich in erster Linie um Verständnis der Grundstrukturen. Folgende Fragen müssen stets genau voneinander unterschieden werden:

1. Liegt eine Streitgenossenschaft vor?
2. Ist diese Streitgenossenschaft zulässig?
3. Welche Wirkungen ergeben sich hieraus für den Prozess?

Erst an dieser Stelle wird die Frage relevant, ob es sich um eine einfache oder notwendige Streitgenossenschaft handelt, da sich aus dieser Unterscheidung verschiedene Rechtsfolgen für den Prozess ergeben.

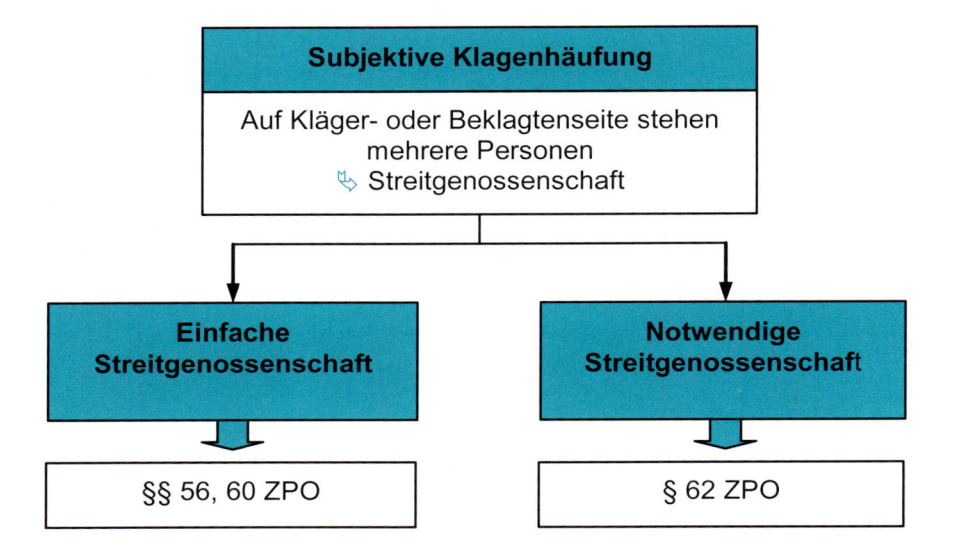

```
            Subjektive Klagenhäufung
     Auf Kläger- oder Beklagtenseite stehen
              mehrere Personen
             ↳ Streitgenossenschaft
               /              \
    Einfache                 Notwendige
 Streitgenossenschaft    Streitgenossenschaft
        ↓                       ↓
    §§ 56, 60 ZPO            § 62 ZPO
```

1. Einfache Streitgenossenschaft

Ausgangsfall

Ausgangsfall: K1 und K2 haben gemeinsam Klage auf Schadensersatz gegen B wegen eines von diesem verschuldeten Verkehrsunfalls erhoben. In der mündlichen Verhandlung erscheint nur K1. B beantragt Abweisung der Klage von K1 und Erlass eines Versäumnisurteils gegen K2. Wie ist zu entscheiden, wenn nach Auffassung des Gerichts der von K2 geltend gemachte Schadensersatzanspruch besteht?

a) Entstehung

urspr. und nachträgl. Entstehung

Eine Streitgenossenschaft entsteht

– *Klageerhebung*

⇒ **anfänglich** durch *Klageerhebung*, wenn bereits in der Klageschrift mehrere klagende oder beklagte Personen benannt werden, vgl. Ausgangsfall;

§ 5 DIE BETEILIGUNG MEHRERER AM RECHTSSTREIT

Parteierweiterung
⇨ *nachträglich* durch den Beitritt weiterer Personen auf Kläger- oder Beklagtenseite während des Prozesses, sog. *Parteierweiterung*;[405]

– *Parteiwechsel*
⇨ *nachträglich*, wenn anstelle einer Person mehrere Personen Partei werden, sog. *Parteiwechsel*;[406]

– *Prozessverbindung, § 147*
⇨ *nachträglich* durch die *Verbindung mehrerer Prozesse* gem. § 147, wenn an diesen verschiedene Personen auf Kläger- oder Beklagtenseite beteiligt sind.

b) Zulässigkeitsvoraussetzungen

Voraussetzungen
Von der bloßen Tatsache einer Streitgenossenschaft zu unterscheiden ist die Frage ihrer Zulässigkeit. 443

aa) §§ 59, 60

Hintergrund: Prozessökonomie
Die §§ 59, 60 nennen drei Fälle, in denen mehrere Personen als Streitgenossen gemeinsam klagen oder verklagt werden können.

Die Vorschriften sollen die Verbindung mehrerer Prozesse ermöglichen, wenn eine *gemeinsame Verhandlung unter prozessökonomischen Gesichtspunkten sinnvoll ist*; sie sind diesem Zweck entsprechend weit auszulegen.[407]

Rechtsgemeinschaft, § 59 1. Alt.
(1) Rechtsgemeinschaft hinsichtlich des streitgegenständlichen materiellen Rechts, *§ 59 1. Alt.* sind z. B.: 444

⇨ Gesamtschuldnerschaft, § 421 BGB,

⇨ Gesamtgläubigerschaft, § 432 BGB

⇨ Bruchteilsgemeinschaften, § 741 BGB

⇨ Gesamthandsgemeinschaften, §§ 705, 2032 BGB

Identität des Grundes, § 59 2. Alt.
(2) Berechtigung oder Verpflichtung aus demselben rechtlichen und tatsächlichen Grunde, *§ 59 2. Alt.* 445

Beispiele:

– *Von mehreren Gläubigern oder gegen mehrere Schuldner werden Ansprüche geltend gemacht, die sich aus einem einheitlichen Vertrag ergeben.*

– *Von mehreren Gläubigern werden Ansprüche geltend gemacht, die auf eine unerlaubte Handlung zurückzuführen sind.*

Gleichartigkeit der Gründe, § 60
(3) Gleichartige Ansprüche oder Verpflichtungen, die auf einem im wesentlichen gleichartigen tatsächlichen und rechtlichen Grund beruhen, *§ 60*. 446

---

405 Vgl. Rn 475 ff.
406 Vgl. Rn. 470 ff.
407 Th/P, vor § 59 Rn. 1; Zöller, § 59, Rn. 4.

Beispiele:

- *Ansprüche mehrerer Personen, die Verträge zu denselben Bedingungen abgeschlossen haben.*

- *Ansprüche mehrerer Unterhaltsgläubiger gegen einen Unterhaltsschuldner.*

- *Ansprüche mehrerer geschädigter Kapitalanleger gegen gemeinsamen Gegner.*

hemmer-Methode: Die Abgrenzung der in den §§ 59, 60 genannten Fälle kann im Einzelfall schwierig sein. Nennen Sie dann zunächst die Argumente, die für und gegen eine Einordnung bei § 59 1. Alt. , 2. Alt. sprechen. Die Entscheidung des Problems kann offen bleiben, wenn wegen der Gleichartigkeit der geltend gemachten Ansprüche und ihres tatsächlichen und rechtlichen Grundes eine gemeinsame Verhandlung sinnvoll erscheint. Dann ist jedenfalls § 60 einschlägig. Es sollen v.a. mehrfache parallele Verhandlungen und Beweisaufnahmen über gleiche oder ähnliche Fragen vermieden werden.

Im Ausgangsfall wäre die Streitgenossenschaft zulässig, wenn die von K1 und K2 geltend gemachten Ansprüche auf demselben tatsächlichen und rechtlichen Grund beruhen, § 59 2. Alt. . Derselbe rechtliche Grund liegt vor, da sich die Ansprüche von K1 und K2 aus §§ 823 I, II BGB, 229 StGB, 7, 18 StVG ergeben. Stellt man auf das Unfallgeschehen insgesamt ab, so besteht auch in tatsächlicher Hinsicht Identität des Anspruchsgrundes.

Anders wäre zu entscheiden, wenn für die Abgrenzung die einzelne Verletzungshandlung maßgeblich wäre. Die Frage kann jedoch offen bleiben, weil die erhobenen Ansprüche und ihr tatsächlicher und rechtlicher Grund jedenfalls im wesentlichen gleichartig sind, § 60.

bb) § 260

subj. = obj. Klagenhäufung ⇨ § 260

Da bei einer subjektiven Klagenhäufung stets auch mehrere prozessuale Ansprüche geltend gemacht werden, stellt diese auch eine objektive Klagenhäufung dar.[408]

In entsprechender Anwendung von § 260 muss deshalb dasselbe Prozessgericht zuständig und dieselbe Prozessart zulässig sein. Ferner darf kein Verbindungsverbot bestehen.

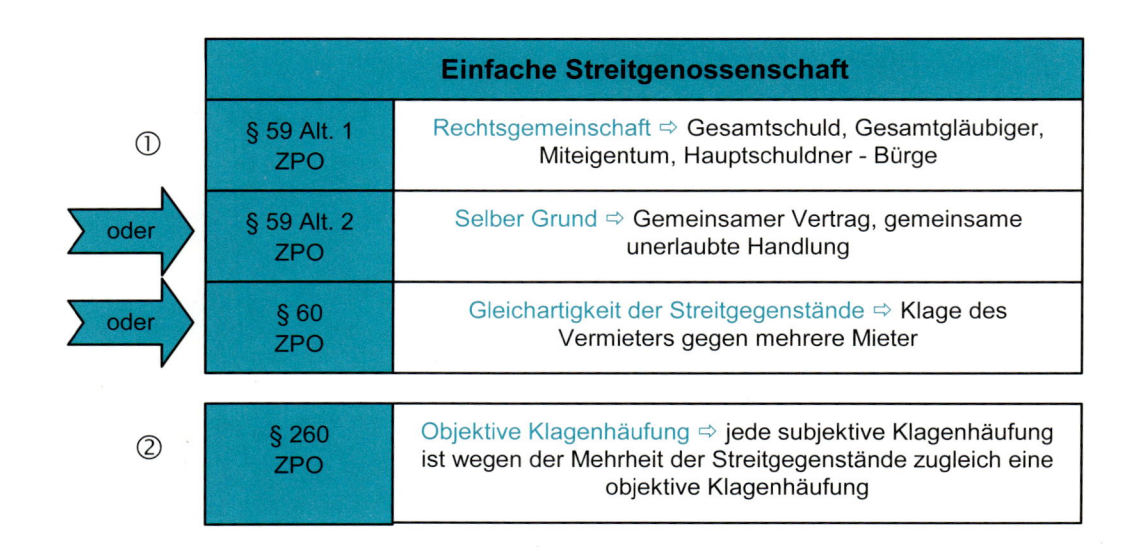

		Einfache Streitgenossenschaft
①	§ 59 Alt. 1 ZPO	Rechtsgemeinschaft ⇨ Gesamtschuld, Gesamtgläubiger, Miteigentum, Hauptschuldner - Bürge
oder	§ 59 Alt. 2 ZPO	Selber Grund ⇨ Gemeinsamer Vertrag, gemeinsame unerlaubte Handlung
oder	§ 60 ZPO	Gleichartigkeit der Streitgegenstände ⇨ Klage des Vermieters gegen mehrere Mieter
②	§ 260 ZPO	Objektive Klagenhäufung ⇨ jede subjektive Klagenhäufung ist wegen der Mehrheit der Streitgegenstände zugleich eine objektive Klagenhäufung

---

408 Musielak, Rn. 197.

c) Rechtsfolgen

aa) Getrennte Verhandlung

bei Unzulässigkeit: Trennung

Ist die Streitgenossenschaft nicht zulässig, so ordnet das Gericht die getrennte Verhandlung über die erhobenen Ansprüche an.

bei Zulässigkeit:

Ist die Streitgenossenschaft zulässig, so kann über die geltend gemachten Ansprüche gemeinsam verhandelt und entschieden werden. Dies ist jedoch nicht zwingend erforderlich. Erachtet das Gericht eine gemeinsame Verhandlung trotz Zulässigkeit der Streitgenossenschaft nicht als sinnvoll, so besteht ebenfalls die Möglichkeit, eine getrennte Verhandlung anzuordnen, vgl. § 145 I.

bb) Gemeinsame Verhandlung

gemeinsame Verhandlung (+ Entscheidung)

Findet keine Prozesstrennung statt, so wird über die erhobenen Ansprüche gemeinsam verhandelt und gegebenenfalls gemeinsam entschieden.

Grundsatz:
Selbständigkeit der Prozessrechtsverhältnisse

Dies bedeutet jedoch nicht, dass sich die miteinander verbundenen Prozesse identisch entwickeln und zu einer einheitlichen Entscheidung gegenüber allen Streitgenossen führen müssen. Vielmehr bildet die gemeinsame Verhandlung *nur eine äußere Verbindung der einzelnen Prozesse*. Diese können sich im Übrigen verschieden entwickeln und zu unterschiedlichen Entscheidungen führen.

Dieser Grundsatz der *Selbständigkeit der einzelnen Prozessrechtsverhältnisse* kommt im Gesetz in den §§ 61, 63 Hs. 1 zum Ausdruck:

Das Prozessverhalten eines Streitgenossen ist grundsätzlich ohne Einfluss auf den Prozess eines anderen Streitgenossen, soweit nicht etwas anderes bestimmt ist, § 61. Jedem Streitgenossen steht das Recht zur Führung seines Prozesses zu, § 63 Hs. 1.

Nach diesen Vorschriften ist in jedem Einzelfall zu ermitteln, ob ein bestimmtes prozessuales Ereignis nur einen oder ausnahmsweise mehrere der miteinander verbundenen Prozesse betrifft.

(1) Gemeinsame Entwicklung der Prozesse[409]

gemeinsame Entwicklung

⇨ Alle Streitgenossen müssen *zu sämtlichen Terminen geladen* werden, § 63 Hs. 2.

⇨ Der *Tatsachenvortrag* durch einen Streitgenossen wirkt für und gegen die anderen Streitgenossen, wenn die Tatsachen auch deren Prozesse betreffen (sog. gemeinsame Tatsachen) und diese dem Tatsachenvortrag nicht widersprechen.

⇨ Die *Beweisaufnahme und -würdigung* hinsichtlich gemeinsamer Tatsachen erfolgt für alle Streitgenossen einheitlich, soweit diese nicht von einzelnen Streitgenossen zugestanden sind (§§ 138 III, 288, 331 I).

⇨ Ein Streitgenosse kann über gemeinsame Tatsachen nicht *als Zeuge vernommen* werden (str.). Diese umstrittene h.M. überzeugt, da bei gemeinsamen Tatsachen ein Interessenskonflikt mit der Wahrheitspflicht (§ 390; § 153 StGB) entsteht.

---

[409] Zöller, § 61 Rn. 1 ff.

⇨ Die Prozesse können *in einem Endurteil* entschieden werden, wenn sie zum selben Zeitpunkt zur Entscheidung reif sind.

⇨ Das Verhalten eines Streitgenossen kann sich schließlich *materiell-rechtlich* auf den Prozess eines anderen Streitgenossen auswirken, z.B. gem. §§ 425 I, 429 BGB.

(2) Selbständige Entwicklung der Prozesse[410]

selbständige Entwicklung

Im Übrigen wird die Prozessführung eines Streitgenossen durch die eines anderen weder beeinträchtigt noch begünstigt.

⇨ Die *Rechtshängigkeit* richtet sich in jedem Prozess nach dem jeweiligen Zustellungszeitpunkt.

⇨ Für jeden Prozess sind die *Prozessvoraussetzungen* gesondert zu prüfen (Beachten Sie § 36 I Nr. 3 für die örtliche Zuständigkeit).

⇨ Die Bedeutung von *Bestreiten, Nichtbestreiten und Geständnis* beschränkt sich auf den einzelnen Prozess.

⇨ *Anerkenntnis, Verzicht, Klagerücknahme und Klageänderung* haben keine Auswirkungen auf den Prozess eines anderen Streitgenossen.

⇨ *Fristen* laufen für jeden Streitgenossen gesondert.

⇨ Die Frage der *Säumnis* ist für jeden Streitgenossen gesondert zu beurteilen.

⇨ Die *Entscheidung* kann den einzelnen Streitgenossen gegenüber unterschiedlich erfolgen. Ist der Rechtsstreit nicht allen Streitgenossen gegenüber zum selben Zeitpunkt zur Entscheidung reif, so kann ein Teilurteil, § 301, ergehen.

⇨ Der *Eintritt der Rechtskraft* einer Entscheidung richtet sich für jeden Streitgenossen nach dem Zustellungszeitpunkt bzw. nach der Einlegung eines Rechtsmittels.

⇨ Jeder Streitgenosse hat die Möglichkeit, unabhängig von den anderen *Rechtsmittel* einzulegen.

Im Ausgangsfall wird das Gericht die Klage des K2 durch Versäumnisurteil gem. § 330 abweisen, wenn neben der Säumnis und dem Antrag des B auch die übrigen Voraussetzungen hierfür vorliegen. B hingegen wird durch Endurteil zur Zahlung des von K1 geforderten Schadensersatzes verurteilt werden.

2. Notwendige Streitgenossenschaft

zwingend einheitliche Entscheidung

Es gibt Fälle, in denen eine solche unterschiedliche Entwicklung und Entscheidung miteinander verbundener Prozesse nicht möglich ist.

Ist aus rechtlichen Gründen eine einheitliche Entscheidung gegenüber allen Streitgenossen erforderlich, so spricht man von notwendiger Streitgenossenschaft (im Folgenden: nSG).

---

410 Zöller, § 61 Rn. 8 f.

> hemmer-Methode: Beachten Sie die Terminologie des Gesetzes: Der Begriff der Notwendigkeit bezeichnet nur die erforderliche Einheitlichkeit der Entscheidung für den Fall, *dass* mehrere Prozesse vorliegen. Dies bedeutet nicht, dass auch *stets* mehrere Prozesse notwendig sind.

unzureichende gesetzliche Regelung in § 62

Die gesetzliche Regelung der nSG in § 62 I ist völlig unzureichend: § 62 I 1. Alt. bestimmt, dass eine nSG vorliegt, wenn ein Rechtsverhältnis allen Streitgenossen gegenüber nur einheitlich festgestellt werden kann, trifft jedoch keine Aussage darüber, wann diese Voraussetzung erfüllt ist. Die Frage, wann eine Streitgenossenschaft aus sonstigem Grunde notwendig ist, § 62 I 2. Alt., wird nicht beantwortet. Auch die Regelung der Rechtsfolgen in § 62 I ist unzureichend.

2 Fallgruppen der nSG

Im Folgenden werden zunächst die beiden von Rechtsprechung und Lehre entwickelten Fallgruppen der nSG behandelt. Im Anschluss wird dargestellt, auf welche Weise die notwendige Einheitlichkeit der Entscheidung gewährleistet wird.

a) Materiell-rechtlich notwendige Streitgenossenschaft, § 62 I 2. Alt.

Recht mehrerer nur gemeinsam geltend zu machen

Eine nSG aus materiell-rechtlichen Gründen liegt vor, wenn das streitgegenständliche Recht mehreren Personen auf Kläger- oder Beklagtenseite gemeinsam zusteht und nur von allen oder gegenüber allen geltend gemacht werden kann.[411]

In diesen Fällen sind *sowohl* eine *gemeinsame Klage* aller Rechtsinhaber *als auch* eine *einheitliche Sachentscheidung* gegenüber allen Rechtsinhabern notwendig.

⇨ Frage der Prozessführungsbefugnis

Eine Klage von oder gegenüber einem Einzelnen scheitert an dessen fehlender Prozessführungsbefugnis und wäre daher unzulässig.

hemmer-Methode: Bei materiell-rechtlich nSG ist die gemeinsame Prozessführung daher eine Zulässigkeitsvoraussetzung!

Einer unterschiedlichen Entscheidung des Rechtsstreits gegenüber Einzelnen steht deren fehlende Sachlegitimation entgegen.

Bezüglich der Einzelheiten muss unterschieden werden:

aa) Aktivprozesse mehrerer Berechtigter

z.B. Gesamthandsklagen

Eine nSG liegt vor bei Klagen von Gesamthandsgemeinschaften, soweit nicht ausnahmsweise dem einzelnen Gesamthänder eine Prozessführungsbefugnis oder Sachlegitimation zusteht.[412]

Eine nur von einem oder mehreren einzelnen Gesamthändern erhobene Klage muss wegen fehlender aktiver Prozessführungsbefugnis als unzulässig abgewiesen werden.

Eine gemeinsam erhobene Klage ist nur zulässig, wenn in der Person jedes Gesamthänders alle Prozessvoraussetzungen erfüllt sind.

---

411 Th/P, § 62 Rn. 11.
412 Th/P, § 62 Rn. 13.

Eine gemeinsam erhobene, zulässige Klage muss gegenüber allen Gesamthändern und einheitlich entschieden werden, da der geltend gemachte Anspruch nur allen zusammen zusteht.

Beispiele:

- *Klage beider Ehegatten bei gemeinsam verwalteter Gütergemeinschaft, § 1450 I S. 1 BGB.*

- *Klage mehrerer Testamentsvollstrecker, § 2224 I S. 1 BGB.*

hemmer-Methode: Ein äußerst wichtiges Problem im Examen war die Klage der Gfter einer GbR. Dies war wegen § 709 BGB früher grds. ein Fall materiell—rechtlich nSG. Mit der Anerkennung der Prozessfähigkeit der GbR hat sich dieses Problem erledigt. Kläger ist nun die GbR selbst. Vgl. Sie dazu nochmals die Rn. 182.

- *Klage aller Mitglieder eines nichtrechtsfähigen Vereins, § 54 S. 1 BGB, § 50 II.*

hemmer-Methode: Fraglich ist, ob sich an dieser bislang geltenden Rechtsprechung wegen der GbR-Entscheidung etwas ändert. Da gem. § 54 S.1 BGB auf den nichtrechtsfähigen Verein das GbR-Recht anwendbar ist, diese aber mittlerweile als rechtsfähig und parteifähig anerkannt ist, wird in der Literatur die Auffassung vertreten, dass diese richterliche Rechtsfortbildung erst recht (a maiore ad minus) auch für den nichtrechtsfähigen Verein gelten müsse[413].

Ausn.:
PFB einzelner Gesamthänder

Ist dem einzelnen Gesamthänder ausnahmsweise eine Prozessführungsbefugnis oder sogar eine diese mit einschließende Aktivlegitimation eingeräumt, so liegt keine materiell-rechtliche nSG vor.

456

Beispiele:

- *Prozessführungsbefugnis des verwaltenden Ehegatten bei Gütergemeinschaft, § 1422 BGB*

- *Prozessführungsbefugnis einzelner Miterben, §§ 2038 I S. 2 Hs. 2, 2039 BGB*

- *Sachlegitimation einzelner Gesamthands- bzw. Mitgläubiger, § 432 I S. 1 BGB*

- *Sachlegitimation von Gläubiger und Pfandgläubiger, § 1281 S. 2 BGB*

hemmer-Methode: Umstritten ist, ob in diesen Fällen eine nSG wenigstens aus prozessrechtlichen Gründen vorliegt, wenn trotz Bestehen der Einzelklagebefugnis alle oder mehrere Gesamthänder gemeinsam klagen (vgl. Rn. 464).

bb) Passivprozesse gegen mehrere Verpflichtete

Unterscheide:
Gesamthands- / Gesamtschuld

Bei Passivprozessen gegen mehrere Verpflichtete ist zu unterscheiden, ob diese den geltend gemachten Anspruch *nur gemeinsam erfüllen* können (Gesamthandsschuld) oder ob *auch der Einzelne* zur Erfüllung in der Lage ist (Gesamtschuld).

457

Gesamthandsschuld - mat.-r. nSG

Nur bei der *Gesamthandsschuld* liegt eine materiellrechtlich nSG vor.[414]

458

---

413 vgl. Palandt § 54 Rn. 10
414 Arens, Rn. 447.

§ 5 DIE BETEILIGUNG MEHRERER AM RECHTSSTREIT

Eine gegenüber dem einzelnen Gesamthandsschuldner erhobene Klage muss wegen dessen fehlender passiver Prozessführungsbefugnis als unzulässig abgewiesen werden. Über eine gegen alle Gesamthandsschuldner erhobene Klage ist einheitlich zu entscheiden.

Eine *Ausnahme* gilt jedoch hinsichtlich solcher Gesamthandsschuldner, die ihre Verpflichtung bereits vor dem Prozess anerkannt haben. Gegen diese ist die Klage nicht zu richten.[415]

Beispiele:

- *Gesamthandsklage gegen Miteigentümer auf Übereignung, §§ 1008, 741, 747 S.2 BGB*[416]

- *Gesamthandsklage gegen Miterbengemeinschaft, § 2059 II i.V.m. 2040 I BGB*

- *Gesamthandsklage gegen Gütergemeinschaft, § 1459 I BGB*

Gesamtschuld: ⇨ Keine nSG

Bei einer *Gesamtschuld* liegt hingegen keine nSG vor. Eine Klage gegen einen oder mehrere einzelne Gesamtschuldner ist zulässig, die gegen mehrere Gesamtschuldner erhobenen Klagen können unterschiedlich entschieden werden, § 425 BGB.[417]

459

Beispiele:

- *Klage gegen Gesamtschuldner, §§ 421 ff. BGB*

- *Klage gegen BGB-Gesellschafter, soweit diese für Verbindlichkeiten gesamtschuldnerisch haften*

- *Gesamtschuldklage gegen Miterben, §§ 2058, 421 BGB*[418]

- *Gesamtschuldklage gegen Ehegatten bei Gütergemeinschaft, § 1459 II, 421 BGB*

cc) Gestaltungsklagen

gemeinsame Ausübung eines Gestaltungsrechts

Bei Gestaltungsklagen ist eine nSG gegeben, wenn das Gestaltungsrecht mehreren Personen gemeinsam zusteht oder gegen mehrere gemeinsam zu richten ist und nur durch gemeinsame Klage ausgeübt werden kann.[419]

460

insbesondere im GesellschaftsR

Beispiele:

- *Entziehung der Geschäftsführungsbefugnis oder Vertretungsmacht bei OHG/KG, §§ 117, 161 II HGB bzw. §§ 127, 161 II HGB*

- *Ausschluss eines Gesellschafters aus OHG/KG, §§ 140, 161 II HGB*

- *Auflösung einer OHG/KG, §§ 133, 161 II HGB (nur gegen widersprechende Gesellschafter zu richten)*

---

415 R/S/G, § 49 III 1 b (1).

416 Achtung: keine nSG liegt vor, wenn Miteigentümer auf Übertragung ihres Miteigentumsanteils verklagt werden, vgl. § 747 S.1 BGB. Hier kann jeder selbst verfügen!

417 Th/P, § 62 Rn. 15.

418 Ob der Kläger gegen die Erbengemeinschaft mittels Gesamthandsklage oder Gesamtschuldklage vorgehen will, ist gegebenenfalls durch Auslegung zu ermitteln. Kann der geltend gemachte Anspruch von den Erben aber nur gemeinschaftlich erfüllt werden (z.B. Grundbuchberichtigungsanspruch aus § 894 BGB), so liegt immer eine Gesamthandsklage vor, vgl. BGH in L&L 1998, 303.

419 Th/P, § 62 Rn. 12.

Unterscheide: LK nach wirksamer Ausübung des GestaltungsR ⇨ nSG (-)

Keine nSG liegt vor bei Gestaltungsrechten, die auch ohne Klage ausgeübt werden können. In diesen Fällen erfordert nur die materiellrechtliche Gestaltungserklärung gemeinsames Handeln, nicht aber die anschließende Leistungsklage nach vollzogener Gestaltung.[420]

Beispiele:

- *Klage mehrerer Käufer auf Rückgewähr des Kaufpreises aus § 346 BGB nach gemeinsam erklärtem Rücktritt, §§ 437 Nr. 2 BGB*

- *Klage mehrerer Personen auf Rückabwicklung aus § 812 BGB nach gemeinsam erklärter Anfechtung gem. § 143 BGB*

b) Prozessrechtlich notwendige Streitgenossenschaft, § 62 I 1. Alt.

aa) Rechtskrafterstreckung bei aufeinander folgenden Prozessen

Fälle der Rechtskrafterstreckung

Würde bei aufeinander folgender Durchführung mehrerer Prozesse Rechtskrafterstreckung eintreten (vgl. dazu §§ 325 ff., 856 IV), so liegt eine nSG aus prozessrechtlichen Gründen vor, wenn diese Prozesse miteinander verbunden werden.

hemmer-Methode: Bei der prozessrechtlich nSG besteht also kein Zwang zur gemeinsamen Klage, sodass die Klage auch bei getrennter Prozessführung zulässig ist. Bei gemeinsamer Klage ist aber eine einheitliche Entscheidung notwendig.[421]

Bsp.:
Klage gg. Testamentsvollstrecker und Erben

Fall: K verklagt den Testamentsvollstrecker T und den Erben E gemeinsam auf Schadensersatz mit der Behauptung, der Erblasser habe eine unerlaubte Handlung gegen ihn begangen. Sind T und E nSG?

K hat gem. § 2213 I S. 1 BGB den Testamentsvollstrecker und den Erben wegen eines gegen den Nachlass gerichteten Anspruchs gemeinsam verklagt.

Er hätte nach dieser Vorschrift auch die Möglichkeit gehabt, seinen Anspruch nur gegenüber T geltend zu machen. Nehmen Sie an, eine allein gegen T gerichtete Klage wäre abgewiesen worden, weil sich das Gericht vom Nichtbestehen des Anspruchs überzeugt hat. Könnte K dann mit Aussicht auf Erfolg denselben Anspruch gegenüber E geltend machen?

Dies ist zu verneinen. Das rechtskräftige Urteil zwischen T und K wirkt gem. § 327 I auch für E, sog. Rechtskrafterstreckung. Eine Klage des K gegen den E müsste deshalb wegen entgegenstehender Rechtskraft als unzulässig abgewiesen werden.

Dieser Rechtskrafterstreckung würde es widersprechen, wenn bei Verbindung der Prozesse mit unterschiedlichem Ergebnis über diese entschieden werden könnte.

T und E sind deshalb nSG gem. § 62 I 1. Alt.

hemmer-Methode: Die nSG aus prozessrechtlichen Gründen wird erst bei Kenntnis der Einzelheiten der Rechtskrafterstreckung verständlich, vgl. die weiteren Fälle der Rechtskrafterstreckung bei Rn. 550 ff. Beachten Sie aber bereits hier: Besteht in Einzelfällen Streit darüber, ob Rechtskrafterstreckung eintritt oder nicht, so wirkt sich dies bei der Frage aus, ob bei verbundenen Prozessen eine nSG aus prozessrechtlichen Gründen gegeben ist.

---

420 Th/P, a.a.O.
421 Th/P, § 62 Rn. 7.

bb) Unteilbarkeit des Streitgegenstands

Lit.:
(+) bei Unteilbarkeit des Streitgegenstandes

Nach Auffassung der Literatur soll hingegen eine nSG vorliegen, wenn alle oder mehrere Gesamthänder trotz Bestehen einer Einzelklagebefugnis gemeinsam klagen.

In diesen Fällen sei wegen der Unteilbarkeit des in allen Prozessen gleichen Streitgegenstandes eine einheitliche Entscheidung gegenüber allen klagenden Gesamthändern erforderlich.[422]

Dies sei bei **Aktiv**prozessen der Mitberechtigten in den Fällen der §§ 432, 1011 und 2039 BGB der Fall. Klagen danach trotz des Einzelklagerechts [daher keine materiell-rechtlich nSG, s.o.] alle oder mehrere Miterben gemeinsam, so fordere die Unteilbarkeit ihres Rechts, dass darüber notwendig eine einheitliche Sachentscheidung ergehe.

Rspr.: (-)

Die Rechtsprechung lehnt eine nSG aus prozessrechtlichen Gründen in weiteren Fällen grundsätzlich ab.[423]

Der Ansicht in der Literatur wird entgegengehalten, dass dies **nicht notwendig** sei, weil schon mit dem positiven Urteil nur eines Mitberechtigten das Recht für die Gesamtheit gesichert ist. Eine Rechtskraftkollision ist dann jedenfalls unschädlich, aber auch unwahrscheinlich, weil der Gegner an der Prozessführung gegenüber den anderen Beteiligten kein Interesse mehr haben wird[424].

Der BGH ist der Auffassung, dass die **Notwendigkeit** einer einheitlichen Sachentscheidung nicht allein daraus hergeleitet werden könne, dass ein Urteil, in dem die Klage eines Miterben abgewiesen würde, gleichzeitig aber ein anderer Miterbe in der selben Sache obsiegt, sinnlos erschiene[425].

hemmer-Methode: Wenn Sie dieses Problem überhaupt (er)kennen, ist es völlig egal, welcher Ansicht Sie in einer Klausur folgen.

464

Notwendige Streitgenossenschaft
Sachentscheidung nur einheitlich möglich

Prozessrechtlich NSG § 62 I Alt. 1	Materiellrechtlich NSG § 62 I Alt. 2
Einzelklage zulässig, Streitgenosse alleine prozessführungsbefugt	Einzelklage unzulässig, da nur gemeinsame Prozessführungsbefugnis
• notwendige Einheitlichkeit wird durch Rechtskrafterstreckung erreicht (Bsp.: § 248 AktG) ⇨ (-) bei Klage gg. OHG und Gesellschafter	• Aktivprozesse von Gesamthandsgemeinschaften Achtung: GbR nach neuer Rspr. selbst parteifähig
• Str.: Bei unteilbarem Streitgegenstand (Klage von Miteigentümern) Nach Rspr. kein Fall der nSG	• Passivprozesse gegen die Gesamthand (nicht Gesamtschuld) ⇨ § 2059 II BGB • Gemeinsame Gestaltungsklage (Gesellschafterausschluss)

---

422 Zöller, § 62 Rn. 16; R/S/G, § 49 III 1 a (1); Th/P, § 62 Rn. 8 a.E. m.w.N.
423 BGHZ 92, 351.
424 MüKo, § 62 ZPO, Rn. 20; GOTTWALD, JA 1982, 69; LINDACHER, JuS 1986, 383.
425 BGH, NJW 1989, 2133; wie die unterschiedlichen Ansätze in dieser Frage zeigen, ist in einer Klausur bei dieser absolut strittigen Frage jede Ansicht vertretbar. Man muss „nur" - schwer genug (!) - einen "roten Faden" in die eigenen Ausführungen bringen.

c) Wirkungen der notwendigen Streitgenossenschaft

Einschränkung der Selbständigkeit der Prozessrechtsverhältnisse

Auch bei der nSG gilt, dass die einzelnen Prozesse grundsätzlich selbständig sind, § 61. Dieser Grundsatz wird jedoch sehr weitgehend eingeschränkt, um die notwendige Einheitlichkeit der Entscheidung zu gewährleisten.[426]

aa) Gesetzliche Regelung

§ 62 I: Vertretungsfiktion

§ 62 I bestimmt insoweit nur, dass bei Termin- oder Fristversäumnis die säumigen Streitgenossen als durch die nicht säumigen vertreten gelten.

*Beispiel: Bleibt im Termin zur mündlichen Verhandlung ein notwendiger Streitgenosse aus, so gilt er gem. § 62 I als durch die erschienenen Streitgenossen vertreten. Durch diese Fiktion wird **verhindert, dass** gegen ihn ein **Versäumnisurteil** und gegen die anwesenden Streitgenossen ein inhaltlich abweichendes, kontradiktorisches Urteil **ergeht**.*

bb) Weitere Einschränkungen der Selbständigkeit

bedingte Wirksamkeit des Prozessverhaltens einzelner SG

Über die unzureichende gesetzliche Regelung hinaus muss die Wirkung des Prozessverhaltens einzelner Streitgenossen eingeschränkt werden, soweit diese zu unterschiedlichen oder für die anderen Streitgenossen ungünstigen Entscheidungen führen kann.[427]

Beispiele:

- *__Anerkenntnis__ oder __Verzicht__ eines Streitgenossen führen weder zu einem entsprechenden Urteil gegen diesen noch zu einem Urteil gegen alle Streitgenossen.*

- *Eine __Klageänderung__ muss von allen Streitgenossen gemeinsam vorgenommen werden.*

- *__Nichtbestreiten__ oder __Geständnis__ durch einzelne Streitgenossen führen nicht dazu, dass die Tatsache allen Streitgenossen gegenüber als zugestanden gilt.*

Prozessbeendigungshandlungen bei prozessrechtlich nSG

Prozesshandlungen, die zur Beendigung eines einzelnen Prozesses ohne sachliche Entscheidung führen (**Klagerücknahme, übereinstimmende Erledigterklärung, Prozessvergleich**), sind bei der prozessrechtlich nSG zulässig.

Die verbleibenden Streitgenossen sind weiterhin prozessführungsbefugt; ihnen gegenüber bleibt eine einheitliche Sachentscheidung möglich.[428]

keine Prozessbeendigung durch einzelne materiell nSG

Umstritten ist dies bei der materiell-rechtlich nSG. Durch die Beendigung des Prozesses eines Streitgenossen fehlt den verbleibenden Streitgenossen die Prozessführungsbefugnis, so dass die übrigen Klagen als unzulässig abgewiesen werden müssen.

Nach einer Ansicht ist deshalb prozessbeendigendes Verhalten nur eines Streitgenossen unzulässig.[429] Nach der Gegenansicht darf die nSG nicht dazu führen, dass der einzelne Streitgenosse gegen seinen Willen am Prozess festgehalten wird.[430]

---

426 Jauernig, § 82 IV.
427 Th/P, § 62 Rn.16 ff.
428 Th/P, § 62 Rn. 17.
429 Jauernig, § 82 IV 3.
430 R/SG, § 49 IV 1 a; Musielak, Rn.203.

§ 5 DIE BETEILIGUNG MEHRERER AM RECHTSSTREIT

II. Parteiänderung[431]

1. Einführung

personelle Veränderung auf Kläger- oder Beklagtenseite

Unter den Begriff der Parteiänderung werden diejenigen Fälle gefasst, bei denen während des Prozesses auf Kläger- oder Beklagtenseite eine Änderung eintritt, indem

⇨ Kläger oder Beklagter durch einen Dritten ausgewechselt werden, sog. **Parteiwechsel**,

⇨ auf Kläger- oder Beklagtenseite eine oder mehrere Personen hinzutreten, sog. **Parteierweiterung**.

hemmer-Methode: Haben die Gesellschafter einer GbR selbst Klage erhoben ohne Hinweis auf ihre Stellung als Gesellschafter, weil sie der Ansicht waren, die mittlerweile anerkannte Rechts- und Parteifähigkeit der GbR hindere die Einzelgesellschafter nicht, im eigenen Namen Ansprüche der GbR einzuklagen, so muss kein Parteiwechsel erklärt werden. Es genügt, wenn das Rubrum dahingehend berichtigt wird, dass nicht die Gesellschafter der GbR Kläger sind, sondern die GbR als solche.[432]

Neben den gesetzlich geregelten Fällen der Parteiänderung spielt in Klausuren das Problem der gewillkürten Parteiänderung eine maßgebliche Rolle. Hierbei ist zu unterscheiden zwischen den Voraussetzungen, unter denen eine solche Parteiänderung zugelassen wird und ihren prozessualen Folgen, insbesondere der Frage, inwieweit die neu hinzutretende Partei bereits vorliegende Prozessergebnisse übernehmen muss.

2. Gewillkürter Parteiwechsel

hemmer-Methode: Sofern nicht ausdrücklich auf Besonderheiten hingewiesen wird, gelten die folgenden Ausführungen sowohl für den Klägerwechsel als auch den Beklagtenwechsel.

a) Voraussetzungen

keine gesetzliche Regelung des gewillkürten Parteiwechsels

Eine gesetzliche Regelung des gewillkürten Parteiwechsels und seiner Voraussetzungen fehlt. Aus diesem Grund bestehen unterschiedliche Ansätze, die im Zusammenhang mit dem Parteiwechsel auftretenden Probleme zu lösen.

Man muss sich vergegenwärtigen, dass einerseits das Argument der Prozessökonomie dafür spricht, denselben Prozess mit einem neuen Kläger oder Beklagten fortzuführen, soweit alter und neuer Streitstoff zumindest teilweise identisch sind.

Andererseits stellt sich gerade beim Beklagtenwechsel das Problem, dass niemand ohne weiteres einen laufenden Rechtsstreit übernehmen muss und der ausscheidende Beklagte unter Umständen ein Interesse an einer abschließenden Sachentscheidung hat.

hemmer-Methode: Unstrittig erforderlich ist beim Beklagtenwechsel die Wechselerklärung des Klägers, beim Klägerwechsel ist unstreitig die Parteiwechselerklärung des alten *und* des neuen Klägers erforderlich.[433]

---

431 Zum Parteibegriff vgl. nochmals Rn. 177 ff.
432 Vgl. BGH, NJW-RR 2006, 42 ff.
433 **Hinweis für Referndare**: Ein Klägerwechsel kann nicht wirksam unter der Bedingung erklärt werden, dass das Gericht die Zulässigkeit der Klage

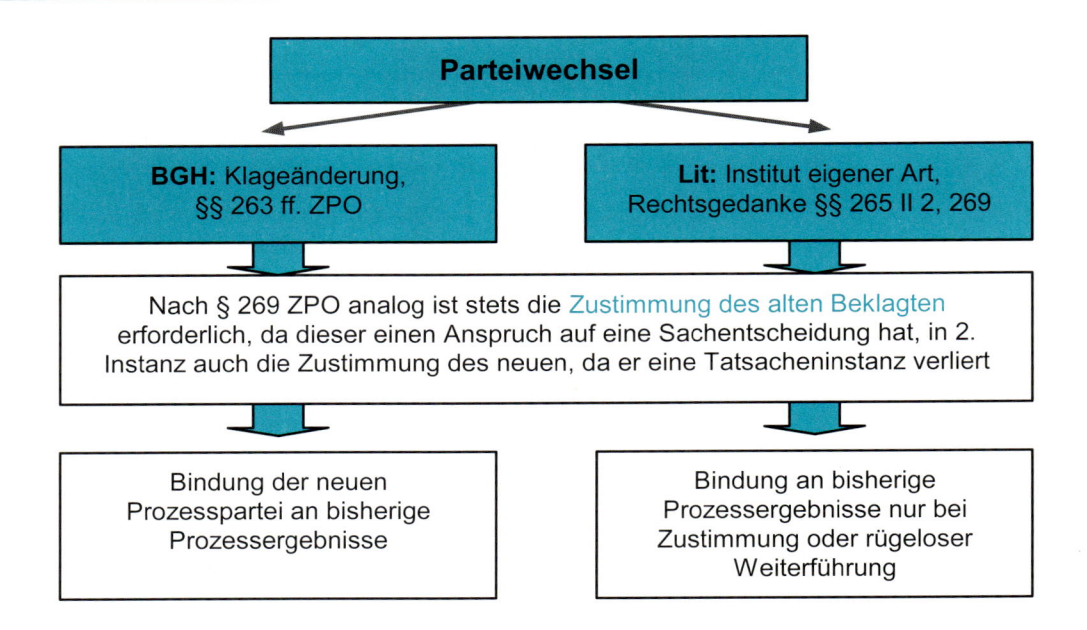

```
┌─────────────────────────┐
│      Parteiwechsel      │
└─────────────────────────┘
       ↙           ↘
┌──────────────┐  ┌──────────────────────┐
│ BGH: Klage-  │  │ Lit: Institut eigener│
│ änderung,    │  │ Art, Rechtsgedanke   │
│ §§ 263 ff.ZPO│  │ §§ 265 II 2, 269     │
└──────────────┘  └──────────────────────┘
```

Nach § 269 ZPO analog ist stets die Zustimmung des alten Beklagten erforderlich, da dieser einen Anspruch auf eine Sachentscheidung hat, in 2. Instanz auch die Zustimmung des neuen, da er eine Tatsacheninstanz verliert

| Bindung der neuen Prozesspartei an bisherige Prozessergebnisse | Bindung an bisherige Prozessergebnisse nur bei Zustimmung oder rügeloser Weiterführung |

Rspr.: Klageänderungstheorie, § 263

aa) Die *Rechtsprechung* begreift den gewillkürten Parteiwechsel als Klageänderung i.S.v. § 263, sog. *Klageänderungstheorie*.[434]

Soweit also das Gericht die Übernahme des Prozesses durch einen neuen Kläger oder Beklagten als sachdienlich erachtet, ist diese grundsätzlich zulässig. Die Sachdienlichkeit beurteilt sich nach prozessökonomischen Gesichtspunkten.

Soweit nicht wenigstens eine Teilidentität des Streitstoffs des neuen und des alten Prozessabschnitts gegeben ist, wird die Sachdienlichkeit in der Regel zu verneinen sein. Orientierungshilfe bieten insofern die Wertungen der §§ 59, 60. Man muss sich also die Frage stellen, ob zwischen der alten und der neuen Partei eine Streitgenossenschaft bei gemeinsamer Prozessführung möglich wäre.

hemmer-Methode: Dies ist lediglich eine Denkhilfe! Niemals dürfen Sie in der Klausur die §§ 59, 60 im Fall des Parteiwechsels anwenden, da dieser nie zu einer Streitgenossenschaft führen kann (anders bei der Parteierweiterung).

Einschränkungen:

Allerdings findet dieser Ansatz der Rechtsprechung einige wichtige *Einschränkungen*, die sich aus den der Prozessökonomie entgegenlaufenden Parteiinteressen ergeben:

– *Zustimmung des alten Beklagten, § 269 I analog*

⇨ Beim *Beklagten- bzw. Klägerwechsel* ist in entsprechender Anwendung von § 269 I stets die *Zustimmung des alten Beklagten* notwendig.[435] Dies folgt aus der § 269 I zu entnehmenden allgemeinen Wertung, dass dem Beklagten der Anspruch auf abschließende Sachentscheidung nicht ohne seine Zustimmung genommen werden kann. Insofern ist die Interessenlage bei Klagerücknahme und Beklagtenwechsel vergleichbar.

– *Zustimmung des neuen Beklagten in Berufungsinstanz wg. Instanzverlust*

⇨ Beim *Beklagtenwechsel in der Berufungsinstanz* ist zudem die *Zustimmung des neuen Beklagten* erforderlich, da diesem nicht ohne Weiteres eine Tatsacheninstanz entzogen werden kann.

---

des ursprünglichen Klägers als Prozessstandschafter verneint. Bei einem nur bedingten Parteiwechsel handelt es sich nicht wie bei gewöhnlichen Hilfsanträgen darum, ob demselben Kläger der eine oder der andere Anspruch zuzubilligen ist, sondern um die Begründung eines Prozeßrechtsverhältnisses mit einer anderen Partei. Ob ein solches besteht, darf, schon um der Rechtsklarheit willen, nicht bis zum Ende des Rechtsstreits in der Schwebe bleiben, BGH, BB 2004, 406 ff. = LNRB 2004, 10977; vgl. auch Stein/Jonas/Bork, ZPO, 21. Aufl., Vor § 59 Rdnr. 4 a).

434 BGH NJW 1976, 239.
435 BGH NJW 1981, 989.

§ 5 DIE BETEILIGUNG MEHRERER AM RECHTSSTREIT

Verzichtbar soll dieses Zustimmungserfordernis jedoch dann sein, wenn die *Verweigerung der Zustimmung rechtsmissbräuchlich* ist.[436] Dies kann dann angenommen werden, wenn die neue Partei auf den Verlauf des Prozesses in erster Instanz bereits maßgeblich Einfluss genommen hat und deshalb einer Prozessübernahme keine schutzwürdigen Interessen entgegenhalten kann.

<u>Achtung</u>: Beim Klägerwechsel gilt dieses Zustimmungserfordernis dagegen in der zweiten Instanz nicht[437]. Ein Klägerwechsel ist aber nur dann möglich, wenn die Berufung zulässig ist[438].

hemmer-Methode: Hat z.B. der Gesellschafter X der beklagten OHG diese in erster Instanz vertreten, so ist seine Zustimmung nicht erforderlich, wenn der Kläger in zweiter Instanz seine Klage gegen ihn richtet, da er die OHG gem. § 51 I, § 125 I HGB vertreten hat und von Anfang wusste, dass er im Fall des Unterliegens der OHG wegen § 128 HGB haften muss.

Lit.: Theorie der Regelungslücke

bb) Dieser Auffassung ist die *Literatur* entgegengetreten, da nach ihrem Verständnis § 263 die Probleme des Parteiwechsels nicht befriedigend zu lösen vermag. Hierbei wird gerade auf die von der Rechtsprechung selbst vorgenommenen Einschränkungen für den Fall des gewillkürten Beklagtenwechsels abgestellt.

Mangels gesetzlicher Regelungen soll in gerechter Interessenabwägung unter Heranziehung der Wertungen der §§ 265 II S. 2, 269 ein *eigenständiges Rechtsinstitut* entwickelt werden, sog. *Theorie der Regelungslücke*.[439]

⇨ Im Fall des gewillkürten Klägerwechsels ist die Zustimmung des alten Beklagten gem. § 269 I analog erforderlich, da der Beklagte einen Anspruch auf abschließende Sachentscheidung gegen den alten Kläger hat.[440]

⇨ Die Zustimmung des neuen Beklagten ist in erster Instanz nicht erforderlich, da gegen ihn auch eine neue Klage erhoben werden könnte.[441]

⇨ In der Berufungsinstanz ist die Zustimmung des neuen Beklagten außer in den Fällen rechtsmissbräuchlicher Weigerung erforderlich, da dem Beklagten grundsätzlich nicht gegen seinen Willen eine Instanz genommen werden kann.[442]

kein Erfordernis der Sachdienlichkeit

Es wird erkennbar, dass hinsichtlich der Zulässigkeitsvoraussetzungen zwischen Rechtsprechung und Literatur lediglich der Unterschied besteht, dass die Literatur auf eine Anwendung des § 263 und damit auf das Erfordernis der Sachdienlichkeit verzichtet.

b) Prozessuale Folgen

Fortgeltung bisheriger prozessualer Ergebnisse

Das wesentliche Problem der unterschiedlichen dogmatischen Einordnung des gewillkürten Parteiwechsels zeigt sich bei seinen prozessualen Wirkungen.

---

436 BGHZ 90, 19.
437 Th/P Rn. 23 vor § 53.
438 BGH NJW 2003, 2172 ff.; wenn die Berufungsbegründungsfrist zur Zeit des Ausscheidens noch nicht abgelaufen war, dann kann der neue Kläger die Berufung selbst noch „zulässig machen".
439 Zöller, § 263 Rn. 3.
440 Zöller, § 263 Rn. 30.
441 Zöller, a.a.O.
442 Zöller, § 263 Rn. 21.

Es geht hierbei um die Frage, inwieweit die Prozessergebnisse des bisherigen Verfahrens für und gegen die neue Partei auch dann fortgelten, wenn diese nicht zustimmt.

e.A.:
Bindung der neuen Partei (+)

Teilweise wird eine Bindung der neuen Partei an die bisherigen Prozessergebnisse bejaht. Dies wird damit begründet, dass lediglich eine Parteiauswechslung stattfindet, die sachliche Prozesssubstanz hingegen gleich bleibt und damit fortwirkt.[443]

a.A.:
nur bei Zustimmung

Nach anderer Ansicht soll die neue Partei ohne ihre Zustimmung nur an die bisherigen Prozessergebnisse gebunden sein, wenn sie schon vorher die Führung des Prozesses maßgeblich beeinflusst hat, z.B. als gesetzlicher Vertreter.[444]

> *Fall:* A klagt gegen die X-KG auf Erfüllung einer Forderung. Es werden im Prozess Zeugen vernommen, die das Bestehen dieser Forderung bestätigen. Als sich herausstellt, dass die X-KG zahlungsunfähig ist, erklärt A schriftsätzlich Parteiwechsel auf den Komplementär B. Die X-KG stimmt diesem Parteiwechsel zu, B widerspricht. Ist die Klage entscheidungsreif?

Hier ist sowohl nach Auffassung des BGH als auch nach der Literatur ein zulässiger Parteiwechsel auf Beklagtenseite nicht von einer Zustimmung des neuen Beklagten abhängig.

Nach Auffassung der Rechtsprechung ist vorliegend die Sache auch entscheidungsreif, da sich das bisher gewonnene Beweisergebnis auch gegen B verwerten lässt. Seine Haftung ergibt sich aus §§ 161 II, 128 HGB.

Die Literatur verneint wegen der fehlenden Zustimmung des B eine Bindung an die bisherigen Prozessergebnisse. Folglich ist die Sache nicht zur Entscheidung reif, das Gericht hat erneut Beweis zu erheben.

hemmer-Methode: Beim Klägerwechsel ist der Kläger an die vorgefundene Prozesssituation gebunden, da er den Wechsel ja gewollt hat. Er kann aber Geständnisse seines „Vorgängers" widerrufen, da § 290 insoweit nicht gilt[445].

3. Gewillkürte Parteierweiterung

a) Voraussetzungen

fehlende gesetzliche Regelung

Auch für die gewillkürte Parteierweiterung fehlt eine gesetzliche Regelung.

475

Lit.:
Fall der Streitgenossenschaft, §§ 59, 60

aa) Die *Literatur* sieht in der gewillkürten Parteierweiterung lediglich eine *nachträglich begründete Streitgenossenschaft*, deren Zulässigkeit sich nach den §§ 59, 60 beurteilt.[446]

476

Rspr.:
Klageänderungstheorie

bb) Die *Rechtsprechung* wendet wiederum die *Klageänderungstheorie* an. Erforderlich ist demnach zusätzlich die Sachdienlichkeit der Parteierweiterung und im Fall des Beklagtenbeitritts in zweiter Instanz die Zustimmung des neu hinzutretenden Beklagten.[447] Soweit die Parteierweiterung mangels Sachdienlichkeit unzulässig ist, ergeht bezüglich der neuen Partei Prozessurteil, da § 263 eine besondere Sachurteilsvoraussetzung darstellt.

---

443 Jauernig, § 86 II m.w.N.
444 Zöller, § 263 Rn. 25; Musielak, Rn. 186.
445 Roth NJW 1988, 2977 [2981].
446 Zöller, Rn. 21, 27.
447 BGH NJW 1976, 239.

In der zweiten Instanz ist die Zulässigkeit der Parteierweiterung umstritten. Die h.M. verlangt im Fall des Beklagtenbeitritts die Zustimmung des neuen Beklagten.[448]

Nach anderer Ansicht ist die Parteierweiterung in zweiter Instanz unzulässig, da gegen die neue Partei kein erstinstanzliches Urteil ergangen ist und damit mangels Berufungsgegenstand das jeweilige Berufungsgericht instanziell unzuständig sei.[449]

Letzterer Auffassung ist mangels Praktikabilität nicht zu folgen, da sie zwangsläufig zu unnötigen Klageabweisungen und neuen Klageerhebungen führt.

b) Prozessuale Folgen

Bindung hinzutretender Partei an bisherige Prozessergebnisse

Die Bindung der neu hinzutretenden Partei an bereits erzielte Prozessergebnisse ist bei konsequenter Anwendung der Klageänderungstheorie zu bejahen. Die Literatur verneint außer bei Zustimmung des neuen Beklagten eine solche Bindungswirkung.[450]

477

4. Gesetzlich geregelte Fälle der Parteiänderung

Gesetzlich geregelte Fälle des Parteiwechsels sind die §§ 265 II S. 2, 266, 75 - 77, 239 ff.

478

Eine gesetzliche Parteierweiterung ist in § 856 vorgesehen.

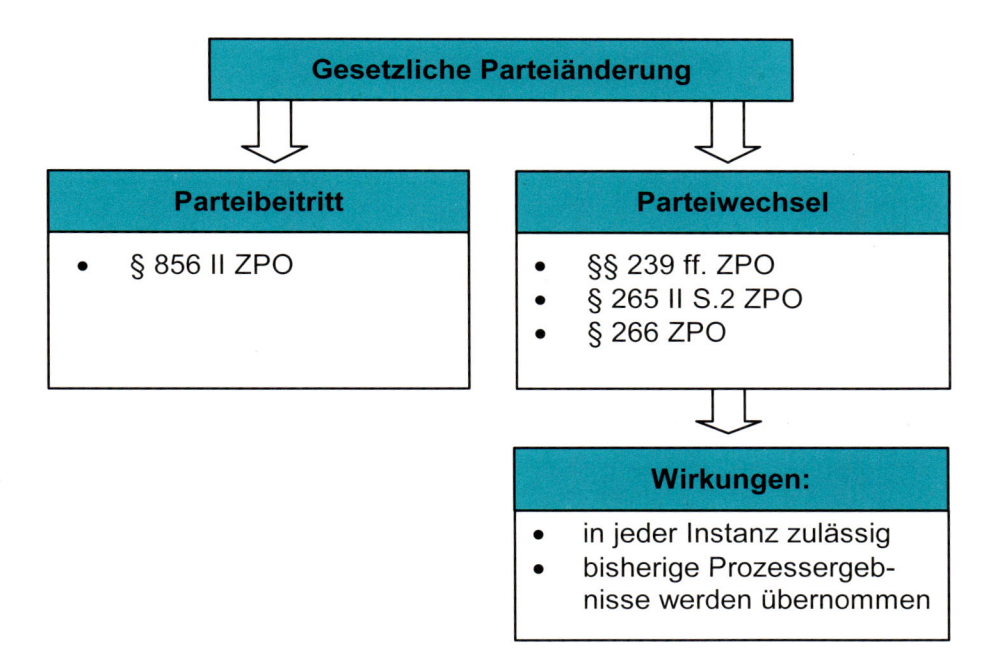

Gesetzliche Parteiänderung

Parteibeitritt
- § 856 II ZPO

Parteiwechsel
- §§ 239 ff. ZPO
- § 265 II S.2 ZPO
- § 266 ZPO

Wirkungen:
- in jeder Instanz zulässig
- bisherige Prozessergebnisse werden übernommen

hemmer-Methode: Der Gläubiger- oder Prätendentenstreit gem. § 75 hat folgende Voraussetzungen:
- **Leistungsklage eines Gläubigers (Kläger) gegen einen Schuldner (Beklagter) auf Geld oder sonstige hinterlegungsfähige Sachen;**
- **Inanspruchnahme der streitgegenständlichen Forderung durch einen Dritten (Prätendenten), der sich ebenfalls als Gläubiger der Forderung einstuft;**

Streitverkündung des beklagten Schuldners gegenüber dem Prätendenten gem. §§ 72 ff.

---

448 R/S/G, § 42 III 3 a).
449 Th/P, vor § 50 Rn. 26.
450 Stein/Jonas, § 264 Rn. 125.

- **Hauptintervention des Prätendenten** gem. § 64 durch Erhebung einer Leistungsklage gegen den beklagten Schuldner und einer Feststellungsklage gegen den klagenden Gläubiger;
- **Hinterlegung des Forderungsbetrages** durch beklagten Schuldner gem. §§ 372 S.2, 378 BGB und Antrag auf Entlassung aus dem Rechtsstreit.

Dies ist eine kostengünstige Möglichkeit des beklagten Schuldners, der das Bestehen der Forderung nicht bestreitet, aber den wahren Gläubiger nicht kennt, aus dem Prozess auszuscheiden.

<u>Folge</u>: Der beklagte Schuldner wird durch Urteil aus dem Prozess entlassen. Der Rechtsstreit wird nur noch zwischen den streitenden Gläubigern fortgeführt (= Gläubigerstreit). Der Sieger erhält den hintergelegten Forderungsbetrag.

III. Nebenparteien

1. Nebenintervention

a) Einführung

Beteiligung eines Dritten am fremden Rechtsstreit

Die Nebenintervention, §§ 66 - 71, stellt die Beteiligung eines Dritten an einem fremden Rechtsstreit dar, ohne dass dieser Dritte Partei im Prozess wird. Der Nebenintervenient ist also deutlich vom Streitgenossen abzugrenzen. Dies zeigt sich z.B. darin, dass der Nebenintervenient als Zeuge vernommen werden kann.[451]

Zweck der Nebenintervention ist es, einem Dritten, der ein rechtliches Interesse am Ausgang eines Prozesses hat, die Möglichkeit zu geben, auf diesen Prozess Einfluss zu nehmen.

b) Zulässigkeitsvoraussetzungen

rechtliches Interesse des Nebenintervenienten

aa) Die Zulässigkeit der Nebenintervention setzt zunächst ein *rechtliches Interesse* des Nebenintervenienten voraus, § 66 I. Dieses besteht, soweit die Rechtsstellung des Nebenintervenienten durch ein ungünstiges Urteil gegen die unterstützte Partei verschlechtert oder durch ein günstiges Urteil verbessert wird (sog. „Interventionsgrund").[452]

Bsp.: Bürge seitens des Hauptschuldners

> *Fall:* A klagt gegen X auf Zahlung von 4.000,- €. X hatte in dieser Höhe eine selbstschuldnerische Bürgschaft für die Kaufpreisschuld des B übernommen. B befürchtet, von X im Regresswege in Anspruch genommen zu werden, wenn A im Prozess obsiegt. Kann B dem Rechtsstreit auf Seiten des X beitreten?

> B ist hier daran interessiert, dass X den Prozess gewinnt, um so dem Bürgenregress gem. §§ 662, 670 bzw. §§ 774 I S.1, 433 II BGB zu entgehen. Seine Rechtsstellung ist also vom Ausgang des Prozesses zwischen X und A abhängig, so dass ein rechtliches Interesse i.S.v. § 66 I für einen Beitritt vorliegt.

Anhängigkeit eines Rechtsstreits zwischen anderen

bb) Des Weiteren ist erforderlich, dass ein *Rechtsstreit zwischen anderen Personen* anhängig ist. Der Nebenintervenient darf also nicht selbst Partei oder deren gesetzlicher Vertreter sein.

wirksame Beitrittserklärung

cc) Der *Beitritt* muss *wirksam erklärt* werden, § 70 I, II. Dies stellt eine Prozesshandlung dar, so dass die Prozesshandlungsvoraussetzungen gegeben sein müssen.

---

451 Th/P, § 67 Rn. 5.
452 Th/P, § 66 Rn. 5 f.

§ 5 DIE BETEILIGUNG MEHRERER AM RECHTSSTREIT

Prozesshandlungsvoraussetzungen

dd) *Das Gericht prüft von Amts wegen* nur, ob die Prozesshandlungsvoraussetzungen gegeben sind. Ist dies nicht der Fall, so wird die Nebenintervention als unzulässig zurückgewiesen.[453]

evtl. Zwischenstreit gem. § 71

Hinsichtlich der übrigen Zulässigkeitsvoraussetzungen findet eine Prüfung *nur auf Rüge* einer der Prozessparteien statt.[454] Über die Zulässigkeit findet dann ein Zwischenstreit statt, § 71 I. Dieser wird durch Zwischenurteil abgeschlossen, § 71 II. Wird die Zurückweisung der Nebenintervention in diesen Fällen von niemandem beantragt, so tritt eine Heilung der Zulässigkeitsmängel gem. § 295 ein.

c) Stellung des Nebenintervenienten

Prozesshandlungsbefugnis

Die Stellung des Nebenintervenienten regelt § 67. Dieser ist hiernach grundsätzlich befugt, *alle Prozesshandlungen vorzunehmen*, die auch die unterstützte Partei vornehmen kann.[455] Er ist aber nicht Partei!

481

Vertretungsfiktion

Für den Nebenintervenienten laufen keine eigenen Fristen. Er kann aber die für die Hauptpartei maßgeblichen Fristen wahren, beispielsweise Einspruch gegen ein Versäumnisurteil zur Wahrung der Einspruchsfrist gem. § 339 einlegen.

Ebenso **kann** der Nebenintervenient **für die Hauptpartei** ein **Versäumnisurteil** oder eine Präklusion **verhindern**.

keine widersprechenden Handlungen

Allerdings darf er sich hierbei *nicht in Widerspruch zu der Prozessführung der Hauptpartei* stellen.[456] Stellt diese beispielsweise eine vom Prozessgegner behauptete Tatsache unstreitig, so kann sie der Nebenintervenient nicht bestreiten, um eine Beweisaufnahme zu erzwingen.

Der Nebenintervenient ist ferner dahingehend beschränkt, dass er nicht über den Streitgegenstand verfügen darf, beispielsweise durch Klageänderung, Anerkenntnis, Erledigterklärung oder Vergleich. Er ist auch nicht zum Eingriff in die materielle Rechtszuständigkeit der Hauptpartei befugt, er darf also nicht für sie Rechte wie Aufrechnung, Anfechtung, Rücktritt, Kündigung etc. ausüben.

d) Nebeninterventionswirkung

Rechtsstellung im Vorprozess — **§ 67 ZPO** ⇔ korrespondiert mit ⇔ **§ 68 ZPO** — **Nebeninterventionswirkung im Folgeprozess**

- Nebenintervenient stehen alle Angriffs- und Verteidigungsmittel zu, § 67 HS. 2
- Beschränkung der Rechtsstellung des NI:
  (a) Aufnahme in der Lage, in der er sich der Rechtsstreit befindet, § 67 1 HS.1
  (b) Widerspruch der Hauptpartei, § 67 HS. 3

- § 68 HS. 1: Urteil und tragende Feststellungen gelten als richtig
- Einwand mangelhafter Prozessführung nur (+),
  (a) vor dem Eintritt des NI
  (b) bei Widerspruch der Hauptpartei
  (c) bei absichtlich/grob fahrlässig mangelhafter Prozessführung

---

453 Th/P, § 66 Rn. 10.
454 Th/P, § 66 Rn. 11.
455 Th/P, § 67 Rn. 6-10.
456 Th/P, § 67 Rn. 11-15.

ZIVILPROZESSRECHT I

relevant im Folgeprozess

Soweit es zwischen der unterstützten Hauptpartei und dem Nebenintervenienten zu einem *Folgeprozess* kommt, greift die sog. Nebeninterventionswirkung gem. § 68 Hs. 1 ein.

482

weiter als Rechtskraft

Die Nebeninterventionswirkung ist der Rechtskraftwirkung ähnlich, geht aber wesentlich weiter als diese. Im Gegensatz zur Rechtskraftwirkung erfasst sie *nicht nur den Entscheidungssatz*, sondern *auch* alle im Vorprozess festgestellten *Einzeltatsachen und deren rechtliche Beurteilung.*[457]

> Hat das Gericht beispielsweise in dem Vorprozess des Ausgangsfalles festgestellt, dass bestimmte Tatsachen vorliegen, die den rechtlichen Schluss auf das Bestehen einer Hauptverbindlichkeit zwischen A und B und auf einen Bürgschaftsvertrag zwischen A und X zulassen, so ist das Gericht im Folgeprozess zwischen X und B an diese Feststellungen gebunden. Gem. § 68 HS. 1 gelten diese als richtig und müssen von Amts wegen beachtet werden.

Einrede mangelhafter Prozessführung

Eine Beseitigung der Bindung im Folgeprozess kommt nur in Betracht, wenn der Nebenintervenient die Einrede mangelhafter Prozessführung durch die Hauptpartei erheben kann, § 68 Hs. 2.

483

nur zuungunsten des Nebenintervenienten

Zu beachten ist, dass die Nebeninterventionswirkung nach h.M. nur zuungunsten des Nebenintervenienten gilt. Dies folgt aus dem Zweck der Nebenintervention, die dem Interesse der unterstützten Hauptpartei dient. Der Nebenintervenient kann sich also im Folgeprozess nicht auf solche Feststellungen des Vorprozesses berufen, die für ihn günstig sind.[458] Für die Streitverkündung wird dies durch § 74 III („gegen den Dritten") klargestellt.

484

> **hemmer-Methode:** Die Hauptintervention nach §§ 64, 65 hat mit der Nebenintervention nichts zu tun, sondern stellt eine „Einmischung" in einen anhängigen Prozess als Partei dar. Es liegt jetzt ein Dreiecksprozess vor, bei dem drei Klagen von drei Personen gehäuft sind, also gemeinsam verhandelt werden, aber rechtlich in der Sache selbständig sind!
> **Zweck:** Für die Einmischungsklage des Dritten ist das Gericht des anhängigen Rechtsstreits zuständig (besonderer Gerichtsstand) und Kläger und Beklagter des Erstprozesses werden Streitgenossen!

2. Streitverkündung

Streitverkündungsgrund: Mögliche Regressansprüche gegen Dritten

a) Glaubt eine Partei im Prozess, für den Fall ihres Unterliegens *Regressansprüche* gegen einen Dritten zu haben oder Ansprüchen eines Dritten ausgesetzt zu sein, so hat sie die Möglichkeit, dem Dritten den Streit zu verkünden, §§ 72, 73.

485

> **hemmer-Methode:** Durch das „Zweite Gesetz zur Modernisierung der Justiz", das am 31.12.2006 in Kraft getreten ist, wurde in § 72 II ZPO eine lang umstrittene Frage gesetzlich geregelt. Festgesetllt wird nun ausdrücklich, dass ein gerichtlicher Sachverständiger kein Dritter ist, dem der Sreit verkündet werden kann.

Hemmung der Verjährung, §§ 204 I Nr. 6, 209 BGB

b) Materiell-rechtlich wirkt die Streitverkündung zugunsten des Streitverkünders verjährungshemmend, §§ 204 I Nr. 6, 209 BGB. In prozessualer Hinsicht gibt der Streitverkünder dem Dritten, dem sog. Streitverkündungsempfänger, die *Möglichkeit, dem Rechtsstreit als Nebenintervenient beizutreten*, § 74 I.

486

---

457 Th/P, § 68 Rn. 5-8.

458 Th/P, § 68 Rn. 1 m.w.N.

§ 5 DIE BETEILIGUNG MEHRERER AM RECHTSSTREIT

Streitverkündungsempfänger ⇨ Möglichkeit, dem Rechtsstreit als Nebenintervenient beizutreten

c) Macht der Dritte von dieser Möglichkeit Gebrauch, so hat er im *Vorprozess* die *Stellung eines Nebenintervenienten*, § 74 I. Im *Folgeprozess* greift also die *Nebeninterventionswirkung* ein, §§ 74 I, 68. Es ergeben sich insoweit keine Besonderheiten gegenüber der Nebenintervention.

487

Nebeninterventionswirkung auch bei nicht erfolgtem Beitritt

d) Besonderheiten ergeben sich, wenn der Streitverkündungsempfänger dem Rechtsstreit nicht beitritt.

488

In diesem Fall wird der Rechtsstreit ohne Rücksicht auf ihn fortgesetzt, § 74 II. Der Streitverkündungsempfänger entgeht jedoch im *Folgeprozess* nicht der *Nebeninterventionswirkung*, § 74 III i.V.m. § 68. Diese kann aber nur greifen, soweit die Voraussetzungen einer wirksamen Streitverkündung im Vorprozess gegeben waren. Dies ist zum einen eine formal ordnungsgemäße Vornahme gem. § 73, zum anderen das Vorliegen eines Streitverkündungsgrundes gem. § 72.[459]

Streitverkündung, §§ 72 ff. ZPO

↳ Eine Partei, die glaubt, im Fall des Unterliegens Ansprüche gegen einen Dritten zu haben, kann diesem förmlich den Streit erklären

(+) ← Beitritt → (-)

§ 74 I Nebenintervention
↳ § 74 I, 68 ZPO
⇨ Nebeninterventionswirkung unabhängig von der Wirksamkeit der Streitverkündung

§ 74 II Prozessfortführung
↳ § 74 III, 68 ZPO ⇨ gleichwohl Nebeninterventionswirkung, wenn Voraussetzungen der wirksamen Streitverkündung gegeben waren

↳ Nebeninterventionswirkung stets nur zugunsten des Streitverkünders
↳ wirksame Streitverkündung hemmt nach § 204 I Nr. 6 BGB die Verjährung

---

Übungsfall:

Fall (nach BGHZ 85, 252): A verklagt B auf Zahlung eines Kaufpreises aus einem zwischen den Parteien angeblich geschlossenen Kaufvertrag. Im Verlauf des Prozesses trägt B vor, bei den Vertragsverhandlungen nur als Vermittler (nicht: Vertreter) des C tätig gewesen zu sein. Daraufhin verkündet A dem C den Streit. C bleibt untätig. Die Klage des A wird abgewiesen, da es das Gericht nicht als erwiesen ansieht, dass ein Vertrag zwischen A und B zustande gekommen ist. Vielmehr spricht nach Auffassung des Gerichts vieles für einen Vertrag zwischen A und C, ohne dass insofern eine eindeutige Feststellung erfolgt. Daraufhin verklagt A den C auf Zahlung des Kaufpreises und beruft sich auf die Nebeninterventionswirkung. Zu Recht?

Das Gericht könnte im Folgeprozess durch die Nebeninterventionswirkung insoweit gebunden sein, als es aufgrund der Feststellungen im Vorprozess jedenfalls von einem Vertragsschluss zwischen A und C ausgehen muss, §§ 74 III, 68.

Hier ist jedoch zu beachten, dass im Vorprozess nicht festgestellt wurde, dass ein Vertrag zwischen A und C zustande gekommen ist. Vielmehr hatte A den Prozess verloren, weil nicht festgestellt werden konnte, ob ein Vertrag zwischen A und B oder C zustande gekommen ist, so dass A die objektive Beweislast tragen musste.

---

[459] Th/P, § 74 Rn. 2.

Im Folgeprozess tritt dadurch nach h.M. nicht die Folge ein, dass das Gericht von dem Gegenteil der im Vorprozess nicht erwiesenen Tatsache ausgehen muss, hier also von einem Vertragsschluss zwischen A und C. Dies würde dazu führen, dass die Beweislast im Folgeprozess zu Lasten des Streitverkündungsempfängers verändert würde.

Eine solche Veränderung der objektiven Beweislast sieht das materielle Recht nur ausnahmsweise in § 830 I S. 2 BGB vor und ist allgemein nicht aus Sinn und Zweck der Nebenintervention herzuleiten. Vielmehr tritt eine Nebeninterventionswirkung nur hinsichtlich der Nichterweislichkeit der Tatsache ein. Dies kann sich der Streitverkünder nur dann zunutze machen, wenn im Folgeprozess den Streitverkündungsempfänger die objektive Beweislast für die betreffende Tatsache trifft. Im Übrigen ist es hinzunehmen, dass der Streitverkünder, soweit er auch im Folgeprozess beweisbelastet ist und ihm der Beweis wiederum nicht gelingt, beide Prozesse verliert und seinen Anspruch überhaupt nicht realisieren kann.

§ 6 TATSACHENVORTRAG UND BEWEIS

hemmer-Methode: Da der Aufgabenstellung im Referendarexamen meistens unstreitige Sachverhalte zugrunde liegen, hat das Beweisrecht dort nahezu keine Bedeutung. Im Folgenden soll deshalb ein kurzer Überblick genügen, um den Leser mit den Grundbegriffen vertraut zu machen und ihm eine konkrete Vorstellung vom Ablauf des Zivilprozesses zu vermitteln.

I. Darlegungslast

Ausfluss des Verhandlungsgrundsatzes

Im Zivilprozess ergibt sich aus dem Verhandlungsgrundsatz[460], dass die Parteien und nicht das Gericht die entscheidungserheblichen Tatsachen darzulegen haben.

Die Rechtsanwendung obliegt dann dem Gericht (**„da mihi facta, dabo tibi ius."**)

Grundprinzip:
Jeder für die ihm günstigen Tatsachen darlegungspflichtig

Welche Partei welche Tatsachen darzulegen hat, ist eine Frage der sog. Darlegungslast. Hier gilt folgendes Grundprinzip: Jede Partei hat jeweils die Tatsachen darzulegen, die für sie von Vorteil sind. Der Kläger hat danach die anspruchsbegründenden Tatsachen darzulegen, der Beklagte die Tatsachen, die zur Begründung rechtshindernder, rechtsvernichtender Einwendungen oder rechtshemmender Einreden dienen.[461]

Fall: A klagt gegen B auf Zahlung einer Werklohnforderung. Der zugrunde liegende Vertrag wurde von B angefochten.

Nach dem Grundprinzip hat A als Kläger die anspruchsbegründenden Tatsachen darzulegen, also die Tatsachen, aus denen sich der Abschluss eines Werkvertrages mit B ergibt. B obliegt es danach, Tatsachen vorzubringen, die eine wirksame Anfechtung dieses Vertrages begründen, da diese eine rechtsvernichtende Einwendung darstellt.

II. Beweisbedürftigkeit

Beweisbedürftigkeit, sofern:

Soweit eine Partei eine Tatsache dargelegt hat, muss das Gericht entscheiden, ob diese Tatsache bewiesen werden muss oder der Entscheidung ohne Beweiserhebung zugrunde gelegt werden kann, ob die Tatsache also beweisbedürftig ist.

1. Entscheidungserhebliche Tatsachen

- *entscheidungserheblich*

Beweisbedürftig sind zunächst nur solche Tatsachen, deren Vorliegen oder Nichtvorliegen für die Entscheidung des Gerichts erheblich ist.

2. Bestrittene Tatsachen

- *bestritten*

Ist eine Tatsache entscheidungserheblich, so bedarf sie nur des Beweises, wenn sie von der anderen Partei wirksam bestritten worden ist. Dies beurteilt sich nach den §§ 138 III, IV, 288.

---

460 Vgl. Rn 16 ff.
461 Th/P, vor § 284 Rn. 23.

a) Zugestandene Tatsachen

(-) bei zugestandenen Tatsachen

Unstreitig sind solche Tatsachen, welche die gegnerische Partei ausdrücklich zugesteht oder zu denen sie sich überhaupt nicht erklärt.

Wird eine Tatsache vom Gegner ausdrücklich zugestanden, so handelt es sich um ein Geständnis i.S.v. § 288, das nur unter den engen Voraussetzungen von § 290 widerrufen werden kann.

Eine fehlende Erklärung des Gegners führt hingegen nur zu einer Geständnisfiktion gem. § 138 III. Zu beachten ist, dass die Gegenpartei in diesem Fall bis zum Schluss der letzten mündlichen Verhandlung die Möglichkeit hat, die Tatsache streitig zu stellen; insoweit ist § 290 nicht anwendbar.[462]

493

b) Qualifiziertes Bestreiten

Angabe alternativen Sachverhalts

Streitig sind solche Tatsachen, die der Gegner ausdrücklich bestreitet, indem er durch Angabe bestimmter Tatsachen eine andere Darstellung des Geschehens gibt, sog. qualifiziertes Bestreiten.

494

c) Schlichtes Bestreiten

Bestreiten mit Nichtwissen, § 138 IV

Schwierig sind solche Fälle zu beurteilen, in denen die gegnerische Partei eine behauptete Tatsache mit Nichtwissen bestreitet, sog. schlichtes Bestreiten. Dies ist gem. § 138 IV nur eingeschränkt möglich.[463]

495

> *Fall:* A macht gegen B einen Schadensersatzanspruch aus einem Verkehrsunfall geltend. A behauptet Tatsachen, die das Verschulden des B begründen. B bestreitet diese Tatsachen mit Nichtwissen. Ist hier eine Beweisaufnahme erforderlich?
>
> Eine Beweisaufnahme ist nur dann erforderlich, wenn die von A entsprechend seiner Darlegungslast vorgebrachten, entscheidungserheblichen Tatsachen wirksam bestritten wurden. Dies ist hier nur dann der Fall, wenn B mit Nichtwissen bestreiten durfte. Gem. § 138 IV ist dies nur zulässig, wenn es sich um Tatsachen handelt, die weder eigene Handlungen der bestreitenden Partei noch Gegenstand ihrer eigenen Wahrnehmung gewesen sind. Dies ist gerade nicht der Fall. Die das Verschulden des B begründenden Tatsachen waren zumindest Gegenstand seiner eigenen Wahrnehmung (Unfallhergang). B hätte einen anderen Geschehensablauf schildern müssen, der gerade auf sein Nichtverschulden schließen lässt. Die verschuldensbegründenden Tatsachen können also als nicht streitig angesehen und ohne Beweisaufnahme der Entscheidung zugrunde gelegt werden.

3. Offenkundige Tatsachen

keine Beweisbedürftigkeit

Entscheidungserhebliche und wirksam bestrittene Tatsachen bedürfen keines Beweises, wenn sie offenkundig sind, § 291. Offenkundige Tatsachen sind insbesondere allgemeinkundige Tatsachen, z.B. historische Ereignisse.

496

---

462 Th/P, § 290 Rn. 1.
463 Th/P, § 138 Rn. 19 ff.; Schlosser, Rn. 160a.

§ 6 TATSACHENVORTRAG UND BEWEIS

III. Beweisführungslast

Beweislast folgt der Darlegungslast

Steht fest, dass eine entscheidungserhebliche Tatsache beweisbedürftig ist, so stellt sich die Frage, wer den Beweis für ihr Vorliegen führen muss, wer also die sog. Beweisführungslast oder subjektive Beweislast trägt.

497

Auch insoweit gilt die oben genannte Grundregel, dass eine Partei jeweils die Tatsachen beweisen muss, die für sie von Vorteil sind.

IV. Beweiserhebung

1. Beweisverfahren

Beweisantrag

Das Beweisverfahren wird von der beweisführungsbelasteten Partei durch Beweisantrag eingeleitet.

498

Beweiserhebung z.T. v.A.w.

Jedoch kann auch das Gericht von Amts wegen eine Beweiserhebung anordnen, §§ 144 I, 142, 143, 448.

Nur beim Zeugenbeweis ist stets ein Beweisantritt durch eine Partei erforderlich, § 373.

i.d.R. formloser Beweisbeschluss

Die Beweisaufnahme bedarf der Anordnung durch das Gericht, in den Fällen der §§ 358, 450 I S. 1 mittels eines förmlichen Beweisbeschlusses, in allen anderen Fällen durch formlose Beweisanordnung.

grds. Beweisaufnahme vor erkennendem Gericht

Die Beweisaufnahme findet grundsätzlich vor dem Prozessgericht statt, § 355 I S. 1 als Ausprägung des Unmittelbarkeitsgrundsatzes. Ausnahmen sind die Beweisaufnahme durch den beauftragten oder ersuchten Richter, §§ 355 I S. 2, 361, 362.

2. Beweisarten

a) Strengbeweis

förmliches Beweisverfahren

Im Zivilprozess gilt grundsätzlich das Prinzip des Strengbeweises. Beim Nachweis entscheidungserheblicher Tatsachen sind die Parteien also an das förmliche Beweisverfahren und die vom Gesetz vorgesehenen Beweismittel gebunden.

499

b) Freibeweis

insb. bei Prüfung der Prozessvoraussetzungen

Den Gegensatz hierzu bildet der Freibeweis. Soweit dieser zulässig ist, kann das Gericht ohne Bindung an das förmliche Beweisverfahren und die gesetzlich vorgesehenen Beweismittel alle Erkenntnisquellen, die ihm zur Verfügung stehen, zur Klärung der beweisbedürftigen Tatsachen heranziehen. Der Freibeweis ist insbesondere statthaft bei der Prüfung der Prozessvoraussetzungen.[464]

500

§ 284 S.2 bis S. 4 gibt den Prozessparteien die Möglichkeit, in jedem Stadium des Prozesses den Streng- durch den Freibeweis zu ersetzen[465].

---

464 Th/P, vor § 284 Rn. 6.
465 **Hinweis**: Dies ist eine Änderung, die im Zuge des Justizmodernisierungsgestzes mit Wirkung zum 01.09.2004 in Kraft getreten ist.

hemmer-Methode: Demnach ist das Gericht nun nicht mehr an die fünf in der ZPO aufgeführten Beweismittel (vgl. Rn. 502 ff.) gebunden, sondern kann, wenn die Parteien zugestimmt haben, *„in der ihm geeignet erscheinenden Art"* (z.B. telefonische Befragung eines Zeugen) die Beweise aufnehmen. Dieses Einverständnis der Parteien ist nur unter bestimmten Voraussetzungen widerruflich, § 284 S.4.

c) Glaubhaftmachung

insb. im vorläufigen Rechtsschutz

Soweit das Gesetz die Glaubhaftmachung als Beweis ausreichen lässt, kommt als zusätzliches Beweismittel die eidesstattliche Versicherung in Betracht, § 294. Wichtigster Fall ist das Arrestverfahren, § 920 II, und die einstweilige Verfügung, §§ 936, 920 II.

501

3. Beweismittel

a) Augenscheinsbeweis, §§ 371 - 372a

jede Form der Sinneswahrnehmung

Die Augenscheinseinnahme umfasst über den Wortsinn hinaus jegliche Form der Sinneswahrnehmung.

502

Sie dient der Bewertung der Beschaffenheit einer Person oder Sache durch das Prozessgericht, evtl. unter Hinzuziehung eines Sachverständigen, § 372 I.

b) Zeugenbeweis, §§ 373 - 401

Wahrnehmungen des Zeugen

Der Zeugenbeweis ist das in der Praxis am häufigsten verwendete Beweismittel. Gegenstand des Zeugenbeweises sind in der Vergangenheit liegende Tatsachen, die der Zeuge selbst wahrgenommen hat.

503

hemmer-Methode: Die Frage, inwieweit die Aussagen eines Lauschzeugen bei einem nicht angekündigten Mithören (sog. Hörfalle) im Zivilprozess verwertbar sind, hat nun das BVerfG entschieden.
Das Recht am gesprochenen Wort (Art. 2 I GG) sei verletzt, wenn heimliche Mithörer, mit denen nicht gerechnet werden müsse, später als Zeugen vernommen werden könnten.
Nur wenn sich der Beweisführer in einer Notwehrsituation oder in einer notwehrähnlichen Lage befinde, werden Ausnahmen zugelassen. Wenn also durch eine Belauschung eine Straftat abgewehrt werden soll, sei eine Verwertung möglich. Unzulässig und daher unverwertbar seien aber Aussagen eines Lauschzeugen, wenn das Belauschen vorsorglich zur Beweisgewinnung erfolgt[466].
Ob eine Hörfalle bereits zulässig ist, um einen versuchten oder späteren Prozessbetrug abzuwehren, wird im Beitrag von FOERSTE, *„Lauschzeugen im Zivilprozess"*, in NJW 2004, 262 ff. dargestellt.

c) Sachverständigenbeweis, §§ 402 - 414

Hilfsperson des Gerichts

Der Sachverständige ist Hilfsperson des Gerichts bei der Feststellung beweiserheblicher Tatsachen in den Fällen, in denen die eigene Sachkunde des Gerichts nicht ausreicht.

504

Der Sachverständige ist stets genau vom Zeugen abzugrenzen.

---

466 Vgl. BVerfG NJW 2002, 3619 ff.

§ 6 TATSACHENVORTRAG UND BEWEIS

Unterscheide:
sachverständiger Zeuge

Während der Zeuge, da er persönliche Wahrnehmungen berichtet, nicht ersetzbar ist, ist es der Sachverständige schon, weil er allgemeine Erfahrungssätze berichtet. Im Fall des sog. sachverständigen Zeugen ordnet § 414 konsequent die Anwendbarkeit der Zeugenvorschriften an. Auch der sachverständige Zeuge berichtet über persönlich Wahrgenommenes, wenngleich seine Wahrnehmung besondere Sachkunde voraussetzt. Er ist nicht ersetzbar.

hemmer-Methode: Der durch das Justizmodernisierungsgesetz mit Wirkung zum 01.09.2004 neu eingefügte § 411a ermöglicht es, Sachverständigengutachten aus anderen Verfahren zu verwerten und somit auf die Erstellung neuer Gutachten zu verzichten. Diese Neuregelung könnte z.B. dann relevant werden, wenn ein Lebenssachverhalt, z.B. ein Verkehrsunfall, zunächst einen Straf- und später einen Zivilprozess nach sich zieht.
Allerdings stellt die Gesetzesbegründung klar, dass § 411a nicht die Mitwirkungsrechte der Parteien einschränken soll, so dass auch gegen das übernommene Gutachten die Rechte aus § 411 III, IV und § 406 bestehen.
Durch das „Zweite Gesetz zur Modernisierung der Justiz", das am 31.12.2006 in Kraft getreten ist, wurde § 411a dahingehend erweitert, dass nun auch <u>staatsanwaltschaftlich</u> eingeholte Gutachten verwertet werden können.

d) Urkundenbeweis, §§ 415 - 444

durch Schriftform verkörperte Gedankenerklärung

Zu beachten ist, dass dem Urkundenbeweis nur solche Urkunden zugänglich sind, bei denen eine Gedankenerklärung durch Schriftzeichen verkörpert ist. Der zivilprozessuale Urkundenbegriff ist also enger als der des materiellen Strafrechts. Bei nicht schriftlichen Gedankenerklärungen ist allerdings ein Beweis durch Augenschein möglich.

Wegen der unterschiedlichen Beweiskraft ist zwischen öffentlichen und privaten Urkunden zu unterscheiden, vgl. §§ 417, 418, 437; 416, 439, 440.

e) Parteivernehmung, §§ 445 - 455

subsidiäres Beweismittel

Die Parteivernehmung kommt als subsidiäres Beweismittel nach Ausschöpfung anderer Beweismöglichkeiten in Betracht, §§ 445, 447, 448.

Soweit eine Person als Partei vernommen werden könnte, kann sie nicht Zeuge im Prozess sein.

Unterscheide:
Schlichtes Parteivorbringen

Zu unterscheiden ist die Parteivernehmung vom schlichten Parteivortrag im Prozess. Während die Parteivernehmung zum Beweis einer Tatsache führen kann, darf der Parteivortrag lediglich bei der Beweiswürdigung berücksichtigt werden.

Die Parteivernehmung ist nicht erzwingbar, eine Weigerung kann aber negative Folgen für die sich weigernde Partei haben, § 446.

hemmer-Methode: Die Beweismittel können Sie mit dem etwas blöd klingenden und daher gut merkbaren Wort SAPUZ zusammenfassen. <u>S</u>achverständige, <u>A</u>ugenschein, <u>P</u>arteivernehmung, <u>U</u>rkunden, <u>Z</u>eugen.

4. Beweiswürdigung, § 286

Bewertung der Beweisaufnahme

Nach der Durchführung der Beweisaufnahme obliegt es dem Gericht zu entscheiden, ob eine Tatsache als bewiesen anzusehen ist oder nicht.

a) Beweismaß

grds. Vollbeweis

Das Gericht muss sich zunächst Klarheit darüber verschaffen, mit welcher Beweisstärke die streitige Tatsache erwiesen werden muss, sog. Beweismaß.

Grundsätzlich ist der sog. Vollbeweis erforderlich. Dies bedeutet, dass das Gericht eine Tatsache seiner Entscheidung nur zugrunde legen darf, wenn es von ihrer Wahrheit voll überzeugt ist. Hierfür ist keine absolute Gewissheit erforderlich, sondern ein so hoher Grad an Wahrscheinlichkeit, dass Zweifel vernünftigerweise nicht mehr geboten sind.

Gaubhaftmachung: geringerer Grad an Überzeugung

In den Fällen der Glaubhaftmachung reicht ausnahmsweise eine geringere Form der Überzeugung aus. Eine Tatsache ist glaubhaft, wenn das Gericht nach der Beweisaufnahme die Wahrheit der Tatsache für überwiegend wahrscheinlich hält.

b) Prinzip der freien Beweiswürdigung

§ 286 I

Ob das erforderliche Beweismaß erreicht wurde, entscheidet das Gericht grundsätzlich nach seiner freien Überzeugung, § 286 I, sog. Prinzip der freien Beweiswürdigung.

§ 286 II: Ausn. Beweisregeln

Nur in den gesetzlich ausdrücklich geregelten Fällen ist das Gericht an Beweisregeln gebunden, §§ 286 II, 165, 314, 415 - 418, 444.

c) Hauptbeweis und Gegenbeweis

Entkräftung nachteiliger Tatsachen

In diesem Zusammenhang bedürfen die Begriffe Haupt- und Gegenbeweis einer kurzen Erläuterung.

Während es Aufgabe der beweisführungsbelasteten Partei ist, das Gericht von der Wahrheit der behaupteten Tatsache zu überzeugen, sog. Hauptbeweis, kann die nicht beweisführungsbelastete Gegenpartei versuchen, durch eigene Beweisführung die Überzeugung des Gerichts nicht eintreten zu lassen, sog. Gegenbeweis.[467]

V. Non-liquet und Feststellungslast

Nichtbeweisbarkeit einer Tatsache

Wenn eine Tatsache bewiesen werden konnte, kann sie das Gericht seiner Entscheidung zugrunde legen.

Wurde das erforderliche Maß an Überzeugung (§ 286 I) hingegen nicht erreicht, so tritt hinsichtlich der betreffenden Tatsache die Situation des sog. „non-liquet" ein. Dies bedeutet, dass weder Wahrheit noch Unwahrheit der behaupteten Tatsache zur Überzeugung des Gerichts feststehen.

zu Lasten beweisbelasteter Partei

Zu wessen Lasten diese Nichterweislichkeit einer Tatsache bei der Entscheidung geht, ist eine Frage der Feststellungslast oder objektiven Beweislast.

---

467 Schlosser, Rn. 341.

Auch für die Verteilung der Feststellungslast gilt die oben genannte Grundregel, dass jede Partei das Risiko der Nichterweislichkeit derjenigen Tatsachen trägt, die für sie von Vorteil sind.

hemmer-Methode: Beachten Sie also, dass die Grundregel der Beweislastverteilung mit den noch darzustellenden Ausnahmen an drei verschiedenen Stellen zur Anwendung kommt:

1. Wer muss eine Tatsache im Prozess vortragen, sog. *Darlegungslast*.
2. Wer muss diese Tatsache beweisen, sog. *Beweisführungslast* oder subjektive Beweislast.
3. Wer trägt das Risiko der Nichterweislichkeit, sog. *Feststellungslast* oder objektive Beweislast.

Beispiel: B behauptet im Prozess, von A bei dem unstreitig erfolgten Vertragsschluss arglistig getäuscht worden zu sein. A bestreitet dies. In der anschließenden Beweisaufnahme kann die Täuschung nicht eindeutig nachgewiesen werden. Wie ist zu entscheiden?

Hier ist eine Tatsache nicht erweislich, die eine rechtsvernichtende Einwendung begründen würde, §§ 142 I, 123 BGB. Die objektive Beweislast trifft deshalb den Beklagten B, das „non-liquet" geht zu seinen Lasten. Der Klage des A ist stattzugeben.

VI. Sonderprobleme des Beweisrechts

1. Beweislastumkehr

Beispiele: §§ 280 I S. 2, 311a II S. 2 BGB

Abweichend von der Grundregel der Beweislast ist in verschiedenen Vorschriften ausdrücklich geregelt oder angedeutet, dass das Nichtvorliegen einer anspruchsbegründenden Tatsache vom potentiellen Schuldner, also regelmäßig vom Beklagten, bewiesen werden muss.

513

Als Beispiele seien hier die §§ 280 I S. 2, 286 IV, 311a II S. 2 BGB angeführt:

Dies erschließt sich im Fall der §§ 280 I S. 2, 311a II S. 2 aus der negativen Formulierung der Normen: *„Dies gilt nicht, (...)"*. An dieser Stelle obliegt es dem Gläubiger, dem Schuldner das Vertretenmüssen der Pflichtverletzung bzw. der Unkenntnis des Leistungshindernisses nachzuweisen.

Außerhalb des Vertragsrechts findet sich eine vergleichbare Beweislastumkehr im Bereich der Produzentenhaftung[468] und des Arzthaftungsrechts.[469]

Weitere Regelungen enthalten z.B. die §§ 179 I, 363 BGB.

hemmer-Methode: Vertiefen Sie die Grundsätze der Beweislast und die diesbezüglichen Ausnahmen anhand von HEMMER/WÜST, Deliktsrecht II, Rn. 350 ff. (Produkt- und Produzentenhaftung), Deliktsrecht I, Rn. 23 (Arzthaftung).

---

[468] Th/P, vor § 284 Rn. 29; Palandt, § 823 Rn. 183 f.
[469] Th/P, vor § 284 Rn. 30.

2. Gesetzliche Vermutungen

Gegner für Widerlegung der Vermutung beweispflichtig

An einigen Stellen des materiellen Rechts finden sich gesetzliche Vermutungen für bestimmte Tatsachen (§§ 440 S.2, 938, 1117 III, 1253 II, 1377 I, III, 2009 BGB) oder Rechte bzw. Rechtsverhältnisse (§§ 1006 I S. 1, 891 BGB bzw. § 1362 BGB; § 1 II HGB).

Die Wirkung dieser gesetzlichen Vermutungen besteht darin, dass die grundsätzlich beweisbelastete Partei nur die Tatsache darlegen und gegebenenfalls beweisen muss, die die Vermutung auslöst, also beispielsweise bei § 1006 BGB den Besitz als Tatsachenbasis der Eigentumsvermutung.

Dem Prozessgegner obliegt dann der sog. Beweis des Gegenteils gem. § 292. Der Prozessgegner muss also zur vollen Überzeugung des Gerichts Tatsachen darlegen und beweisen, aus denen sich ergibt, dass der vermutete Zustand nicht besteht. Dies gilt jedoch nicht für unwiderlegliche Vermutungen (Fiktionen), z.B. § 1566 I, II BGB.

3. Anscheinsbeweis bzw. „prima-facie-Beweis"

typ. Geschehensverlauf, insb. bei Kausalität, Verschulden

Von einem Anscheinsbeweis oder „prima-facie-Beweis" spricht man, wenn bestimmte Tatsachen feststehen, die den Schluss auf andere Tatsachen zulassen, weil insofern ein typischer Geschehensablauf vorliegt. Der Anscheinsbeweis spielt insbesondere bei Fragen der Kausalität und des Verschuldens eine Rolle.

> **Beispiel:** Ist ein Pkw-Beifahrer nicht angeschnallt und erleidet er bei einem Verkehrsunfall Gesichtsverletzungen, so besteht eine tatsächliche Lebenserfahrung dahingehend, dass das Nichtanschnallen für die Verletzung zumindest mitursächlich war.

Erschütterung ausreichend

Folge eines solchen Anscheinsbeweises ist jedoch nicht, dass der Gegner den vollen Beweis des Gegenteils führen muss. Es reicht aus, wenn er konkrete Tatsachen behauptet und beweist, aus denen sich die Möglichkeit eines atypischen Geschehensablaufs ergibt, sog. Erschütterung des ersten Anscheins. Durch diese Erschütterung entfällt die Privilegierung der beweisbelasteten Partei, d.h., sie muss nunmehr vollen Beweis erbringen.

hemmer-Methode: Der Anscheinsbeweis ist damit lediglich eine Beweiserleichterung, aber keine Beweislastumkehr im Sinne einer Vermutung.[470]

4. Vertiefungshinweise

Weitere Sonderprobleme des Beweisrechts sind:

⇨ Indizienbeweis, vgl. Jauernig, § 49 II 4

⇨ Beweisvereitelung, vgl. Th/P, § 286, Rn. 17

---

[470] Zöller, vor § 284 Rn. 29.

§ 7 DIE ENTSCHEIDUNG

I. Urteil

Besonderheiten

Die wichtigsten Entscheidungen des Gerichts sind die Urteile. Sie sind an eine bestimmte Form gebunden und ergehen aufgrund einer mündlichen Verhandlung, wenn nicht ausnahmsweise ein schriftliches Verfahren gem. §§ 128 II stattfindet.[471] Urteile sind i.d.R. durch die Rechtsmittel der Berufung und der Revision anfechtbar. Durch diese Kriterien unterscheiden sie sich von anderen Entscheidungen des Gerichts.

517

1. Urteilsarten

Urteile können nach verschiedenen *Kriterien* eingeteilt werden:

518

– *Prozess-/Sachurteile*

a) Nach der Rechtskraftwirkung sind Prozessurteile und Sachurteile zu unterscheiden.

Die Rechtskraft eines Sachurteils, das der Klage wegen Begründetheit stattgibt oder diese als unbegründet abweist, steht einer neuen Sachentscheidung entgegen.

Die Rechtskraft eines Prozessurteils, das eine Klage als unzulässig abweist, erstreckt sich hingegen nur auf die fehlenden Prozessvoraussetzungen. Eine Entscheidung in der Sache ist möglich, wenn die fehlende Prozessvoraussetzung behoben wird.[472]

hemmer-Methode: Im Tenor findet sich aber lediglich die Formulierung: „Die Klage wird abgewiesen". Warum dies der Fall ist (unzulässig, unbegründet, derzeit unbegründet), ergibt sich erst aus den Entscheidungsgründen[473].

– *Leistungs- /Feststellungs- / Gestaltungsurteile*

b) Nach der Rechtsschutzform können Leistungs-, Feststellungs- und Gestaltungsurteile unterschieden werden.

519

Wie bereits ausgeführt, sind Feststellungsurteile auch diejenigen Urteile, durch die eine Leistungs- oder Gestaltungsklage abgewiesen wird.

– *VU / kontradiktorische Urteile*

c) Nach der Art des Zustandekommens ist zwischen Versäumnisurteilen und kontradiktorischen Urteilen zu unterscheiden.

520

Das Versäumnisurteil ergeht bei Säumnis einer Partei ohne streitige Verhandlung, das kontradiktorische Urteil aufgrund einer streitigen Verhandlung.

– *End- /Zwischen- / Vorbehaltsurteile*

d) Nach der *Bedeutung für die Erledigung des Rechtsstreits* müssen Endurteile, Zwischenurteile und Vorbehaltsurteile unterschieden werden.

521

– *Endurteil: abschließende Entscheidung über Streitgegenstand*

aa) *Endurteile* beenden die Instanz durch eine Entscheidung über den Streitgegenstand.[474]

522

---

471 Th/P, vor § 300 Rn. 1.
472 Musielak, Rn. 51.
473 Th/P, § 313, Rn. 10 a.E.
474 Th/P, § 300 Rn. 1.

Ist der geltend gemachte Anspruch vollständig zur Endentscheidung reif, so ergeht ein *(Voll-)Endurteil*, § 300 I. Dies gilt auch, wenn einer von mehreren nach § 147 verbundenen Ansprüchen zur Endentscheidung reif ist, § 300 II.

Ist einer von mehreren kraft Parteiwillens verbundenen Ansprüchen zur Endentscheidung reif, so kann das Gericht ein *(Teil-)Endurteil* erlassen, § 301 I, II. Diese Möglichkeit besteht auch bei Entscheidungsreife eines abgrenzbaren Teils eines Anspruchs. Das den Rechtsstreit endgültig beendende Urteil wird als *Schlussurteil* bezeichnet.

1	(Voll)-Endurteil, § 300 ZPO	Ende der Instanz durch eine Entscheidung über den ganzen Streitgegenstand
2	Teilurteil, § 301 ZPO	Ebenfalls ein Endurteil, aber Entscheidung nur über einen abgrenzbaren Teil des Streitgegenstandes, der entscheidungsreif ist ⇨ endgültige Beendung durch Schlussurteil
3	Zwischenurteil, § 303 ZPO	Entscheidung über einen Zwischenstreit, insbesondere Verfahrensfragen ⇨ nicht selbständig, sondern nur mit Endurteil zusammen anfechtbar

– *Zwischenurteil: Entscheidung eines Zwischenstreits*

bb) Ein *Zwischenurteil* kann gem. § 303 bei Entscheidungsreife eines Zwischenstreits ergehen.[475]

Ein Zwischenstreit hat meist Fragen zum Gegenstand, die das Verfahren, nicht den Streitgegenstand betreffen (z.B. Zulässigkeit einer Klageänderung, Wirksamkeit einer Klagerücknahme). Das Gericht hat die Möglichkeit, statt in einem Zwischenurteil erst in den Gründen des Endurteils zu dem Zwischenstreit Stellung zu nehmen.

Zwischenurteile sind nicht selbständig anfechtbar, können also nur durch ein Rechtsmittel gegen das Endurteil überprüft werden.

– *Grundurteil*

Kein Zwischenurteil i.S.v. § 303 ist das Grundurteil gem. § 304. Es kann erlassen werden, wenn ein Rechtsstreit über einen nach Grund und Höhe streitigen Anspruch nur hinsichtlich des Anspruchsgrundes zur Entscheidung reif ist. Das Grundurteil ist selbständig anfechtbar, § 304 II Hs. 1. Wenn im anschließenden sog. Betragsverfahren die Höhe des dem Grunde nach bestehenden Anspruchs festgestellt wird, ergeht ein die Instanz beendendes Schlussurteil.

Ebenfalls keine Zwischenurteile i.S.v. § 303 sind Urteile, durch die über die Zulässigkeit der Klage entschieden wird, § 280 II, sowie Urteile, die über einen Zwischenstreit mit einem Dritten entscheiden, vgl. §§ 71 I, 387 I. Diese Urteile sind selbständig anfechtbar, §§ 280 II S. 1, 71 II, 387 III.

---

[475] Th/P, § 303 Rn. 1.

§ 7 DIE ENTSCHEIDUNG

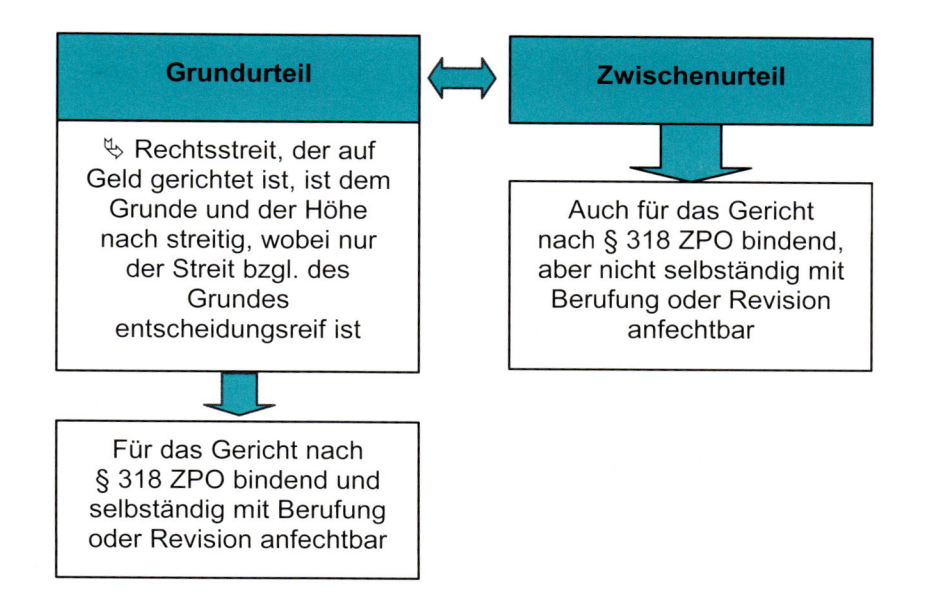

```
┌─────────────────────────┐         ┌─────────────────────────┐
│      Grundurteil        │ ◄─────► │     Zwischenurteil      │
├─────────────────────────┤         └───────────┬─────────────┘
│ ↳ Rechtsstreit, der auf │                     │
│   Geld gerichtet ist,   │                     ▼
│   ist dem Grunde und    │         ┌─────────────────────────┐
│   der Höhe nach         │         │ Auch für das Gericht    │
│   streitig, wobei nur   │         │ nach § 318 ZPO bindend, │
│   der Streit bzgl. des  │         │ aber nicht selbständig  │
│   Grundes               │         │ mit Berufung oder       │
│   entscheidungsreif ist │         │ Revision anfechtbar     │
└───────────┬─────────────┘         └─────────────────────────┘
            ▼
┌─────────────────────────┐
│ Für das Gericht nach    │
│ § 318 ZPO bindend und   │
│ selbständig mit         │
│ Berufung oder Revision  │
│ anfechtbar              │
└─────────────────────────┘
```

• *Vorbehaltsurteil: §§ 302, 599*

cc) Unter den Voraussetzungen der §§ 302 I, 599 I ergeht ein *Vorbehaltsurteil*, das hinsichtlich der Rechtsmittel und der Zwangsvollstreckung als Endurteil anzusehen ist, §§ 302 III, 599 III. 524

Das Urteil im Nachverfahren, §§ 302 IV S. 1, 600 I, durch welches das Vorbehaltsurteil aufgehoben oder für vorbehaltlos erklärt wird, §§ 302 IV S. 2, 600 II, wird als *Schlussurteil* bezeichnet.

2. Urteilsmodalitäten

Urteilsverkündung/-inhalt/-zustellung

Die *Urteilsverkündung* erfolgt nach den §§ 310, 311, 312. 525

Der *Urteilsinhalt* richtet sich nach den §§ 311 I, 313, 313a, 313b, 315.

Die *Urteilszustellung* erfolgt nach den §§ 317 I, 270 I von Amts wegen. Sie hat Bedeutung für den Beginn von Rechtsmittel- und Einspruchsfristen, §§ 517, 548, 339 sowie als Zwangsvollstreckungsvoraussetzung, § 750.

3. Urteilswirkungen

Bindungswirkung, § 318

a) Gem. § 318 ist das erkennende Gericht an die in seinem Urteil enthaltenen Entscheidungen gebunden. Diese *Bindungswirkung* beginnt mit der Verkündung des Urteils, § 310 I S. 1, oder mit der die Verkündung ersetzenden Zustellung, § 310 III. Korrekturen des Urteils sind nur nach Maßgabe der §§ 319 bis 321 zulässig. 526

Eine weitere Durchbrechung der Bindungswirkung des § 318 ist der § 321a. Danach muss das erstinstanzliche Gericht auf Rüge der durch das Urteil beschwerten Partei den Prozess fortführen, wenn eine Berufung mangels Erreichung des Beschwerdewertes von 600,- € oder Zulassung nicht zulässig ist, und das Gericht den Anspruch auf rechtliches Gehör gem. Art. 103 I GG in entscheidungserheblicher Weise verletzt hat und eine Korrektur des Urteils nach §§ 319 bis 321 ausscheidet.

Bei zulässiger und begründeter Rüge wird der Prozess in die Lage vor dem Schluss der mündlichen Verhandlung zurückversetzt, § 312a V.

> **hemmer-Methode:** Durch diese Regelung sollen Verfassungsbeschwerden vermieden und so das BVerfG entlastet werden.

Unterscheide: Rechtskraftwirkung

b) Von der Bindungswirkung des § 318 ist die *Rechtskraft* zu unterscheiden. Während die **Bindungswirkung nur das erkennende Gericht bindet**, wird durch die **Rechtskraft** verhindert, dass ein anderes Gericht eine von dem Urteil abweichende Entscheidung erlässt.

II. Sonstige Entscheidungen[476]

Beschlüsse: durch Gericht

1. *Beschlüsse* sind Entscheidungen des Gerichts, die entweder ohne mündliche Verhandlung ergehen oder diese nicht zwingend voraussetzen.

Sie enthalten meist prozessleitende Anordnungen und sind in der Regel nicht an eine bestimmte Form gebunden, vgl. als Ausnahme § 359.

Soweit Beschlüsse ausnahmsweise aufgrund einer mündlichen Verhandlung ergehen, müssen sie verkündet werden, § 329 I S. 1; in bestimmten Fällen müssen sie den Parteien zugestellt werden, § 329 II S. 2, III; andernfalls sind sie den Parteien formlos mitzuteilen, § 329 II S. 1.

Beschlüsse sind teils unanfechtbar, teils ist gegen sie das Rechtsmittel der sofortigen Beschwerde, § 567 I, gegeben.

Verfügungen: durch Vorsitzenden

2. Auch *Verfügungen* enthalten meist Prozessleitende Anordnungen, unterscheiden sich jedoch von den Beschlüssen dadurch, dass sie bei Kollegialgerichten vom Vorsitzenden erlassen werden und in der Regel nicht anfechtbar sind.

---

[476] Th/P, vor § 300 Rn. 2 f.

§ 8 RECHTSKRAFT

I. Einführung

endgültige Beilegung des Rechtsstreits

530 Eine Entscheidung hätte für die obsiegende Partei keinen Nutzen, wenn der unterlegene Teil die Möglichkeit hätte, immer wieder eine neue, abweichende Entscheidung über den Streitgegenstand herbeizuführen. Das Institut der Rechtskraft gewährleistet, dass jeder Rechtsstreit einmal sein Ende findet. Hierbei ist zwischen formeller und materieller Rechtskraft zu unterscheiden.

formelle Rechtskraft

531 Formelle Rechtskraft bedeutet Unanfechtbarkeit einer rechtskraftfähigen Entscheidung mit ordentlichen Rechtsmitteln vor einem Gericht des höheren Rechtszugs oder durch Einspruch im Versäumnisverfahren, vgl. § 19 EGZPO.[477]

Die bloße Unanfechtbarkeit einer Entscheidung im Rahmen eines Rechtsmittel- oder Einspruchsverfahrens bliebe jedoch ohne Wirkung, wenn eine Partei jederzeit vor einem anderen Gericht desselben Rechtszugs eine abweichende Entscheidung herbeiführen könnte.

Hinsichtlich des Gerichts, das die Entscheidung getroffen hat, wird dies durch die Bindungswirkung des § 318 verhindert.

materielle Rechtskraft

532 Für andere Gerichte desselben Rechtszugs bedarf es einer über die Bindungswirkung des § 318 hinausgehenden, bindenden Wirkung. Diese wird als materielle Rechtskraft bezeichnet.

Materielle und formelle Rechtskraft hängen wie folgt miteinander zusammen: Die Bindungswirkung der materiellen Rechtskraft tritt erst mit der Unanfechtbarkeit der Entscheidung ein. Die formelle Rechtskraft einer Entscheidung ist also Voraussetzung für deren materielle Rechtskraft.

Der Begriff der formellen Rechtskraft ist somit letztlich nur eine Bezeichnung für den Zeitpunkt, in dem die Unanfechtbarkeit einer Entscheidung und deren materielle Rechtskraft eintreten.[478]

Rechtskraft

Formelle Rechtskraft
⇨ Unanfechtbarkeit einer Entscheidung mit ordentlichen Rechtsmitteln (Beschwerde, Berufung, Revision) bzw. bei VU nicht mehr mit dem Einspruch

Materielle Rechtskraft
⇨ Voraussetzung ist der Eintritt formeller Rechtskraft
⇨ Feststellungswirkung bzgl. Streitgegenstand
⇨ Bindungswirkung des Urteils für andere Gerichte desselben Rechtszugs

---

[477] Th/P, § 705 Rn. 1.
[478] Schlosser, Rn. 247.

II. Formelle Rechtskraft

Zeitpunkt:

Als Zeitpunkt für den Eintritt der formellen Rechtskraft kommen in Betracht:[479]

533

– *Ablauf Rechtsmittelfrist*

1. Ablauf der für die Einlegung eines zulässigen Rechtsmittels oder Einspruchs bestimmten Frist, wenn kein Rechtsmittel eingelegt wurde, §§ 705 S. 1 i.V.m. 517, 544 I, II, 548, 569 I, 339 I.

Aus dieser Regelung ergibt sich zugleich, dass Entscheidungen, gegen die unbefristete Rechtsmittel, insbesondere also einfache Beschwerden stattfinden, nicht formell und damit auch nicht materiell rechtskraftfähig werden können.

– *letztinstanzliches Urteil*

2. Verkündung von Urteilen, gegen die kein Rechtsmittel stattfindet.

– *beiderseitiger Rechtsmittelverzicht*

3. Beiderseitiger Verzicht auf Rechtsmittel und einseitiger Verzicht auf Einspruch, §§ 515, 565, 346.

– *Rechtsmittelrücknahme*

4. Rücknahme des Rechtsmittels oder Einspruchs, wenn eine erneute Einlegung nicht mehr möglich ist, §§ 516 III, 565, 346.

III. Materielle Rechtskraft

1. Feststellungswirkung der materiellen Rechtskraft

keine von Rechtskraft abweichende Entscheidung

Die der materiellen Rechtskraft eigene Bindungswirkung wird als Feststellungswirkung bezeichnet. Die Feststellungswirkung hat zur Folge, dass über den Streitgegenstand eines früheren Verfahrens in einem späteren Verfahren nicht abweichend entschieden werden darf.[480] Dieses Abweichungsverbot kann sich auf das spätere Verfahren prozesshindernd und prozessvorgreiflich auswirken.

534

a) Prozesshindernde Wirkung der materiellen Rechtskraft

Unzulässigkeitsgrund für erneute Klage

Prozesshindernd wirkt die materielle Rechtskraft, wenn die Streitgegenstände des früheren und des späteren Verfahrens identisch sind.[481] In diesem Fall fehlt für das spätere Verfahren die negative Prozessvoraussetzung einer fehlenden, rechtskräftigen Entscheidung in derselben Sache, die vom Gericht von Amts wegen zu berücksichtigen ist. Eine trotzdem erhobene Klage ist also durch Prozessurteil als unzulässig abzuweisen.

535

b) Prozessvorgreifliche Wirkung der materiellen Rechtskraft

Bindung bzgl. präjudizieller Rechtsverhältnisse

Möglich ist aber auch, dass vor der Entscheidung über den Streitgegenstand eines späteren Prozesses über solche Vorfragen zu entscheiden ist, die - für sich betrachtet - mit dem Streitgegenstand eines früheren Verfahrens identisch sind. In diesem Falle ist die Feststellungswirkung der ersten Entscheidung prozessvorgreiflich (präjudiziell). Das Gericht ist dann bei der Beurteilung der jeweiligen Vorfrage an die im ersten Verfahren getroffene Entscheidung gebunden.[482]

536

---

479 Th/P, § 705 Rn. 6-9.
480 Th/P, § 322 Rn. 8.
481 Th/P, § 322 Rn. 11.
482 Th/P, § 322 Rn. 9 f.

§ 8 RECHTSKRAFT

> **hemmer-Methode:** Behalten Sie bei den im Anschluss darzustellenden Einzelproblemen zur Reichweite der materiellen Rechtskraft immer im Auge, an welcher Stelle der Klausur diese aufzuwerfen sind! Insbesondere die in der Praxis eher seltene, prozesshindernde Feststellungswirkung eignet sich hervorragend als „Einstieg" für die Prüfung von Einzelproblemen aus dem Bereich der materiellen Rechtskraft. Diese sind dann bei der Prüfung der Prozessvoraussetzungen unter dem Gesichtspunkt einer fehlenden rechtskräftigen Entscheidung in derselben Sache zu diskutieren.

Wirkungen der materiellen Rechtskraft

Feststellungswirkung: Jede neue Verhandlung und Entscheidung über die rechtskräftig festgestellte Rechtsfolge ist ausgeschlossen

entgegenstehende Rechtskraft	Vorgreiflichkeit
erneute Klage	erneute Klage
mit identischem Streitgegenstand	mit anderem Streitgegenstand
Klage unzulässig	rkr. Entscheidungsinhalt bindend

2. Objektive Grenzen der materiellen Rechtskraft

Bezugspunkt der Rechtskraft

Gegenstand der Lehre von den objektiven Grenzen der materiellen Rechtskraft ist die Frage, wieweit die Feststellungswirkung in sachlicher Hinsicht reicht, also welche Bestandteile einer Entscheidung in Rechtskraft erwachsen. Im Folgenden soll dabei vom Urteil als der wichtigsten Entscheidungsart ausgegangen werden. [537]

a) Grundregel

aa) Begrenzung der materiellen Rechtskraft auf Entscheidung über den Streitgegenstand

Entscheidung über Streitgegenstand = Urteilsformel

§ 322 I enthält die Grundregel für die Bestimmung der objektiven Grenzen der materiellen Rechtskraft. [538]

Der in § 322 I verwendete Begriff des Anspruchs ist prozessual zu verstehen, also identisch mit dem Begriff Streitgegenstand. Nur die Entscheidung über den Streitgegenstand erwächst also in materielle Rechtskraft.[483]

> *Beispiel:* K verklagt B auf Grundbuchberichtigung und obsiegt. Das Urteil ist rechtskräftig.
>
> Steht nun das Bestehen des dinglichen Rechts des K fest?
>
> **1.** Der überwiegende Teil der Rechtsprechung und der Literatur steht auf dem Standpunkt, dass ein Urteil über den Grundbuchberichtigungsanspruch rechtskräftig auch über das Bestehen oder Nichtbestehen des geltend gemachten dinglichen Rechts entscheide.

---

483 Zöller, vor § 322 Rn. 30 f.

Die begehrte Grundbucheintragung verfolge nämlich keinen anderen Zweck als die Feststellung der dinglichen Rechtslage. Die Grundbuchberichtigungsklage sei nur die technische Form, in der der Streit um die Existenz oder Nichtexistenz eines bestimmten dinglichen Rechts ausgetragen werde[484].

2. Diese Auffassung hat der BGH nun ausdrücklich aufgegeben[485].

Die dingliche Rechtslage sei für die Entscheidung über den Grundbuchberichtigungsanspruch nämlich nur eine Vorfrage. Die Beurteilung einer Vorfrage erwächst aber grundsätzlich nicht in Rechtskraft[486].

Dieser Grundsatz gilt uneingeschränkt für den mit § 894 BGB vergleichbaren Herausgabeanspruch gemäß § 985 BGB[487].

Ebenso wie das Ziel einer Vindikationsklage aus § 985 BGB die Herausgabe des Besitzes und nicht die Feststellung der präjudiziellen Vorfrage des Eigentums ist, hat die Grundbuchberichtigungsklage aus § 894 BGB nicht die Feststellung eines dinglichen Rechts an einem Grundstück zum Gegenstand, sondern will dem Berechtigten die dem Besitz bei beweglichen Sachen entsprechende und in erster Linie als Rechtsscheinträger und Publizitätsmerkmal des Veräußerungstatbestandes dienende Buchposition wieder verschaffen.[488]

nicht Entscheidungsgründe

Gemessen an den einzelnen Bestandteilen eines Urteils bedeutet dies, dass nur die Urteilsformel, § 313 I Nr. 4, in materielle Rechtskraft erwächst. Nur diese enthält die Entscheidung über den Streitgegenstand. Nicht materiell rechtskraftfähig sind also der Urteilstatbestand, § 313 I Nr. 5 und die Entscheidungsgründe, § 313 I Nr. 6. Insbesondere die Feststellung von Tatsachen und die Entscheidung von Rechtsfragen, von denen die Entscheidung über den Streitgegenstand abhängt, nehmen an der materiellen Rechtskraft nicht teil. Dazu gehört auch die Entscheidung über das Bestehen oder Nichtbestehen materiell-rechtlicher Einwendungen und Einreden des Beklagten.[489]

Durch diese Begrenzung soll verhindert werden, dass andere Gerichte in späteren Verfahren an fehlerhafte Entscheidungen, die der eigentlichen Entscheidung über den Streitgegenstand vorausgehen, gebunden und somit daran gehindert sind, eine andere, richtige Entscheidung zu treffen.[490]

Beispielsfall[491]: Der Kläger wurde rechtskräftig mit seinem Begehren auf Rückzahlung eines Kaufvertrages infolge Rücktritts wegen Mangelhaftigkeit der Kaufsache abgewiesen. Mit seiner erneuten Klage versucht er nun, die Rückzahlung des Kaufpreises auf eine Anfechtung wegen arglistiger Täuschung zu stützen. Mit Erfolg?

---

484 BGH WM 1978, 194 [195]; auch BGH LM § 322 ZPO Nr. 79; Thüringer OLG, OLG-NL 2001, 41; OLG Naumburg, OLG-NL 1998, 182; STEIN/JONAS/LEIPOLD, Kommentar zur ZPO, § 322 Rn. 92, 220; MüKO/GOTTWALD, Kommentar zur ZPO, § 322 Rn. 50; MÄDRICH, MDR 1982, 455 [456].

485 BGH, NJW-RR 2002, 516 ff. = LNRB 2001, 21094.

486 BGH WM 2000, 320 [321] m.w.N.; so auch ZÖLLER, Kommentar zur ZPO, Vorbem. vor § 322 Rdnr. 36; MUSIELAK, Kommentar zur ZPO, § 322 Rn. 24.

487 BGH NJW 1981, 1517; BGH NJW-RR 1999, 376 [377].

488 Eine rechtskräftige Verurteilung zur Herausgabe kann aber Bindungswirkung in einem Folgeprozess entfalten, für den es als Vorfrage darauf ankommt, ob die zur Herausgabe verurteilte Partei die Herausgabe verweigern darf. Das Herausgabeurteil stellt für den Zeitpunkt der letzten mündlichen Verhandlung bindend fest, daß der herausgabepflichtigen Partei kein gesetzliches oder vertragliches Recht zur Verweigerung der Herausgabe zustand. Das gleiche gilt für den Zeitraum zwischen Rechtshängigkeit der Herausgabeklage und Schluss der mündlichen Verhandlung, in der über sie entschieden wurde, sofern in diesem Zeitraum keine relevanten Änderungen eingetreten sind und geltend gemacht werden, vgl. BGH, NJW 2006, 63 ff.

489 Zöller, vor § 322 Rn. 32-34a.

490 **Vertiefungshinweis für Referendare:** Zur Reichweite der Rechtskraft eines klageabweisenden Feststellungsurteils hinsichtlich der Verantwortlichkeit für zukünftige, immaterielle Schäden lesen Sie BGH, Life and Law 2006, 451 ff.) NJW-RR 2006, 712 ff. = LNRB 2006, 11981.

491 **BGH Life & Law 2004, 592 ff.** = NJW 2004, 1252 ff.

Nach Ansicht des BGH steht diesem Begehren die Rechtskraft des Vorprozesses entgegen. Die Rechtskraft eines Urteils führt dann zur Unzulässigkeit einer erneuten Klage, wenn es sich jeweils um denselben Streitgegenstand handelt.

Streitgegenstand ist nicht etwa ein bestimmter materiell-rechtlicher Anspruch (der wäre in der Tat hier unterschiedlich: § 346 I bzw. § 812 BGB), sondern der als Rechtsschutzbegehren oder Rechtsfolgenbehauptung verstandene, eigenständige prozessuale Anspruch, der durch Klageantrag und Lebenssachverhalt bestimmt wird, sog. zweigliedriger Lebenssachverhalt[492].

Dieses Begehren ist vorliegend jedoch identisch, denn jeweils verlangt der Kläger Rückzahlung des Kaufpreises, gestützt auf einen einheitlichen Lebenssachverhalt. Daran ändert auch der Umstand nichts, dass dieser Lebenssachverhalt im Vorprozess eben nicht vollständig dargestellt wurde.

Der Kläger hat sich gegen die Klageabweisung mit der Revision gewehrt mit der Behauptung, er habe von der Täuschung erst nach Rechtskraft des ersten Urteils erfahren, sei also daran gehindert gewesen, dies im Vorprozess vortragen zu können.

Dieser Argumentation lässt der BGH nicht gelten. Denn der Lebenssachverhalt hat im Vorprozess bereits festgestanden. Dass die Parteien ihn nur zum Teil gekannt haben, ändert daran nichts. Die Rechtskraft eines Urteils wäre nichts wert, wenn stets Prozesse mit neuen tatsächlichen Erkenntnissen neu aufgerollt werden könnten.

Infolgedessen gehört zur Rechtskraftwirkung nicht nur die Präklusion der im ersten Prozess vorgetragenen Tatsachen, sofern diese nicht erst nach Schluss der mündlichen Verhandlung im ersten Prozess entstanden sind, sondern bei natürlicher Anschauung zu dem im Vorprozess vorgetragenen Lebenssachverhalt gehören. Die Täuschung ist daher keine neue Tatsache.

Wichtig: Auch die Anfechtung selbst ist keine neue Tatsache in diesem Sinne. Denn für die zeitlichen Grenzen der materiellen Rechtskraft kommt es bei Gestaltungsrechten nicht auf die Ausübung, sondern kenntnisunabhängig auf den Zeitpunkt der Entstehung an.

hemmer-Methode: Diese Argumentation ist nicht neu, sondern spielt vielmehr eine große Rolle im Rahmen der Präklusion nach § 767 II. Daher ist diese Entscheidung des BGH nicht nur examensrelevant im Rahmen der Zulässigkeit einer Klage (entgegenstehende Rechtskraft), sondern könnte ohne weiteres auch zum Anlass genommen werden, zwangsvollstreckungsrechtliche Rechtsbehelfe abzuprüfen.
Denken Sie in diesem Zusammenhang immer auch an die Frage, ob die Präklusion auch für die Verbraucher schützenden Widerrufsrechte gilt. Dies wird von der h.M. abgelehnt, da dies dem Verbraucherschutz widerspreche. Zudem spreche § 767 II von „Gründen", auf denen die Einwendungen beruhen müssten. Ein Widerruf ist aber grundlos ausübbar. Schlussendlich würde der Annahme einer Präklusion § 355 III S.3 BGB entgegenstehen, der einen Widerruf im Falle fehlender Belehrung unbefristet ermöglicht.
Lesen Sie hierzu HEMMER/WÜST ZPO II, Rn. 248 ff.

bb) Urteilsgründe als Hilfsmittel zur Bestimmung des Streitgegenstandes

Konkretisierung durch Entscheidungsgründe, insb. bei Klageabweisung

Fall: K klagt gegen B auf Zahlung eines Kaufpreises i.H.v. 1.500,- € aus einem angeblich mit B am 01.05.2003 geschlossenen Kaufvertrag. Die Klage wird abgewiesen. Das Urteil wird rechtskräftig. In einem zweiten Prozess klagt K erneut eine Summe von 1.500,- € gegen B ein. Diesmal begründet er sein Verlangen jedoch mit einem am 10.06.2003 abgeschlossenen Kaufvertrag. Ist die zweite Klage zulässig?

---

492 Vgl. dazu bereits Rn. 117 ff.

Zur Beurteilung der Frage, ob dem neuen Prozess eine rechtskräftige Entscheidung in derselben Sache wegen Streitgegenstandsidentität entgegensteht, hilft die bloße Urteilsformel des ersten Urteils nicht weiter.

Von einer für sofort vollstreckbar erklärten Kostentragungsentscheidung abgesehen, lautet diese nämlich lediglich: *„Die Klage wird abgewiesen."*

Die Formulierung, in Rechtskraft erwachse nur die Urteilsformel, darf deshalb nicht zu der Fehlvorstellung führen, Urteilstatbestand und Urteilsgründe seien in einem zweiten Verfahren ohne jede Bedeutung. Gerade das Beispiel eines klageabweisenden Urteils zeigt, dass diese als Mittel zur Bestimmung des Streitgegenstandes des ersten Verfahrens sehr wohl herangezogen werden dürfen und müssen.[493]

Im Fall ergibt sich aus dem Tatbestand und den Entscheidungsgründen des ersten Urteils, dass die Streitgegenstände der beiden Verfahren verschieden sind. Die zweite Klage ist deshalb zulässig.

cc) Sog. kontradiktorisches Gegenteil[494]

Fall: K *erhebt Klage gegen B mit dem Antrag festzustellen, er sei Eigentümer einer Uhr.* K *obsiegt, das Urteil wird rechtskräftig.*

Wäre eine Klage des B gegen K mit dem Antrag auf Feststellung seines Eigentums zulässig?

Wie ist die Frage zu beantworten, wenn das Gericht die Klage des K abgewiesen hat?

540

Auf den ersten Blick scheinen der Streitgegenstand des ersten und des zweiten Prozesses verschieden zu sein: Im ersten Verfahren sollte das Eigentum des K, im zweiten Verfahren das des B festgestellt werden.

Mit der ersten Entscheidung ist jedoch nicht nur - positiv - das Eigentum des K festgestellt worden, sondern auch - negativ -, dass B nicht Eigentümer ist. Dieses mit der positiven Feststellung unvereinbare Gegenteil wird als kontradiktorisches Gegenteil bezeichnet und nimmt an der materiellen Rechtskraft teil.[495]

Anders liegt es, wenn die Klage des K abgewiesen worden ist. Dadurch würde nämlich nur festgestellt, dass K nicht Eigentümer ist, nicht aber, dass B Eigentümer ist. Die Bestimmung des kontradiktorischen Gegenteils bedarf also im Einzelfall sorgfältiger Prüfung.

dd) Rechtskraftwirkung d. klageabweisenden Versäumnisurteils

Lesen Sie dazu nochmals das Beispiel bei Rn. 424 nach.

b) Ausnahmen

aa) Entscheidung über das Nichtbestehen einer aufgerechneten Gegenforderung

§ 322 II:
Rechtskraft bzgl. Gegenforderung

Die Aufrechnung mit einer bestehenden Gegenforderung bewirkt, dass Forderung und Gegenforderung, soweit diese sich decken, erlöschen, § 389 BGB.

541

---

493 Zöller, vor § 322 Rn. 31.
494 Vgl. dazu BGH, NJW 1995, 967 = JuS 1995, 744 f.
495 Schlosser, Rn. 215 f.

§ 8 RECHTSKRAFT

Die wirksame Aufrechnung stellt also eine rechtsvernichtende Einwendung dar, die als prozessuale Einrede gem. § 322 I eigentlich nicht materiell rechtskraftfähig wäre.

Dies könnte jedoch zu folgender Situation führen: Der Kläger wird mit seiner Klage abgewiesen, weil das Gericht die vom Beklagten zur Aufrechnung gestellte Gegenforderung als bestehend beurteilt hat. Diese Gegenforderung wäre materiell-rechtlich erloschen.

Diese Entscheidung würde indes nicht in Rechtskraft erwachsen. Ein anderes Gericht, vor dem der frühere Beklagte gegen den früheren Kläger die eigentlich erloschene Gegenforderung geltend macht, wäre also nicht gehindert, sich von deren Bestehen zu überzeugen. Gegen eine dies feststellende, rechtskräftige Entscheidung könnte der frühere Kläger wiederum nichts unternehmen, denn dass seine Forderung durch die Aufrechnung erloschen ist, ist bereits rechtskräftig festgestellt.

Zweck:
Verhinderung erneuter Klage

Dieses unbefriedigende Ergebnis verhindert § 322 II. Die bisherigen Ausführungen ergeben auch, wie die in dieser Vorschrift enthaltene sprachliche Ungenauigkeit aufzulösen ist: Nicht nur die Entscheidung, dass die Gegenforderung nicht besteht und auch nie bestanden hat, sondern auch die Entscheidung, dass diese **nicht mehr** besteht, weil sie gem. § 389 BGB erloschen ist, ist in der in § 322 II bezeichneten Weise materiell rechtskraftfähig.[496]

bb) Ausgleichszusammenhänge

Folgeprozess aufgrund präjudizieller Feststellung

Wie bereits ausgeführt, soll die objektive Begrenzung der materiellen Rechtskraft verhindern, dass von unrichtigen, präjudiziellen Entscheidungen in späteren Verfahren nicht mehr abgewichen werden kann. In Ausnahmefällen wird dieser Zweck jedoch gerade wegen der Begrenzung der Rechtskraft auf den Streitgegenstand nicht erreicht.

542

> *Fall: K klagt gegen B aus einem angeblich mit diesem geschlossenen Kaufvertrag auf Bezahlung des Kaufpreises. Das Gericht überzeugt sich davon, dass B den Kaufvertrag wegen eines Erklärungsirrtums gem. §§ 119 I, 142 I BGB wirksam angefochten hat und weist die Klage deshalb ab.*
>
> *Das Urteil wird rechtskräftig. In einem zweiten Verfahren gegen B begehrt K nun Ersatz des Vertrauensschadens gem. § 122 I BGB. Das Gericht kann sich nicht davon überzeugen, dass ein Erklärungsirrtum vorlag. Darf es die Klage des K aus diesem Grund abweisen?*

Vor seiner Entscheidung über den von K geltend gemachten Anspruch hat das Gericht u.a. über das Zustandekommen eines Kaufvertrages zwischen den Parteien und dessen wirksame Anfechtung durch B zu befinden. Grundsätzlich entscheidet das Gericht hierüber nach seiner freien Überzeugung, § 286 I. Etwas anderes würde dann gelten, wenn das Gericht diesbezüglich an eine rechtskräftige Entscheidung gebunden wäre, die insoweit prozessvorgreiflich wirkt. Vertragsschluss und Anfechtung waren jedoch auch im ersten Verfahren lediglich Vorfragen, die gem. § 322 I an der rechtskräftigen Entscheidung über den Kaufpreisanspruch des K nicht teilnehmen.

keine gesetzliche Regelung

Eine ausdrückliche Regelung enthält das Gesetz für diesen Fall nicht. Wie das offensichtlich unbefriedigende Ergebnis vermieden werden kann, ist umstritten:[497]

543

---

496 Musielak, Rn. 269; vgl. auch Rn. 365 im Skript.
497 Jauernig, § 63 III 2; Arens/Lüke, Rn. 365.

e.A.:
Erweiterung d. obj. Grenzen der Rechtskraft bei Sinnzusammenhang

(1) Nach einer Ansicht soll vorliegendes Problem durch eine Erweiterung der objektiven Grenzen der Rechtskraft gelöst werden, also auf prozessrechtlicher Ebene. Eine solche Erweiterung soll dann erfolgen, wenn zwischen den Streitgegenständen des ersten und des zweiten Verfahrens ein Sinnzusammenhang besteht. Dieser soll insbesondere dann vorliegen, wenn in einem ersten Verfahren erkennbar bereits über Fragen gestritten wurde, die in einem Folgeprozess erneut auftreten.

h.M.:
§ 242 BGB

(2) Nach einer anderen Ansicht ist das Problem auf materiellrechtlicher Ebene zu lösen. Derjenige, auf dessen Vorbringen hin im ersten Verfahren eine günstige Entscheidung ergangen ist, die nicht an der Rechtskraft des Urteils teilnimmt, soll sich in einem zweiten Verfahren nicht in Widerspruch zu seinem früheren Vorbringen setzen dürfen. Andernfalls kann ihm der Einwand des Rechtsmissbrauchs entgegengesetzt werden (§ 242 BGB, Gedanke des venire contra factum proprium).

Die prozessrechtliche Lösung läuft wegen Verwendung des unbestimmten Begriffs des Sinnzusammenhangs Gefahr, die in § 322 I klar definierten Grenzen der materiellen Rechtskraft aufzulösen. Der Einwand des Rechtsmissbrauchs hat demgegenüber in Rechtsprechung und Lehre bereits eine hinreichende Strukturierung erfahren. Er ermöglicht deshalb gerechte, einzelfallorientierte Ergebnisse, ohne dadurch ein erhöhtes Maß an Rechtsunsicherheit herbeizuführen.

c) Die Teilklage

insb. zur Einsparung von Verfahrenskosten

Eine Partei ist wegen des Dispositionsgrundsatzes grundsätzlich nicht daran gehindert, nur über einen Teil eines Anspruchs eine Entscheidung zu begehren. Dies kann sich insbesondere zur Einsparung von Verfahrenskosten empfehlen.

544

Fraglich ist, wie weit die Rechtskraft einer solchen Entscheidung in objektiver Hinsicht reicht.[498]

> *Fall: K klagt gegen B auf Rückzahlung von 15.000,- € Teilbetrag eines diesem gewährten Darlehens i.H.v. insgesamt 150.000,- €. K obsiegt. Unter Hinweis auf das rechtskräftige Urteil weigert sich B, den von K geforderten Restbetrag zu bezahlen. Auch K verweist auf das rechtskräftige Urteil.*
>
> *a) Beurteilen Sie die Erfolgsaussichten einer Klage des K auf Zahlung des Restbetrages.*
>
> *b) Wie ist zu entscheiden, wenn die erste Klage des K abgewiesen wurde?*

zu a) Fraglich ist zunächst, ob der Zulässigkeit der Klage die rechtskräftige Entscheidung im ersten Verfahren entgegensteht. Prozesshindernd wäre diese für das zweite Verfahren nur bei Streitgegenstandsidentität.

Die Streitgegenstände der beiden Verfahren sind daher zu vergleichen. Hierbei ist zu unterscheiden:

545

Hat K bei Erhebung der ersten Klage deutlich gemacht, dass der eingeklagte Betrag nur einen Teilbetrag darstellt, so liegt eine sog. **offene Teilklage** vor. Dies kann sich aus der ausdrücklichen Erklärung eines Vorbehalts hinsichtlich der Restforderung ergeben. Das Vorliegen einer offenen Teilklage kann aber auch den Ausführungen des K im Wege der Auslegung zu entnehmen sein.

---

[498] Zeiss, Rn. 578 ff.; Schlosser, Rn. 222 f.

§ 8 RECHTSKRAFT

In diesem Fall ist erkennbar, dass beiden Verfahren zwar derselbe Lebenssachverhalt zugrunde liegt, die unterschiedlichen Anträge aber auf eine Aufteilung der Gesamtforderung durch K zurückzuführen sind. Wegen unterschiedlicher Streitgegenstände wäre die zweite Klage daher nicht als unzulässig abzuweisen. Aus demselben Grunde wäre die Entscheidung des ersten Verfahrens jedoch auch nicht prozessvorgreiflich[499].

Fraglich ist, wie bei einer **verdeckten Teilklage** zu entscheiden ist. In diesem Falle ist nicht erkennbar, dass der eingeklagte Betrag lediglich Teil eines auf einem bestimmten Lebenssachverhalt beruhenden, einheitlichen Anspruchs im materiell-rechtlichen Sinne ist. Eine verdeckte Teilklage vermittelt vielmehr den Eindruck, der Kläger leite aus dem zugrundeliegenden Lebenssachverhalt lediglich das Bestehen eines Anspruchs in der eingeklagten Höhe her, also keine darüber hinausgehende Forderung. Teile der Literatur schließen daraus auf Streitgegenstandsidentität. Eine Klage über die Restforderung ist daher als unzulässig abzuweisen.

Dagegen spricht jedoch, dass auch im Falle rechtskräftiger Abweisung des zunächst quantitativ geltend gemachten prozessualen Anspruchs im Verhältnis zur Geltendmachung weiterer Teile desselben Anspruchs wegen der Unterschiedlichkeit der Anträge keine Identität der Streitgegenstände vorliegt. Entschieden wird eben gerade nur in der geltend gemachten bestimmten Höhe. Mit der h.M. und ständigen Rspr.[500] muss deshalb eine Erstreckung der materiellen Rechtskraft auf nicht eingeklagte Teile desselben Anspruchs **auch bei der verdeckten Teilklage** verneint werden. Eine sog. „Nachforderungsklage" ist somit *zulässig*!

zu b) Umstritten ist die Wirkung von Urteilen, mit denen Teilklagen abgewiesen werden.

546

(1) Nach einer Ansicht soll sich bei Klageabweisung die materielle Rechtskraft stets auch auf den zunächst nicht eingeklagten Betrag erstrecken:

Durch die Klageabweisung stehe fest, dass der Kläger aus dem zugrundeliegenden Lebenssachverhalt einen weiteren Anspruch gegen den Beklagten nicht herleiten kann. Mit einer Klage hinsichtlich des Restbetrages begehre der Kläger daher eine Entscheidung über das kontradiktorische Gegenteil des Streitgegenstandes des Vorprozesses und sei deshalb abzuweisen.

(2) Dies ist mit der h.M. abzulehnen. Wie bei stattgebenden Urteilen ist auch bei klageabweisenden Urteilen bei offener wie auch verdeckter Teilklage eine Rechtskrafterstreckung abzulehnen, weil die eingeklagten Beträge unterschiedlich hoch sind. Die Klage im 2. Prozess ist somit nicht das Gegenteil dessen, was im 1. Prozess festgestellt wurde[501].

> **hemmer-Methode:** Unterscheiden Sie zwischen offener und verdeckter Teilklage sowie zwischen Erfolg und Nichterfolg im ersten Prozess! Bedenken Sie dabei stets den systematischen Zusammenhang mit dem Streitgegenstandsbegriff und dem kontradiktorischen Gegenteil. Die Probleme bei Klageabweisung werden hier nur angedeutet. Nutzen Sie die Gelegenheit, die Problematik der Teilklagen am Beispiel einer Klageabweisung nochmals zu durchdenken.

Problem: Offene Schmerzensgeldteilklage

Mit einem der schwierigsten und daher auch examensrelevanten Problematik im Zusammenhang mit der Teilklage hat sich nun auch der BGH zu befassen gehabt. Es ging um die Zulässigkeit einer offenen Schmerzensgeldteilklage sowie um Fragen der Rechtskraft und Verjährung.

546a

---

499 Th/P, § 322 Rn. 26.

500 Vgl. dazu Th/P, § 322 Rn. 23 sowie BGH, NJW 1997, 3019; eine Nachforderungsklage ist nach BGH, JuS 1998, 561 auch bei vorheriger Teilaufrechnung möglich (lesen!).

501 Th/P § 322 Rn. 26 a.E.

Beispiel[502]: *Der A nimmt den B wegen gravierender Verletzung auf Zahlung von Schmerzensgeld in Anspruch. Es besteht die Gefahr, dass es bei A zu erneuten Operationen bis hin zu einer Schulterprothese kommen könnte.*

A klagt deshalb zunächst einen Teilbetrag des ihm zustehenden Schmerzensgeldes in Höhe von 5.000,- € ein. Es sollen nur die Verletzungsfolgen, die bereits im Zeitpunkt der letzten mündlichen Verhandlung eingetreten sind, berücksichtigt werden. Ist die Teilklage zulässig?

Problematisch ist hier, ob es A offen steht, seinen Anspruch auf Schmerzensgeld auch im Wege einer Teilklage geltend zu machen. Dies ist eine Frage der ausreichend bestimmten Angabe des Klagegegenstandes im Rahmen von § 253 II Nr. 2. Will der Kläger nur einen Teil seiner angeblich höheren Gesamtforderung geltend machen, muss er die einzelnen Teile genau bezeichnen, um den Streitgegenstand überhaupt der materiellen Rechtskraft zuführen zu können.

1. Der Grundsatz der **Einheitlichkeit des Schmerzensgeldes** gebietet es zunächst, die Höhe des dem Geschädigten zustehenden Schmerzensgeldes aufgrund einer ganzheitlichen Betrachtung der den Schadensfall prägenden Umstände unter Einbeziehung der absehbaren künftigen Entwicklung des Schadensbildes zu bemessen.

Es ist ständige Rechtsprechung, dass mit einer *unbeschränkten Schmerzensgeldklage* alle unfallbedingten Verletzungsfolgen abgegolten sind, die:

⇨ bereits eingetreten und objektiv erkennbar waren

⇨ oder deren Eintritt vorhersehbar war und bei der Entscheidung berücksichtigt werden konnte.

2. Nicht erfasst von der Rechtskraft werden lediglich solche Verletzungsfolgen, die im Zeitpunkt der letzten mündlichen Verhandlung *nach der Kenntnis der medizinischen Fachkreise* noch nicht objektiv vorhersehbar waren und mit denen nicht (ernstlich) zu rechnen war[503].

**hemmer-Methode: Das bedeutet, dass der Geschädigte eine neue Klage nur auf solche Schäden stützen kann, die vom ersten Prozess nicht erfasst wurden, und es sich damit um einen neuen Streitgegenstand handelt.
Das im ersten Prozess zugesprochene Schmerzensgeld wird auch als sog. „Teilschmerzensgeld" bezeichnet.**

Da aber insbesondere bei schweren Verletzungen das Eintreten weiterer Schäden und Verletzungsfolgen als möglich vorhersehbar ist, steht der Geschädigte vor dem Problem, dass praktisch alle möglichen Spätfolgen von einem zuerkannten Schmerzensgeld erfasst sind.

Einer weiteren Schmerzensgeldklage stünde damit die Rechtskraft des ersten Schmerzensgeldurteils entgegen.

Dies ist deswegen „unangenehm", weil lediglich mögliche Spätfolgen bei der Bemessung des Schmerzensgeldbetrages nur unzureichend berücksichtigt werden, weil solche Folgen eben nur möglich sind.

hemmer-Methode: Das Schmerzensgeld ist umso niedriger, je geringer die Wahrscheinlichkeit des Eintritts möglicher Spätfolgen ist.

---

502 Vgl. **BGH Life & Law 2004, 300 ff.** = NJW 2004, 1243 f. = NJW-Spezial 2004, 63 f.

503 Vgl. dazu BGH NJW 2001, 3414 ff.

§ 8 RECHTSKRAFT

Treten nun die Spätfolgen aber tatsächlich ein, so kann der Geschädigte diese Beträge nicht mehr einklagen wegen entgegenstehender Rechtskraft, auch wenn diese Folgen im Urteil nur sehr unzureichend berücksichtigt wurden.

Diesem Problem kann man aber dadurch entgehen, indem man eine *offenen Teilklage* erhebt und darauf hinweist, dass ein weiterer Schmerzensgeldbetrag wegen der unsicheren weiteren Folgen nicht verlässlich beziffert werden kann.

> **hemmer-Methode:** Ein Problem der Teilschmerzensgeldklage bleibt aber bestehen: Mit einer Teilklage wird nur die Verjährung hinsichtlich des eingeklagten Teilbetrages gehemmt, sodass hinsichtlich echter <u>Spätfolgen</u> dieses Vorgehen auch zum Eigentor werden kann.
> Die Verjährung beginnt nämlich gem. § 199 I BGB zu laufen und endet nach drei Jahren.
> Das prozesstaktisch klügste Vorgehen wäre es,
> - eine offene Teilschmerzensgeldklage zu erheben und
> - eine Feststellungsklage, dass der Schädiger verpflichtet ist, alle künftigen immateriellen Schäden zu ersetzen.
>
> Nur mit diesem Feststellungsurteil kommt der Geschädigte in den Genuss der 30-jährigen Verjährung des § 197 I Nr. 3 BGB.

d) Erweiterung der objektiven Grenzen der materiellen Rechtskraft

aa) Zwischenfeststellungsklage

§ 256 II:
Urteil über präjudizielles Rechtsverhältnis

Die Erörterung der Ausgleichszusammenhänge und der Teilklagen hat gezeigt, dass die objektive Begrenzung der materiellen Rechtskraft im Einzelfall höchst unbefriedigend sein kann.

547

Eine Erweiterung der objektiven Grenzen der materiellen Rechtskraft können die Parteien durch Erhebung einer Zwischenfeststellungsklage, § 256 II, herbeiführen. Streitgegenstand einer Zwischenfeststellungsklage kann die Feststellung des Bestehens oder Nichtbestehens solcher Rechtsverhältnisse sein, von denen die Entscheidung des Rechtsstreits abhängt (sog. präjudizielles Rechtsverhältnis).[504]

Mit Eintritt der Rechtskraft eines auf die Zwischenfeststellungsklage hin ergehenden Feststellungsurteils besteht dann hinsichtlich eines zweiten Verfahrens prozesshindernde oder -vorgreifliche Feststellungswirkung.

> **hemmer-Methode:** Lernen Sie in Zusammenhängen! Durchdenken Sie die Problematik der Ausgleichszusammenhänge und der Teilklagen nochmals unter dem Gesichtspunkt möglicher Zwischenfeststellungsklagen!

Besonderheiten:

Hinsichtlich der Zulässigkeit einer solchen Zwischenfeststellungsklage ist neben den allgemeinen Zulässigkeitsvoraussetzungen zu beachten:

548

- *str. Rechtsverhältnis*

(1) Entgegen dem Wortlaut des § 256 II ist nach allg. M. nicht erforderlich, dass das für die Entscheidung präjudizielle Rechtsverhältnis erst während des Verfahrens streitig wurde. Die Zwischenfeststellungsklage kann also bereits bei Prozessbeginn erhoben werden.[505]

---

504 Th/P, § 256 Rn. 33 f.
505 Th/P, § 256 Rn. 30.

– objektive Klagenhäufung	**(2)** Eine Zwischenfeststellungsklage des Klägers stellt eine - anfängliche oder nachträgliche - objektive Klagenhäufung dar. Deren Voraussetzungen (vgl. § 260) müssen also vorliegen.[506]
– u.U. als Widerklage	**(3)** Soweit der Beklagte Zwischenfeststellungswiderklage erhebt, müssen die Prozessvoraussetzungen der Widerklage (vgl. § 33) erfüllt sein.
– rechtliches Interesse bei Entscheidungserheblichkeit (+)	**(4)** Das für die allgemeine Feststellungsklage gem. § 256 I erforderliche rechtliche Interesse als besondere Prozessvoraussetzung muss bei einer Zwischenfeststellungsklage nicht gesondert geprüft werden. Ausreichend ist der Hinweis, dass das rechtliche Interesse schon wegen der Entscheidungserheblichkeit des Rechtsverhältnisses sog. Präjudizialität vorliegt.[507]

bb) Nebenintervention und Streitverkündung

Erweiterung der Rechtskraftwirkung

Die objektive Reichweite der Nebeninterventions- und Streitverkündungswirkung (§§ 68, 74 I, III i.V.m. § 68) ist weiter als die der materiellen Rechtskraft, weil sie sich auch auf alle im Vorprozess festgestellten Einzeltatsachen und deren rechtliche Beurteilung erstreckt und nicht nur auf den Tenor.[508] Nebeninterventions- und Streitverkündungswirkung werden zwar systematisch nicht dem Bereich der materiellen Rechtskraft zugeordnet, bewirken aber in tatsächlicher Hinsicht eine Erweiterung der objektiven Grenzen der materiellen Rechtskraft, vgl. Rn. 537 ff.

549

3. Subjektive Grenzen der materiellen Rechtskraft

subjektive Bindung

Mit der Darstellung der objektiven Grenzen der materiellen Rechtskraft ist die Frage beantwortet, welche Entscheidungsbestandteile materiell rechtskräftig werden. Offen geblieben ist bisher die Frage, wen diese Feststellungswirkung betrifft, also die subjektive Reichweite der materiellen Rechtskraft.

550

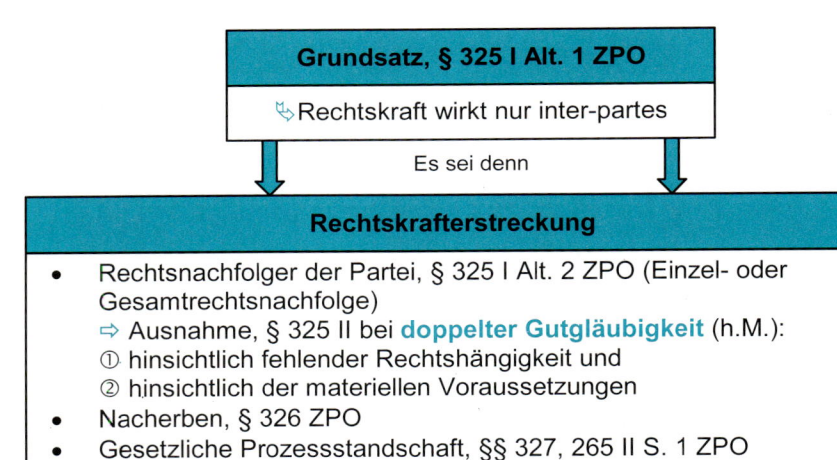

Grundsatz, § 325 I Alt. 1 ZPO
↳ Rechtskraft wirkt nur inter-partes

Es sei denn

Rechtskrafterstreckung
- Rechtsnachfolger der Partei, § 325 I Alt. 2 ZPO (Einzel- oder Gesamtrechtsnachfolge)
  ⇨ Ausnahme, § 325 II bei **doppelter Gutgläubigkeit** (h.M.):
  ① hinsichtlich fehlender Rechtshängigkeit und
  ② hinsichtlich der materiellen Voraussetzungen
- Nacherben, § 326 ZPO
- Gesetzliche Prozessstandschaft, §§ 327, 265 II S. 1 ZPO
- Gewillkürte Prozessstandschaft

---

[506] Th/P, § 256 Rn. 31.
[507] Th/P, § 256 Rn. 32.
[508] Vgl. schon oben Rn. 482.

§ 8 RECHTSKRAFT

a) Rechtskraftwirkung für und gegen die Parteien

Gem. § 325 I 1. Alt. wirkt das Urteil für und gegen die Parteien, also für die obsiegende Partei und gegen die unterlegene Partei, für und gegen beide, wenn der Kläger mit seiner Klage nur teilweise Erfolg hatte. 551

„inter-partes" - Wirkung

Diese sog. „inter partes – Wirkung" ist selbstverständlich, da die Parteien am Rechtsstreit beteiligt waren, ihnen also rechtliches Gehör gewährt wurde.

b) Rechtskraftwirkung für und gegen die Rechtsnachfolger der Parteien

Rechtsnachfolger, § 325 I 2. Alt.

Ein rechtskräftiges Urteil wirkt ferner für und gegen die Rechtsnachfolger der Parteien, § 325 I 2. Alt. . 552

aa) Rechtsnachfolge

bzgl. streitbefangenen Gegenstand

Rechtsnachfolge bedeutet, dass der Gegenstand des Rechtsstreits von einer Partei auf einen Dritten übergegangen ist oder dieser eine mindere Rechtsstellung an dem Gegenstand erlangt hat.[509] 553

Einzel- oder Gesamtrechtsnachfolge

Es kommt nicht darauf an, ob dies auf eine Gesamtrechtsnachfolge oder eine Einzelrechtsnachfolge zurückzuführen ist.[510] Die Erben einer Partei sind also ebenso Rechtsnachfolger wie Personen, die die streitbefangene Forderung im Wege der Abtretung oder das Eigentum bzw. den Besitz an der streitbefangenen Sache erworben haben.

bb) Rechtskraftwirkung für den Rechtsnachfolger

zugunsten Rechtsnachfolger (+)

Die Rechtskrafterstreckung ist unproblematisch, soweit diese den Rechtsnachfolger der obsiegenden Partei betrifft. Für diesen wirkt das rechtskräftige Urteil in jedem Fall.[511] 554

cc) Rechtskraftwirkung gegen den Rechtsnachfolger

zu Lasten des Rechtsnachfolgers?

Schwierigkeiten bereitet das Verständnis von § 325 I 2. Alt., soweit die Rechtskrafterstreckung den Rechtsnachfolger der unterlegenen Partei betrifft. Diese tritt nämlich nur dann ein, wenn nicht zugunsten des Rechtsnachfolgers die Vorschriften des bürgerlichen Rechts über den Gutglaubenserwerb entsprechende Anwendung finden, § 325 II. 555

(1) Rechtsnachfolger der materiell-rechtlich nichtberechtigten Partei

Fall (1): K ist Eigentümer eines im Besitz des B befindlichen Fahrzeugs. Er erhebt Klage gegen B mit dem Antrag auf Feststellung seines Eigentums. Während des Prozesses veräußert B das Fahrzeug an D.

Im Rahmen dieser Veräußerung gab es keine Anhaltspunkte für die Streitbefangenheit des Fahrzeugs. D hatte sich jedoch keinen Kfz-Brief vorlegen lassen. K obsiegt, das Urteil wird rechtskräftig.

---

509 R/S/G, § 156 II 2 a (1).
510 Th/P, § 325 Rn. 2.
511 Zöller, § 325 Rn. 44.

Wie ist über eine von K gegen D erhobene Klage auf Herausgabe des Fahrzeugs zu entscheiden?

Streitgegenstand des Prozesses gegen B war die Feststellung des Eigentums des K. Im zweiten Prozess begehrt K hingegen die Verurteilung des D zur Herausgabe. Wegen unterschiedlicher Streitgegenstände ist die zweite Klage daher zulässig.

Fraglich ist jedoch, ob das Gericht an die Feststellung des Eigentums des K durch das rechtskräftige Urteil gebunden ist, dieses also prozessvorgreiflich wirkt. Dies wäre dann der Fall, wenn das Urteil gem. § 325 I 2. Alt. gegen D wirkt, weil dieser nach Eintritt der Rechtshängigkeit Rechtsnachfolger des B geworden ist.

D hat im Rahmen der Veräußerung jedenfalls den Besitz an dem streitgegenständlichen Fahrzeug erlangt, ist also insoweit Rechtsnachfolger des B geworden. Rechtskrafterstreckung auf D würde somit eintreten, wenn nicht Vorschriften des bürgerlichen Rechts über den gutgläubigen Erwerb zu seinen Gunsten entsprechende Anwendung finden, § 325 II.

§ 325 II	Unter welchen Voraussetzungen § 325 II die Rechtskrafterstreckung auf den Rechtsnachfolger der unterlegenen Partei verhindert, ist umstritten.

556

e.A.:
Gutgläubigkeit nur bzgl. Rechtshängigkeit

Nach einer Auffassung hat § 325 II nur prozessrechtliche Bedeutung.[512] Die Vorschriften des bürgerlichen Rechts über den Erwerb vom Nichtberechtigten sind mit der Maßgabe anzuwenden, dass die Rechtshängigkeit des Erwerbsgegenstandes den Bezugspunkt des guten Glaubens bildet. Die Anforderungen an den guten Glauben sind der jeweils einschlägigen Vorschrift des bürgerlichen Rechts zu entnehmen.

In Fall (1) würde dies bedeuten, dass § 932 II BGB entsprechend anzuwenden wäre mit der Maßgabe, dass sich die Gutgläubigkeit des D lediglich auf die Rechtshängigkeit beziehen muss. Da bei der Veräußerung keine Anhaltspunkte für den Prozess zwischen K und B vorhanden waren, war D hinsichtlich der Rechtshängigkeit gutgläubig, so dass gem. § 325 II keine Rechtskrafterstreckung gegen ihn eintreten würde.

In dem neuen Prozess könnte das Gericht entgegen der Feststellung im ersten Urteil zu dem Ergebnis kommen, dass K nicht Eigentümer des Fahrzeugs war, so dass D von B als Berechtigtem Eigentum erworben hat. Wenn das Gericht feststellen sollte, dass K Eigentümer war, so könnte es ferner zu dem Ergebnis kommen, dass D von B als Nichtberechtigtem gutgläubig Eigentum erworben hat.

h.M.:
"doppelte Gutgläubigkeit"

Nach der Gegenansicht, die wohl h.M. ist, hat § 325 II materiellrechtliche und prozessrechtliche Bedeutung.[513] Die Rechtskrafterstreckung auf den Rechtsnachfolger tritt nach dieser Ansicht nur dann nicht ein, wenn dieser sowohl **hinsichtlich** der **materiellen Berechtigung** des Rechtsvorgängers **als auch hinsichtlich** der **Rechtshängigkeit** nach Maßgabe der jeweils anzuwendenden Gutglaubenserwerbsvorschriften gutgläubig ist. § 325 II erhöht also die Anforderungen an die nach materiellem Recht erforderliche Gutgläubigkeit des Erwerbers insofern, als sich diese auch auf die Rechtshängigkeit beziehen muss.

In Fall (1) hätte dies Rechtskrafterstreckung auf D zur Folge. D war zwar hinsichtlich der Rechtshängigkeit gutgläubig, aber nicht hinsichtlich der Berechtigung des B, weil er sich den Kfz-Brief nicht hatte vorlegen lassen.

Der h.M. ist zu folgen. Derjenige, der wegen fehlender Gutgläubigkeit hinsichtlich der materiellen Berechtigung des Rechtsvorgängers nicht gutgläubig erwerben konnte, ist nicht schutzwürdig.

---

512 Nachweise bei Stein/Jonas, § 325 Rn. 34.
513 Stein/Jonas, § 325 Rn. 36 ff.; Zöller, § 325 Rn. 44; Schlosser, Rn. 233; Th/P, § 325 Rn.8.

§ 8 RECHTSKRAFT

Er darf deshalb nicht die Möglichkeit erhalten, eine neue, für ihn günstige, aber der materiellen Rechtslage widersprechende Entscheidung herbeizuführen.

(2) Rechtsnachfolger der materiell-rechtlich berechtigten Partei

Fall (2): Wie Fall (1), aber in Wirklichkeit ist B materiell-rechtlich Berechtigter, das zugunsten des K ergangene Urteil also fehlerhaft.

Fraglich ist, welche Bedeutung § 325 II hat, wenn der Rechtsnachfolger von dem in Wirklichkeit materiell-rechtlich Berechtigten erworben hat.

e.A.:
nur bzgl. Rechtshängigkeit

Nach einer Ansicht bildet in diesen Fällen nur die Rechtshängigkeit den Bezugspunkt des guten Glaubens.[514] Da der Erwerber vom materiell-rechtlich Berechtigten erwerbe, existiere keine Nichtberechtigung, hinsichtlich derer der Erwerber bösgläubig sein könnte.

Nach dieser Ansicht kommt in Fall (2) keine Rechtskrafterstreckung in Betracht. Hinsichtlich der Rechtshängigkeit war D gutgläubig. Dass D bei Nichtberechtigung des B bösgläubig wäre, bleibt mangels Nichtberechtigung des B außer Betracht.

a.A.:
ebenfalls doppelte Gutgläubigkeit

Nach anderer Ansicht ist auch in diesen Fällen doppelte Gutgläubigkeit erforderlich.[515] Diese Ansicht bestimmt den Begriff der Berechtigung also nicht nach der tatsächlichen, materiell-rechtlichen Lage, sondern geht in Einklang mit den Feststellungen des rechtskräftigen Urteils stets von der Nichtberechtigung des unterlegenen Rechtsvorgängers aus.

In Fall (2) würde also wegen der Bösgläubigkeit des D, bezogen auf die durch das erste Urteil festgestellte Nichtberechtigung des B, Rechtskrafterstreckung eintreten.

(3) Rechtskrafterstreckung bei Fehlen von Vorschriften über den gutgläubigen Erwerb im materiellen Recht

Fall (3): K ist Inhaber einer Forderung gegen C. In einem Rechtsstreit zwischen K und B wird dies rechtskräftig festgestellt. Während des Prozesses hatte B die Forderung an D abgetreten.

Wirkt das rechtskräftige Urteil gegen D?

Wie ist es, wenn in Wirklichkeit B Inhaber der Forderung war?

§ 325 II nur, sofern Gutglaubensvorschriften vorhanden

Die vorstehenden Ausführungen haben deutlich gemacht, dass § 325 II der Rechtskrafterstreckung auf den Rechtsnachfolger nur entgegenstehen kann, wenn im materiellen Recht für den jeweiligen Erwerbstatbestand Vorschriften existieren, die einen gutgläubigen Erwerb ermöglichen.

Fehlen solche Vorschriften im materiellen Recht, beispielsweise im Bereich des Forderungserwerbs, so erstreckt sich das rechtskräftige Urteil stets gegen den Rechtsnachfolger der unterlegenen Partei.[516]

---

514 Jauernig, § 63 IV 2; TH/P, § 325 Rn. 8.
515 R/S/G, § 156 II 2 a (3); Stein/Jonas, § 325 Rn. 36; Schlosser, ZPO II, Rn. 82.
516 Jauernig, § 63 IV 2; Musielak, Rn. 181.

c) Rechtskrafterstreckung auf Dritte in sonstigen Fällen

aa) Gesetzliche Prozessstandschaft

§ 327 (+)

(1) Wird ein Rechtsstreit über ein fremdes Recht durch eine *Partei kraft Amtes* geführt, so wirkt ein rechtskräftiges Urteil auch für und gegen den Rechtsinhaber.[517]

Gesetzlich ist dies für den Testamentsvollstrecker in § 327 bestimmt, gilt aber auch in anderen Fällen der Prozessführung durch eine Partei kraft Amtes.

§ 265 II S. 1 (+)

(2) Bei Prozessführung durch den *Veräußerer des streitbefangenen Gegenstandes*, § 265 II S. 1, tritt Rechtskrafterstreckung auf den Rechtsnachfolger unter den Voraussetzungen von § 325 I 2. Alt., II ein.

§§ 432, 1011, 2039 BGB nur bei Zustimmung

(3) Klagt ein an einem gemeinschaftlichen Recht Beteiligter als *Prozessstandschafter der übrigen Mitberechtigten*, so z.B. in den Fällen der §§ 432, 1011, 2039 BGB, so soll nach h.M. grds. keine Rechtskrafterstreckung auf die übrigen Mitberechtigten eintreten.

hemmer-Methode: Etwas anderes soll ausnahmsweise (aber auch nur dann) gelten, wenn die anderen der Prozessführung zugestimmt haben.[518]

bb) Gewillkürte Prozessstandschaft

grds. Rechtskrafterstreckung (+)

Beruht die Führung eines Rechtsstreits über fremde Rechte im eigenen Namen auf einer Vereinbarung mit dem Rechtsinhaber, so wirkt ein rechtskräftiges Urteil grundsätzlich ebenfalls für und gegen diesen.[519]

bei unzulässiger Prozessstandschaft (-)

Ist die gewillkürte Prozessstandschaft unzulässig, weil der Inhaber des behaupteten Rechts dieser nicht zugestimmt hat oder der Prozessstandschafter kein eigenes schutzwürdiges Interesse an der Geltendmachung des behaupteten, fremden Rechts vorweisen kann, so ist die Klage als unzulässig abzuweisen. Geschieht dies fälschlicherweise nicht, so wirkt das Urteil nicht für und gegen den Inhaber des behaupteten Rechts, sondern nur zwischen den Parteien.[520]

cc) Rechtskrafterstreckung auf den Nacherben

§ 326 ergänzt § 325

§ 326 bestimmt, unter welchen Voraussetzungen ein Urteil zwischen dem Vorerben und einem Dritten für und gegen den Nacherben wirkt. Die Regelung ist als Ergänzung zu § 325 erforderlich, weil der Nacherbe nicht Rechtsnachfolger des Vorerben, sondern des Erblassers ist, §§ 2100, 2139 BGB.

dd) Rechtskrafterstreckung auf alle

Ausnahme: Rechtskraft inter omnes kraft Gesetzes

Für bestimmte Urteile ordnet das Gesetz Rechtskrafterstreckung auf alle an, vgl. §§ 640h, 856 IV; § 248 I S. 1 AktG.

---

517 Zöller, vor § 50 Rn. 34.
518 Th/P, § 325 Rn. 4; a.A. Zöller, vor § 50 Rn. 39.
519 Musielak, Rn. 474; Th/P § 51 Rn. 40.
520 Jauernig, § 22 V.

§ 8 RECHTSKRAFT

Unterscheide: Gestaltungsurteil

Hiervon zu unterscheiden ist die Wirkung von Urteilen, die einer Gestaltungsklage stattgeben. An die dadurch bewirkte Änderung der materiellen Rechtslage ist jedermann aufgrund der Gestaltungswirkung des Urteils gebunden.[521]

ee) Rechtskrafterstreckung infolge materiell-rechtlicher Abhängigkeit[522]

akzessorische Haftung

Insbesondere im Bereich akzessorischer Schuld und Haftung wird teilweise eine Rechtskrafterstreckung auf Dritte über die gesetzlich geregelten Fälle hinaus angenommen:

563

Fall 1: G klagt auf Feststellung einer ihm gegen S zustehenden Forderung und obsiegt / unterliegt.

Ist das Gericht in einem zweiten Prozess gegen den Bürgen B an das rechtskräftige Urteil gebunden?

Fall 2: Wie ist zu entscheiden, wenn sich der erste Prozess gegen eine OHG, der zweite gegen einen der OHG-Gesellschafter richtet?

Rechtskrafterstreckung gegen Bürgen?

Hinsichtlich des Bürgen bzw. des OHG-Gesellschafters liegt keiner der gesetzlich geregelten Fälle von Rechtskrafterstreckung vor.

564

e.A.: (+) wegen mat.-rechtl. Abhängigkeit

Im Hinblick auf die Akzessorietät von Haupt- und Bürgenverbindlichkeit, § 767 I S. 1 BGB, wird von einer Ansicht trotzdem eine Rechtskrafterstreckung auf den Bürgen angenommen, sog. Rechtskrafterstreckung infolge materiell-rechtlicher Abhängigkeit.[523]

Lit.: (-)

Nach überwiegender Ansicht in der Literatur liegt ein Fall der Rechtskrafterstreckung hingegen nicht vor. Die Vorschriften über die Rechtskrafterstreckung werden für nicht erweiterungsfähig gehalten. Eine Berufung auf den Wortlaut von § 767 I S. 1 BGB scheide aus, da der tatsächliche Bestand der Hauptverbindlichkeit durch ein rechtskräftiges Urteil nicht berührt werde.[524]

Rspr.: nur zugunsten des Bürgen

Die Rechtsprechung unterscheidet nach dem Ausgang des Vorprozesses: Wird im ersten Prozess das Bestehen der Hauptverbindlichkeit festgestellt, so wird eine Wirkung des rechtskräftigen Urteils gegen den Bürgen verneint.[525] Umgekehrt wird dem im Prozess gegen den Hauptschuldner unterlegenen Gläubiger die Möglichkeit verwehrt, in einem Folgeprozess gegen den Bürgen feststellen zu lassen, dass die Forderung doch besteht.[526] Der Gläubiger hätte bereits rechtliches Gehör gefunden, so dass ihm für den Folgeprozess das Rechtsschutzbedürfnis fehle.

§ 129 HGB: h.M. (+)

Anders als bei der Bürgenhaftung geht die überwiegende Ansicht hinsichtlich der Haftung des Gesellschafters für Verbindlichkeiten der Gesellschaft unter Berufung auf den Wortlaut von § 129 I HGB von Rechtskrafterstreckung für und gegen den Gesellschafter aus: Da die im Vorprozess unterlegene Gesellschaft wegen des rechtskräftigen Urteils nicht mehr einwenden könne, die Forderung bestehe nicht, könne es der Gesellschafter ebenfalls nicht.[527]

565

---

521 Zöller, § 325 Rn. 29.
522 Th/P § 325 Rn. 5.
523 Zöller, § 325 Rn. 34 m.w.N.
524 Zeiss, Rn. 589 m.w.N.
525 BGHZ 107, 92.
526 BGH NJW 1970, 279.
527 Zöller, § 325 Rn. 35 m.w.N.

> **hemmer-Methode:** Das Problem der Rechtskrafterstreckung infolge materiell-rechtlicher Abhängigkeit ist sehr umstritten. Wegen des materiell-rechtlichen Bezugs bietet es sich jedoch als „prozessualer Anhang" einer Examensklausur an.
> Zeigen Sie dem Korrektor zunächst, dass ein gesetzlich geregelter Fall der Rechtskrafterstreckung nicht vorliegt. Lösen Sie dann das Spannungsverhältnis zwischen der grundsätzlich abschließenden Regelung der subjektiven Rechtskraftgrenzen und einem im Einzelfall bestehenden Bedürfnis nach Rechtskrafterstreckung auf. Auf das Ergebnis wird es in aller Regel nicht ankommen.

d) Erweiterung der subjektiven Grenzen der materiellen Rechtskraft

Nebenintervention / Streitverkündung

Der vorstehende Abschnitt hat gezeigt, dass auch die subjektiven Grenzen der materiellen Rechtskraft im Einzelfall unbefriedigend sein können.

Nebeninterventions- und Streitverkündungswirkung gem. §§ 68, 74 I, III i.V.m. § 68 werden zwar systematisch nicht dem Bereich der Rechtskrafterstreckung zugeordnet, stellen aber in tatsächlicher Hinsicht Fälle der Rechtskrafterstreckung dar.

4. Zeitliche Grenzen der materiellen Rechtskraft

letzte mündliche Verhandlung

Eine Entscheidung wird auf diejenigen Tatsachen gestützt, die bis zum Schluss der letzten mündlichen Verhandlung entstanden sind und von den Parteien spätestens bis zu diesem Zeitpunkt vorgebracht wurden, §§ 296, 296a.

Die letzte mündliche Verhandlung vor Erlass eines Urteils begrenzt die materielle Rechtskraft also in zeitlicher Hinsicht.[528]

Einwendungen, die auf Tatsachen gestützt werden, die erst **nach** diesem Zeitpunkt entstanden sind, können im Wege der Vollstreckungsgegenklage gem. § 767 geltend gemacht werden. Mit schon davor bestehenden Einwendungen ist man präkludiert, vgl. § 767 II!

> **hemmer-Methode:** Auf Einzelheiten wird im Rahmen der Darstellung der zwangsvollstreckungsrechtlichen Rechtsbehelfe eingegangen werden. Vgl. dazu HEMMER/WÜST, ZPO II, Rn. 249.

Zeitliche Grenze der Rechtskraft

↳ Das Urteil entscheidet über den Streitgegenstand, den die Parteien unter Berücksichtigung der §§ 296, 296a ZPO bis zum Zeitpunkt der letzten mündlichen Verhandlung vorgebracht haben

⬇

Die Rechtskraft umfasst also solche Tatsachen, die die Partei gekannt hat und unterlassen hat, vorzubringen als auch die Tatsachen, von denen die Partei keine Kenntnis hatte

⬇

Die Rechtskraft erstreckt sich lediglich nicht auf die Tatsachen, die erst nach Schluss der letzten mündlichen Verhandlung entstanden sind
⇨ Vollstreckungsgegenklage § 767 ZPO

---

[528] Musielak, Rn. 475.

§ 9 RECHTSBEHELFE

Überprüfungsmöglichkeit richterlicher Entscheidungen

Der Gesetzgeber hat durch Einrichtung von Rechtsbehelfen dem Einzelnen die Möglichkeit gegeben, möglicherweise unrichtige Entscheidungen überprüfen zu lassen.

Rechtsmittel: Devolutiv- und Suspensiveffekt

Eine herausgehobene Stellung unter den Rechtsbehelfen nehmen Berufung, Revision und Beschwerde, die sog. Rechtsmittel, ein. Sie unterscheiden sich von anderen Rechtsbehelfen dadurch, dass sie das Verfahren in eine höhere Instanz bringen (sog. Devolutiveffekt) und verhindern, dass die angefochtene Entscheidung rechtskräftig wird (sog. Suspensiveffekt).

I. Rechtsmittel (Devolutiv- und Suspensiveffekt)

1. Berufung

Überprüfung in tatsächlicher und rechtlicher Hinsicht

Das Rechtsmittel der Berufung dient der Überprüfung einer erstinstanzlichen Entscheidung sowohl in tatsächlicher als auch in rechtlicher Hinsicht. Berufungskläger kann grundsätzlich sowohl der Kläger als auch der Beklagte erster Instanz sein.

hemmer-Methode: Einschneidende Veränderungen hat die ZPO-Reform für die Berufung gebracht. Sie soll zukünftig in erster Linie nur eine Rechtskontrolle gewährleisten und keine neue Tatsacheninstanz sein. Dafür können aber auch Streitigkeiten, die unterhalb der Berufungssumme bleiben zur Berufung zugelassen werden.

a) Zulässigkeit der Berufung

Prüfung v.A.w.

Die Zulässigkeit der Berufung prüft das Berufungsgericht von Amts wegen, § 522 I S. 1. Fehlt eine Zulässigkeitsvoraussetzung, so ist die Berufung als unzulässig zu verwerfen, nach mündlicher Verhandlung durch Urteil, andernfalls durch Beschluss, § 522 I S. 3.

hemmer-Methode: Ist in einer Klausur nach den Erfolgsaussichten einer Berufung gefragt, so ist zwischen deren Zulässigkeit und Begründetheit zu unterscheiden.
1. Im Rahmen der <u>Zulässigkeit</u> der Berufung sind Statthaftigkeit, Form, Frist und Beschwer zu prüfen.
2. In der Begründetheitsprüfung ist festzustellen, ob das angefochtene Urteil richtig ist, das erstinstanzliche Gericht der Klage also zu Recht stattgegeben bzw. diese abgewiesen hat.
Die Zulässigkeit der Berufung darf keinesfalls mit der Zulässigkeit der Klage verwechselt werden. Diese ist erst im Rahmen der Begründetheit der Berufung zu erörtern!

aa) Statthaftigkeit

gegen Urteil

Die Berufung ist statthaft:

⇨ gegen alle erstinstanzlichen Endurteile, §§ 511 I, 300, 301,

⇨ gegen Urteile, die hinsichtlich der Rechtsmittel als Endurteile anzusehen sind, §§ 280 II, 304 II, 302 III, sowie

⇨ gegen zweite Versäumnisurteile, § 514 II.

Entscheidung über die Zulassung

Nach der früheren Fassung des § 511 II, IV war unklar, ob das Gericht erster Instanz bei der Entscheidung über die Zulassung der Berufung stets zu prüfen habe, ob die Rechtssache von grundlegender Bedeutung ist, unabhängig vom Wert des Beschwerdegegenstandes.

Die Neufassung des § 511 IV durch das Justizmodernisierungsgesetz[529] stellt klar, dass eine Berufung stets zulässig ist, wenn eine Partei durch das Urteil mit mehr als 600,- Euro beschwert ist.

Nur wenn dies nicht der Fall ist, darf das Gericht prüfen, ob es sich um eine Rechtssache von grundsätzlicher Bedeutung handelt und daher die Berufung zuzulassen ist, § 511 IV Nr. 1.

hemmer-Methode: § 511 IV stellt somit eine Korrektur des ZPO-Reformgesetzes vom 01.01.2002 dar.

bb) Form

schriftliche Einlegung bei judex ad quem

(1) Die Berufung wird durch Einreichung einer *Berufungsschrift*[530] beim Berufungsgericht eingelegt, sog. judex ad quem, § 519 I.

572

Die inhaltlichen Anforderungen an die Berufungsschrift ergeben sich aus § 519 II - IV. Die Einlegung der Berufung ist Prozesshandlung, so dass die Prozesshandlungsvoraussetzungen vorliegen müssen. Die Berufungsschrift muss als bestimmender Schriftsatz von einem bei dem Berufungsgericht zugelassenen Rechtsanwalt unterschrieben sein, vgl. § 78 I.

beim Berufungsgericht

Als Berufungsgericht instanziell zuständig ist grundsätzlich

573

⇨ bei erstinstanzlichen Urteilen des Amtsgerichts das übergeordnete Landgericht, § 72 GVG,

⇨ bei erstinstanzlichen Urteilen des Landgerichts das übergeordnete Oberlandesgericht, § 119 I Nr. 2 GVG,

⇨ zu den Ausnahmen in Kindschaftssachen und bei familiengerichtlichen Entscheidungen, vgl. §§ 72, 119 I Nr. 1° GVG.

schriftliche Begründung

(2) Die *Berufung* ist zusammen mit der Berufungseinlegung oder in einem besonderen Schriftsatz *zu begründen*, § 520 I, III S. 1.

574

Die inhaltlichen Anforderungen an die Berufungsbegründung ergeben sich aus § 520 III S. 2, IV, V[531].

Durch die Berufungsanträge, § 520 III S. 2 Nr. 1, wird bestimmt, in welchem Umfang der Rechtsstreit von neuem zu verhandeln ist und eine abändernde Entscheidung ergehen kann, vgl. §§ 528.

In der Berufungsbegründung muss der Berufungskläger die Umstände bezeichnen, aus denen sich die Rechtsverletzung und deren Erheblichkeit für die angefochtene Entscheidung ergibt, § 520 III S. 2 Nr. 2, die Bezeichnung konkreter Anhaltspunkte, die Zweifel an der Richtigkeit der Tatsachenfeststellung begründen, § 520 III S. 2 Nr. 3, oder die neuen Angriffs- und Verteidigungsmittel bezeichnen, § 520 III S. 2 Nr. 4.

---

529 Das Justizmodernisierungsgesetz ist mit Wirkung zum 01.09.2004 in Kraft getreten.
530 Vgl. hierzu nochmals Rn. 99 – 102.
531 Zu den Anforderungen an die Berufungsbegründung nach dem seit dem 01.01.2002 geltenden Recht vgl. BGH 2003, 2531 f.

Geschieht dies nicht bereits in der Berufungsbegründungsschrift, droht Präklusion gem. § 530.[532]

Die Berufung kann insoweit nicht darauf gestützt werden, dass der Zivilrechtsweg nicht gegeben war, § 17 a GVG. Auch ist es nicht möglich sich darauf zu berufen, dass das Gericht des ersten Rechtszuges unzuständig gewesen sei, § 513 II.

cc) Frist

Einlegungsfrist 1 Monat ab Zustellung

(1) Die *Berufungsschrift* muss grundsätzlich einen Monat nach Zustellung des erstinstanzlichen Urteils eingereicht werden, § 517. Hierbei handelt es sich um eine Notfrist, so dass bei unverschuldeter Fristversäumung eine Wiedereinsetzung in den vorigen Stand in Betracht kommt, § 233.

Begründung 2 Monate ab Zustellung

(2) Die *Berufungsbegründung* muss grundsätzlich zwei Monate nach Zustellung des angegriffenen Urteils eingereicht werden, § 520 II S. 1, 2. Auch insoweit kommt Wiedereinsetzung in den vorigen Stand in Betracht, § 233.

Zu beachten ist, dass Berufungs- und Berufungsbegründungsfrist für jede Partei erster Instanz gesondert laufen, also jeweils vom Zustellungszeitpunkt abhängen.

Zulässigkeit der Berufung

- **Statthaftigkeit:**
  - §§ 511 I, 300, 301
  - §§ 280 II, 304 II, 302 III
  - §§ 514 II

- **Frist:** § 517

- **Form:** § 519
  Berufungsbegründungsfrist: § 520 II
  Anforderungen: §§ 520 III S. 2, IV, V

- **Beschwer:**
  - Für Kläger *formelle* Beschwer
  - für Beklagten *materielle* Beschwer (str.)

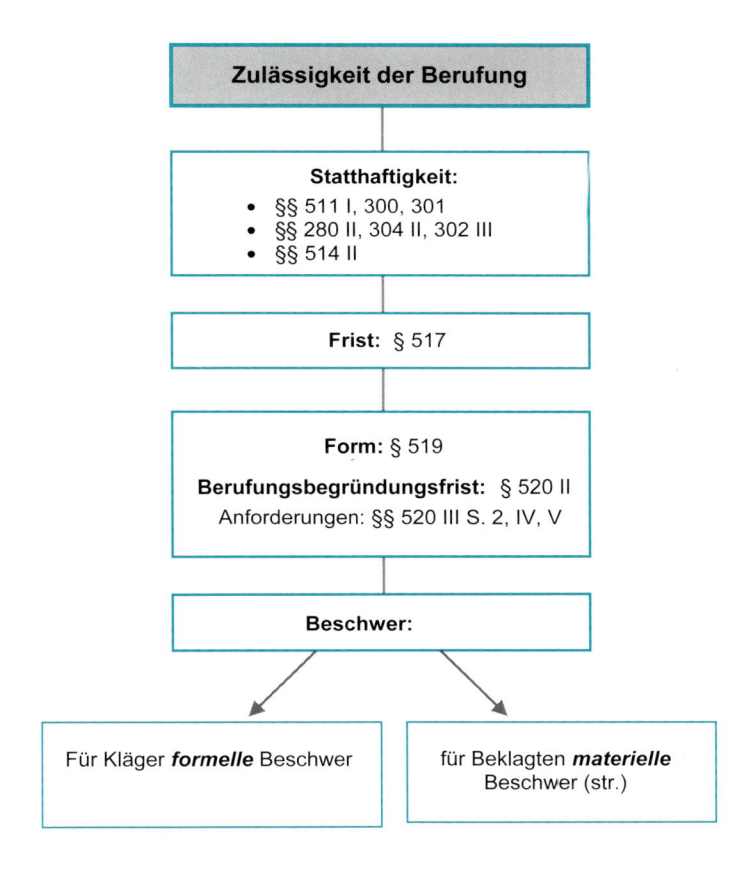

dd) Beschwer

Beschwer durch angefochtene Entscheidung

Die Berufung ist grundsätzlich nur zulässig, wenn der Berufungskläger beschwert ist.

---

[532] Die Präklusion spielt insbesondere nach der ZPO-Reform im Berufungsrecht eine entscheidende Rolle. Hier besteht eine große Gefahr für den Anwalt, in Regress genommen zu werden, wenn er nicht rechtzeitig vorträgt, was in der jeweiligen Situation vorzutragen ist, vgl. Sie dazu SCHNEIDER, Verspätungsrecht im Berufungsverfahren, NJW 2003, 1434 f.

Diese ungeschriebene Zulässigkeitsvoraussetzung ist eine Ausprägung des allgemeinen Rechtsschutzbedürfnisses: Der Gesetzgeber hat es als selbstverständlich vorausgesetzt, dass Rechtsmittel nur demjenigen zur Verfügung stehen, der durch eine Entscheidung benachteiligt ist.

Kläger: "formelle Beschwer"

(1) Hat der *Kläger* erster Instanz Berufung eingelegt, so ist auf dessen *formelle Beschwer* abzustellen. Diese liegt vor, wenn dem Kläger in dem erstinstanzlichen Urteil *weniger zugesprochen* wurde, *als* er in seinem Sachantrag *beantragt* hat.[533] Dies ist auch dann zu bejahen, wenn der Hauptantrag des Klägers abgewiesen wurde und dieser nur mit dem Hilfsantrag Erfolg hatte.

Beklagter: materielle Beschwer

(2) Eine *materielle Beschwer* liegt hingegen bei jeder für den Betroffenen *nachteiligen Wirkung des* erstinstanzlichen *Urteils* vor.[534]

Nach einer Auffassung ist *für den Beklagten* erster Instanz stets auf diese materielle Beschwer abzustellen.[535] Da der Antrag des Beklagten auf Klageabweisung keinen Sachantrag darstelle, der Beklagte noch nicht einmal verpflichtet sei, einen solchen Antrag zu stellen, könne dieser auch nicht formell beschwert sein.

Nach anderer Auffassung kommt es jedenfalls dann auf die formelle Beschwer an, wenn der Beklagte einen Antrag auf Klageabweisung gestellt hat.[536]

Eine Entscheidung dieses Meinungsstreits muss regelmäßig nicht erfolgen, da der Beklagte stets auch materiell beschwert ist, wenn die Klage zumindest teilweise Erfolg hatte.

Auf die materielle Beschwer ist jedoch dann abzustellen, wenn die Klage zwar abgewiesen wurde, aber nur deshalb, weil der Anspruch des Klägers durch die hilfsweise Aufrechnung mit einer Gegenforderung erloschen ist,[537] oder weil die Klage als unzulässig, statt richtigerweise als unbegründet abgewiesen wurde!

Beispiel: Der Kläger nimmt den Beklagten auf Schmerzensgeld wegen Verletzungen in Anspruch. Mit seinem erstinstanzlichen Klageantrag hat er einen in das Ermessen des Gerichts gestellten Betrag gefordert, wenigstens aber 4.000,- €. Das Amtsgericht hat den Beklagten in Höhe des angegebenen Mindestbetrages verurteilt.

Hiergegen hat sich der Kläger mit seiner Berufung gewandt und beantragt, ihm unter teilweiser Abänderung des angefochtenen Urteils einen über das bereits zuerkannte Schmerzensgeld hinausgehenden, in das Ermessen des Gerichts gestellten Betrag zuzusprechen, mindestens jedoch weitere 6.000,- €.

Zu Recht?

Die Berufung ist mangels Beschwer als unzulässig zu verwerfen, § 522 I S.2.

Der vom Amtsgericht zugesprochene Schmerzensgeldanspruch hat der Größenordnung entsprochen, die sich der Kläger vorgestellt und in seinem Vortrag zum Ausdruck gebracht habe.

---

533 Th/P, vor § 511 Rn. 18.
534 Th/P, vor § 511 Rn. 19.
535 BGH NJW 1955, 545.
536 R/S/G, § 136 II 3c); Schlosser, Rn. 385.
537 Musielak, Rn. 431.

§ 9 RECHTSBEHELFE

Bei einem unbezifferten Klageantrag, mit dem ein Schmerzensgeld in Höhe eines bestimmten Mindestbetrages begehrt werde (vgl. dazu Rn. 93 f.), liegt eine Beschwer erst bei Unterschreiten der vom Kläger genannten Mindestsumme vor.

Wenn die Verletzungen des Klägers tatsächlich erheblicher gewesen wäre, als bei Klageeinreichung zunächst angenommen und ein Schmerzensgeld von 4.000,- € daher nach seiner Auffassung zum Zeitpunkt der letzten mündlichen Verhandlung nicht mehr angemessen gewesen wäre, so hätte er diesem Umstand durch eine Erhöhung des Mindestbetrages oder durch dessen Weglassung Rechnung tragen müssen.

Eine nachträgliche Korrektur in der Berufungsinstanz ist damit mangels Beschwer nicht mehr möglich[538].

Berufungssumme, § 511 II Nr. 1

(3) Die Berufung ist ferner nur dann zulässig, wenn der Wert des Beschwerdegegenstandes[539] 600,- € übersteigt, § 511 II Nr. 1, vgl. aber § 514 II S. 2, oder das Gericht des ersten Rechtszuges die Berufung im Urteil zugelassen hat, § 511 II Nr. 2.

hemmer-Methode: Beachten Sie bitte, dass es eine Nichtzlassungsbeschwerde bei der Berufung nicht gibt und auch § 544 nicht analog angewendet werden kann. Stattdessen gibt es gem. § 321a I Nr. 1 die Möglichkeit, die Verletzung rechtlichen Gehörs zu rügen (vgl. dazu Rn. 612a).

ee) Verzicht und Rücknahme

Verzicht möglich:

(1) Die Parteien haben die Möglichkeit, auf das Recht der Berufung gegen ein Urteil zu verzichten.

Keine Zustimmung des Gegners nötig, § 515

Der Verzicht einer Partei bedarf nicht der Zustimmung des Gegners, § 515. Der früher gesetzlich nicht geregelte Fall des Verzichts vor Erlass des Urteils, für den die h.M. einen Prozessvertrag zwischen den Parteien verlangte, wird jetzt von § 515 miterfasst. Wird der Verzicht dem Gericht gegenüber erklärt, so ist er als Prozesshandlung unwiderruflich. Eine trotzdem eingelegte Berufung ist von Amts wegen als unzulässig zu verwerfen. Wird der Verzicht dem Gegner gegenüber erklärt, so steht er der Zulässigkeit der Berufung nur entgegen, wenn der Gegner die Einrede des Verzichts erhebt.

Rücknahme einer eingelegten Berufung

(2) Unter den Voraussetzungen von § 516 I, II kann eine bereits **eingelegte** Berufung zurückgenommen werden. Die Rücknahme bedarf - anders als nach altem Recht - zu keinem Zeitpunkt der Zustimmung des Berufungsbeklagten. Die Zurücknahme der Berufung hat den Verlust der *eingelegten* Berufung zur Folge, § 516 III S.1. Die Berufung kann also erneut eingelegt werden, solange die Berufungsfrist nicht abgelaufen ist.

Abgrenzung zur Klagerücknahme

Die Rücknahme der Berufung ist nicht mit der Klagerücknahme zu verwechseln. Diese ist auch noch in der Berufungsinstanz möglich, bedarf dann aber der Zustimmung der gegnerischen Partei, da bereits in erster Instanz mündlich verhandelt wurde, § 269 I. Die Klagerücknahme führt dazu, dass der gesamte Rechtsstreit von Anfang an als nicht anhängig geworden angesehen wird. Das noch nicht rechtskräftige Urteil der ersten Instanz wird wirkungslos, § 269 III 2. Wird die Klage erneut erhoben, wird ein neues Verfahren in der ersten Instanz aufgenommen, vgl. auch Rn. 255 ff.

---

538 Vgl. zuletzt BGH VI ZR 25/03 - Urteil vom 30.03.2004; im Übrigen ständige Rechtsprechung, vgl. bspw. BGHZ 140, 335, 340 BGHZ 132, 341, 352;M BGH NJW 1993, 2875.

539 Zur Abgrenzung der Begriffe Beschwer und Beschwerdegegenstand vor dem Hintergrund des § 511 II Nr.1 vgl. Jauernig, NJW 2003, 465 ff.

b) Begründetheit der Berufung

aa) Verfahren

Eingeschränkter Prüfungsmaßstab, § 529

Ist die Berufung zulässig, wird das erstinstanzliche Urteil überprüft. Das Berufungsgericht prüft im Rahmen der in der Berufungsschrift gestellten Anträge, § 528 S. 2, das angefochtene Urteil hinsichtlich Zulässigkeit und Begründetheit.

582

Im Gegensatz zum alten Recht ist die Berufung ein bloßes Instrument zur Fehlerkontrolle; es findet keine volle zweite Tatsacheninstanz mehr statt. Allerdings kann das Berufungsgericht nicht nur Rechtsfehler sondern im Rahmen des § 529 I auch Fehler bei der Tatsachenfeststellung überprüfen.

Grds.: Bindung an Tatsachenfeststellung der 1. Instanz

Grundsätzlich hat das Berufungsgericht dabei die Tatsachen zugrunde zu legen, die in der ersten Instanz festgestellt wurden, vgl. § 529 I Nr. 1, 1. Hs.

583

Hiervon kann es nur abweichen, soweit konkrete Anhaltspunkte Zweifel an der Richtigkeit oder Vollständigkeit der entscheidungserheblichen Feststellung begründen und deshalb eine neue Tatsachenfeststellung geboten ist, § 529 I Nr. 1, 2. Hs. Da es sich dabei um eine Ausnahme handelt, ist diese eng auszulegen, so dass an das Gebot einer erneuten Feststellung strenge Anforderungen zu knüpfen sind.

Neue Angriffs- und Verteidigungsmittel in 2. Instanz

Neue Angriffs- und Verteidigungsmittel können nach §§ 529 I Nr. 2, 531 II in zweiter Instanz nur noch dann in den Rechtsstreit unter den dort genannten Voraussetzungen eingebracht werden.

Daraus ergibt sich aber im Umkehrschluss, dass die in erster Instanz rechtmäßig zurückgewiesenen Angriffs- und Verteidigungsmittel auch für die Berufung ausgeschlossen bleiben.

> **hemmer-Methode:** Durch diese Neuregelungen sind die Anforderungen an die Parteien, alle Gesichtspunkte bereits in erster Instanz in den Prozess einzuführen, deutlich erhöht worden, da schon leichte Nachlässigkeit eine Präklusion bewirkt.
> Allerdings steht sie bei einem Fehler des Gerichts besser als früher da, weil ihr dann ein neuer Vortrag erlaubt ist. Dies ist konsequent, da die Fehlerkontrolle auch Verfahrensfehler mitumfasst.
> Ein Vorbringen kann gemäß § 531 II Nr. 1 dann _nicht_ als _verspätet zurückgewiesen_ werden, wenn es einen Gesichtspunkt betrifft, der vom Gericht des ersten Rechtszuges für unerheblich gehalten worden ist und dessen Zurückhaltung durch das erstinstanzliche Verfahren veranlaßt worden ist[540].

Ein in erster Instanz abgelegtes Geständnis kann auch in der Berufungsinstanz nur gem. § 290 widerrufen werden, § 535.

bb) Entscheidung

Prüfung Statthaftigkeit/ Form/ Frist v.A.w.

(1) Das Berufungsgericht hat von Amts wegen zu prüfen, ob die Berufung statthaft ist und form- sowie fristgerecht eingelegt wurde, § 522 I. Falls diese Prüfung negativ verläuft, ist die Berufung als unzulässig zu verwerfen.

584

---

540 Vgl. BGH NJW-RR 2004, 927 f.: zuletzt BGH, NJW-RR 2005, 167 ff. = LNRB 2004, 19993.

§ 9 RECHTSBEHELFE

Zurückweisung durch einstimmigen Beschluss, § 522 II S. 1

(2) Wenn es bei einer zulässigen Berufung überzeugt ist, dass die Berufung keine Aussicht auf Erfolg hat oder der Rechtssache keine grundsätzliche Bedeutung zukommt und eine Entscheidung des Berufungsgerichts nicht notwendig ist, um die Fortbildung des Rechts oder die Sicherung einer einheitlichen Rechtsprechung zu gewährleisten, weist es die Berufung unverzüglich durch einstimmigen Beschluss zurück, § 522 II S. 1.

Zurückweisung durch Endurteil

(3) Kommt das Berufungsgericht später zu dem Ergebnis, dass die angefochtene Entscheidung im Ergebnis richtig ist, das erstinstanzliche Gericht der Klage also zu Recht stattgegeben oder sie abgewiesen hat, so ist die Berufung durch Endurteil als unbegründet zurückzuweisen.

(4) Soweit das angefochtene Urteil unter Berücksichtigung des eingeschränkten Prüfungsmaßstabes des § 529 hingegen fehlerhaft ist, muss dieses aufgehoben werden. Grundsätzlich muss das Berufungsgericht dann in der Sache selbst entscheiden und gegebenenfalls dazu die nötigen Beweise erheben, § 538 I. Nur in den Ausnahmefällen des § 538 II kann es die Sache an das Ausgangsgericht zurückverweisen.

Verbot der reformatio in peius, § 528

Bei der Aufhebung und Abänderung ist das Gericht *an die gestellten Anträge gebunden*, § 528. Dies bedeutet, dass das Urteil grundsätzlich nicht zum Nachteil des Berufungsführers abgeändert werden darf, sog. *Verbot der reformatio in peius*.[541] Der Berufungsführer bestimmt also durch seinen Berufungsantrag sowohl den Umfang der Überprüfung des erstinstanzlichen Urteils als auch den Umfang seiner Aufhebung und Abänderung.

585

586

c) Sonderprobleme

aa) Meistbegünstigungsprinzip

Ausgangsfälle

Fall (1): Was kann der Berufungskläger B unternehmen, wenn seine Berufung vor dem Oberlandesgericht nach einer mündlichen Verhandlung durch Beschluss als unzulässig verworfen wird?

Fall (2): Der Beklagte B stellt im Termin zur mündlichen Verhandlung unter Bezugnahme auf seine Klageerwiderung den Antrag, die Klage abzuweisen. Anschließend verlässt er den Sitzungssaal. Das Gericht gibt der Klage durch Versäumnisurteil statt. Welche Möglichkeiten hat B?

587

inkorrekte Form der Entscheidung: nicht zum Nachteil des Rechtsmittelführers

Hat ein Gericht eine ihrer Art nach falsche Entscheidung (z.B. Beschluss statt Urteil) getroffen oder kann nicht zweifelsfrei geklärt werden, in welcher Form ein Gericht eine Entscheidung erlassen hat (z.B. Urteil in Form eines Versäumnis- oder Endurteils), so soll der Betroffene nicht mit der Frage belastet werden, welches Rechtsmittel statthaft ist. In diesen Fällen sind deshalb sowohl der gegen die erlassene Entscheidung als auch der gegen die korrekte Entscheidung gegebene Rechtsbehelf statthaft, sog. **Meistbegünstigungsprinzip**.[542]

Ausnahme: kein Rechtsmittel gegen korrekte Entscheidung möglich

Eine Ausnahme gilt nur dann, wenn gegen die korrekte Entscheidung kein Rechtsbehelf gegeben wäre. In diesem Fall soll der Betroffene keinen Vorteil aus der vom Gericht gewählten inkorrekten Entscheidungsform erlangen.[543]

588

---

541 Th/P, § 528 Rn. 3 ff.
542 R/S/G, § 135 II 2, 3.
543 BGH NJW 1988, 49.

Unterscheide:
inhaltlich fehlerhafte Entscheidung

In Fall (1) hätte die Berufung wegen der mündlichen Verhandlung nur durch Urteil als unzulässig verworfen werden dürfen, § 522 I S. 3. Gegen die ihrer Art nach falsche Entscheidung ist deshalb sowohl die Rechtsbeschwerde (§§ 522 I S. 4, 574 I Nr. 1) als auch die Revision (§ 542) statthaft.

Von den ihrer Art nach falschen oder der Form nach zweifelhaften Entscheidungen müssen solche unterschieden werden, die inhaltlich fehlerhaft, ihrer Art nach aber eindeutig sind. In diesen Fällen besteht für den Betroffenen gerade kein Zweifel, welche Entscheidungsform das Gericht gewählt hat, so dass das Meistbegünstigungsprinzip nicht eingreift.[544]

In Fall (2) ist es eindeutig, dass das Gericht ein Versäumnisurteil erlassen hat und auch erlassen wollte. Dass das Gericht zu Unrecht die Säumnis des B angenommen hat, weil dieser verhandelt hat, bedeutet nur, dass dieses Versäumnisurteil nicht ergehen durfte. Statthafter Rechtsbehelf ist daher lediglich der Einspruch, nicht die Berufung.

bb) Anschlussberufung

Beschwer beider Parteien
⇨ *gegenläufige Rechtsmittel*

Durch ein Urteil, das einer Klage nur teilweise stattgibt, sind beide Parteien formell bzw. materiell beschwert, so dass beide Parteien die Möglichkeit haben, Berufung einzulegen.

Wegfall des Verbots der reformatio in peius

Dass in diesem Fall beide Parteien die für sie jeweils günstige Abänderung der Entscheidung beantragen, führt insbesondere zu einem *Wegfall des Verbots der reformatio in peius*: § 528 gestattet dann jeweils eine Abänderung zugunsten der einen und damit zu Lasten der anderen Partei.

Privilegierung d. Berufungsbeklagten:

Der Gesetzgeber hat darüber hinaus für den Berufungsbeklagten, also für die Partei, die zunächst keine Berufung einlegt, eine besondere *Privilegierung* geschaffen:

– *verfristete Berufung als unselbständige Anschlussberufung (+)*

(1) Hat eine Partei Berufung eingelegt, so kann sich die andere Partei der Berufung auch dann noch anschließen, wenn die *Berufungsfrist für sie verstrichen* ist, § 524 II S.1. Keine Partei ist also gezwungen, nur deshalb Berufung innerhalb der Berufungsfrist einzulegen, weil möglicherweise die andere Partei unter Ausschöpfung der Frist Berufung einlegt.

Allerdings muss die Anschlussberufungsfrist des § 524 II S.2 beachtet werden.

– *h.M.: Beschwer nicht erforderlich*

(2) Nach h.M. hat der Berufungsbeklagte ferner die Möglichkeit, auch dann Berufung einzulegen, wenn er *nicht beschwert* ist.[545]

Dies wird insbesondere relevant, wenn der Kläger in erster Instanz nur einen Teil seiner Forderung eingeklagt und obsiegt hat. Legt in diesem Fall der Beklagte Berufung ein, so hat der Kläger die Möglichkeit, sich trotz fehlender formeller Beschwer der Berufung anzuschließen.

hemmer-Methode: Auch er ist dann Berufungskläger und hat als solcher die Möglichkeit, den in erster Instanz nicht geltend gemachten Restbetrag seiner Forderung in der Berufungsinstanz einzuklagen, §§ 525, 263, 264 Nr. 2, 1 Alt.

---

544 R/S/G, § 135 II 1.
545 Th/P, § 524 Rn. 17.

cc) Klageänderung, Aufrechnungserklärung, Widerklage, § 533

§ 533 Nr. 1

Eine Klageänderung bzw. Aufrechnungserklärung bzw. Widerklage, ist gemäß § 533 Nr. 1 zulässig, wenn der Gegner einwilligt oder das Gericht dies für sachdienlich hält.

Wegen der Verweisung des § 525 auch auf § 267 kann die Einwilligung des Gegners stillschweigend erteilt werden, indem er sich rügelos auf die Widerklage einläßt[546].

§ 533 Nr. 2

Als zweite Voraussetzung darf eine Widerklage nur auf Tatsachen gestützt werden, die das Berufungsgericht seiner Verhandlung und Entscheidung über die Berufung ohnehin nach § 529 zugrunde zu legen hat (§ 533 Nr. 2).

2. Revision

Überprüfung nur in rechtlicher Hinsicht

Die Revision dient ausschließlich der rechtlichen Überprüfung der angefochtenen Entscheidung.

hemmer-Methode: Auch die Revision ist durch die ZPO-Reform in weiten Teilen grundlegend geändert worden. Sie findet zukünftig nur noch als reine Zulassungsrevision statt, d.h. die Revision muss im angegriffenen Urteil oder nach erfolgreichem Einlegen einer Nichtzulassungsbeschwerde vom BGH zugelassen worden sein. Dafür ist die Revision auch gegen Berufungsurteile des Landgerichts möglich. Dies führt dazu, dass zukünftig auch Streitigkeiten, die in erster Instanz vom Amtsgericht entschieden wurden, bis zum BGH gelangen können.

a) Zulässigkeit

Prüfung v.A.w.

Die Zulässigkeit wird von Amts wegen geprüft, § 552.

aa) Statthaftigkeit

Die Revision ist statthaft gegen

gg. Urteile in der 2. Instanz bzw. Sprungrevision, § 566

⇨ Endurteile der Berufungsinstanz, § 542 I; zu den Ausnahmen vgl. § 542 II,

⇨ zweitinstanzliche Urteile gem. §§ 280 II, 304 II, 302 III,

⇨ zweitinstanzliche, technisch zweite Versäumnisurteile, §§ 565, 514 II,

⇨ erstinstanzliche Endurteile unter den besonderen Voraussetzungen des § 566, sog. Sprungrevision.

bb) Zulassung der Revision; Rechtsbehelf gegen die Nichtzulassung

Grds. streitwertunabhängig
⇨ *Voraussetzung:* Zulassung

(1) Die Revision ist streitwertunabhängig nur noch dann zulässig, wenn sie vom Berufungsgericht im Urteil zugelassen worden ist, § 543 I Nr. 1, oder das Revisionsgericht (BGH, vgl. § 133 Nr. 1 GVG) auf die Beschwerde gegen die Nichtzulassung die Revision zulässt.

---

546 Vgl. BGHZ 21, 13 [18]; ZÖLLER, § 533 Rn. 9; MUSIELAK, ZPO § 533 Rn. 19.

Gem. § 543 II S. 1 muss das Berufungsgericht die Revision immer dann zulassen, wenn die Rechtssache grundsätzliche Bedeutung hat oder die Fortbildung des Rechts oder die Sicherung einer einheitlichen Rechtsprechung eine Entscheidung des Revisionsgerichtes erordert. Das Revisionsgericht ist an die Zulassung gebunden, § 543 II S. 2.

Nichtzulassungsbeschwerde, § 544

(2) Gegen die Nichtzulassung steht dem Beschwerten die Nichtzulassungsbeschwerde gem. § 544 zu. Wenn diese fristgerecht innerhalb eines Monats nach Zustellung des Urteils eingelegt (§ 544 I S.2) und innerhalb von zwei Monaten nach Zustellung begründet wurde (§ 544 II), muss das Revisionsgericht durch Beschluss entscheiden, ob die Voraussetzungen des § 543 II S.1 vorliegen. Ist dies der Fall lässt es die Revision zu und das Beschwerdeverfahren wird als Revisionsverfahren fortgesetzt, § 544 VI.

cc) Form und Frist

schriftliche Einlegung beim Revisionsgericht

Die Revision ist innerhalb eines Monats nach Urteilszustellung schriftlich beim Revisionsgericht einzulegen, §§ 548, 549.

Als Revisionsgericht instanziell zuständig ist grundsätzlich der BGH, § 133 GVG. In Bayern ist in den in § 7 I, II EGZPO genannten Fällen das Bayerische Oberste Landesgericht zuständig, vgl. § 8 EGGVG.

Form und Frist der Revisionsbegründung sind in § 551 II, III, IV geregelt.

b) Begründetheit

Verfahren wie vor LG, § 555

aa) Für das *Revisionsverfahren* gelten die Vorschriften für das Verfahren vor den Landgerichten entsprechend, § 555.

Bindung an tatsächliche Feststellungen

bb) Ist die Revision zulässig, so überprüft das Revisionsgericht die angefochtene Entscheidung lediglich auf ihre rechtliche Richtigkeit. Es ist dabei *an die tatsächlichen Feststellungen des Berufungsgerichts gebunden*, § 559 I S. 1.

Neue Tatsachen können nur vorgetragen werden, um Verfahrensrügen zu begründen, §§ 559 I S. 2, 551 III Nr. 2; zu weiteren Ausnahmen, vgl. Vertiefungshinweis.

Begrenzung der rechtlichen Überprüfung

cc) Die *rechtliche Überprüfung* des Revisionsgerichts ist in dreifacher Hinsicht *begrenzt*. Sie erfolgt nur

– Streitgegenstand

⇨ soweit das Berufungsgericht über den Streitgegenstand entschieden hat,

– Anträge

⇨ im Rahmen der gestellten Anträge, § 557 I, sowie

– Revisibilität, § 545 I

⇨ hinsichtlich des in § 545 I bezeichneten, sog. revisiblen Rechts.

Gesetzesverletzung, § 546

dd) Eine *Gesetzesverletzung* liegt vor, wenn eine Rechtsnorm nicht oder nicht richtig angewendet wurde, § 546.

„Beruhen auf Gesetzesverletzung"

ee) Das Urteil muss *auf der Gesetzesverletzung beruhen*. Dies ist nicht der Fall, wenn das Urteil trotz der Gesetzesverletzung aus anderen Gründen richtig ist, § 561. Etwas anderes gilt bei Vorliegen eines absoluten Revisionsgrundes gem. § 547.

§ 9 RECHTSBEHELFE

Zurückweisung bei Unbegründetheit, § 561

ff) Ist die *Revision unbegründet*, so hat sie das Revisionsgericht zurückzuweisen, § 561.

Aufhebung bei Begründetheit, § 562

Soweit die *Revision begründet* ist, sind das angefochtene Urteil sowie ggf. das mangelhafte Verfahren aufzuheben, § 562 I, II.

u.U. eigene Sachentscheidung, § 563

Ob das Revisionsgericht eine eigene Sachentscheidung trifft oder die Sache an das Berufungsgericht zurückverweist, beurteilt sich nach § 563.

3. Beschwerde

Überprüfung von Beschlüssen und Verfügungen

Die Beschwerde dient der Überprüfung von Beschlüssen, Verfügungen und Zwischenurteile im Zwischenstreit mit Dritten.

hemmer-Methode: Auch der Rechtsbehelf der Beschwerde ist grundlegend geändert worden. Durch die ZPO-Reform wurde der Rechtsmittelzug gegen Nebenentscheidungen dem dreigliedrigen Instanzenaufbau angeglichen. Außerdem wurde die Unterscheidung zwischen der einfachen und der sofortigen Beschwerde aufgegeben.

Unterscheide: sofortige Beschwerde und Rechtsbeschwerde

Es sind die sofortige Beschwerde, gem. § 567 und die Rechtsbeschwerde nach § 574 zu unterscheiden.

a) Sofortige Beschwerde, § 567

Sofortige Beschwerde, § 567

aa) Die sofortige Beschwerde ist statthaft gegen die im ersten Rechtszug ergangenen Entscheidungen der Amts- und Landgerichte in den im Gesetz ausdrücklich genannten Fällen sowie gegen Entscheidungen, die keine mündliche Verhandlung erfordern und durch die ein das Verfahren betreffendes Gesuch zurückgewiesen wird, § 567 I.

Darüber hinaus wird nach h.M. die Beschwerde auch zugelassen gegen eigentlich unanfechtbare Entscheidungen, die *„greifbar gesetzeswidrig"* sind (sog. außerordentliche Beschwerde). Insoweit wird vorausgesetzt, dass die Entscheidung jeder gesetzlichen Grundlage entbehrt und als schlechthin unvereinbar mit der geltenden Rechtsordnung erscheint. Ein lediglich offensichtlicher Rechtsverstoß ist also nicht ausreichend.[547]

Einschränkungen und Ausnahmen

Einschränkungen und Ausnahmen ergeben sich aus § 567 II sowie in weiteren Fällen, in denen das Gesetz die Unanfechtbarkeit einer Entscheidung bestimmt, z. B. §§ 268, 281 II S. 2.

bb) Die sofortige Beschwer ist innerhalb eine Notfrist von zwei Wochen einzulegen, § 569 I S. 1. Diese beginnt regelmäßig mit Zustellung der Entscheidung.

cc) Hinsichtlich der für den Beschwerdeführer erforderlichen Beschwer ergeben sich keine Besonderheiten.

Einlegung beim iudex ad quo oder iudex ad quem

dd) Die Beschwerde kann wahlweise bei dem Gericht eingereicht werden, das die angefochtene Entscheidung erlassen hat (sog. iudex ad quo) oder direkt beim Beschwerdegericht (sog. iudex ad quem), § 569 I S. 1. Dabei ist die Form des § 569 II S. 2 zu beachten. Eine Begründung ist gem. § 571 I im Gegensatz zu Berufung und Revision keine Zulässigkeitsvoraussetzung („soll"). Jedoch kann eine Frist zur Begründung nach § 571 III S. 2 gesetzt werden, deren verstreichen lassen zur Präklusion führt.

---

547 Th/P, § 567 Rn. 7

Wenn das Ausgangsgericht die Beschwerde für begründet erachtet, hilft es ihr ab, andernfalls hat es die Beschwerde unverzüglich dem Beschwerdegericht vorzulegen, § 572 I S. 1. Die Regelung des § 318 bleibt davon jedoch unberührt, § 572 I S. 2.

Beschwerdegericht

ee) Beschwerdegericht ist das jeweils nächst höhere Gericht. Gem. § 568 ist ein Einzelrichter zur Entscheidung berufen, wenn die angefochtene Entscheidung von einem solchen[548] oder einem Rechtspfleger erlassen wurde.

b) Rechtsbeschwerde, § 574

Rechtsbeschwerde gem. § 574

aa) Mit der Rechtsbeschwerde gem. § 574 wird auch für Nebenentscheidungen der Weg zum BGH frei gemacht. Dies war nach altem Recht nur in eng begrenzten Ausnahmefällen möglich.

Sie ist statthaft gegen Beschlüsse, sofern dies im Gesetz ausdrücklich zugelassen ist (§ 574 I S.1 Nr. 1), oder das Beschwerdegericht, das Berufungsgericht oder das OLG im ersten Rechtszug sie in dem Beschluss zugelassen hat (§ 574 I S.1 Nr. 1). Dabei ist die Rechtsbeschwerde nach Nr. 1 auf die Fälle beschränkt, die auch für die Zulassung von Berufung und Revision maßgeblich sind, § 574 II. Auch im Fall der Zulassung nach Nr. 2 hat das Gericht dieser Wertung zu folgen, § 574 III.

§ 574 I S.2, der auf § 542 II verweist, stellt Gerichtsbeschlüsse im Verfahren des einstweiligen Rechtsschutzes mit Urteilen in diesem gleich. Für beide gilt nunmehr, dass eine Revision gegen sie nicht zulässig ist.

hemmer-Methode: § 574 I S.2 ist mit Wirkung zum 01.09.2004 durch das Justizmodernisierungsgesetz in Kraft getreten. Diese Vorschrift führt die im ZPO-Reformgesetz vom 01.01.2002 begonnene Reform zu Ende.

Notfrist: 1 Monat, § 575 I S. 1

bb) Die Rechtsbeschwerde ist an eine Notfrist von einem Monat nach Zustellung des Beschlusses gebunden, § 575 I S. 1 und muss innerhalb derselben Frist begründet werden, § 575 II, III. Sie muss beim BGH eingelegt werden (§ 133 GVG), so dass eine Abhilfeentscheidung ausscheidet. Gegen eine Nichtzulassung ist ein Rechtsmittel nicht gegeben.

4. Anhörungsrüge, § 321a

Anhörungsrüge seit 1.1.2002

Seit dem 01.01.2002 gibt es mit § 321a ein völlig neues Instrument zur Selbstkorrektur eines mit der Berufung nicht anfechtbaren Urteils bei entscheidungserheblicher Verletzung des Anspruchs auf rechtliches Gehör (Art. 103 I GG).

hemmer-Methode: Die Anhörungsrüge ist ein besonderer Rechtsbehelf im deutschen Prozessrecht, der es erlaubt, Verstöße einer Entscheidung gegen den Anspruch auf rechtliches Gehör (Art. 103 I GG) geltend zu machen, wenn gegen die Entscheidung sonst ein Rechtsmittel oder ein anderer Rechtsbehelf nicht gegeben ist.

Ein wichtiger Anwendungsfall des § 321a ist die nicht zugelassene Berufung. Wird eine Revision nicht zugelassen, gibt es in § 544 die Möglichkeit der Nichtzulassungsbeschwerde.

---

[548] Damit ist auch der Amtsrichter gemeint, § 22 IV GVG

Für die Berufung gibt es dagegen keine Nichtzulassungsbeschwerde. Diese Lücke schließt nun § 321a[549].

Voraussetzungen

Voraussetzung ist eine beim Gericht des ersten Rechtszuges eingereichte, fristgerechte und den Anforderungen des § 321a II S.1 entsprechende Rügeschrift.

Die Rügeschrift ist gem. § 321a II S.2 innerhalb einer Notfrist von zwei Wochen nach Zustellung des Urteils (§ 321a II S.3) bei dem Gericht, dessen Entscheidung angegriffen wird, einzureichen.

Ist die Rüge begründet, wurde also das rechtliche Gehör verletzt, wird gem. § 321a V das Verfahren in die Lage zurückversetzt, in der es sich vor der Entscheidung befand.

Andernfalls wird die Rüge durch unanfechtbaren Beschluss verworfen oder zurückgewiesen, § 321a IV[550].

Änderung durch Anhörungsrügegesetz zum 01.01.2005

Die Anhörungsrüge wurde durch Gesetz vom 09.12.2004 über die Rechtsbehelfe bei Verletzung des Anspruchs auf rechtliches Gehör („Anhörungsrügengesetz") mit Wirkung ab 01.01.2005 neu gestaltet.

hemmer-Methode: Hintergrund der Neuregelung war eine Forderung des Bundesverfassungsgerichts, wonach wegen des Grundsatzes der Subsidiarität der Verfassungsbeschwerde der Schutz gegen Verletzungen des rechtlichen Gehörs in erster Linie durch die Fachgerichte selbst erfolgen müsse. Hierzu müssten entsprechende Rechtsbehelfe im Gesetz vorgesehen werden.

Am 01.01.2005 ist das Gesetz in Kraft getreten. Mit diesem Gesetz wurden ähnliche Vorschriften über Anhörungsrügen auch in allen anderen Verfahrensgesetzen geschaffen.

Im Einzelnen sind dies die folgenden Vorschriften:

⇨ § 33° und § 356° StPO

⇨ § 152° VwGO

⇨ § 78a ArbGG

⇨ § 178a SGG,

⇨ § 29a FGG

⇨ § 133a FGO.

hemmer-Methode: Zum Anhörungsrügengesetz vgl. auch HUBER, Anhörungsrüge bei Verletzung des Anspruchs auf rechtliches Gehör, in JuS 2005, 109 ff.

II. Sonstige Rechtsbehelfe
(Durchbrechung der materiellen Rechtskraft)

in Ausnahmefällen Korrektur bereits rechtskräftiger Entscheidungen

Ist gegen eine Entscheidung kein Rechtsmittel mehr gegeben, die Entscheidung also in Rechtskraft erwachsen, so hat diese grundsätzlich Bestand.

---

549 Vgl. dazu MUSIELAK, Neue Fragen im Zivilverfahrensrecht, in JuS 2002, 1203 ff.

550 Gegen eine Entscheidung über eine Rüge nach § 321 a findet ein Rechtsmittel auch dann nicht statt, wenn ein Berufungsgericht sie als unzulässig verwirft, weil es diese Vorschrift im Berufungsrechtszug (hier: gegen einen Zurückweisungsbeschluss nach § 522 Abs. 2 Satz 1) für nicht entsprechend anwendbar hält; vgl. BGH Beschluss vom 06.10.2004, Az.: XII ZB 137/03, download unter www.bundesgerichtshof.de.

In besonderen Fällen kann jedoch ein Bedürfnis bestehen, eine rechtskräftige Entscheidung zu korrigieren. Hierfür stellt das Gesetz besondere Rechtsbehelfe zur Verfügung, die zu einer Durchbrechung der Rechtskraft führen können.

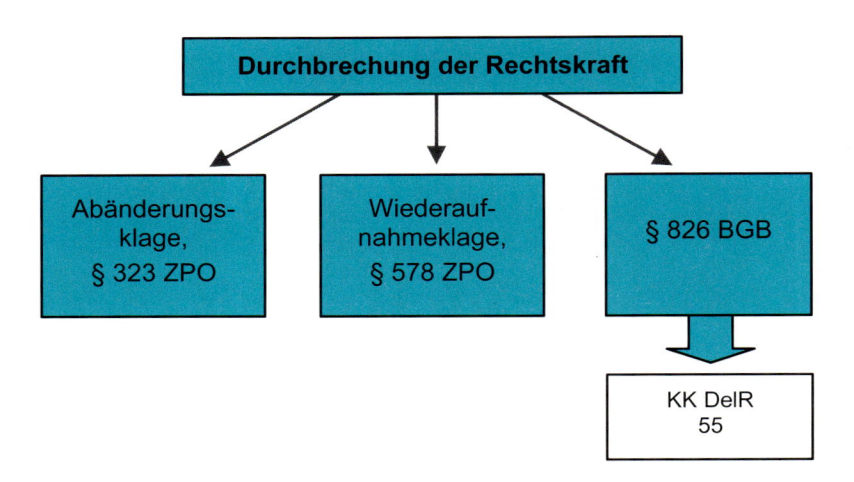

```
                    Durchbrechung der Rechtskraft
                    /            |            \
         Abänderungs-      Wiederauf-       § 826 BGB
           klage,          nahmeklage,          |
          § 323 ZPO         § 578 ZPO           ↓
                                            KK DelR
                                               55
```

1. Abänderungsklage

a) Einführung

Ausgangsfall

Fall: Der Maurermeister K wurde bei einem von B verschuldeten Verkehrsunfall so schwer verletzt, dass er seinen bisherigen Beruf nicht mehr ausüben konnte. Er war nur noch in der Lage, als Nachtportier in einem Hotel zu arbeiten. B wurde gem. §§ 823 I, 842, 843 I BGB verurteilt, an K monatlich eine Rente in bestimmter Höhe zu zahlen. Infolge einer auf den Unfall zurückzuführenden Verschlechterung seines Gesundheitszustandes musste K ein Jahr nach dem Urteil auch seine neue Stelle aufgeben. Was ist K zu raten?

Änderung tats. Grundlage wiederkehrender Leistungen

Einem Urteil zu künftig fällig werdenden, wiederkehrenden Leistungen gem. § 258 liegt eine Prognose der künftigen Entwicklung der tatsächlichen Verhältnisse zugrunde. Verläuft diese Entwicklung wesentlich anders als zum Zeitpunkt der letzten mündlichen Verhandlung erwartet, so ist die nunmehr rechtskräftige Entscheidung unter Umständen nicht mehr mit dem materiellen Recht vereinbar.

Einer erneuten Klage steht in diesen Fällen die Rechtskraft des Urteils entgegen; diese ist bei der Verurteilung zu künftigen, wiederkehrenden Leistungen nicht durch die letzte mündliche Verhandlung begrenzt, sondern erstreckt sich in zeitlicher Hinsicht auch auf die dem Urteil zugrunde gelegte, künftige Entwicklung.[551]

Möglichkeit der Abänderung rechtskräftiger Entscheidungen, § 323

Die durch die Veränderung benachteiligte Partei des Vorprozesses hat jedoch die Möglichkeit durch Erhebung einer Abänderungsklage gem. § 323 eine neue Entscheidung herbeizuführen, die den veränderten Verhältnissen Rechnung trägt und die materielle Gerechtigkeit wieder herstellt.

proz. Gestaltungsklage

Die Abänderungsklage ist eine prozessuale Gestaltungsklage, da sie auf die Abänderung des ersten Urteils und auf die Beseitigung von dessen Vollstreckbarkeit abzielt.[552]

---

[551] Zöller, § 323 Rn. 2; Jauernig, § 63 VI.
[552] Th/P, § 323 Rn. 1.

b) Zulässigkeit der Abänderungsklage

bes. Prozessvoraussetzungen:

Eine Abänderungsklage ist nur zulässig, wenn neben den allgemeinen Prozessvoraussetzungen, für die keine Besonderheiten gelten, folgende besondere Prozessvoraussetzungen erfüllt sind:

aa) Gegenstand

— *Verurteilung zu wiederkehrenden Leistungen*

Gegenstand einer Abänderungsklage ist gem. § 323 I ein Leistungsurteil mit einer Verurteilung zu künftig fällig werdenden, wiederkehrenden Leistungen i.S.v. § 258.

Dies betrifft i.d.R. Renten- oder Unterhaltsverpflichtungen.

hemmer-Methode: Die Abänderungsklage ist im Examen häufig mit materiellen Fragen insbesondere des Familienrechts kombiniert. Lesen Sie daher auch die Ausführungen bei HEMMER/WÜST, Familienrecht, Rn. 475 ff.

Rechtskraft nicht erforderlich

Häufig wird ein solches Urteil bereits rechtskräftig sein. Dies ist jedoch nicht zwingend erforderlich.

Gegen ein noch nicht rechtskräftiges Urteil besteht also wahlweise die Möglichkeit der Berufung oder der Abänderungsklage.[553] Erst nach Einlegung der Berufung kommt eine Abänderungsklage nicht mehr in Betracht.

Vorrang des Einspruchs gegen VU

Etwas anderes gilt für ein noch nicht rechtskräftiges Versäumnisurteil. Hier muss der Betroffene Einspruch einlegen, § 323 II. Tut er dies nicht, so ist er bei einer nach Rechtskraft erhobenen Abänderungsklage hinsichtlich aller Gründe präkludiert, die im Einspruch hätten vorgetragen werden können.[554]

Abänderung kann von beiden Parteien begehrt werden

Gleichgültig ist es, ob der Kläger des Vorprozesses eine Erhöhung oder der Beklagte des Vorprozesses eine Verminderung der Leistung begehrt. Auch einer Leistungsklage mit dem Ziel der Erhöhung der Leistung steht aus oben genannten Gründen die Rechtskraft des Urteils entgegen.

bei völliger Abweisung im Vorprozess Leistungsklage

Eine Leistungsklage kommt jedoch dann in Betracht, wenn die Klage im Vorprozess abgewiesen wurde. In diesen Fällen wurde eine Prognose der künftigen Entwicklung gar nicht vorgenommen, so dass die Rechtskraft des klageabweisenden Urteils hier durch die letzte mündliche Verhandlung zeitlich begrenzt ist.[555] Dasselbe gilt, wenn der Kläger im Vorprozess erkennbar nur einen Teil des Anspruchs geltend gemacht hat.[556]

auch bei Prozessvergleich, vollstr. Urkunden

Auch Prozessvergleiche und vollstreckbare Urkunden können Gegenstand einer Abänderungsklage sein, wenn diese eine Verpflichtung zu künftigen, wiederkehrenden Leistungen enthalten, §§ 323 IV, 794 I S. 1 Nr. 1, 5.

---

553 Zöller, § 323 Rn. 13.
554 Musielak, Rn. 478.
555 Jauernig, § 63 VI; a.A. Zöller, § 323 Rn. 22.
556 Zöller, § 323 Rn. 20.

bb) Behauptung einer nachträglichen, wesentlichen Veränderung

– *Behauptung nachträglicher wesentlicher Änderungen der maßgeblichen Umstände*

Der Kläger muss behaupten, dass nach dem Schluss der letzten mündlichen Verhandlung eine wesentliche Veränderung der für das abzuändernde Urteil maßgeblichen Verhältnisse eingetreten ist, vgl. § 323 I, II. Ob dies tatsächlich der Fall ist, ist eine Frage der Begründetheit.[557]

c) Begründetheit

aa) Wesentliche Veränderung der maßgeblichen Verhältnisse

Änderung in Person d. Berechtigten / Verpflichteten oder allg. Art

Eine neue Entscheidung setzt voraus, dass sich die tatsächlichen Verhältnisse, die das Gericht seiner Entscheidung zugrunde gelegt hat, wesentlich verändert haben, § 323 I.

Die maßgeblichen Verhältnisse können sowohl in der Person des Berechtigten oder Verpflichteten liegen, als auch allgemeiner Art sein.[558]

> *Beispiele:* Erhöhung oder Verminderung des Einkommens des Berechtigten oder Verpflichteten; Erhöhung der allgemeinen Lebenshaltungskosten; Gesetzesänderung.

Unterscheide: Änderung rechtl. /tats. Bewertung bereits bekannter Umstände

Von den veränderten Tatsachen zu unterscheiden ist die veränderte rechtliche oder tatsächliche Bewertung dieser Tatsachen, die eine neue Entscheidung nicht rechtfertigt.[559]

> *Beispiele:* Änderung der Rechtsprechung; neue Beweismöglichkeiten des Berechtigten oder Verpflichteten; veränderte Prognose der künftigen Verhältnisse aus nachträglicher Sicht.

10% -Regel

Wesentlich ist eine Veränderung dann, wenn ihre Berücksichtigung im Vorprozess zu einer wesentlich anderen Entscheidung geführt hätte. Als Faustregel kann hierbei von einem um mindestens 10% geringeren oder höheren Betrag ausgegangen werden.[560]

bb) Nachträgliche Veränderung

nach Schluss der letzten mdl. Verhandlung

Die wesentliche Veränderung muss nach dem Schluss der letzten mündlichen Verhandlung im Vorprozess eingetreten sein, § 323 II. Durch diese zeitliche Grenze soll die Rechtskraftwirkung der Entscheidung im Vorprozess gesichert werden.

Die Abänderungsklage kann also nicht darauf gestützt werden, dass die maßgeblichen Verhältnisse bereits zu diesem Zeitpunkt andere waren als die, die das Gericht seiner Entscheidung zugrunde gelegt hat. Gleichgültig ist hierbei, ob die jeweiligen Tatsachen nicht vorgetragen, nicht bewiesen oder vom Gericht fälschlicherweise nicht berücksichtigt wurden.[561]

§ 323 II nicht auf Prozessvergleich u. vollstreckb. Urkunden anwendbar

Fraglich ist, ob diese zeitliche Grenze auch für Prozessvergleiche und vollstreckbare Urkunden gilt.

---

557 Th/P, § 323 Rn. 24.
558 Th/P, § 323 Rn. 25 f.
559 Zöller, § 323 Rn. 32 f.
560 Th/P, § 323 Rn. 28.
561 Th/P, § 323 Rn. 29.

§ 9 RECHTSBEHELFE

Im Gegensatz zu Urteilen sind diese Schuldtitel nicht rechtskraftfähig und setzen nicht in gleicher Weise einen Vertrauenstatbestand. Entgegen dem Wortlaut von § 323 IV wird § 323 II deshalb nach ganz h.M. nicht auf Prozessvergleiche und vollstreckbare Urkunden angewendet.[562] Hierfür spricht auch § 797 IV. Nach dieser Vorschrift, die auf Prozessvergleiche entsprechend angewendet wird, gilt die bei der Vollstreckungsgegenklage maßgebliche Grenze des § 767 II, die mit der des § 323 II identisch ist, nicht für vollstreckbare Urkunden.

628

d) Entscheidung

Aufhebung und Neuentscheidung

Ist die Abänderungsklage zulässig und begründet, so muss das erste Urteil aufgehoben und über den Anspruch neu entschieden werden, soweit dies aufgrund der veränderten Verhältnisse erforderlich ist. § 323 I spricht insoweit von einer „entsprechenden Abänderung".[563]

Das Gericht muss seiner Entscheidung also sowohl die veränderten und unveränderten Verhältnisse als auch die zu erwartende künftige Entwicklung zugrunde legen. Die erneute Berücksichtigung der unverändert gebliebenen Verhältnisse gewährleistet, dass die Rechtskraft des ersten Urteils insoweit fortwirkt.

629

Abänderung nur für die Zukunft, § 323 III

Eine zeitliche Grenze für die Abänderung des ersten Urteils setzt § 323 III S.1, wonach eine Abänderung nur für die Zeit nach Rechtshängigkeit der Abänderungsklage möglich ist. Dies gilt allerdings nach § 323 III S.2 nicht in familienrechtlichen Unterhaltsstreitigkeiten, soweit hier nach den genannten Vorschriften des BGB eine Abänderung zu einem früheren Zeitpunkt verlangt werden kann.

Auch § 323 III gilt nach h.M. entgegen dem Gesetzeswortlaut nicht für die in § 323 IV genannten Schuldtitel.[564]

630

Umstritten ist, ob § 323 III auch bei Abänderungsklagen gegen Urteile einschränkend auszulegen ist.

Die Vorschrift gewährt nach h.M. einen besonderen prozessualen Vertrauensschutz, unabhängig davon, ob dieser im Einzelfall gerechtfertigt ist oder nicht.[565]

teleologische Reduktion d. § 323 III

Teilweise wird jedoch eine teleologische Reduktion der Vorschrift befürwortet, wenn es beim Abänderungsbeklagten an einem schutzwürdigen Vertrauen fehlt, also insbesondere dann, wenn sich die tatsächlichen Umstände für diesen erkennbar so wesentlich geändert haben, dass er auf das erste Urteil nicht mehr vertrauen durfte.[566]

Nach einer anderen Ansicht soll § 323 III nur die Schwierigkeiten vermeiden, die sonst bei der Bestimmung des maßgeblichen Veränderungszeitpunktes auftreten würden. Nach dieser Ansicht ist die Vorschrift deshalb nicht anwendbar, wenn sich dieser Zeitpunkt ohne größeren Aufwand ermitteln lässt. Diese Voraussetzung ist zwar nicht bei kontinuierlichen Veränderungen, beispielsweise der Erhöhung der allgemeinen Lebenshaltungskosten, gegeben, wohl aber bei punktuellen Veränderungen, etwa einer Einkommenserhöhung.[567]

631

---

562 Th/P, § 323 Rn. 32.
563 Th/P, § 323 Rn. 34.
564 Th/P, § 323 Rn. 39.
565 Th/P, § 323 Rn. 39.
566 R/S/G, § 158 V 4 a).
567 Braun, JuS 1993, 358 f.

e) Verhältnis zur Vollstreckungsgegenklage

§ 767 bei Einwendungen gg. Anspruch, § 323 bei Änderung anspruchsbegründender Tatsachen

Umstritten ist das Verhältnis von Abänderungsklage gem. § 323 und Vollstreckungsgegenklage gem. § 767, die sich gegenseitig ausschließen. Als Faustregel für die Abgrenzung kann gelten, dass eine Veränderung des anspruchsbegründenden Tatbestands durch Abänderungsklage geltend zu machen ist, rechtsvernichtende und rechtshemmende Einwendungen hingegen durch Vollstreckungsgegenklage.[568]

hemmer-Methode: Ausführlicher hierzu Hemmer/Wüst Familienrecht, Rn. 474 ff.

2. Wiederaufnahme des Verfahrens

Nichtigkeits- oder Restitutionsklage

Die Aufhebung eines rechtskräftigen Urteils im Wege einer Wiederaufnahmeklage kann begehrt werden, wenn das Urteil unter Verstoß gegen besonders wichtige Verfahrensvorschriften zustande gekommen (Nichtigkeitsklage, § 579) oder die Beweisgrundlage des Urteils grob fehlerhaft ist (Restitutionsklage, § 580).

3-stufiges Verfahren:

Im Falle einer Wiederaufnahmeklage vollzieht sich das Verfahren in drei Stufen:

Prüfung der Zulässigkeit

a) Die Zulässigkeit einer Wiederaufnahmeklage, die das Gericht von Amts wegen prüft, § 589 I, setzt voraus:

Vorliegen der allgemeinen Prozessvoraussetzungen:

⇨ Statthaftigkeit, §§ 578 I, 584 II

⇨ Zuständigkeit, § 584 I, II

⇨ Frist, § 586 (zu beachten ist insbesondere die zeitliche Grenze des § 586 II S. 2)

⇨ Form, §§ 587 f.

⇨ Beschwer des Klägers

⇨ Voraussetzungen des § 581 I bei einer Restitutionsklage gem. § 580 Nr. 1-5

Prüfung der Begründetheit / Wiederaufnahmegrund

b) Die Wiederaufnahmeklage ist begründet, wenn das Gericht feststellt, dass der behauptete Wiederaufnahmegrund besteht.

In den Fällen der §§ 579 I Nr. 1, 3, 580 ist zusätzlich erforderlich, dass der Wiederaufnahmegrund nicht in dem früheren Verfahren, insbesondere durch ein Rechtsmittel, geltend gemacht werden konnte, §§ 579 II, 582.

Neuverhandlung des alten Rechtsstreits

c) Soweit die Wiederaufnahmeklage begründet ist, hebt das Gericht das angefochtene Urteil auf und entscheidet erneut über den Rechtsstreit, § 590 I. Das rechtskräftige Urteil ist auch dann aufzuheben, wenn es sich im Rahmen der neuen Entscheidung aus anderen Gründen als richtig erweist.

---

568 Zöller, § 323 Rn. 15 f.

§ 9 RECHTSBEHELFE

3. Klage nach § 826 BGB

hemmer-Methode: Lesen Sie dazu auch HEMMER/WÜST, Deliktsrecht I, Rn. 152 ff.

a) Einführung

Durchbrechung der Rechtskraft bei sittenwidriger Urteilserschleichung

Die Darstellung der Abänderungs- und Wiederaufnahmeklage hat gezeigt, dass das Gesetz eine Durchbrechung der Rechtskraft nur in wenigen Ausnahmefällen vorgesehen hat.

Insbesondere die enge Fassung der Wiederaufnahmegründe der §§ 579 f. sowie die fünfjährige Sperrfrist des § 586 II S. 2 haben die Rechtsprechung dazu veranlasst, bei Vorliegen einer sittenwidrigen Urteilserschleichung oder Urteilsausnutzung eine Rechtskraftdurchbrechung zuzulassen.

Verhinderung der Vollstreckung

Der Betroffene habe in diesen Fällen zwar nicht die Möglichkeit, eine Aufhebung des rechtskräftigen Urteils zu erwirken. Durch eine auf § 826 BGB gestützte Klage könne er aber die Vollstreckung aus einem rechtskräftigen Urteil verhindern oder Schadensersatz nach bereits erfolgter Vollstreckung verlangen[569].

b) Voraussetzungen

aa) Sittenwidrige Urteilserschleichung oder Urteilsausnutzung

sittenwidriges Parteiverhalten

Eine sittenwidrige Urteilserschleichung liegt nach der Rechtsprechung vor, wenn ein unlauteres, gegen die guten Sitten verstoßendes Verhalten einer Partei zu einem sachlich falschen Urteil geführt hat.[570]

Eine sittenwidrige Urteilsausnutzung setzt voraus, dass eine Partei Kenntnis von der sachlichen Unrichtigkeit eines rechtskräftigen Urteils hat und besondere Umstände eine Vollstreckung aus diesem Urteil als sittenwidrig erscheinen lassen.[571]

Ob diese Voraussetzungen erfüllt sind, muss unter Berücksichtigung aller Umstände des Einzelfalles festgestellt werden.[572]

bb) Einschränkungen

Darlegungsumfang

Um das Vorliegen einer Urteilserschleichung oder -ausnutzung darzulegen, muss der Kläger nach der Rechtsprechung andere Tatsachen, Beweismittel oder Rechtsauffassungen angeben als im Vorprozess.[573]

Nicht erforderlich ist hingegen, dass der Kläger das fehlerhafte Urteil im Wege eines Wiederaufnahmeverfahrens hätte angreifen können. Insoweit soll keine Subsidiarität bestehen.[574]

---

569 Th/P, § 322 Rn. 50.
570 BGH NJW 1956, 505.
571 BGH NJW 1987, 3256; BGH NJW 1998, 2818 = Life&Law 1998, 777 ff.
572 Einzelfälle bei Musielak, Rn.485; Zöller, vor § 322 Rn. 74.
573 BGH NJW 1987, 3256.
574 BGH NJW 1968, 1275.

c) Bedenken

keine Erweiterung abschließend geregelter Möglichkeiten zur Rechtskraftdurchbrechung

In der Literatur wird die Ansicht vertreten, die gesetzliche Regelung der Rechtskraftdurchbrechung sei abschließend, die Möglichkeit einer Rechtskraftdurchbrechung mittels eines materiell-rechtlichen Rechtsbehelfs deshalb abzulehnen.[575]

Wegen der präjudiziellen Rechtskraftwirkung sei das Gericht im Rahmen der Unterlassungs- oder Schadensersatzklage an das rechtskräftige Urteil gebunden und schon aus diesem Grunde daran gehindert, das Urteil auf seine sachliche Richtigkeit zu überprüfen.

ber: richterliche Rechtsfortbildung

In der Literatur wird jedoch auch erkannt, dass nur eine Neuregelung der gesetzlichen Wiederaufnahmegründe eine Fortsetzung der richterlichen Rechtsfortbildung verhindern kann.[576]

640

---

[575] Jauernig, § 64 II.
[576] R/S/G, § 162 III 3.

§ 10 BESONDERE VERFAHRENSARTEN

I. Mahnverfahren

1. Einführung

schnelle Titelerlangung

Das Mahnverfahren, §§ 688 ff., bietet dem Antragsteller die Möglichkeit, ohne den aufwendigen Weg eines Klageverfahrens einen Vollstreckungstitel gegen den Schuldner zu erlangen, den sog. Vollstreckungsbescheid, §§ 700, 794 I S. 1 Nr. 4.

Übergang in Urteilsverfahren

Soweit allerdings der Antragsgegner gegen den Mahnbescheid Widerspruch, § 694, oder gegen den Vollstreckungsbescheid Einspruch, §§ 700 I, 338, einlegt, beginnt im Anschluss ein normales Urteilsverfahren, so dass sich das Verfahren insgesamt verlängert. Die Einleitung des Mahnverfahrens bietet sich deshalb in den Fällen an, in denen der Gläubiger nicht damit rechnet, dass der Schuldner die geltend gemachte Forderung bestreiten wird.

2. Zulässigkeit des Mahnverfahrens

Anspruch auf Zahlung einer bestimmten Geldsumme

Das Mahnverfahren ist nur bei Ansprüchen zulässig, die die Zahlung einer bestimmten Geldsumme in Euro zum Gegenstand haben, § 688 I. Eine sog. Mahnverfahrenssperre besteht in den Fällen des § 688 II, insbesondere wenn die Leistung von einer noch nicht erbrachten Gegenleistung abhängt, § 688 II Nr. 2.

3. Überblick über den Gang des Mahnverfahrens

Zuständigkeit der AGe

a) *Zuständig* für die Durchführung des Mahnverfahrens ist ausschließlich das Amtsgericht, bei dem der Antragsteller seinen allgemeinen Gerichtsstand hat, § 689 I, II. Funktionell zuständig ist der Rechtspfleger, § 20 Nr. 1 RPflG.

> **hemmer-Methode:** Beachten Sie aber, dass viele Bundesländer von dieser Ermächtigung des § 689 III Gebrauch gemacht und in Rechtsverordnungen zentrale Mahngerichte für die maschinelle Bearbeitung von Mahnanträgen eingerichtet haben.
> **Baden Württemberg** ⇨ AG Stuttgart.
> **Bayern** ⇨ Amtsgericht Coburg.
> **Berlin** ⇨ AG Wedding (für Auslandssachen ⇨ AG Schöneberg)
> **Bremen** ⇨ AG Bremen
> **Hamburg** ⇨ AG Hamburg
> **Hessen** ⇨ AG Hünfeld
> **Nordrhein Westfalen** für die OLG-Bezirke:
> • **Köln** ⇨ **AG Euskirchen**
> • **Düsseldorf / Hamm** ⇨ **AG Hagen**
> **Rheinland Pfalz** ⇨ AG Mayen
> Prägen Sie sich wenigstens für die mündliche Prüfung das für Ihr Bundesland zuständige Mahngericht ein. So etwas gehört zur juristischen Allgemeinbildung!

Form, Inhalt des Mahnantrags

b) Dort muss der Mahnantrag in der in § 690 bestimmten *Form* und mit dem dort genannten *Inhalt* eingereicht werden.

– *Art, Grund, Höhe des Anspruchs*

Insbesondere muss zur Individualisierung des geltend gemachten Anspruchs dieser nach Art, Grund und Höhe dargestellt werden, damit der Umfang der Rechtskraftwirkung eines möglichen späteren Vollstreckungsbescheids eindeutig festgestellt werden kann, § 690 I Nr. 3.

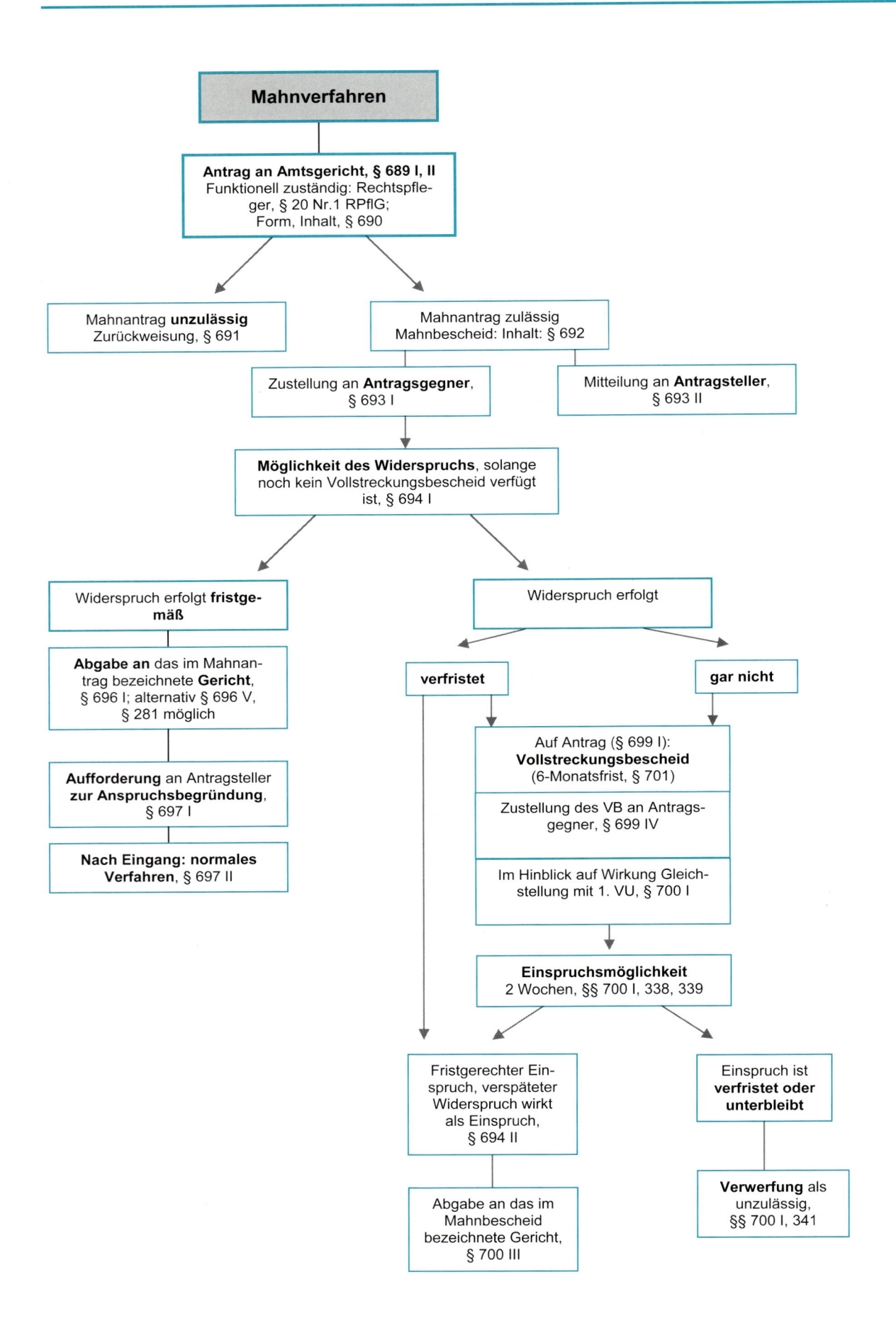

Mahnverfahren

Antrag an Amtsgericht, § 689 I, II
Funktionell zuständig: Rechtspfleger, § 20 Nr.1 RPflG;
Form, Inhalt, § 690

- Mahnantrag **unzulässig**
  Zurückweisung, § 691

- Mahnantrag zulässig
  Mahnbescheid: Inhalt: § 692

  - Zustellung an **Antragsgegner**, § 693 I
  - Mitteilung an **Antragsteller**, § 693 II

Möglichkeit des Widerspruchs, solange noch kein Vollstreckungsbescheid verfügt ist, § 694 I

- Widerspruch erfolgt **fristgemäß**
  - **Abgabe an** das im Mahnantrag bezeichnete **Gericht**, § 696 I; alternativ § 696 V, § 281 möglich
  - **Aufforderung** an Antragsteller **zur Anspruchsbegründung**, § 697 I
  - Nach Eingang: normales **Verfahren**, § 697 II

- Widerspruch erfolgt
  - **verfristet**
  - **gar nicht**
    - Auf Antrag (§ 699 I): **Vollstreckungsbescheid** (6-Monatsfrist, § 701)
    - Zustellung des VB an Antragsgegner, § 699 IV
    - Im Hinblick auf Wirkung Gleichstellung mit 1. VU, § 700 I
    - **Einspruchsmöglichkeit** 2 Wochen, §§ 700 I, 338, 339
      - Fristgerechter Einspruch, verspäteter Widerspruch wirkt als Einspruch, § 694 II
        - Abgabe an das im Mahnbescheid bezeichnete Gericht, § 700 III
      - Einspruch ist **verfristet oder unterbleibt**
        - **Verwerfung** als unzulässig, §§ 700 I, 341

§ 10 BESONDERE VERFAHRENSARTEN

– *Angabe des zust. Gerichts für streitiges Verfahren*	Ferner hat der Antragsteller das Gericht anzugeben, das für ein streitiges Verfahren sachlich und örtlich zuständig wäre, § 690 I Nr. 5. Dies richtet sich nach den allgemeinen Vorschriften, d.h., besondere Gerichtsstände können, ausschließliche Gerichtsstände müssen berücksichtigt werden.[577]	
– *eigenhändige Unterschrift*	Der Mahnantrag muss zudem eigenhändig unterschrieben sein, § 690 II.	
– *Prozesshandlungsvoraussetzungen*	Da der Mahnantrag Prozesshandlung ist, müssen außerdem die Prozesshandlungsvoraussetzungen erfüllt sein.	
Rücknahme des Antrages	Der Mahnantrag kann vor Rechtshängigkeit auch jederzeit zurückgenommen werden, vgl. § 269 I[578].	
Zurückweisung bei Unzulässigkeit	c) Ist das Mahnverfahren unzulässig oder entspricht der Mahnantrag nicht den vorgeschriebenen Anforderungen, so wird der *Mahnantrag zurückgewiesen*, § 691 I.	645
keine Prüfung der Berechtigung des Anspruchs	Zwar findet eine Schlüssigkeitsprüfung vor Erlass des Mahnbescheids nicht statt. Aus § 692 I Nr. 2 ergibt sich nämlich, dass die Berechtigung des geltend gemachten Anspruchs nicht geprüft wird. Eine Zurückweisung soll aber jedenfalls dann erfolgen, wenn evident unbegründete oder undurchsetzbare Ansprüche durch Mahnbescheid geltend gemacht werden sollen, z.B. Zinseszinsen, § 289 BGB.[579]	646
Mahnbescheid	d) Wird der Mahnantrag nicht zurückgewiesen, so erlässt das Gericht einen *Mahnbescheid* mit dem in § 692 festgelegten Inhalt. Dieser wird dem Antragsgegner zugestellt, § 693 I. Der Antragsteller erhält diesbezüglich eine Mitteilung, § 693 II.	647
Widerspruch bis zum Erlass des Vollstreckungsbescheids	e) Der Antragsgegner hat nunmehr Gelegenheit, gegen den Mahnbescheid *Widerspruch* einzulegen. Zwar enthält der Mahnbescheid die Aufforderung, den Widerspruch binnen zwei Wochen einzulegen, § 692 I Nr. 3. Hierbei handelt es sich jedoch um keine echte Ausschlussfrist. Vielmehr kann ein Widerspruch eingelegt werden, solange der Vollstreckungsbescheid nicht verfügt ist, § 694 I.[580]	648
Widerspruch führt zu Abgabe an Streitgericht	f) Wird der Widerspruch rechtzeitig eingelegt, so erfolgt **auf Antrag** einer Partei die *Abgabe an das im Mahnantrag bezeichnete Gericht*, ohne dass dessen Zuständigkeit vom Mahngericht geprüft wird, § 696 I. Alternativ können die Parteien übereinstimmend ein anderes Gericht als künftiges Streitgericht benennen. Durch diese Abgabe ist das bezeichnete Gericht nicht gebunden, § 696 V. Eine Verweisung gem. § 281 bleibt also möglich, soweit sich das Gericht für unzuständig hält.	649
Anspruchsbegründung binnen 2 Wochen	g) Gem. § 697 I fordert das mit der Streitsache befasste Gericht den Antragsteller zur *Anspruchsbegründung* binnen zwei Wochen auf. Diese muss nach Form und Inhalt den Anforderungen einer Klageschrift entsprechen. Insbesondere ist eine Substantiierung des geltend gemachten Anspruchs erforderlich, da dies im Mahnantrag gerade unterblieben ist.	650

---

577 Th/P, § 690 Rn. 15.

578 **Vertiefungshinweis für Referendare und Praktiker:**
Wird der Mahnantrag zurückgenommen, so kann auch im Mahnverfahren § 269 III grundsätzlich angewendet werden. Macht der Antragsteller allerdings geltend, daß der Anlass zur Einreichung des Mahnantrags vor Rechtshängigkeit entfallen sei, und daß er deswegen den Mahnantrag zurückgenommen habe (§ 269 III S.3), so hat über die Kosten des Mahnverfahrens nach Abgabe das für das streitige Verfahren zuständige Gericht zu entscheiden. Lesen Sie dazu BGH NJW 2005, 512 f.

579 Zöller, § 691 Rn. 1.

580 Th/P, § 694 Rn. 3.

Nach Eingang der Anspruchsbegründung verfährt das Gericht wie nach Eingang einer Klage, § 697 II.

ohne Widerspruch: Vollstreckungsbescheid auf Antrag

h) Legt der Antragsgegner keinen oder verspätet Widerspruch ein, so ergeht auf Antrag *Vollstreckungsbescheid*, § 699 I. Der Vollstreckungsbescheid wird dem Antragsgegner zugestellt, § 699 IV.

hemmer-Methode: Das Recht, einen Vollstreckungsbescheid zu beantragen, verfällt sechs Monate nach Zustellung des Mahnbescheids, § 701.

VB Gleichstellung mit VU ⇨ Möglichkeit des Einspruchs binnen 2 Wochen

i) Hinsichtlich der Wirkungen wird der Vollstreckungsbescheid gem. § 700 I einem ersten Versäumnisurteil gleichgestellt, vgl. Rn. 406 ff., (420). Daraus folgt, dass gegen den Vollstreckungsbescheid binnen zwei Wochen *Einspruch* eingelegt werden kann, §§ 700 I, 338, 339. Als Einspruch ist auch ein verspätet eingelegter Widerspruch zu behandeln, § 694 II. Erfolgt der Einspruch rechtzeitig, so wird wie beim Widerspruch gegen den Mahnbescheid die Streitsache *an das im Mahnbescheid bezeichnete Gericht abgegeben*, jedoch von Amts wegen, ohne dass es hierfür eines Antrags bedarf.

Ist der Einspruch verspätet, so ist er als unzulässig zu verwerfen, §§ 700 I, 341 I.

4. Rechtshängigkeit im Mahnverfahren

mit Zustellung des Mahnbescheids, § 696 III

a) Gem. § 696 III wird bei Abgabe nach erfolgtem Widerspruch gegen einen Mahnbescheid der Rechtshängigkeitszeitpunkt durch eine Fiktion auf den Zeitpunkt der Zustellung des Mahnbescheids zurückdatiert, soweit die Abgabe alsbald nach Widerspruch erfolgt. Alsbald ist begrifflich mit „demnächst" i.S.v. § 167 gleichzusetzen. Die bei § 167 dargestellten Grundsätze gelten also auch hier. Der Antragsteller muss also unverzüglich nach Kenntnis vom Widerspruch Antrag auf Durchführung des streitigen Verfahrens stellen.

ansonsten: Zustellung der Anspruchsbegründung

Erfolgt die Abgabe nicht alsbald, so ist der Zeitpunkt der Rechtshängigkeit umstritten.[581] Nach einer Ansicht fallen dann Rechtshängigkeit und Anhängigkeit, § 696 I S. 4, zeitlich zusammen. Die Rechtshängigkeit tritt also mit Zugang der Akten beim Streitgericht ein. Nach anderer Ansicht tritt Rechtshängigkeit erst mit Zustellung der Anspruchsbegründung ein. Argument für letztere Auffassung ist § 697 II S. 1, der die Anspruchsbegründung der Klageschrift gleichstellt.

im Fall des VB mit Zustellung des Mahnbescheids

b) Ergeht mangels rechtzeitigen Widerspruchs ein Vollstreckungsbescheid, so tritt gem. § 700 II kraft gesetzlicher Fiktion Rechtshängigkeit rückwirkend mit Zustellung des Mahnbescheids ein.

§ 167: Vorverlagerung auf Zeitpunkt der Antragstellung

c) Zu beachten ist, dass gem. § 167 eine Vorwirkung der Rechtshängigkeit auf den Zeitpunkt der Antragstellung nur eintritt, soweit es sich um die Wahrung einer Frist oder die Verjährungshemmung gem. § 204 I Nr. 3 BGB handelt.

---

[581] Zöller, § 696 Rn. 5 m.w.N.

II. Einstweilige Verfügung[582]

1. Systematische Einordnung der einstweiligen Verfügung

summarisches Erkenntnisverfahren

Bei der einstweiligen Verfügung (im Folgenden: eV) handelt es sich um ein summarisches Erkenntnisverfahren, das im achten Buch der ZPO über die Zwangsvollstreckung geregelt ist.

656

Grund hierfür ist, dass auf die eV gem. § 936 im wesentlichen die Arrestvorschriften, §§ 916 - 934, Anwendung finden, wobei der Arrest der Sicherung der Zwangsvollstreckung wegen einer Geldforderung dient. Die Qualifizierung der eV als summarisches Erkenntnisverfahren hat allerdings zur Konsequenz, dass die allgemeinen Vorschriften über das Erkenntnisverfahren ergänzend Anwendung finden.[583]

2. Sinn und Zweck der einstweiligen Verfügung

Sicherung eines Individualanspruchs bzw. vorläufige Regelung

Die eV dient der Sicherung eines Individualanspruchs, der nicht auf Geld gerichtet ist, § 935, bzw. der vorläufigen Regelung eines Rechtsverhältnisses, § 940. Eine solche Sicherung oder Regelung ist notwendig, weil oftmals die Gefahr eines Rechtsverlusts bestünde, wenn der Rechtsinhaber auf die Rechtsverfolgung im normalen, häufig sehr langwierigen Erkenntnisverfahren verwiesen würde.

657

grds. keine Vorwegnahme der Hauptsache

Aus diesem Zweck der vorläufigen Sicherung ergibt sich auch, dass durch eine Entscheidung im Verfahren der eV die Hauptsache grundsätzlich nicht vorweggenommen werden darf. Eine vollständige Realisierung des zu sichernden Rechts bleibt also grundsätzlich dem Hauptsacheverfahren vorbehalten.

658

> *Beispiel: A hat gegen B einen Anspruch auf Herausgabe eines Pkw gem. § 985 BGB. Es besteht die Gefahr, dass sich B mit dem Pkw ins Ausland absetzt.*
>
> *Hier kann A im Wege der eV nicht erwirken, dass zur Sicherung seines Herausgabeanspruchs der Pkw an ihn herauszugeben ist. Dies entspräche einer vollständigen Erfüllung seines Anspruchs aus § 985 BGB, also einer Vorwegnahme der Hauptsache. Vielmehr ist in so gelagerten Fällen die Herausgabe an einen Sequester (Gerichtsvollzieher) anzuordnen, § 938 II, der den Pkw bis zur endgültigen Klärung im Hauptsacheverfahren in Verwahrung zu halten hat.*

Eine Vorwegnahme der Hauptsache ist nur ausnahmsweise in den Fällen der sog. Leistungsverfügung zulässig, vgl. Rn. 666.

3. Prüfung durch das Gericht

Zulässigkeit und Begründetheit

Ist in einer Klausur nach den Erfolgsaussichten eines Antrags auf eV gefragt, so ist, da es sich lediglich um ein summarisches Erkenntnisverfahren handelt, zwischen Zulässigkeit und Begründetheit zu unterscheiden.

659

a) Zulässigkeit

Besonderheiten

Im Rahmen der Zulässigkeitsprüfung sind gegenüber dem normalen Erkenntnisverfahren folgende Besonderheiten zu beachten:

660

---

[582] Vgl. auch HEMMER/WÜST, ZPO II Rn. 314 ff.
[583] Zöller, vor § 916 Rn. 3.

> **hemmer-Methode:** Beachten Sie bitte, dass der Vorrang des Schlichtungsverfahrens gem. § 15a EGZPO (vgl. dazu bereits Rn. 232a bis 232d) nur *„vor Erhebung der Klage"* und nicht vor der Beantragung einer eV gilt. Ein anderes Ergebnis wäre mit der durch den einstweiligen Rechtsschutz bezweckten Schnelligkeit des Verfahrens unvereinbar. Der Antrag auf Erlass einer eV ist demnach ohne vorherigen Einigungsversuch vor der Gütestelle zulässig.

ausschließlicher Gerichtsstand, § 802

aa) Sachlich und örtlich zuständig ist grundsätzlich das Gericht der Hauptsache, §§ 937 I, 943. Hierbei handelt es sich um einen ausschließlichen Gerichtsstand, § 802.

Ausnahmsweise ist unter den Voraussetzungen des § 942 eine sog. Dringlichkeitszuständigkeit gegeben.

Behauptung eines Verfügungsanspruches

bb) Der Antragsteller muss behaupten, dass ihm ein durch eV sicherbarer Anspruch zusteht.[584]

b) Begründetheit

Glaubhaftmachung:

Der Antrag auf Erlass einer eV ist begründet, wenn der Antragsteller das Bestehen eines Verfügungsanspruchs und eines Verfügungsgrundes glaubhaft macht, §§ 936, 920 II. Zum Beweis von Verfügungsanspruch und -grund kann sich der Antragsteller also neben den im Strengbeweisverfahren zulässigen Beweismitteln, insbesondere der Versicherung an Eides Statt bedienen, § 294, vgl. Rn. 501.

Verfügungsanspruch

aa) *Verfügungsanspruch* ist der zu sichernde, materiell-rechtliche Anspruch des Antragstellers.

> **hemmer-Methode:** An dieser Stelle können Sie in der Klausur systematisches Verständnis zeigen! Die Prüfung des Verfügungsanspruchs ist das „Einfallstor" für die gewohnte, materiell-rechtliche Anspruchsprüfung. Lassen Sie sich also durch die Falleinkleidung nicht irritieren!

Verfügungsgrund

bb) *Verfügungsgrund* ist, allgemein formuliert, die bestehende Gefahr einer Rechts- oder Interessensbeeinträchtigung beim Antragsteller für den Fall, dass eine vorläufige Regelung des Rechtsverhältnisses oder eine Sicherung des bestehenden Zustandes unterbleibt.

4. Arten der einstweiligen Verfügung

Sicherungsverfügung

a) *Die Sicherungsverfügung*, § 935, dient der Sicherung eines Anspruchs auf eine nicht in Geld bestehende Individualleistung, z.B. Herausgabe von Sachen, Bestellung von Rechten, Abgabe von Willenserklärungen.

Regelungsverfügung

b) *Die Regelungsverfügung*, § 940, dient hingegen der vorläufigen Regelung eines streitigen Rechtsverhältnisses, z.B. vorläufige Entziehung der Geschäftsführungs- und Vertretungsbefugnis eines Gesellschafters.

Die Abgrenzung zwischen Sicherungs- und Regelungsverfügung kann im Einzelfall schwierig sein. Die Praxis unterscheidet zwischen den beiden Formen der eV häufig nicht und nennt die §§ 935, 940 zusammen als Rechtsgrundlage.[585]

---

584 Th/P, § 935 Rn. 1.
585 Th/P, § 935 Rn. 3.

§ 10 BESONDERE VERFAHRENSARTEN

Ausn.: Leistungsverfügung bei gesteigerter Dringlichkeit

c) *Die Leistungsverfügung*, die gesetzlich nicht geregelt ist, führt ausnahmsweise zu einer Befriedigung des Antragstellers, also zu einer Vorwegnahme der Hauptsache im Rahmen einer eV.[586] Als Verfügungsgrund ist hierfür allerdings eine gesteigerte Dringlichkeit erforderlich.

III. Sonstige besondere Verfahrensarten

1. Urkunden-, Wechsel- und Scheckprozess, §§ 592 - 605a

Beweisbarkeit eines Geldanspruches allein im Urkundsbeweis

Im Urkundsprozess kann ein Anspruch auf Zahlung einer bestimmten Geldsumme geltend gemacht werden, wenn sämtliche zur Begründung des Anspruchs erforderlichen Tatsachen durch Urkunden bewiesen werden können, § 592.

Gem. § 598 werden nur Einwendungen zugelassen, die mittels Urkunden bewiesen werden können.

hemmer-Methode: Auf dieser prozessualen Ebene zeigt sich insbesondere die Bedeutung und der prozessuale Vorteil, einen Anspruch auf ein abstraktes, konstitutives Schuldanerkenntnis (§§ 780, 781 BGB) zu stützen.

besondere Vorschriften für Wechsel- und Scheckprozess

Gem. §§ 602, 605a kann der Nachweis auch durch Wechsel oder durch einen Scheck erfolgen, sog. Wechsel- bzw. Scheckprozess, für den zusätzlich noch besondere Vorschriften gelten, §§ 602 - 605.

Verteidigung ebenfalls nur im Urkundsbeweis

Der Beklagte kann in diesen Fällen sein Verteidigungsvorbringen nur auf Urkunden und Parteivernehmung als Beweismittel stützen, § 595 II.

regelm. Vorbehalt der Rechte des Beklagten im Urteil

Das Urteil im Urkundenprozess ergeht, soweit der Beklagte dem geltend gemachten Anspruch widerspricht, unter dem Vorbehalt der Rechte des Beklagten, § 599 I.

Nachverfahren: unbeschränktes Beweisführungsrecht

Der Rechtsstreit bleibt in diesem Fall gem. § 600 I bis zu seinem Abschluss im ordentlichen Verfahren anhängig. In diesem sog. Nachverfahren sind dann alle Beweismittel zulässig.

2. Verfahren in Familiensachen, §§ 606 ff.

hemmer-Methode: Lesen Sie ausführlicher dazu auch HEMMER/WÜST, Familienrecht, Rn. 397 ff.

Unterscheide: Ehesachen / andere FamSachen

In Familiensachen ist zwischen Ehesachen, § 606 I, und anderen Familiensachen, § 621 I, zu unterscheiden.

ausschließliche Zust. d. AGe als FamGer, § 23a GVG

Zuständig ist sachlich ausschließlich das Amtsgericht, § 23a GVG. Innerhalb des Amtsgerichts ist das Familiengericht zuständig, § 23b GVG. Dies ist ein Fall gesetzlicher Geschäftsverteilung, also keine Frage der sachlichen Zuständigkeit.

Die örtliche Zuständigkeit in Ehesachen richtet sich nach § 606, in sonstigen Familiensachen nach § 621 II.

---

586 Zöller, § 940 Rn. 6.

Scheidungsverbundverfahren — Eine Besonderheit des familienrechtlichen Verfahrens ist das sog. Scheidungsverbundverfahren, § 623, bei dem Verfahrensgegenstände der streitigen (z.B. Ehegattenunterhalt) und freiwilligen Gerichtsbarkeit (z.B. Sorgerecht, Umgangsrecht) in einem einheitlichen Verfahren entschieden werden. Das Gericht hat hierbei jeweils die einschlägige Verfahrensordnung zu beachten, §§ 621a I S. 1, 624 III.[587]

---

[587] Vgl. hierzu ausführlich HEMMER/WÜST, Familienrecht, Rn. 397 ff.

WIEDERHOLUNGSFRAGEN:

1. Was umschreibt der "Dispositionsgrundsatz"? ... 2
2. Welche konkreten Auswirkungen hat dieser Grundsatz? ... 4 f.
3. Wo liegt die Grenze richterlicher Hinweispflicht? ... 14
4. Was meint der "Verhandlungsgrundsatz"? ... 16 f.
5. Gibt es im Zivilprozess ein "Recht zur Lüge"? ... 24 ff.
6. Besteht im Zivilprozess eine Amtsaufklärungspflicht? ... 31 ff.
7. Was bedeutet "Anspruch auf rechtliches Gehör"? ... 34 ff.
8. Warum spielen im Zivilprozess Schriftsätze eine zentrale Rolle, obwohl der Grundsatz der Mündlichkeit gilt? ... 41 ff.
9. Kann sich ein Richter in der mündlichen Verhandlung kurzzeitig von seinem Kollegen vertreten lassen? ... 45 ff.
10. Wie "öffentlich" muss/darf eine Gerichtsverhandlung sein? ... 48 ff.
11. Welchem Zweck dient der "Beschleunigungsgrundsatz"? ... 51 ff.
12. Was steht am Anfang jedes Zivilverfahrens? ... 60 ff.
13. Was ist eine Leistungsklage? ... 62 ff.
14. Kann man auf Feststellung einer Verpflichtung klagen? ... 66 ff.
15. Was ist eine Gestaltungsklage? Nennen Sie Beispiele. ... 77 ff.
16. Welche inhaltlichen Anforderungen sind an eine Klageschrift zu stellen? ... 84 ff.
17. Welchen Zweck erfüllt die "Stufenklage"? ... 90
18. Was regelt § 287? ... 93 f.
19. Warum ist die Einreichung einer Klage per Telefax problematisch? ... 99 ff.
20. Was ist der Unterschied zwischen Anhängigkeit und Rechtshängigkeit? ... 106 ff.
21. Welche Theorien zum Streitgegenstand gibt es? ... 117 ff.
22. Welche Alternativen gibt es für den Richter bei der Vorbereitung des Haupttermins? ... 126 ff.
23. Was bedeutet "streitige Verhandlung"? ... 131
24. Kann der Richter einen Rechtsstreit für "unentschieden" erklären? ... 134
25. Was meint man mit "Prozessvoraussetzungen"? ... 137 ff.
26. Wie unterscheiden sie sich von Prozesshindernissen? ... 141
27. Welche Zuständigkeiten des Gerichts unterscheidet man? ... 149 ff.
28. Welche Arten von Gerichtsständen kennen Sie? ... 160 ff.
29. Was ist eine Gerichtsstandsvereinbarung? ... 172 ff.
30. Welche Voraussetzungen sind an diese zu stellen? ... 174
31. Kann durch bloßes Schweigen ein Gerichtsstand begründet werden? ... 175 f.
32. Welcher Parteibegriff gilt im Zivilprozess? ... 177 ff.
33. Was bezeichnet man mit "Parteifähigkeit"? ... 181 ff.
34. Kann ein nichtrechtsfähiger Verein vor Gericht auftreten? ... 186 f.
35. Was versteht man unter Prozessfähigkeit? ... 191 ff.
36. Was geschieht bei der Klage eines Prozessunfähigen? ... 193 f.
37. Was meint "Prozessführungsbefugnis"? ... 199 ff.
38. Kann man vor Gericht Rechte Dritter einklagen? ... 202 ff.
39. Wo liegt das Problem bei der Veräußerung des streitbefangenen Gegenstandes? ... 205 ff.
40. Unter welchen Voraussetzung ist gewillkürte Prozessstandschaft zulässig? ... 220 ff.
41. Was unterscheidet den Parteiprozess vom Anwaltsprozess? ... 226 f.

42.	Gibt es vor dem Amtsgericht einen Anwaltszwang?	229
43.	Was ist für eine ordnungsgemäße Klageerhebung erforderlich?	231 f.
44.	Worauf ist bei der Zulässigkeit einer Feststellungsklage zu achten?	238 f.
45.	Wie unterscheidet man Prozesshandlungen?	243
46.	Was ist ein Prozessvertrag?	247 f.
47.	Kann eine Prozesshandlung unter einer Bedingung erfolgen?	251
48.	Kann sie widerrufen werden?	252 ff.
49.	Nennen Sie die Voraussetzungen einer wirksamen Klagerücknahme!	259 ff.
50.	Welche Wirkungen sind an die Klagerücknahme geknüpft?	268 ff.
51.	Wie unterscheidet sich das Anerkenntnis vom Geständnis im Prozess?	273 f.
52.	Wann darf ein Anerkenntnisurteil ergehen?	275 ff.
53.	Wovon ist der prozessuale Verzicht abzugrenzen?	286
54.	Was ist eine übereinstimmende Erledigungserklärung?	291
55.	Welche Wirksamkeitsvoraussetzungen hat diese?	293 ff.
56.	Welche Wirkungen sind an diese geknüpft?	298
57.	Was ist ein Prozessvergleich?	300 ff.
58.	Nennen Sie die Voraussetzungen eines Prozessvergleichs!	303 ff.
59.	Wie ist ein Widerrufsvorbehalt beim Prozessvergleich einzuordnen?	306 f.
60.	Wie wird die Unwirksamkeit eines Prozessvergleichs geltend gemacht?	310 ff.
61.	Welche Bedeutung hat ein Klagerücknahmeversprechen?	314
62.	Welche Arten der Klagenhäufung unterscheidet man?	315
63.	Nennen Sie die Voraussetzungen der objektiven Klagenhäufung!	321
64.	Wann spricht man von Klageänderung?	331
65.	Wie muss man § 264 verstehen?	333 ff.
66.	Wann ist eine Klageänderung zulässig?	340 f.
67.	Wieso gibt es die "einseitige Erledigterklärung"?	343 ff.
68.	Was prüft das Gericht in diesem Fall?	348 ff.
69.	Was geschieht bei Erledigung nach Anhängigkeit, aber vor Rechtshängigkeit der Klage?	352a bis c
70.	Kann sich eine negative Feststellungsklage durch die Erhebung einer Widerklage erledigen?	353 f.
71.	Wie ist auf einen "Erledigungsantrag" hin zu entscheiden?	355 f.
72.	Welche Verteidigungsmöglichkeiten stehen dem Beklagten generell offen?	357
73.	Was ist die Besonderheit der Prozessaufrechnung?	358 ff.
74.	Wird die Gegenforderung bei Aufrechnung im Prozess rechtshängig?	363
75.	Welche Fälle erfasst § 322 II?	364 f.
76.	Was sind die Voraussetzungen einer Widerklage?	371 ff.
77.	Welche Bedeutung hat die "Konnexität"?	377 f.
78.	Gibt es eine Eventualwiderklage?	385
79.	Was sind die Voraussetzungen eines Versäumnisurteils gegen den Beklagten?	389 ff.
80.	Kann gegen einen erschienenen Beklagten Versäumnisurteil ergehen?	394 f.
81.	Welche Besonderheit gilt für die Prorogation bei Säumnis des Beklagten?	397
82.	Welche Folge hat die Geständnisfiktion des § 331 I S. 1?	399
83.	Welche Entscheidungsmöglichkeiten des Gerichts gibt es bei Säumnis des Beklagten?	402 ff.
84.	Was kann der Beklagte gegen ein Versäumnisurteil unternehmen?	407

WIEDERHOLUNGSFRAGEN

85.	Kann gegen ein "unechtes VU" Einspruch eingelegt werden?	409
86.	Wozu führt ein zulässiger Einspruch?	413
87.	Welcher Rechtsbehelf ist gegen ein zweites VU statthaft?	418
88.	Wird in der Berufung gegen das zweite VU auch die Zulässigkeit und Schlüssigkeit der Klage geprüft?	420 f.
89.	Was gilt bei Säumnis beider Parteien?	427
90.	Welcher Verzögerungsbegriff gilt i.R.d. § 296 I?	432
91.	Was meint man mit "Flucht in die Säumnis"?	438
92.	Was bezeichnet man mit "Streitgenossenschaft" und welche Arten gibt es?	440 ff.
93.	Was sind deren Zulässigkeitsvoraussetzungen?	443 ff.
94.	Was meint der Grundsatz der "Selbständigkeit der Prozessrechtsverhältnisse"?	449 ff.
95.	Kann gegen einen säumigen Streitgenossen Versäumnisurteil ergehen?	451
96.	Welche Bedeutung hat die "notwendige Streitgenossenschaft"?	452 ff.
97.	Welche Arten der nSG unterscheidet man?	453 ff.
98.	Muss bei der nSG immer gegen oder durch alle Streitgenossen gemeinsam Klage erhoben werden?	462 f.
99.	Ist nach Klageerhebung eine Änderung der Parteien möglich?	469
100.	Unter welchen Voraussetzungen?	469 ff.
101.	Was sind die Folgen einer Parteiänderung?	474
102.	Kann man eine Klage auch auf Dritte ausweiten?	475 ff.
103.	Können Dritte in den Rechtsstreit eingreifen? Unter welchen Voraussetzungen?	479 ff.
104.	Mit welchen Folgen?	482 f.
105.	Kann man Dritte zum Eingreifen zwingen?	485 ff.
106.	Erläutern Sie die Begriffe "Darlegungslast", "Beweisbedürftigkeit" und "Beweisführungslast"!	489 ff.
107.	Welche Beweisarten gibt es?	499 ff.
108.	Nennen Sie die verschiedenen Beweismittel!	502 ff.
109.	Was ist bei der Beweiswürdigung zu beachten?	507 ff.
110.	Was gilt beim "non liquet"?	511 f.
111.	Was ist der Unterschied zwischen Beweislastumkehr und Anscheinsbeweis?	513 ff.
112.	Welche Urteilsarten unterscheidet man?	518 ff.
113.	Was ist der Unterschied zwischen formeller und materieller Rechtskraft?	530 ff.
114.	Wie weit geht die materielle Rechtskraft?	534 ff.
115.	Erstreckt sich die Rechtskraft auch auf das sog. "kontradiktorische Gegenteil"?	540
116.	Welche Erweiterungen der Rechtskraft kennen Sie?	541 ff.
117.	Wann empfiehlt sich die Erhebung einer Teilklage?	544 ff.
118.	Welche Besonderheiten gelten bei der "Zwischenfeststellungsklage"?	547 f.
119.	Wirkt ein Urteil auch für und gegen den Rechtsnachfolger?	552 ff.
120.	Kann sich der Bürge auf das die Klage des Gläubigers gegen den Hauptschuldner abweisende Urteil berufen?	564
121.	Was ist für ein Rechtsmittel charakteristisch?	568
122.	Welcher Unterschied besteht zwischen Berufung und Revision?	569, 594
123.	Welche Zulässigkeitsvoraussetzungen hat eine Berufung?	570 ff.
124.	Was ist der Unterschied zwischen formeller und materieller Beschwer?	576 ff.
125.	Unter welchen Voraussetzungen ist ein Verzicht auf die Berufung möglich?	580

126. Wann ist die Berufung erfolgreich? .... *582 ff.*
127. Was umschreibt das "Meistbegünstigungsprinzip"? .... *587 ff.*
128. Unter welchen Voraussetzungen ist eine sog. Anschlussberufung möglich? .... *590 ff.*
129. Wann ist eine Revision statthaft? *595*
130. Was ist eine "Zulassungsrevision"? *596*
131. Was überprüft das Revisionsgericht? .... *600 ff.*
132. Wann empfiehlt sich die Erhebung einer Beschwerde? .... *606 ff.*
133. Ist die Einlegung einer Beschwerde fristgebunden? *608, 613*
134. Welcher Rechtsbehelf ist bei Verletzung des Anspruchs auf rechtliches Gehör möglich, wenn gegen das Urteil kein Rechtsmittel statthaft ist? *612a*
135. Was ist die Besonderheit der Abänderungsklage und an welche Voraussetzungen ist diese geknüpft? .... *616 ff.*
136. Wann und wie erfolgt ein Wiederaufnahmeverfahren? .... *633 ff.*
137. Gibt es eine Durchbrechung der Rechtskraft über § 826 BGB? .... *640 ff.*
138. Beschreiben Sie den Gang des Mahnverfahrens! .... *641 ff.*
139. Wann wird im Mahnverfahren der Anspruch rechtshängig? .... *653 ff.*
140. Welchen Zweck hat die einstweilige Verfügung? *657*
141. Welche Arten der einstweiligen Verfügung unterscheidet man? .... *664 ff.*
142. Was ist die Besonderheit im Urkundenprozess? .... *667 ff.*

STICHWORTVERZEICHNIS

Die Zahlen verweisen auf die Randnummern des Skripts

A

Abänderungsklage	614 ff.
Amtermittlungsgrundsatz	17
Anderweitige Rechtshängigkeit	233 f.
Anerkenntnis	273 ff.
Voraussetzungen	275 ff.
Anfechtung	252 ff.
Anhängigkeit	106 ff.
Anhörungsrüge	612a ff.
Anscheinsbeweis	515
Anschlussberufung	590 ff.
Anspruchsgrund	95 ff.
Antrag	
Bestimmtheit	86
Ausnahmen	87 ff.
Aufrechnung (siehe Prozessaufrechnung)	
Aufruf zur Sache	130a

B

Bedingungen	251
Befristungen	251
Beratungshilfe	54 ff.
Berufung	569 ff.
(siehe auch unter Rechtsmittel)	
Beschleunigungsgrundsatz	51 ff.
Beschlüsse	528
Beschwerde	606 ff.
Beweisaufnahme	131
Beweisbedürftigkeit	490 ff.
bestrittene Tatsachen	492
entscheidungserhebliche Tatsachen	491
offenkundige Tatsachen	496
Beweiserhebung	498 ff.
Beweisarten	499 ff.
Freibeweis	500
Glaubhaftmachung	501
Strengbeweis	499
Beweismittel	502 ff.
Augenscheinsbeweis	502
Parteivernehmung	506
Sachverständigen-Beweis	504
Urkundenbeweis	505
Zeugenbeweis	503
Beweisverfahren	498
Beweisführungslast	497
Beweislastumkehr	513
Beweistermin	391
Beweiswürdigung	507 ff.
Beweismaß	508
Gegenbeweis	510
Hauptbeweis	510
Freie Beweiswürdigung	509
Bewirkungshandlungen	243, 253

D

Darlegungslast	489
Devolutiveffekt	568
Dispositionsgrundsatz	2 ff.
Drittwiderklage	385a ff.
Durchbrechung der Rechtskraft	613 ff.

E

Einführung in den Sach- und Streitstand	130a
Eingliedriger Streitgegenstandsbegriff	121
Einspruch	
gegen ein Versäumnisurteil	
(siehe unter Versäumnisverfahren)	
Einstweilige Verfügung	656 ff.
Leistungsverfügung	666
Regelungsverfügung	665
Sicherungsverfügung	664
Verfügungsanspruch	662
Verfügungsgrund	663
Erledigterklärung	
einseitige	292, 343 ff.
Klageänderungstheorie	345
übereinstimmende	291 ff.
Erledigung vor Rechtshängigkeit	352a ff.
Erwirkungshandlungen	243, 254
Eventualaufrechnung	361f.
Eventualwiderklage	385

F

Familiensachen	
Verfahren in F.	671f.
Feststellungsklage	66 ff., 125, 238 f.
Fortsetzungstermin	391
Früher erster Termin	128

G

Gerichtsstände	160 ff.
allgemeine	160
ausschließliche	162
besondere	161
Gestaltungsklage	77 ff.
Grundsatz der Mündlichkeit	41 ff.
Grundsatz der Öffentlichkeit	48 ff.
Grundsatz der Unmittelbarkeit	45 ff.
Güteverhandlung	130

H

Haupttermin	
Vorbereitung des Haupttermins	126 ff.
Aufruf zur Sache	130a
Beweisaufnahme	131

	Einführung i. d. Sach- u. Streitstand	130a	gewillkürter Parteiwechsel	470 ff.
	früher erster Termin	128	**Parteibegriff**	177 ff.
	schriftliches Vorverfahren	129	**Parteifähigkeit**	181 ff.
Hinweispflicht, richterliche		11 ff., 23, 35	**Partei kraft Amtes**	218 f.
			Postulationsfähigkeit	226 ff.
			Präklusion	428 ff.

K

Klageänderung	328 ff., 592 a
Klageeinreichung	83 ff.
Klageerhebung	60, 231f.
Klagenhäufung	315 ff.
anfängliche	318
eventuelle	325 f.
kumulative	322 ff.
nachträgliche	319
objektive	316 ff.
subjektive	327, 447
Klagerücknahme	255 ff.
Voraussetzungen	259 ff.
vor Rechtshängigkeit, § 269 III S.3	263a, b
Wirkungen	268 ff.
Klagerücknahmeversprechen	272, 314
Klageschrift	5, 61, 83 ff.
Konnexität (siehe unter Widerklage)	
Kontradiktorisches Gegenteil	234 f., 540

L

Ladung	392
Lehre	
von der allgem. proz. Aufklärungspflicht	28 ff.
Leistungsklage	62 ff., 73
Leistungsverfügung	666
(siehe auch unter Einstweilige Verfügung)	

M

Mahnverfahren	641 ff.
Meistbegünstigungsprinzip	587 ff.
(siehe auch unter Berufung)	
Mündlichkeitsprinzip	41 ff.

N

Nebenintervention	479 ff.
Wirkung	482 ff.
Stellung des Nebenintervenienten	481
Nebenparteien	479 ff.
Non-liquet	511 f.

O

Offizialgrundsatz	3
Örtliche Zuständigkeit	156

P

Parteiänderung	469 ff.
gesetzliche Parteierweiterung	478
gesetzlicher Parteiwechsel	478
gewillkürte Parteierweiterung	475 ff.

Verzögerungsbegriff	432 f.
Prorogation	172 ff.
Prozessanträge	244 ff.
Prozessaufrechnung	358 ff., 592a
Prozessfähigkeit	191 ff.
Prozessführungsbefugnis	199 ff.
Prozesshandlung	
Lehren	241 ff.
Voraussetzungen	249
Prozesskostenhilfe	54 ff.
Prozessstandschaft	202 ff.
gesetzliche	203 ff., 559
gewillkürte	220 ff., 560
Prozessurteil	145
Prozessvergleich	300 ff.
Prozessverträge	247f.
Prozessvoraussetzungen	138 ff., 177 ff., 237 ff.

R

Rechtliches Gehör	34 ff.
Anspruch auf r. G.	34 ff.
Rechtsbehelfe	135, 568 ff.
Rechtshängigkeit	106 ff.
anderweitige	233 f.
prozessrechtliche Wirkungen	114
Rechtskraft	530 ff.
formelle	533
materielle	534 f.
Fehlende rechtskräftige Entscheidung	235
Feststellungswirkung der mat. R.	534 ff.
objektive Grenzen der mat. R.	537 ff.
subjektive Grenzen der mat. R.	550 ff.
zeitliche Grenzen der mat. R.	567
Reichweite bei VU gegen Kläger	424
Rechtsmittel	569 ff.
Berufung	569 ff.
Beschwerde	606 ff.
Revision	594 ff.
Rechtsschutzbedürfnis	
allgemeines R.	236
Regelungsverfügung	665
Revision	594 ff.
Richterliche Hinweispflicht	(siehe Hinweispflicht)
Rücknahme	252 ff.

S

Sachanträge	244 ff.
Sachdienlichkeit	341
(siehe auch unter Klageänderung)	

STICHWORTVERZEICHNIS

Sachliche Zuständigkeit	**151 ff.**
Sachurteil	**145**
Säumnis (siehe unter Versäumnisverfahren)	
Scheckprozess	**667 ff.**
Schlichtungsverfahren	**232a ff.**
Schlüssigkeit	
S. der Klage (siehe unter Versäumnisverfahren)	
Schmerzensgeld	
Unbestimmter Klageantrag zulässig	93 f.
Offene Teilklage	546a
Beschwer bei Berufung	578
Schriftliches Vorverfahren	**129**
Sicherungsverfügung	**664**
Streitgegenstand	**117 ff.**
Bestimmung des S.	120 ff.
eingliedriger S.-Begriff	121
materiell-rechtliche Theorie	123
zweigliedriger S.-Begriff	122
Streitgenossenschaft	**440 ff.**
einfache S.	441 ff.
materiell-rechtliche notwendige S.	454 ff.
notwendige S.	452 ff.
prozessrechtliche notwendige S.	462 ff.
Streitige Verhandlung	**131**
Streitverkündung	**485 ff.**
Stufenklage	**90 ff.**
Suspensiveffekt	**568**

T

Tatsachenbeweis	**19 ff.**
Tatsachenvortrag	**18, 20, 489 ff.**
Teilklage	**544 ff.**
offene/verdeckte Teilklage	545 f.
Teilklage im Schmerzensgeldprozess	546a

U

Unterschriftserfordernis	**99 ff.**
Untersuchungsgrundsatz	**17**
Urkundenprozess	**667 ff.**
Urteil	**5, 177 ff., 517 ff.**
Urteilsarten	518 ff.
Urteilsmodalitäten	525
Urteilswirkungen	526 f.
Urteilsausnutzung	**638 ff.**
Urteilserschleichung	
sittenwidrige Urteilserschleichung	638 ff.

V

Verfügungen	**529**
Verhandlungsgrundsatz	
Ausnahmen vom V.	20 ff.
Bedeutung des V. i.e.	18
Begriff	16
Versäumnisverfahren	**387 ff.**
Einspruch	407 ff.
Flucht in die Säumnis	438
Kosten der Säumnis	415
Nichterscheinen	394 f.
Nichtverhandeln	394 f.
Reichweite der Rechtskraft bei VU gegen den Kläger	424
Schlüssigkeit der Klage	399 ff.
Zweites Versäumnisurteil	417 ff.
Verteidigungsmöglichkeiten	
V. des Beklagten	357 ff.
Verweisung	
nach § 281	163 f.
Verzicht	**286 ff.**
VSS für den Erlass eines V.urteils	287 ff.
Wirkungen d. V.urteils	290

W

Wahrheitspflicht der Parteien	**24 ff.**
Wechselprozess	**667 ff.**
Widerklage	**368 ff., 592a**
Eventualwiderklage	385
Flucht in die Widerklage	438 f.
Konnexität	374 ff.
Drittwiderklage	385a ff.
Widerruf	**252 ff.**
Wiederaufnahme des Verfahrens	**633 ff.**
Wiedereinsetzung in den vorigen Stand	**410a ff.**

Z

Zulässigkeit der Klage	**137 ff., 142 ff.**
Prozesshindernisse	140 f.
Prozessvoraussetzungen	138 ff., 177 ff., 237 ff.
"echte" P.	138 f.
"unechte" P.	139
Zulässigkeitseinreden	**141, 314**
Zuständigkeit	**149 ff.**
funktionelle Zuständigkeit	170
gewillkürte Zuständigkeit	172 ff.
instanzielle Zuständigkeit	171
örtliche Zuständigkeit	156 ff.
rügeloses Einlassen	175 f.
sachliche Zuständigkeit	151 ff.
Zustellung der Klageschrift	**104 f.**
Zwangsvollstreckung	**136**
Zweigliedriger Streitgegenstandsbegriff	**122**
Zweites Versäumnisurteil	**417 ff.**
Zwischenfeststellungsklage	**547 f.**

Intelligentes Lernen mit der hemmer-Methode

Bestellschein

Bestellen Sie:
per Fax: 09 31/79 78 234
per e-Shop: www.hemmer-shop.de
per Post: hemmer/wüst Verlagsgesellschaft
Mergentheimer Str. 44, 97082 Würzburg

D					

Kundennummer (falls bekannt)

bitte abtrennen oder kopieren

Absender:

Name: _____ Vorname: _____

Straße: _____ Hausnummer: _____

PLZ: _____ Ort: _____

Telefon: _____ E-Mail-Adresse: _____

Bestell-Nr.:	Titel:	Anzahl:	Einzelpreis:	Gesamtpreis:

+ Versandkostenanteil: 3,30 €
ab 30.-€ versandkostenfrei!

Gesamtsumme

Prüfen Sie in Ruhe zuhause!
Alle Produkte dürfen innerhalb von 14 Tagen an den Verlag (Originalzustand) zurückgeschickt werden. Es wird ein uneingeschränktes gesetzliches Rückgaberecht gewährt. Hinweis: Der Besteller trägt bei einem Bestellwert bis 40 € die Kosten der Rücksendung. Über 40 € Bestellwert trägt er ebenfalls die Kosten, wenn zum Zeitpunkt der Rückgabe noch keine (An-) Zahlung geleistet wurde.
Ich weiß, dass meine Bestellung nur erledigt wird, wenn ich in Höhe meiner Bestellungs-Gesamtsumme zzgl. des Versandkostenanteils zum Einzug ermächtige. Bestellungen auf Rechnung können leider nicht erledigt werden. Bei fehlerhaften Angaben oder einer Rücklastschrift wird eine Unkostenpauschale in Höhe von 8 € fällig. Die Lieferung erfolgt unter Eigentumsvorbehalt.

Kontonummer: _____

BLZ: _____

Bank: _____

☐ Schicken Sie mir bitte unverbindlich und kostenlos Informationsmaterial über hemmer-Hauptkurse in _____

Ort, Datum: _____ Unterschrift: _____

hemmer/wüst
Verlagsgesellschaft mbH

VERLAGSPROGRAMM
2007
Jura mit den Profis

WWW.HEMMER-SHOP.DE

Liebe Juristinnen und Juristen,

Auch beim Lernmaterial gilt:
„Wer den Hafen nicht kennt, für den ist kein Wind günstig" (Seneca).
Häufig entbehren Bücher und Karteikarten der Prüfungsrealität. Bei manchen Produkten stehen ausschließlich kommerzielle Interessen im Vordergrund. Dies ist gefährlich: Leider kann der Student oft nicht erkennen wie gut ein Produkt ist, weil ihm das praktische Wissen für die Anforderungen der Prüfung fehlt.
Denken Sie deshalb daran, je erfahrener die Ersteller von Lernmaterial sind, um so mehr profitieren Sie. Unsere Autoren im Verlag sind alle Repetitoren. Sie wissen, wie der Lernstoff richtig vermittelt wird. Die Prüfungsanforderungen sind uns bekannt.
Unsere Zentrale arbeitet seit 1976 an examenstypischem Lernmaterial und wird dabei von hochqualifizierten Mitarbeitern unterstützt.
So arbeiteten z.B. ehemalige Kursteilnehmer mit den Examensnoten von 16,0; 15,54; 15,50; 15,25; 15,08; 14,79; 14,7; 14,7; 14,4; 14,25; 14,25; 14,08; 14,04 ... als Verantwortliche an unserem Programm mit. Unser Team ist Garant, um oben genannte Fehler zu vermeiden. Lernmaterial bedarf ständiger Kontrolle auf Prüfungsrelevanz. Wer sonst als derjenige, der sich täglich mit Examensthemen beschäftigt, kann diesem Anforderungsprofil gerecht werden.

Gewinnen Sie, weil

- gutes Lernmaterial Verständnis schafft
- fundiertes Wissen erworben wird
- Sie intelligent lernen
- Sie sich optimal auf die Prüfungsanforderungen vorbereiten
- Jura Spaß macht

und Sie letztlich unerwartete Erfolge haben, die Sie beflügeln werden.

Damit Sie sich Ihre eigene Bibliothek als Nachschlagewerk nach und nach kostengünstig anschaffen können, schlagen wir Ihnen speziell für die jeweiligen Semester Skripten und Karteikarten vor. Bildung soll für jeden bezahlbar bleiben, deshalb der studentenfreundliche Preis.

Viel Spaß und Erfolg beim intelligenten Lernen.

HEMMER Produkte - im Überblick

Grundwissen
- Skripten „Grundwissen"
- Die wichtigsten Fälle
- Musterfälle für die Zwischenprüfung
- Lexikon, die examenstypischen Begriffe

Basiswissen für die Scheine
- Die Basics
- Die Classics

Examenswissen
- Skripten Zivilrecht
- Skripten Strafrecht
- Skripten Öffentliches Recht
- Skripten Wahlfach
- Die Musterklausuren für's Examen

Karteikarten
- Die Shorties
- Die Karteikarten
- Übersichtskarteikarten

BLW-Skripten

Assessor-Skripten/-karteikarten

Intelligentes Lernen/Sonderartikel
- Coach dich - Psychologischer Ratgeber
- Lebendiges Reden - Psychologischer Ratgeber
- Lernkarteikartenbox
- Der Referendar
- Klausurenblock
- Gesetzesbox
- Wiederholungsmappe
- Jurapolis - das hemmer-Spiel

Life&LAW - die hemmer-Zeitschrift

Alle Preise gültig ab 01/2007

HEMMER Skripten - Logisch aufgebaut!

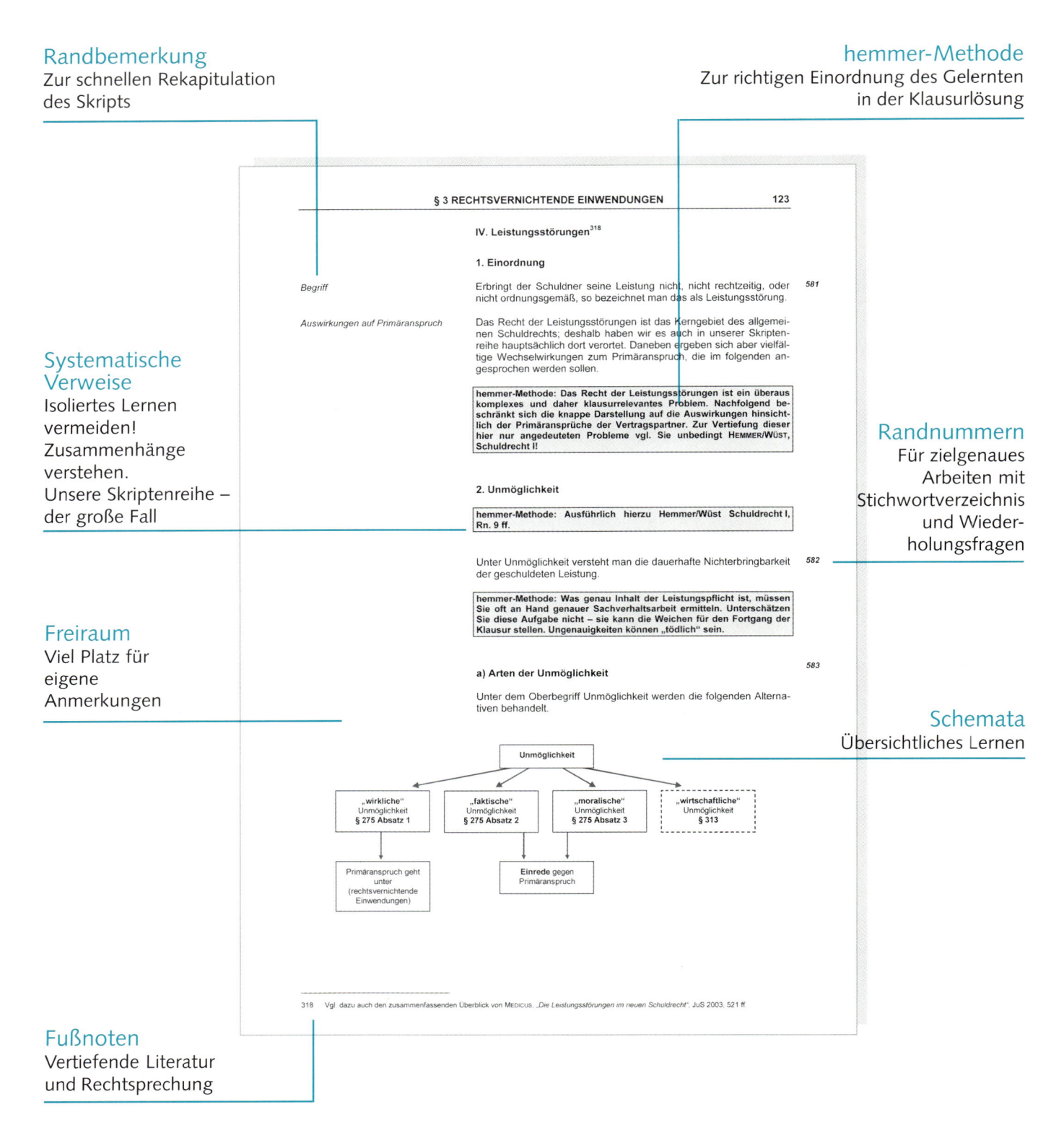

Intelligentes Lernen schnell & effektiv

Randbemerkung
Zur schnellen Rekapitulation des Skripts

hemmer-Methode
Zur richtigen Einordnung des Gelernten in der Klausurlösung

Systematische Verweise
Isoliertes Lernen vermeiden! Zusammenhänge verstehen.
Unsere Skriptenreihe – der große Fall

Randnummern
Für zielgenaues Arbeiten mit Stichwortverzeichnis und Wiederholungsfragen

Freiraum
Viel Platz für eigene Anmerkungen

Schemata
Übersichtliches Lernen

Fußnoten
Vertiefende Literatur und Rechtsprechung

---

§ 3 RECHTSVERNICHTENDE EINWENDUNGEN — 123

IV. Leistungsstörungen[318]

1. Einordnung

Begriff

Erbringt der Schuldner seine Leistung nicht, nicht rechtzeitig, oder nicht ordnungsgemäß, so bezeichnet man das als Leistungsstörung.

Auswirkungen auf Primäranspruch

Das Recht der Leistungsstörungen ist das Kerngebiet des allgemeinen Schuldrechts; deshalb haben wir es auch in unserer Skriptenreihe hauptsächlich dort verortet. Daneben ergeben sich aber vielfältige Wechselwirkungen zum Primäranspruch, die im folgenden angesprochen werden sollen.

> **hemmer-Methode:** Das Recht der Leistungsstörungen ist ein überaus komplexes und daher klausurrelevantes Problem. Nachfolgend beschränkt sich die knappe Darstellung auf die Auswirkungen hinsichtlich der Primäransprüche der Vertragspartner. Zur Vertiefung dieser hier nur angedeuteten Probleme vgl. Sie unbedingt HEMMER/WÜST, Schuldrecht I!

2. Unmöglichkeit

> **hemmer-Methode:** Ausführlich hierzu Hemmer/Wüst Schuldrecht I, Rn. 9 ff.

Unter Unmöglichkeit versteht man die dauerhafte Nichterbringbarkeit der geschuldeten Leistung.

> **hemmer-Methode:** Was genau Inhalt der Leistungspflicht ist, müssen Sie oft an Hand genauer Sachverhaltsarbeit ermitteln. Unterschätzen Sie diese Aufgabe nicht – sie kann die Weichen für den Fortgang der Klausur stellen. Ungenauigkeiten können „tödlich" sein.

a) Arten der Unmöglichkeit

Unter dem Oberbegriff Unmöglichkeit werden die folgenden Alternativen behandelt.

```
                        Unmöglichkeit
          ┌──────────────┬──────────────┬──────────────┐
      „wirkliche"    „faktische"    „moralische"   „wirtschaftliche"
     Unmöglichkeit   Unmöglichkeit  Unmöglichkeit   Unmöglichkeit
     § 275 Absatz 1  § 275 Absatz 2 § 275 Absatz 3     § 313
          │                            │
   Primäranspruch                  Einrede gegen
   geht unter                      Primäranspruch
   (rechtsvernichtende
   Einwendungen)
```

---

[318] Vgl. dazu auch den zusammenfassenden Überblick von MEDICUS, „Die Leistungsstörungen im neuen Schuldrecht", JuS 2003, 521 ff.

examenstypisch - anspruchsvoll - umfassend

Grundwissen

Für Ihr Jurastudium ist es nötig, sich schnell mit dem notwendigen Basiswissen einen Überblick zu verschaffen. Was aber ist wichtig und richtig?

Bei der Fülle der Ausbildungsliteratur kann einem die Lust auf Jura vergehen. Wir beschränken uns in dieser Ausbildungsphase auf das Wesentliche. Weniger ist mehr.

Skripten Grundwissen

Die Reihe „Grundwissen" stellt die theoretische Ergänzung unserer Reihe „die wichtigsten Fälle" dar.

Mit ihr soll das notwendige Hintergrundwissen vermittelt werden, welches für die Bewältigung der Fallsammlungenerforderlich ist. Auf diese Art und Weise ergänzen sich beide Reihen ideal. Hilfreich dabei sind Verweisungen auf die jeweiligen Fälle der Fallsammlungen, so dass man das Erlernte gleich klausurtypisch anwenden kann.

Die Darstellung erfolgt bewusst auf sehr einfachem Niveau. Es werden also für die Bewältigung der Ausführungen keine Kenntnisse vorausgesetzt. Ebenso wird bewusst auf Vertiefungshinweise verzichtet. Eine Vertiefung kann erfolgen, wenn die Kenntnisse anhand der Fälle wiederholt wurden. Dazu werden Hinweise in den Fallsammlungen gegeben.

Grundwissen und die Reihe „Die wichtigsten Fälle" sind so das ideale Lernsystem für eine klausur- und damit prüfungstypische Arbeitsweise.

Grundwissen Zivilrecht

BGB AT (111.10)	6,90 €
Schuldrecht AT (111.11)	6,90 €
erhältlich ab Frühjahr 2007	
Schuldrecht BT I (111.12)	6,90 €
Schuldrecht BT II (111.13)	6,90 €
Sachenrecht I (111.14)	6,90 €
Sachenrecht II (111.15)	6,90 €

Grundwissen Strafrecht

erhältlich ab Frühjahr 2007	
Strafrecht AT (112.20)	6,90 €
Strafrecht BT I (112.21)	6,90 €

Grundwissen Öffentliches Recht

Staatsrecht (113.30)	6,90 €
Verwaltungsrecht (113.31)	6,90 €

Grundwissen

Die wichtigsten Fälle

Die vorliegende Fallsammlung ist für Studenten in den ersten Semestern gedacht. Gerade in dieser Phase ist es wichtig, bei der Auswahl der Lernmaterialien den richtigen Weg einzuschlagen.
Die Gefahr zu Beginn des Studiums liegt darin, den Stoff zu abstrakt zu erarbeiten. Ein problemorientiertes Lernen, d.h. ein Lernen am konkreten Fall, führt zum Erfolg. Das gilt für die kleinen Scheine/die Zwischenprüfung genauso wie für das Examen. Wer gelernt hat, sich die Probleme des Falles aus dem Sachverhalt schnell zu erschließen, schreibt die gute Klausur.
Bei der Anwendung dieser Lernmethode sind wir Marktführer. Profitieren Sie von der 30-jährigen Erfahrung des Juristischen Repetitoriums hemmer im Umgang mit Examensklausuren. Diese Erfahrung fließt in sämtliche Skripten des Verlages ein. Das Repetitorium beschäftigt ausschließlich Spitzenjuristen, teilweise Landesbeste ihres Examenstermins. Die so erreichte Qualität in Unterricht und Skripten werden Sie woanders vergeblich suchen. Lernen Sie mit den Profis!
Ihre Aufgabe als Jurist wird es einmal sein, konkrete Fälle zu lösen. Diese Fähigkeit zu erwerben ist das Ziel einer guten juristischen Ausbildung. Nutzen Sie die Chance, diese Fähigkeit bereits zu Beginn Ihres Studiums zu trainieren. Erarbeiten Sie sich das notwendige Handwerkszeug anhand unserer Fälle. Sie werden feststellen:
Wer Jura richtig lernt, dem macht es auch Spaß. Je mehr Sie verstehen, desto mehr Freude werden Sie haben, sich neue Probleme durch eigenständiges Denken zu erarbeiten. Wir bieten Ihnen mit unserer juristischen Kompetenz die notwendige Hilfestellung.
Fallsammlungen gibt es viele. Die Auswahl des richtigen Lernmaterials ist jedoch der entscheidende Aspekt. Vertrauen Sie auf unsere Erfahrungen im Umgang mit Prüfungsklausuren. Unser Beruf ist es, alle klausurrelevanten Inhalte zusammenzutragen und verständlich aufzubereiten. Prüfungsinhalte wiederholen sich. Wir vermitteln Ihnen das, worauf es in der Prüfung ankommt – verständlich – knapp – präzise.

BGB AT (115.21)	12,80 €
Schuldrecht AT (115.22)	12,80 €
Schuldrecht BT (115.23)	12,80 €
GOA-BereicherungsR (115.24)	12,80 €
Deliktsrecht (115.25)	12,80 €
Verwaltungsrecht (115.26)	12,80 €
Staatsrecht (115.27)	12,80 €
Strafrecht AT (115.28)	12,80 €
Strafrecht BT I (115.29)	12,80 €
Strafrecht BT II (115.30)	12,80 €
Sachenrecht I (115.31)	12,80 €
Sachenrecht II (115.32)	12,80 €
ZPO I (115.33)	12,80 €
ZPO II (115.34)	12,80 €
Handelsrecht (115.35)	12,80 €
Erbrecht (115.36)	12,80 €
Familienrecht (115.37)	12,80 €
Gesellschaftsrecht (115.38)	12,80 €
Arbeitsrecht (115.39)	12,80 €
StPO (115.40)	12,80 €

Sonderband
Der Streit- und Meinungsstand im neuen Schuldrecht

Der hemmer/wüst Verlag stellt mit dem vorliegenden Werk die umstrittensten Problemkreise in 24 Fällen des neuen Schuldrechts dar, zeigt den aktuellen Meinungsstand auf und schafft so einen Überblick. Es wird das notwendige Wissen vermittelt.

115.20 *14,80 €*

Grundwissen

Musterfälle für die Zwischenprüfung

Exempla docent - an Beispielen lernen. Die Fälle zu den Basics! Nur wer so lernt, weiß was in der Klausur verlangt wird.
Die Fallsammlungen erweitern unsere Basics und stellen die notwendige Fortsetzung für das Schreiben der Klausur dar. Genau das, was Sie für die Scheine brauchen - nämlich exemplarisch dargestellte Falllösungen. Wichtige, immer wiederkehrende Konstellationen werden berücksichtigt.

Profitieren Sie von der seit 1976 bestehenden Klausurerfahrung des Juristischen Repetitoriums hemmer. Über 1000 Klausuren wurden für die Auswahl der Musterklausuren auf ihre „essentials" analysiert

Musterklausur für die Zwischenprüfung Zivilrecht

Ein Muss: Klassiker wie die vorvertragliche Haftung (c.i.c.), die Haftung bei Pflichtverletzungen im Schuldverhältnis (§ 280), Vertrag mit Schutzwirkung, Drittschadensliquidation, Mängelrecht, EBV, Bereicherungs- und Deliktsrecht werden klausurtypisch aufbereitet. Auf „specials" wie Saldotheorie, Verarbeitung, Geldwertvindikation, Vorteilsanrechnung und Nebenbesitz wird eingegangen. So entsteht wichtiges Grundverständnis.

16.31   14,80 €

Musterklausur für die Zwischenprüfung Strafrecht

Auch hier wieder prüfungstypische Fälle mit genauen Aufbauhilfen. Die immer wiederkehrenden „essentials" der Strafrechtsrechtsklausur werden in diesem Skript abgedeckt: Von der Abgrenzung von dolus eventualis und bewusster Fahrlässigkeit über die Irrtumslehre bis hin zu Problemen der Täterschaft und Teilnahme, u.v.m. Wer sich die Zeit nimmt, diese Musterfälle sorgfältig durchzuarbeiten, besteht jede Grundlagenklausur.

16.32   14,80 €

Musterklausur für die Zwischenprüfung Öffentliches Recht

Dieses Skript enthält die wichtigsten, in der Klausur immer wiederkehrenden Problemkonstellationen für die Bereiche Verfassungs- und Verwaltungsrecht. Im Verfassungsrecht werden die Zulässigkeitsvoraussetzungen von Verfassungsbeschwerden, Organstreitverfahren sowie abstrakter und konkreter Normenkontrolle erörtert. Im Rahmen der Begründetheitsprüfung werden die klausurrelevanten Grundrechte ausführlich erläutert. Gleichzeitig werden auch staatsorganisationsrechtliche Problemfelder aufbereitet. Die Klausuren zum Verwaltungsrecht zeigen die optimale Prüfung von Anfechtungs-, Verpflichtungs- und Fortsetzungsfeststellungsklagen sowie von Widerspruchsverfahren. Standardprobleme wie die Rücknahme oder der Widerruf eines Verwaltungsaktes und die Behandlung von Nebenbestimmungen eines VA sind u.a. Gegenstand der Begründetheitsprüfung.

16.33   14,80 €

Die examenstypischen Begriffe/ ZivilR.

Das Grundwerk für die eigene Bibliothek. Alle examenstypischen Begriffe in diesem Nachschlagewerk werden anwendungsspezifisch für Klausur und Hausarbeit erklärt. Das gesammelte Examenswissen ist eine optimale schnelle Checkliste. Zusätzlicher Nutzen: Das große Stichwortverzeichnis. Neben der Einbettung des gesuchten Begriffs in den juristischen Kontext finden Sie Verweisungen auf entsprechende Stellen in unserer Skriptenreihe. Begriffe werden transparenter. Sie vertiefen Ihr Wissen. So können Sie sich schnell und auf anspruchsvollem Niveau einen Überblick über die elementaren Rechtsbegriffe verschaffen.

14.01   14,80 €

Basiswissen

Sie sind Jurastudent in den mittleren Semestern und wollen die großen Scheine unter Dach und Fach bringen. Wenn Sie sich in dieser Phase mit tausend Meinungen beschäftigen, besteht die Gefahr, sich im Detail zu verlieren. Wir empfehlen Ihnen, schon jetzt das Material zu wählen, welches Sie nicht nur durch die Scheine, sondern auch durch das Examen begleitet.

Die „Basics" - Reihe

Die **Klassiker** der hemmer-Reihe. So schaffen Sie die Universitätsklausuren **viel** leichter. Die Basics vermitteln Ihnen Grundverständnis auf anspruchsvollem Niveau, sie sind auch für die Examensvorbereitung ideal.
Denn: Wissen wird konsequent unter Anwendungsgesichtspunkten erworben.
Die Basics dienen auch der schnellen Wiederholung vor dem Examen oder der mündlichen Prüfung, wenn Zeit zur Mangelware wird.

Basics-Zivilrecht I
BGB-AT/ Vertragliche Schuldverhältnisse mit dem neuen Schuldrecht
Im Vordergrund steht die Vermittlung der Probleme des Vertragsschlusses, u.a. das Minderjährigenrecht und die Stellvertretung. Neben rechtshindernden (z.B. §§ 134, 138 BGB) und rechtsvernichtenden Einwendungen (z.B. Anfechtung) werden auch die Klassiker der Pflichtverletzung nach § 280 BGB wie Unmöglichkeit (§§ 280 I, III, 283), Verzug (§§ 280 I, II, 286) und Haftung bei Verletzung nicht leistungsbezogener Nebenpflichten i.S.d. § 241 II BGB (früher: pVV bzw. c.i.c. jetzt: § 280 I bzw. § 280 I i.V.m. § 311 II BGB) behandelt. Ausführlich wird auf die wichtige Unterscheidung von Schadensersatz nach § 280 I BGB und Schadensersatz statt der Leistung nach §§ 280 I, III, 281-283 bzw. § 311a II BGB eingegangen. Nach Mängelrecht, Störung der GG und Schadensrecht schließt das Skript mit dem nicht zu unterschätzenden Gebiet des Dritten (z.B. Abgrenzung § 278 / § 831 / § 31; § 166; Vertrag mit Schutzwirkung zugunsten Dritter; DriSchaLi) im Schuldverhältnis ab.

110.0011   14,80 €

Basics-Zivilrecht II
Gesetzliche Schuldverhältnisse, Sachenrecht
Das Skript befasst sich mit dem Recht der GoA, dem Bereicherungsrecht und dem Recht der unerlaubten Handlungen als immer wieder klausurrelevante gesetzliche Schuldverhältnisse. Der Einstieg in das Sachenrecht wird mit der Abhandlung des Besitzrechts und dem Erwerb dinglicher Rechte an beweglichen Sachen erleichtert, wobei der Schwerpunkt auf dem rechtsgeschäftlichen Erwerb des Eigentums liegt. Über das für jede Prüfung unerlässliche Gebiet des EBV gibt das Skript einen ausführlichen Überblick. Eine systematische Aufbereitung des Pfandrechts und des Grundstücksrechts führen zum richtigen Verständnis dieser prüfungsrelevanten Gesetzesmaterie.

110.0012   14,80 €

Basics-Zivilrecht III
Familienrecht/ Erbrecht
Die typischen Probleme des Familienrechts: Von der Ehe als Klassiker für die Klausur (z.B. § 1357; GbR; Gesamtschuldner; Gesamtgläubiger; §§ 1365; 1369 BGB) zum ehelichen Güterrecht bis hin zur Scheidung.
Gegenstand des Erbrechts sind die gesetzliche und gewillkürte Erbfolge, die möglichen Verfügungen (Testament bzw. Erbvertrag) des Erblassers und was sie zum Inhalt haben (z.B. Erbeinsetzung, Vermächtnis, Auflage), Annahme und Ausschlagung der Erbschaft sowie neben Fragen der Rechtsstellung des Erben (z.B. im Verhältnis zum Erbschaftsbesitzer) auch das Pflichtteilsrecht und der Erbschein. Fazit: Das Wichtigste in Kürze für den schnellen Überblick.

110.0013   14,80 €

Basics-Zivilrecht IV
Zivilprozessrecht (Erkenntnisverfahren und Zwangsvollstreckungsverfahren)
Wegen fehlender Praxis ist in der Regel die ZPO dem Studenten fremd. Von daher wurde hier besonders auf leichte Verständlichkeit Wert gelegt. Der Schwerpunkt im Erkenntnisverfahren liegt neben den immer wiederkehrenden Problemen der Zulässigkeitsvoraussetzungen (z.B. Zuständigkeit, Streitgegenstand) auf den typischen Problemen des Prozesses, wie z.B. Versäumnisurteil, Widerklage und Klagenhäufung. Die Beteiligung Dritter am Rechtsstreit wird im Hinblick auf die Klausur und die examensrelevante Verortung erklärt.
Das Kapitel der Zwangsvollstreckung befasst sich vor allem mit dem Ablauf der Zwangsvollstreckung und den möglichen Rechtsbehelfen von Schuldner, Gläubiger und Dritten.
Dieses Skript gehört daher zur „Pflichtlektüre", um sich einen vernünftigen Überblick zu verschaffen!

110.0014   14,80 €

Basiswissen

Basics-Zivilrecht V
Handels- und Gesellschaftsrecht
Im Vordergrund steht: Wie baue ich eine gesellschaftsrechtliche Klausur richtig auf. Häufig geht es um die Haftung der Gesellschaft und der Gesellschafter. Eine systematische Aufbereitung führt durch das Recht der Personengesellschaften, also der GbR und OHG, sowie der KG. Das Recht der Körperschaften, wozu der rechts- und nichtrechtsfähige Verein, die GmbH sowie die AG zählen, wird ebenso im Überblick dargestellt. Auf dem Gebiet des Handelsrechts als Sonderrecht des Kaufmanns dürfen typische Problemkreise wie Kaufmannseigenschaft, Handelsregister, Wechsel des Unternehmensträgers und das kaufmännische Bestätigungsschreiben nicht fehlen. Abschließend befasst sich das Skript mit den Mängelrechten beim Handelskauf, der auch häufig die Schnittstelle zu BGB-Problemen darstellt.

110.0015   *14,80 €*

Basics-Zivilrecht VI
Arbeitsrecht
Das Arbeitsrecht gehört in den meisten Bundesländern zum Pflichtprogramm in der Examensvorbereitung. Hier tauchen immer wieder die gleichen Fragestellungen auf, die in diesem Skript knapp, präzise und klausurtypisch aufbereitet werden, wie die Zulässigkeit der Kündigungsschutzklage, Kündigungsschutz nach dem KSchG, innerbetrieblicher Schadensausgleich, fehlerhafter Arbeitsvertrag und die Reaktionsmöglichkeiten des Arbeitnehmers auf Änderungskündigungen. Ferner bildet auch das Recht der befristeten Arbeitsverhältnisse nach dem TzBfG einen Schwerpunkt.

110.0016   *14,80 €*

Basics-Strafrecht
Je besser der Einstieg, umso besser später die Klausuren. Weniger ist häufig mehr. Alle klausurwichtigen Probleme und Fragestellungen des materiellen Strafrechts auf einen Blick: Vom StGB-AT bis hin zum StGB-BT finden Sie all das dargestellt, was als Grundlagenwissen im Strafrecht angesehen wird. Außerdem werden die wichtigsten Aufbaufragen zur strafrechtlichen Klausurtechnik - an denen gerade Anfänger häufig scheitern - in einem eigenen Kapitel einfach und leicht nachvollziehbar erläutert.

110.0032   *14,80 €*

Basics-Öffentliches Recht I
Verfassungsrecht/ Staatshaftungsrecht
Materielles und prozessuales Verfassungsrecht bilden zusammen mit wichtigen Problemstellungen des Staatshaftungsrechts die Grundlage für dieses Skript. Öffentlich-rechtliches Wissen wird konsequent unter Anwendungsgesichtspunkten erworben.

110.0035   *14,80 €*

Basics-Öffentliches Recht II
Verwaltungsrecht
Grundfragen des allgemeinen und besonderen Verwaltungsrechts werden im Rahmen der wichtigsten Klagearten der VwGO verständlich und einprägsam dargestellt. Zusammen mit dem Skript Ö-Recht I werden Sie sich in der öffentlich rechtlichen Klausur sicher fühlen.

110.0036   *14,80 €*

Basics-Steuerrecht
Die Basics im Steuerrecht für einen einfachen, aber instruktiven Einstieg in das materielle Einkommensteuer- und Steuerverfahrensrecht. Die notwendigen Bezüge des Einkommensteuerrechts zum Umsatz- und Körperschaftssteuerrecht werden dargestellt sowie auf examens- und klausurtypische Konstellationen hingewiesen. Ein ideales Skript für alle, die sich erstmals mit der Materie befassen und die Grundstrukturen verstehen wollen. Es wird der Versuch unternommen, den Einstieg so verständlich wie möglich zu gestalten. Dazu werden immer wieder kleine Beispiele gebildet, die das Erlernen des abstrakten Stoffs vereinfachen sollen.

110.0004   *14,80 €*

Basics-Europarecht
Neben unserem Hauptskript nun die Basics zum Europarecht. Verständlicher Einstieg oder schnelle Wiederholung der wesentlichen Probleme? Für beides sind die Basics ideal. Wer in die Tiefe gehen möchte, kann dies mit unserem Klassiker, dem Hauptskript Europarecht. In Verbindung mit den Classics Europarecht und der Fallsammlung auf Examensniveau sind Sie somit gerüstet für die Prüfung in Ausbildung und Examen. Vernachlässigen Sie dieses immer wichtiger werdende Prüfungsgebiet nicht!

110.0005   *14,80 €*

Skripten Classics

> In den Classics haben wir für Sie die wichtigsten Entscheidungen der Obergerichte, denen Sie während Ihres Studiums immer wieder begegnen, ausgewählt und anschaulich aufbereitet. Bestimmte Entscheidungen müssen bekannt sein. In straffer Form werden der Sachverhalt, die Entscheidungssätze und die Begründung dargestellt. Die hemmer-Methode ordnet die Rechtssprechung für die Klausuren ein. Rechtsprechung wird so verständlich, Seitenfresserei vermieden.
>
> Hiermit bereiten Sie sich auch gezielt auf die mündliche Prüfung vor.

BGH-Classics Zivilrecht
Rechtskultur und Verständnis des Gesetzes werden in weiten Teilen von der Rechtsprechung geprägt. Nicht umsonst spricht man von der Rechtsprechung als der normativen Kraft des Faktischen. Die wegweisenden Entscheidungen müssen Student, Referendar und Anwalt bekannt sein. Auf leicht erfaßbare, knappe, präzise Darstellung wird Wert gelegt. Die hemmer-Methode sichert den für die Klausur und Hausarbeit notwendigen „background" ab.

15.01   *14,80 €*

Examenswissen

In der letzten Phase sollten Sie sich mit voller Kraft auf das Examen vorbereiten. Besonders wichtig ist jetzt fundiertes Wissen auf Examensniveau! unser Filetstück: die Hauptskripten. Konfronierten Sie sich frühzeitig mit dem, was Sie im Examen erwartet. Examenswissen unter professioneller Anleitung.

BGH-Classics Strafrecht
Auch die Entscheidungen im Strafrecht in ihrer konkreten Aufbereitung führen zur richtigen Einordnung der jeweiligen Problematik. Es wird die Interessenslage der Rechtsprechung erklärt. Im Vordergrund steht oft Einzelfallgerechtigkeit. Deswegen vermeidet die Rechtsprechung auch allzu dogmatische Entscheidungen.
Effizient, und damit in den wesentlichen Punkten knapp und präzise, wird die Entscheidung selbst wiedergegeben. So sparen Sie sich Zeit und erleiden nicht den berühmten Informationsinfarkt. Sowohl in der Examensvorbereitung, als auch in Klausur und Hausarbeit dienen die Classics als schnelles Lern- und Nachschlagewerk.

15.02   *14,80 €*

Classics Öffentliches Recht
Das Skript umfasst die Dauerbrenner aus den Bereichen der Rechtsprechung zu den Grundrechten, zum Staatsrecht, Verwaltungsrecht AT und BT sowie zum Europarecht. Neben der inhaltlichen Darstellung der Entscheidung werden mit Hilfe knapper Anmerkungen Besonderheiten und Bezüge zu anderen Problematiken hergestellt und somit die Fähigkeit zur Verknüpfung geschärft.

15.03   *14,80 €*

Classics Europarecht
Anders als im amerikanischen Recht gibt es bei uns kein reines „case-law". Gleichwohl hat die Rechtsprechung für Rechtsentwicklung und -fortbildung eine große Bedeutung. Gerade im Europarecht kommt man ohne festes Basiswissen in der europäischen Rechtsprechung nur selten zum Zuge. Auch für das Pflichtfach ein unbedingtes Muss!

15.04   *14,80 €*

Zivilrecht BGB-AT I-III

Die Aufteilung der Unwirksamkeitsgründe nach den verschiedenen Büchern des BGB (z.B. BGB-AT, Schuldrecht AT usw.) entspricht nicht der Struktur des Examensfalls. Wegen der klassischen Einteilung wird der Begriff BGB-AT/ Schuldrecht AT beibehalten. Unsere Skripten BGB-AT I - III unterscheiden entsprechend der Fallfrage in Klausur und Hausarbeit (Anspruch entstanden? Anspruch untergegangen? Anspruch durchsetzbar?) zwischen wirksamen und unwirksamen Verträgen, zwischen rechtshindernden, rechtsvernichtenden und rechtshemmenden Einwendungen. Damit stellen sich diese Skripten als großer Fall dar und dienen auch als Checkliste für Ihre Prüfung. Schon das Durchlesen der Gliederung schafft Verständnis für den Prüfungsaufbau.

BGB-AT I
Entstehen des Primäranspruchs
Besteht der Vertrag, so kann der Anspruchsteller Erfüllung, z.B. Übereignung, Überlassung der Mietsache etc. verlangen. Dies setzt unter anderem Rechtsfähigkeit der Vertragspartner, eine wirksame Willenserklärung, Zugang und ggf. Bevollmächtigung voraus. Nur wenn ein wirksamer Vertrag vorliegt, entsteht die Leistungspflicht des Schuldners und deren Folgeproblematik wie Rücktritt und Schadensersatz. Konsequent befasst sich das Skript daher auch mit den Problemkreisen der Stellvertretung sowie der Einbeziehung von AGB´en.

0001   *14,80 €*

BGB-AT II
Scheitern des Primäranspruchs
Scheitert der Vertrag von vornherein, so entfallen Erfüllungsansprüche. Die Unwirksamkeitsgründe sind im Gesetz verstreut, wie z.B. § 125, § 134, § 2301. Als konsequentes Rechtsfolgenskriptum sind alle klausurtypischen rechtshindernden Einwendungen zusammengefasst.

0002   *14,80 €*

BGB-AT III
Erlöschen des Primäranspruchs
Der Primäranspruch (bzw. Leistungs- oder Erfüllungsanspruch) kann nachträglich wegfallen, z.B. durch Erfüllung, Aufrechnung, Anfechtung, Unmöglichkeit. Nur wer Unwirksamkeitsgründe im Kontext des gescheiterten Vertrags einordnet, lernt richtig. Die rechtshemmenden Einreden (z.B. Verjährung, § 214 BGB) bewirken, dass der Berechtigte sein Recht nicht (mehr) geltend machen kann.

0003   *14,80 €*

Examenswissen

> Die klassischen Rechtsfolgeskripten zum Schadensersatz
> - „klausurtypisch!"

Schadensersatzrecht I
Das Skript erfasst neben Allgemeinem zum Schadensersatzrecht zunächst den selbstständigen Garantievertrag als Primäranspruch auf Schadensersatz. Daneben wird die gesetzliche Garantiehaftung behandelt. Ebenfalls enthalten sind die Sachmängelhaftung im Kauf- und Werk-, Miet- und Reisevertragsrecht sowie die Rechtsmängelhaftung.

0004   *14,80 €*

Schadensersatzrecht II
Umfassende Darstellung des Leistungsstörungsrechts, rechtsfolgenorientierte Darstellung der Sekundäransprüche-Schadensersatzansprüche.

0005   *14,80 €*

Schadensersatzrecht III
Befasst sich schwerpunktmäßig mit dem Anspruchsinhalt, d.h. mit der Frage des Umfangs der Ersatzpflicht, also dem „wie viel" eines dem Grunde nach bereits bestehenden Anspruchs. Drittschadensliquidation, Vorteilsausgleichung und hypothetische Schadensursachen dürfen nicht fehlen.

0006   *14,80 €*

Schuldrecht

> Die Reihe Schuldrecht orientiert sich an der Klausurrelevanz des Schuldrechts. In nahezu jeder Klausur ist nach Schadensersatzansprüchen des Gläubigers bei Leistungsstörungen des Schuldners, nach bereicherungsrechtlichen Ansprüchen oder nach der deliktischen Haftung gefragt.
> Die Schuldrechtsskripten eignen sich hervorragend sowohl zur erstmaligen Aneignung der Materie als auch zur aufgrund der Schuldrechtsreform notwendigen Neustrukturierung bereits vorhandenen Wissens.

Schuldrecht I
Das allgemeine Leistungsstörungsrecht war schon immer äußerst klausurrelevant. Dies hat sich durch die Schuldrechtsreform in erheblichem Maße verstärkt, zumal das Besondere Schuldrecht nun häufig Rückverweisungen auf die §§ 280 ff. BGB vornimmt (z.B. § 437 BGB). Entsprechend der Gesetzessystematik ist das Skript von der Rechtsfolge her aufgebaut: Welche Art des Schadensersatzes verlangt der Gläubiger? Schwerpunkte bilden das Unmöglichkeitsrecht, der allgemeine Anspruch aus § 280 I BGB (auch vorvertragliche Haftung und Schuldnerverzug), die Ansprüche auf Schadensersatz statt der Leistung, Rücktritt und Störung der Geschäftsgrundlage.

0051   *14,80 €*

Schuldrecht II
Die Klassiker im Examen! Kauf- und Werkvertrag in allen prüfungsrelevanten Varianten. Dies gilt insbesondere beim Kauf, dessen spezielles Gewährleistungsrecht abgeschafft und stattdessen auf die §§ 280 ff. BGB Bezug genommen wurde. Das Skript setzt sich mit den kaufspezifischen Fragestellungen wie Sachmangelbegriff, Nacherfüllung, Rücktritt, Minderung und Schadensersatz, Versendungs- und Verbrauchsgüterkauf auseinander. Ferner wird das - dem Kauf nun weitgehend gleichgeschaltete - Werkvertragsrecht behandelt.

0052   *14,80 €*

Schuldrecht III
Umfassend werden die klausurrelevanten Probleme der Miete, Pacht, Leihe, des neuen Darlehensrechts (samt Verbraucherwiderruf nach §§ 491 ff. BGB), des Leasing- und Factoringrechts abgehandelt. Die äußerst wichtigen Fragestellungen aus dem Bereich Bürgschaft („Wer bürgt, wird erwürgt"), Reise- und Maklervertrag kommen ebenfalls nicht zu kurz.

0053   *14,80 €*

Examenswissen

Bereicherungsrecht
Die §§ 812 ff. sind regelmäßig die Folge unwirksamer Verträge. Abgrenzungsprobleme gibt es dabei u.a. zum Wegfall der Geschäftsgrundlage (z.B. Rückabwicklung bei der nichtehelichen Lebensgemeinschaft) und §§ 987 ff. Die hemmer-Methode versteht sich als Gebrauchsanweisung für die erfolgreiche Bewältigung des anspruchsvollen Rechtsgebiets Bereicherungsrecht. Ohne Verständnis für dieses Rechtsgebiet bleibt der Zusammenhang im Zivilrecht im Dunkeln.

0008　　　　　　　　　　　　　　　　　　　　*14,80 €*

Verbraucherschutzrecht
Das Verbraucherschutzrecht erlangt im Gesamtgefüge des BGB eine immer stärkere Bedeutung. Kaum ein Bereich, in dem die Besonderheiten des Verbraucherschutzrechtes nicht zu abweichenden Ergebnissen führen, so z.B. bei den §§ 474 ff. BGB, oder bei der Widerrufsproblematik der §§ 355 ff. BGB. Insbesondere die umständliche Verweisungstechnik der §§ 499 ff. BGB stellt den Bearbeiter von Klausuren vor immer neue Herausforderungen. Das Skript liefert eine systematische Einordnung in den Gesamtzusammenhang. Wer den Verbraucher richtig einordnet, schreibt die gute Klausur.

0007　　　　　　　　　　　　　　　　　　　　*14,80 €*

Deliktsrecht I
Eine umfassende Einführung in das deliktische Haftungssystem. Da die deliktische Haftung gegenüber jedermann besteht, können die §§ 823 ff BGB. in jede Klausur problemlos eingebaut werden. Neben einer umfassenden Übersicht über die Haftungstatbestände werden sämtliche klausurrelevanten Problemfelder der §§ 823 ff BGB. umfassend behandelt (z.B. Probleme der haftungsbegründenden und -ausfüllenden Kausalität). § 823 I BGB ist als elementarer, strafrechtsähnlicher Grundtatbestand leicht erlernbar. Auch § 823 II und §§ 824 - 826 BGB sollten nicht vernachlässigt werden. Neben § 831 BGB (Vorsicht beim Entlastungsbeweis!), der Haftung für Verrichtungsgehilfen, befasst sich der erste Band auch mit der Mittäterschaft, Teilnahme und Beteiligung gem. § 830 BGB.

0009　　　　　　　　　　　　　　　　　　　　*14,80 €*

Deliktsrecht II
Deliktsrecht II vervollständigt das deliktische Haftungssystem mit besonderem Schwerpunkt auf der Gefährdungshaftung und der Haftung für vermutetes Verschulden. Zum einen erfolgt eine ausführliche Erörterung der im BGB integrierten Haftungsnormen. Zum anderen vermittelt das Skript ein umfassendes Wissen in den klausurrelevanten Spezialgesetzen wie dem StVG, dem ProdHaftG und dem UmweltHaftG. Abgerundet werden die Darstellungen durch den wichtigen Beseitigungs- und Unterlassungsanspruch des § 1004 BGB.

0010　　　　　　　　　　　　　　　　　　　　*14,80 €*

Sachenrecht I-III:

> Sachenrecht ist durch immer wiederkehrende examenstypische Problemfelder gut ausrechenbar. Anders als das Schuldrecht ist es ein klar strukturiertes Rechtsgebiet. In der Regel besteht deswegen eine feste Vorstellung, wie der Fall zu lösen ist. Deshalb gilt es gerade hier, mit der hemmer-Methode den Ersteller der Klausur als imaginären Gegner zu erfassen. Es gilt, Begriffe wie z.B. Widerspruch und Vormerkung in ihrer rechtlichen Wirkung zu begreifen und in den Kontext der Klausur einzuordnen.

Sachenrecht I
Zu Beginn werden die allgemeinen Lehren des Sachenrechts (Abstraktionsprinzip, Publizität, numerus clausus etc.) behandelt, die für den Einstieg und ein grundlegendes Verständnis der Materie unabdingbar sind. Im Vordergrund stehen dann das Besitzrecht und das Eigentümer-Besitzer-Verhältnis. Gerade das EBV ist klausurrelevant. Hier dürfen Sie keinesfalls auf Lücke lernen. Schließlich geht es auch um den immer wichtiger werdenden (verschuldensunabhängigen) Beseitigungs- bzw. Unterlassungsanspruch aus § 1004 BGB.

0011　　　　　　　　　　　　　　　　　　　　*14,80 €*

Sachenrecht II
Sachenrecht II behandelt den Erwerb dinglicher Rechte an beweglichen Sachen. Neben dem Erwerb kraft Gesetzes ist Schwerpunkt hier natürlich der rechtsgeschäftliche Erwerb des Eigentums. Bei dem Erwerb vom Berechtigten und den §§ 932 ff. BGB müssen Sie sicher sein, insbesondere, wenn wie im Examensfall regelmäßig Dritte (Besitzdiener, Besitzmittler, Geheißpersonen) in den Übereignungstatbestand eingeschaltet werden. Daneben geht es um die klausurrelevanten Probleme beim Pfandrecht, bei der Sicherungsübereignung und beim Anwartschaftsrecht des Vorbehaltsverkäufers.

0012　　　　　　　　　　　　　　　　　　　　*14,80 €*

Sachenrecht III
Gegenstand des Skripts Sachenrecht III ist das Immobiliarsachenrecht, wobei die Übertragung des Eigentums an Grundstücken im Vordergrund steht. Weitere Schwerpunkte bilden u.a. Erst- und Zweiterwerb der Vormerkung, die Hypothek und Grundschuld -Gemeinsamkeiten und Unterschiede-, Übertragung sowie der Wegerwerb von Einwendungen und Einreden bei diesen.

0012A　　　　　　　　　　　　　　　　　　　*14,80 €*

Kreditsicherungsrecht
Der Clou! Wettlauf der Sicherungsgeber, Verhältnis Hypothek zur Grundschuld, Verlängerter Eigentumsvorbehalt und Globalzession/Factoring sind häufig Prüfungsgegenstand. Lernen Sie das, was zusammen gehört, als zusammengehörend zu betrachten. Alle examenstypischen Sicherungsmittel im Überblick: Wie sichere ich neben dem bestehen-

Examenswissen

den Rückzahlungsanspruch einen Kredit? Unterschieden werden Personalsicherheiten (z.B. Bürgschaft, Schuldbeitritt), Mobiliarsicherheiten (z.B. Sicherungsübereignung, Sicherungsabtretung, Eigentumsvorbehalt und Pfandrecht) sowie Immobiliar-sicherheiten (Grundschuld und Hypothek). Wer die Unterscheidung zwischen akzessorischen und nichtakzessorischen Sicherungsmitteln wirklich verstanden hat, geht unbesorgt in die Prüfung.

0013 *14,80 €*

Nebengebiete

Familienrecht
Das Familienrecht wird häufig in Verbindung mit anderen Rechtsgebieten geprüft. So sind z.B. §§ 1357, 1365, 1369 BGB Schnittstelle zum BGB-AT und nur in diesem Kontext verständlich. Die sog. Ehestörungsklage hat ihre Bedeutung bei §§ 823 und 1004 BGB. Da nur der geschädigte Ehegatte einen eigenen Schadensersatzanspruch gegen den Schädiger hat, stellen sich Probleme der Vorteilsanrechnung (vgl. § 843 IV BGB) und Fragen beim Regress. Von Bedeutung sind bei der Nichtehelichen Lebensgemeinschaft Bereicherungsrecht und, wie bei Eheleuten auch, familienrechtliche Bestimmungen sowie das Recht der BGB-Gesellschaft. Die typischen Problemkreise des Familienrechts sind berechenbar und leicht erlernbar.

0014 *14,80 €*

Erbrecht
„Erben werden geboren, nicht gekoren." oder „Erben werden gezeugt, nicht geschrieben." deuten auf germanischen Einfluß mit seinem Sippengedanken. Das Prinzip der Universalsukzession und die Testamentidee sind römischrechtliche Tradition. Die Spannung zwischen individualistischem (der Erbe steht im Vordergrund) und kollektivistischem Ansatz (die Sippe ist privilegiert) ist auch für die Klausur von großer praktischer Relevanz, z.B. gewillkürte oder gesetzliche Erbfolge, Formwirksamkeit des Testaments (auch gemeinschaftliches Testament und Erbvertrag), Widerruf und Anfechtung, Bestimmung durch Dritte, Vor- und Nach- sowie Ersatzerbschaft, Vermächtnis, Pflichtteilsrecht, Erbschaftsbesitz, Miterben, Erbschein. Auch die dingliche Surrogation, z.B. bei § 2019 BGB, und das Verhältnis des Erbrechts zum Gesellschaftsrecht sollte als prüfungsrelevant bekannt sein.

0015 *14,80 €*

Zivilprozessrecht I
Versäumnisurteil, Erledigung, Streitverkündung, Berufung (ZPO I, sog. Erkenntnisverfahren) sind mit der hemmer-Methode leicht verständlich für die Klausuranwendung aufbereitet. Von den vielen Bestimmungen der ZPO sind insbesondere diejenigen, die mit materiellrechtlichen Problemen verknüpft werden können, klausurrelevant. ZPO-Probleme werden nur dann richtig erfasst und damit auch für die Klausur handhabbar, wenn man den praktischen Hintergrund verstanden hat. Dies erleichtert Ihnen die hemmer-Methode. Die klausurrelevanten Neuerungen der ZPO-Reform sind selbstverständlich eingearbeitet.

0016 *14,80 €*

Zivilprozessrecht II
Zwangsvollstreckungsrecht - mit diesem Skript halb so wild: Grundzüge, allgemeine und besondere Vollstreckungsvoraussetzungen, sowie die klausurrelevanten Rechtsbehelfe wie §§ 771 BGB (und die Abgrenzung zu § 805), 766 und 767 BGB werden wie gewohnt übersichtlich und gut verständlich für die Anwendung in der Klausur aufbereitet. Dann werden auch gefürchtete Zwangsvollstreckungsklausuren leicht.

0017 *14,80 €*

Arbeitsrecht
Arbeitsrecht ist stark von Richterrecht geprägt und hat sich auch, wie z.B. im Streikrecht, praeter legem entwickelt. Entsprechend häufig sind die Neuerungen. Gleichwohl ist die Arbeitsrechtsklausur im Regelfall standardisiert: Kündigungsschutz (Feststellungsklage) und Lohnzahlung (Leistungsklage) bilden häufig das Grundgerüst. Eingestreut sind regelmäßig Probleme wie z.B. Gratifikationen, Urlaubsabgeltungsanspruch, faktische Bindung und Anwendbarkeit der Grundrechte. Verständnis entsteht. So macht Arbeitsrecht Spaß. Das Standardwerk! Ausgehend von einem großen Fall wird das gesamte Arbeitsrecht knapp und prägnant erklärt.

0018 *16,80 €*

Handelsrecht
Handelsrecht verschärft wegen der Sonderstellung der Kaufleute viele Bestimmungen des BGB (z.B. §§ 362, 377 HGB). Auch Vertretungsrecht wird modifiziert (z.B. § 15 HGB, Prokura), ebenso die Haftung (§§ 25 ff HGB). So kann eine Klausur ideal gestreckt werden. Deshalb sind Kenntnisse im Handelsrecht unerlässlich, alles in allem aber leicht erlernbar.

0019A *14,80 €*

Gesellschaftsrecht
Ein Problem mehr in der Klausur: die Gesellschaft, insbesondere BGB-Gesellschaft, OHG, KG und GmbH. Zu unterscheiden ist häufig zwischen Innen- und Außenverhältnis. Die Haftung von Gesellschaft und Gesellschaftern muss jeder kennen. In der examenstypischen Klausur sind immer mehrere Personen vorhanden (Notendifferenzierung!), so dass sich zwangsläufig die typischen Schwierigkeiten der Mehrpersonenverhältnisse stellen (Zurechnung, Gesamtschuld, Ausgleichsansprüche etc.).

0019B *14,80 €*

Examenswissen

Rechtsfolgeskripten

> Regelmäßig ist die sog. Herausgabeklausur („A verlangt von B Herausgabe. Zu Recht?") Prüfungsgegenstand. Der Rückgriff kann als Zusatzfrage jede Klausur abschließen. Klausurtypisch werden diese Problemkreise im Anspruchsgrundlagenaufbau dargestellt. So schreiben Sie die 18 Punkteklausur. Ein Muss für jeden Examenskandidaten!

Herausgabeansprüche

Der Band setzt das Rechtsfolgesystem bisheriger Skripten fort. Die Anspruchsgrundlagen, die in den verschiedenen Rechtsgebieten verstreut sind, werden in einem eigenen Skript klausurtypisch konzentriert behandelt, §§ 285, 346, 546, 604, 812, 861, 985, 1007 BGB. Die ideale Checkliste für die Herausgabeklausur. Wer konsequent von der Fallfrage aus geht, lernt richtig.

0031   *14,80 €*

Rückgriffsansprüche

Der Regreß ist examenstypisch. Dreiecksbeziehungen sind nicht nur im wirklichen Leben problematisch, sondern auch im Recht. Der Band gibt unsere Erfahrungen mit den verschiedenen Examenskonstellationen wieder. Beispielhaft ist die Begleichung einer Schuld durch einen Dritten und der Regreß beim Schuldner. In Betracht kommen häufig GoA, Gesamtschuld und Bereicherungsrecht.

0032   *14,80 €*

Strafrecht

> Eine zweistellige Punktezahl ist im Strafrecht immer im Bereich des Möglichen. Gerade im Strafrecht ist es wichtig, die Klassiker genau zu kennen. Im Strafrecht/Strafprozessrecht wird Ihre Belastbarkeit getestet: innerhalb relativ kurzer Zeit müssen viele Problemkreise „abgehakt" werden.

Strafrecht AT I

Für das Verständnis im Strafrecht unabdingbar sind vertiefte Kenntnisse des Allgemeinen Teils. Der Aufbau eines vorsätzlichen Begehungsdelikts wird ebenso vermittelt wie der eines vorsätzlichen Unterlassungsdelikts bzw. eines Fahrlässigkeitsdelikts. Darin eingebettet werden die examenstypischen Probleme erläutert und anhand der hemmer-Methode Lernverständis geschaffen. Um die allgemeine Strafrechtssystematik besser zu verstehen, beinhaltet dieses Skript zudem Ausführungen zur Garantiefunktion des Strafrechts, zum Geltungsbereich des deutschen Strafrechts sowie einen Überblick über strafrechtliche Handlungslehren.

0020   *14,80 €*

Strafrecht AT II

Dieses Skript vermittelt Ihnen anwendungsorientiert die Problemkreise Versuch (insbesondere Rücktritt vom Versuch), Täterschaft und Teilnahme (z.B. Täter hinter dem Täter), die Irrtumslehre (z.B. aberratio ictus), sowie das Wichtigste zu den Konkurrenzen. Grundbegriffe werden erläutert und zudem in den klausurtypischen Zusammenhang gebracht. Auch Sonderfälle wie die „actio libera in causa" werden in fallspezifischer Weise erklärt.

0021   *14,80 €*

Strafrecht BT I

Bei den Klassikern wie u.a. Diebstahl, Betrug einschließlich Computerbetrug, Raub, Erpressung, Hehlerei, Untreue (BT I) sollte man sich keine Fehltritte leisten. Mit der hemmer-Methode wird der verständnisvolle Umgang mit Fällen, die im Grenzbereich eines oder mehrerer Tatbestände liegen, eingeübt. Auf klausurtypische Fallkonstellationen wird hingewiesen.

0022   *14,80 €*

Strafrecht BT II

Immer wieder in Hausarbeit und Klausur: Totschlag, Mord, Körperverletzungsdelikte, Aussagedelikte, Urkundsdelikte, Straßenverkehrsdelikte. In aller Regel werden diese Delikte mit Täterschaftsformen des Allgemeinen Teils kombiniert, und dadurch die Problematik klausurtypisch gestreckt.

0023   *14,80 €*

Strafprozessordnung

Strafprozessrecht hat auch im Ersten Juristischen Staatsexamen deutlich an Bedeutung gewonnen: In fast jedem Bundesland ist mittlerweile verstärkt mit StPO-Zusatzfragen im Examen zu rechnen. Begriffe wie z.B. Legalitätsprinzip, Opportunitätsprinzip und Akkusationsprinzip dürfen keine Fremdworte bleiben. Lernen Sie spielerisch die Abgrenzung von strafprozessualem und materiellem Tatbegriff.

0030   *14,80 €*

Examenswissen

Verwaltungsrecht

> Auch die Verwaltungsrechtsskripten sind klausur- und hausarbeitsorientiert und damit als großer Fall zu verstehen. Trainieren Sie Verwaltungsrecht mit uns klausurorientiert. Lernen Sie mit der hemmer-Methode die richtige Einordnung. Im Öffentlichen Recht gilt: wenig Dogmatik - viel Gesetz. Gehen Sie deshalb mit dem sicheren Gefühl in die Prüfung, die Dogmatik genau zu kennen und zu wissen, wo Sie was zu prüfen haben.

Verwaltungsrecht I
Wie in einem großen Fall sind im Verwaltungsrecht I die klausurtypischen Probleme der Anfechtungsklage als zentrale Klageart der VwGO dargestellt. Entsprechend der Reihenfolge in einer Klausur werden Fragen der Zulässigkeit, vom Vorliegen eines VA bis zum Vorverfahren, und der Begründetheit, von der Ermächtigungsgrundlage bis zum Widerruf und der Rücknahme von VAen, klausurorientiert aufbereitet.

0024　　　　　　　　　　　　　　　　14,80 €

Verwaltungsrecht II
Die richtige Einordnung der Prüfungspunkte im Rahmen der Zulässigkeit und Begründetheit von Verpflichtungs-, Fortsetzungsfeststellungs-, Leistungs- und Feststellungsklage sowie Normenkontrolle unter gleichzeitiger Darstellung typischer Fragestellungen der Begründetheit sind Gegenstand dieses Skripts. Sie machen es zu einem unentbehrlichen Hilfsmittel zur Vorbereitung auf Zwischenprüfung und Examina.

0025　　　　　　　　　　　　　　　　14,80 €

Verwaltungsrecht III
Profitieren Sie von unserer jahrelangen Erfahrung als Repetitoren und unserer Sachkenntnis von Prüfungsfällen. Widerspruchsverfahren, vorbeugender und vorläufiger Rechtsschutz, Rechtsmittel sowie Sonderprobleme aus dem Verwaltungsprozess- und allgemeinen Verwaltungsrechts sind anschließend für Sie keine Fremdwörter mehr.

0026　　　　　　　　　　　　　　　　14,80 €

Staatsrecht

> Stoffauswahl und Schwerpunktbildung von Verfassungsrecht (Staatsrecht I) und Staatsorganisationsrecht (Staatsrecht II) orientieren sich am praktischen Bedürfnis von Klausur und Hausarbeit. Da in diesem Bereich häufig nach dem Prinzip „terra incognita" gelernt wurde, gilt es Lücken zu schließen. Wer Staatsrecht richtig gelernt hat, kann sich jedem Fall stellen. Es gilt der Wahlspruch der Aufklärung: „sapere aude" (Wage, Dich Deines Verstandes zu bedienen.), Kant, auf ihn Bezug nehmend Karl Popper (Beck'sche Reihe, „Große Denker").

Staatsrecht I
Die Grundrechte sind das Herzstück der Verfassung. Zulässigkeit und Begründetheit der Verfassungsbeschwerde geben jedem Klausurersteller die Möglichkeit, Grundrechtsverständnis abzuprüfen. Die einzelnen Grundrechte werden im Rahmen der Begründetheit der Verfassungsbeschwerde umfassend erklärt. Lernen Sie mit der hemmer-Methode den richtigen Fallaufbau, auf den gerade im Öffentlichen Recht besonders viel Wert gelegt wird.

0027　　　　　　　　　　　　　　　　14,80 €

Staatsrecht II
Speziell hier gilt: Die wenigen Klassiker, die immer wieder in der Klausur eingebaut sind, muss man kennen. Dies sind im Prozessrecht: Organstreitigkeiten, abstrakte und konkrete Normenkontrolle und föderale Streitigkeiten (Bund-/Länderstreitigkeiten). Das materielle Recht beinhaltet Staatszielbestimmungen (Art. 20 GG), Finanzverfassung, daneben auch oberste Staatsorgane, Gesetzgebungskompetenz und -verfahren, Verwaltungsorganisation und das Recht der politischen Parteien. Mit diesen Problemkreisen sollten Sie sich im Rahmen einer sinnvollen Examensvorbereitung mit den jeweiligen landesrechtlichen Besonderheiten auseinandersetzen. Skripten, die die Problematik „verallgemeinernd" auf Bundesebene darstellen, helfen meist nicht weiter!

0028　　　　　　　　　　　　　　　　14,80 €

Staatshaftungsrecht
Das Staatshaftungsrecht ist eine Querschnittsmaterie aus den Bereichen Verfassungsrecht, Allgemeines und Besonderes Verwaltungsrecht und dem Bürgerlichen Recht. Diese Besonderheit macht es einerseits kompliziert, andererseits interessant für Klausurersteller! In diesem Skript finden Sie alle klausurrelevanten Probleme des Staatshaftungsrechts examenstypisch aufgearbeitet.

0040　　　　　　　　　　　　　　　　14,80 €

Europarecht
Immer auf dem neusten Stand! Unser Europarecht hat sich zum Klassiker entwickelt. Anschaulich und klar strukturiert erspart es Zeit und dient dem Allgemeinverständnis für dieses in Zukunft immer wichtiger werdende Prüfungsgebiet. Zusammen mit der Fallsammlung Europarecht Garant für ein erfolgreiches Abschneiden in der Prüfung! Die hohe Nachfrage gibt dem Skriptum recht.

0029　　　　　　　　　　　　　　　　16,80 €

Öffentliches Recht - landesspezifische Skripten

> Wesentliche Bereiche des Öffentlichen Rechts - Kommunalrecht, Sicherheitsrecht, Bauordnungsrecht - sind aufgrund der Kompetenzverteilung des Grundgesetzes Landesrecht. Hier müssen Sie sich im Rahmen einer sinnvollen Examensvorbereitung mit den jeweiligen landesrechtlichen Besonderheiten auseinandersetzen. Skripten, die die Problematik „verallgemeinernd" auf Bundesebene darstellen, helfen meist nicht weiter!

Examenswissen

Baurecht/Bayern
Baurecht/Nordrhein-Westfalen
Baurecht/Baden-Württemberg

Bauplanungs- und Bauordnungsrecht werden in klausurtypischer Aufarbeitung so dargestellt, dass selbst ein Anfänger innerhalb kürzester Zeit die Systematik des Baurechts erlernen kann. Vertieft werden darüber hinaus alle wichtigen Spezialprobleme des Baurechts wie gemeindliches Einvernehmen, Vorbescheid, Erlass von Bebauungsplänen etc. behandelt.

01.0033 BauR Bayern	*14,80 €*
02.0033 BauR NRW	*14,80 €*

erhältlich ab Frühjahr 2007

03.0033 BauR Baden Württ.	*14,80 €*

Polizei- und Sicherheitsrecht/ Bayern
Polizei- und Ordunungsrecht/NRW
Polizeirecht/Baden Württemberg

Gerade das Polizei- und/oder Sicherheitsrecht stellt sich von Bundesland zu Bundesland unterschiedlich dar: Hier kommt die Stärke der landesrechtlichen Skripten voll zur Geltung! Lernen Sie im jeweils regionalen Kontext die Begriffe Primär- und Sekundärmaßnahme, Konnexität, Anscheins- und Putativgefahr usw. Der Aufbau des Skripts orientiert sich an der typischen Systematik einer Polizeirechtsklausur.

01.0034 Polizei-/SR Bayern	*14,80 €*
02.0034 Polizei-/OR NRW	*14,80 €*
03.0034 PolizeiR/ Baden Württ.	*14,80 €*

Kommunalrecht/Bayern
Kommunalrecht/NRW
Kommunalrecht/Baden Württemberg

In vielen Bundesländern ist Kommunalrecht das Herz der verwaltungsrechtlichen Klausur, da es sich mit den meisten anderen Bereichen des Verwaltungsrecht-BT hervorragend kombinieren lässt: Begriffe wie eigener und übertragener Wirkungskreis, Kommunalaufsicht, Verbands- und Organkompetenz, Befangenheit von Gemeinderäten, Kommunale Verfassungsstreitigkeit, gemeindliche Geschäftsordnung und vieles mehr werden in gewohnt fallspezifischer Art dargestellt und erklärt.

01.0035 KomR. Bayern	*14,80 €*
02.0035 KomR. NRW	*14,80 €*
03.0035 KomR. Baden Württ.	*14,80 €*

Schwerpunktskripten

> Auch im Bereich der Wahlfachgruppen können Sie auf die gewohnte und bewährte Qualität der Hemmer-Skripten zurückgreifen. Wir ermöglichen Ihnen, das Gebiet Ihrer Wahlfachgruppe **effektiv und examenstypisch** zu erschließen. Die Zusammenstellung der Skripten orientiert sich am examensrelevanten Stoff und den wichtigsten Problemkreisen.

Kriminologie

Das Skript Kriminologie umfasst sämtliche, für die Wahlfachgruppe relevanten Bereiche: Kriminologie, Jugendstrafrecht und Strafvollzug. Im Mittelpunkt stehen insbesondere die Erscheinungsformen und Ursachen von Kriminalität, der Täter, aber auch das Opfer und die Kontrolle und Behandlung des Straftäters. Durch die Behandlung vieler strafrechtlicher Grundbegriffe ist das Skriptum auch für den Studenten geeignet, der diese Wahlfachgruppe nicht gewählt hat.

0039	*16,80 €*

Völkerrecht

Die Probleme im Völkerrecht sind begrenzt. Der Band vermittelt den Einstieg in die Rechtsmaterie und stellt die wichtigsten Probleme des Völkerrechts dar. Ergänzt durch Beispielfälle und die Judikatur des IGH ist dieses Skript ein unverzichtbares Hilfsmittel. Erschließen Sie sich mit Hilfe dieses Skripts die Problemkreise der völkerrechtlichen Verträge, über die Personalhoheit bis hin zum Interventionsverbot.

0036	*16,80 €*

Internationales Privatrecht

In der Praxis wird der Jurist von morgen nicht darum herumkommen, sich mit IPR zu beschäftigen. Internationale Verflechtungen gewinnen an Bedeutung und den nationalen Scheuklappen wird entgegengewirkt. Das Skript ist fallorientiert und ermöglicht den leichten Einstieg. Die Anwendung des Internationalen Einheitsrechts, staatsvertraglicher Kollisionsnormen sowie des autonomen Kollisionsrechts werden hier erläutert. Auch werden die Rechte der natürlichen Person auf internationaler Ebene vom Vertragsrecht bis hin zum Sachenrecht behandelt.

0037	*16,80 €*

Kapitalgesellschaftsrecht

Im Skript Kapitalgesellschaftsrecht werden die Gründung der Kapitalgesellschaften und deren Organisationsverfassung dargestellt. Es beinhaltet daneben die Rechtsstellung der Gesellschafter, die Finanzordnung der Gesellschaften und die Stellung der Gesellschaften im Rechtsverkehr. Abschließend erfolgt ein Überblick über das Konzernrecht und Sonderformen der Kapitalgesellschaften.

0055	*16,80 €*

Rechtsgeschichte I

Gegenstand des Skripts ist die Rechtsgeschichte des frühen Mittelalters bis hin zur Rechtsgeschichte des 20. Jahrhunderts. Inhaltlich deckt es die Bereiche Verfassungsrechtsgeschichte, Privatrechtsgeschichte und Strafrechtsgeschichte ab. Hauptsächlich hilft das Skript bei der Vorbereitung auf die rechtsgeschichtlichen Klausuren. Gleichzeitig ist es auch für „kleine" Grundlagenklausuren und die „großen" Examensklausuren geeignet. Ideal auch zur Vorbereitung auf die mündliche Prüfung.

0058	*16,80 €*

Rechtsgeschichte II

Das Skript Rechtsgeschichte II befasst sich mit der Römischen Rechtsgeschichte und liefert im Zusammenhang mit dem Skript Rechtsgeschichte I (Deutsche Rechtsgeschichte) den Stoff für die Wahlfachgruppe. Darüber hinaus sollten Grundzüge der Rechtsgeschichte zum Wissen eines jeden Jurastudenten gehören. Mit diesem Skript werden Sie schnell in die Entwicklungen und Einflüsse der Römischen Rechtsgeschichte eingeführt.

0059	*16,80 €*

Examenswissen

Wettbewerbs- und Markenrecht
Im Rahmen des Rechts des unlauteren Wettbewerbs werden die Grundzüge erklärt, die für das Verständnis dieser Materie unerlässlich sind. Aus dem Bereich des Immaterialgüterrechts wird das Markenrecht näher betrachtet, etwa Unterlassungs- und Schadensersatzansprüche wegen Markenverletzung.

0060   *16,80 €*

Rechts- und Staatsphilosophie sowie Rechtssoziologie
Ziel des Skriptes ist es, über die Vermittlung des für die Klausur erforderlichen Wissens hinaus den Leser zu befähigen, ein eigenständiges rechts-philosophisches Denken zu entwickeln und die erforderliche Argumentation auszuprägen. Das Werk führt zunächst gezielt in die Grundlagen und Fragestellungen der Rechtsphilosophie und Rechtssoziologie ein. Dem folgt eine historisch wie thematisch orientierte Auswahl von Philosophen und Soziologen, wobei nach einem festen Gliederungsmuster deren Leben, Vorstellung von Recht und Gerechtigkeit, Gesellschaft und Staat vorgestellt wird. Die Ausführungen schließen mit aktuellen Bezügen zur jeweiligen Theorie als Denkanstoß ab.

0062   *16,80 €*

Insolvenzrecht
Das Skript umfasst sämtliche relevanten Bereiche: Insolvenzantragsverfahren, vorläufige Insolvenzverwaltung, Anfechtung, Aus- und Absonderung sowie alles rund um das Amt des Insolvenzverwalters. Ebenfalls besprochen werden die Besonderheiten von Arbeitsverhältnissen in der Insolvenz sowie die Besonderheiten des Verbraucherinsolvenzverfahrens. Mit einer Vielzahl von Beispielen aus der Praxis ist das Skriptum geeignet, sich einen groben Überblick über diesen sehr bedeutsamen Bereich zu verschaffen.

0063   *16,80 €*

Steuererklärung leicht gemacht
Das Skript gibt alle erforderlichen Anleitungen und geldwerte Tipps für die selbstständige Erstellung der Einkommensteuererklärung von Studenten und Referendaren. Zur Verdeutlichung sind Beispielfälle eingebaut, deren Lösungen als Grundlage für eigene Erklärungen dienen können.

0038   *14,80 €*

Abgabenordnung
Die Abgabenordnung als das Verfahrensrecht zum gesamten Steuerrecht hält viele Besonderheiten bereit, die Sie sowohl im Rahmen der Pflichtfachklausur im 2. Examen, wie auch in der Wahlfachklausur beherrschen müssen. Hierbei hilft zwar Systemverständnis im allgemeinen Verwaltungsrecht, das wir Ihnen mit unseren Skripten Verwaltungsrecht I - III vermitteln. Jedoch ist auch eine detaillierte Auseinandersetzung mit abgabenordnungsspezifischen Problemen unverzichtbar. Im Ersten gleichsam wie im Zweiten Examen stellen verfahrensrechtliche Fragen regelmäßig zwischen 25 und 30 % des Prüfungsstoffes der Steuerrechtsklausur dar. Hier zeigt sich immer wieder, dass das Verfahrensrecht zu wenig beachtet wurde. Eine gute Klausur kann aber nur dann gelingen, wenn sowohl die einkommensteuerrechtliche als auch die verfahrensrechtliche Problematik erfasst wurde.

0042   *16,80 €*

Einkommensteuerrecht
Der umfassende Überblick über das Einkommensteuerrecht! Der gesamte examensrelevante Stoff sowohl für die Wahlfachgruppe als auch für die Pflichtklausur im 2. Examen: Angefangen bei den einkommensteuerlichen Grundfragen der subjektiven Steuerpflicht und den Besteuerungstatbeständen der sieben Einkommensarten, über die verschiedenen Gewinnermittlungsmethoden, bis hin zur Berechnung des zu versteuernden Einkommens orientiert sich das Skript streng am Klausuraufbau und stellt so absolut notwendiges Handwerkszeug dar.

0043   *21,80 €*

Die Musterklausuren für das Examen

> Fahrlässig handelt, wer sich diese Fälle entgehen lässt! Aus unserem langjährigen Klausurenkursprogramm die besten Fälle, die besonders häufig Gegenstand von Prüfungen waren und sicher wieder sein werden. Lernen Sie den Horizont von Klausurenerstellern und -korrektoren anhand von exemplarischen Fällen kennen.

Musterklausuren Examen Zivilrecht
Das Repetitorium hemmer ist für seine Trefferquote bekannt. Das zeigt sich auch in den Musterklausuren: Teilweise wurden die ausgewählten Fälle später zu nahezu identischen Originalexamensfällen. Die Themenkreise sind weiter hochaktuell. Examensklausuren haben eine eigene Struktur. Der Ersteller konstruiert Sachverhalt und Lösung nach bestimmten Regeln, die es zu erfassen gilt. Objektiv muss die Klausur wegen der Notendifferenzierung anspruchsvoll, aber lösbar sein, eine Vielzahl von Problemen beinhalten und bei der Lösung ein einheitliches Ganzes ergeben. Subjektives Merkmal ist, wie der Ersteller die objektiven Merkmale gewichtet hat. Hier zeigt sich sein Ideengebäude, welches zu erfassen die wesentliche Aufgabe bei der Klausurbewältigung ist.

16.01   *14,80 €*

Musterklausuren Examen Strafrecht
Wenig Gesetz, viel Dogmatik. Gerade im Strafrecht gilt: „Streit erkannt, Gefahr gebannt!" Strafrecht ist regelmäßig ein Belastungstest: Strafrechtliche Klausuren bestehen aus einer Vielzahl von Problemen aus dem Allgemeinen Teil, dem Besonderen Teil, bzw. aus beiden. Routine beim „Abhaken" der Problemkreise zahlt sich aus.

16.02   *14,80 €*

Musterklausuren Examen Steuerrecht
Steuerrechtliche Klausuren zeichnen sich durch immer wiederkehrende Einzelkonstellationen aus, die zu einem großen Fall zusammengebastelt sind. Es ist leicht eine gute Note zu schreiben, wenn man die Materie kennt. Auf der Grundlage von original Examensklausuren aus den letzten Jahren werden die klassischen Problemfelder aus dem materiellen Recht wie aus dem Verfahrensrecht examenstypisch aufbereitet und vermittelt.

16.03   *14,80 €*

Musterklausur Examen Europarecht
Europarecht ist ohne Fälle nicht fassbar. Erleichtern Sie sich das Verständnis für Europarecht, indem Sie anwendungsspezifisch und fallorientiert lernen. Nachdem das Europarecht auch als Pflichtfach immer größere Bedeutung erlangt, stellt diese Fallsammlung als Erweiterung des Lernmaterials zum Europarecht eine unerlässliche Hilfe bei der Examensvorbereitung dar.

16.04   *14,80 €*

Die Shorties - Minikarteikarten

Die Shorties - in 20 Stunden zum Erfolg

Die wichtigsten Begriffe und Themenkreise werden anwendungsspezifisch erklärt.

Knapper geht es nicht.

Die „sounds" der Juristerei (super learning) grafisch aufbereitet - in Kürze zum Erfolg.

- als Checkliste
zum schnellen Erfassen des jeweiligen Rechtsgebiets.

- zum Rekapitulieren
mit dem besonderen Gedächtnistraining schaffen Sie Ihr Wissen ins Langzeitgedächtnis.

- vor der Klausur zum schnellen Überblick

- ideal vor der mündlichen Prüfung

Die Shorties 1 BGB AT, SchuldR AT (50.10)	21,80 €
Die Shorties 2/I KaufR, MietV, Leihe, WerkVR, ReiseV, Verwahrung (50.21)	21,80 €
Die Shorties 2/II GoA, BerR, DeliktsR, SchadensersatzR (50.22)	21,80 €
Die Shorties 3 SachenR, ErbR, FamR (50.30)	21,80 €
Die Shorties 4 ZPO I/II, HGB (50.40)	21,80 €
Die Shorties 5 StrafR AT/BT (50.50)	21,80 €
Die Shorties 6 Öffentliches Recht (50.60) (VerwR, GrundR, BauR, StaatsOrgR, VerfProzR)	21,80 €

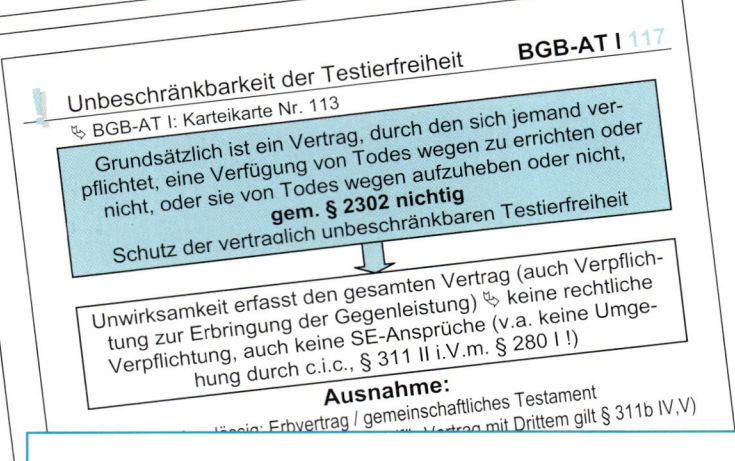

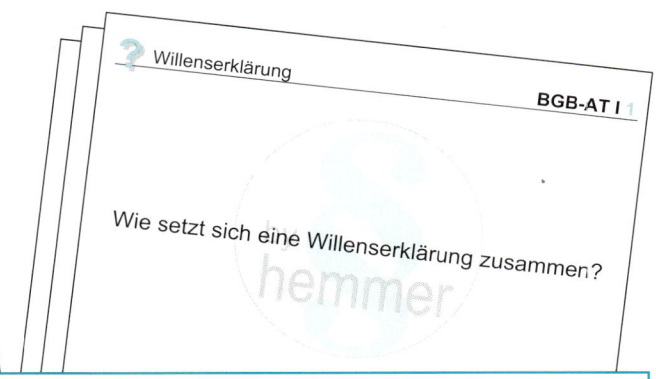

So lernen Sie richtig mit der hemmer-Box (im Preis inklusive):

1. **Verstehen:** Haben Sie den gelesenen Stoff verstanden, wandert die Karte auf Stufe 2., Wiederholen am nächsten Tag.

2. **Wiederholen:** Haben Sie den Stoff behalten, wandert er von Stufe 2. zu Stufe 4.

3. **kleine Strafrunde:** Konnten Sie den Inhalt von 2. nicht exakt wiedergeben, arbeiten Sie die Themen bitte noch einmal durch.

4. **fundiertes Wissen:** Wiederholen Sie die hier einsortierten Karten nach einer Woche noch einmal. Konnten Sie alles wiedergeben? Dann können Sie vorrücken zu Stufe

5. **Langzeitgedächtnis:** Wiederholen Sie auf dieser Stufe das Gelernte im Schnelldurchlauf nach einem Monat. Sollten noch Fragen offen bleiben, gehen sie bitte eine Stufe zurück.

HEMMER Karteikarten -
Logisch und durchdacht aufgebaut!

Intelligentes Lernen — schnell & effektiv

Einleitung
führt zur Fragestellung hin und verschafft Ihnen den schnellen Überblick über die Problemstellung

Frage oder zu lösender Fall
konkretisiert den jeweiligen Problemkreis

II. Verschulden bei Vertragsverhandlungen — **SchR-AT I**
Vorvertragliche Sonderverbindung — hemmer Karte 22

Die c.i.c. setzt ein vorvertragliches Vertrauensverhältnis voraus. Dieses entsteht nicht durch jeden gesteigerten sozialen Kontakt, sondern nur durch ein Verhalten, das auf den Abschluss eines Vertrages oder die Anbahnung geschäftlicher Kontakte abzielt. Ob es später tatsächlich zu einem Vertragsschluss kommt, ist dagegen unerheblich. Der Vertragsschluss ist nur erheblich für die Abgrenzung zwischen §§ 280 I, 241 II BGB (pVV) und §§ 280 I, 311 II, 241 II BGB (c.i.c.): Fällt die Pflichtverletzung in den Zeitraum vor Vertragsschluss, sind ohne Rücksicht auf den späteren Vertragsschluss die §§ 280 I, 311 II, 241 II BGB richtige Anspruchsgrundlage.

A macht einen Stadtbummel. Aus Neugier betritt er ein neues Geschäft, um das Warenangebot näher kennen zu lernen. Dazu kommt es aber nicht. Er rutscht kurz hinter dem Eingang auf einer Bananenschale aus und bricht sich ein Bein.
Hat A Ansprüche aus c.i.c.?
Abwandlung: A betritt das Geschäft nur, weil es gerade zu regnen angefangen hat. Er hat keinerlei Kaufinteresse.

Juristisches Repetitorium
examenstypisch · anspruchsvoll · umfassend **hemmer**

---

1. Grundfall:
Fraglich ist, ob ein vorvertragliches Schuldverhältnis vorliegt. Dieses entsteht insbesondere erst durch ein Verhalten, das auf die Aufnahme von Vertragsverhandlungen (§ 311 II Nr. 1 BGB), die Anbahnung eines Vertrags (§ 311 II Nr. 2 BGB) oder eines geschäftlichen Kontakts (§ 311 II Nr. 3 BGB) abzielt. Hier betritt A das Geschäft zwar ohne konkrete Kaufabsicht, aber doch als potentieller Kunde in der Absicht, sich über das Warensortiment zu informieren, um später möglicherweise doch etwas zu kaufen. **Sein Verhalten ist somit auf die Anbahnung eines Vertrags gerichtet, bei welchem der A im Hinblick auf eine etwaige rechtsgeschäftliche Beziehung dem Geschäftsinhaber die Möglichkeit zur Einwirkung auf seine Rechte, Rechtsgüter und Interessen gewährt oder ihm diese anvertraut, vgl. § 311 II Nr. 2 BGB.**

Der Geschäftsinhaber hat die Pflicht, alles Zumutbare zu unternehmen, um seine Kunden vor Schäden an Leben und Gesundheit zu schützen. Diese Pflicht wurde hier verletzt. Im Hinblick auf die Darlegungs- und Beweislast zum Vertretenmüssen ist von § 280 I 2 BGB auszugehen. Ausreichend ist daher von Seiten des Geschädigten der Nachweis des objektiv verkehrsunsicheren Zustands im Verantwortungsbereich des Schuldners, hier durch die Bananenschale. Der Schuldner, also der Geschäftsinhaber muss dann nachweisen, dass er und seine Erfüllungsgehilfen alle zumutbaren Maßnahmen zur Vermeidung des Schadens ergriffen haben. Das wird regelmäßig nicht gelingen. **Von Vertretenmüssen ist daher auszugehen**, gegebenenfalls ist dem Geschäftsinhaber das *Verschulden der Erfüllungsgehilfen (z.B. Ladenangestellten) nach § 278 BGB zuzurechnen*. Die **Pflichtverletzung war ursächlich für den Schaden des A. A kann somit Schadensersatz aus §§ 280 I, 311 II Nr. 2, 241 II BGB verlangen** (u.U. gekürzt um einen *Mitverschuldensanteil*).

2. Abwandlung:
In der Abwandlung hat A von vornherein keinerlei Kaufabsicht. Sein **Verhalten ist nicht auf die Anbahnung eines Vertrags gerichtet**. Das bloße Betreten eines Ladens genügt jedoch nicht, um ein gesteigertes Vertrauensverhältnis zu begründen. **Daher scheiden Ansprüche aus §§ 280 I, 311 II Nr. 2, 241 II BGB aus.** *Es kommen lediglich deliktische Schadensersatzansprüche in Betracht.*

hemmer-Methode: Bei dauernden Geschäftsbeziehungen, innerhalb derer sich ein Vertrauensverhältnis herausgebildet hat, ist eine Haftung aus c.i.c. auch für Handlungen, die nicht unmittelbar auf die Anbahnung eines Vertrages gerichtet sind, gerechtfertigt, sofern die Handlung in engem Zusammenhang mit der Geschäftsbeziehung steht.

Antwort
informiert umfassend und in prägnanter Sprache

hemmer-Methode
ein modernes Lernsystem, das letztlich erklärt, was und wie Sie zu lernen haben. Gleichzeitig wird „background" vermittelt. Die typischen Bewertungskategorien eines Korrektors werden miterklärt. So lernen Sie Ihre imaginären Gegner (Ersteller und Korrektor) besser einzuschätzen und letztlich zu gewinnen. Denken macht Spass und Jura wird leicht.

examenstypisch - anspruchsvoll - umfassend

Die Karteikarten

Die Karteikartensätze

> Lernen Sie intelligent mit der 5-Schritt-Methode. Weniger ist mehr. Das schnelle Frage- und Antwortspiel sich auf dem Markt durchgesetzt. Mit der hemmer-Methode wird der Gesamtzusammenhang leichter verständlich, das Wesentliche vom Unwesentlichen unterschieden. Ideal für die AG und Ihre Lerngruppe: wiederholen Sie die Karteikarten und dem hemmer-Spiel „Jurapolis". Lernen Sie so im Hinblick auf die mündliche Prüfung frühzeitig auf Fragen knapp und präzise zu antworten. Wissenschaftlich ist erwiesen, dass von dem Gelernten in der Regel innerhalb von 24 Stunden bis zu 70% wieder vergessen wird. Daher ist es wichtig, das Gelernte am nächsten Tag zu wiederholen, bevor Sie sich neue Karteikarten vornehmen. Mit den Karteikarten können Sie leicht kontrollieren, wie viel Sie behalten haben.
> Karteikarten bieten die Möglichkeit, knapp, präzise und zweckrational zu lernen. Im Hinblick auf das Examen werden die wichtigsten examenstypischen Problemfelder vermittelt. Das Karteikartensystem entspricht modernen Lernkonzepten und führt zum „learning just in time" (Lernen nach Bedarf). Da sie kurz und klar strukturiert sind, kann mit ihnen in kürzester Zeit der Lernstoff erarbeitet und vertieft werden.

Basics - Zivilrecht
Das absolut notwendige Grundwissen vom Vertragsabschluß bis zum EBV. Alles was Sie im Zivilrecht wissen müssen. Die Grundlagen müssen sitzen.

20.01   *12,80 €*

Basics - Strafrecht
Karteikarten Basics-Strafrecht bieten einen Überblick über die wichtigsten Straftatbestände wie z.B.: Straftaten gegen Leib und Leben sowie Eigentumsdelikte und Straßenverkehrsdelikte, sowie verschiedene Delikstypen, wichtige Probleme aus dem allgemeinen Teil, z.B. Versuch, Beteiligung Mehrerer, usw.

20.02   *12,80 €*

Basics - Öffentliches Recht
Anhand der Karten Basics-Öffentliches Recht erhalten Sie einen breitgefächerten Überblick über Staatsrecht, Verwaltungs-, und Staatshaftungsrecht. So lassen sich die verschiedenen Rechtsbehelfe optimal in ihrer Zulässigkeits- und Begründetheitsstation auf die Grundlagen hin erlernen.

20.03   *12,80 €*

BGB-AT I
Die BGB-AT I Karteikarten beinhalten das, was zum Wirksamwerden eines Vertrages beiträgt (Wirksamwerden der WE, Geschäftsfähigkeit, Rechtsbindungswille, usw.) bzw. der Wirksamkeit hindernd entgegensteht (Willensvorbehalte, §§ 116 ff., Sittenwidrigkeit, u.v.m.). Die Problemfelder der Geschäftsfähigkeit, insbesondere das Recht des Minderjährigen, dürfen bei dieser Möglichkeit zu lernen nicht fehlen.

22.01   *14,80 €*

BGB-AT II
Die BGB-AT II Karteikarten stellen in bekannt knapper und präziser Weise dar, was auf dem umfangreichen Gebiet der Stellvertretung von Ihnen erwartet wird. Die unerlässlichen Kenntnisse der Probleme der Anfechtung, der AGB-Bestimmungen und des Rechts der Einwendungen und Einreden können hiermit zur Examensvorbereitung wiederholt bzw. vertieft werden.

22.02   *14,80 €*

Schuldrecht AT I
Im bekannten Format werden hier die Grundbegriffe des Schuldrechts dargestellt. Dazu gehören der Inhalt und das Erlöschen des Schuldverhältnisses (z.B. durch Erfüllung, Aufrechnung oder auch Rücktritt). Insbesondere die verschiedenen Probleme in Zusammenhang mit der Haftung im vorvertraglichen Schuldverhältnis nach §§ 280 I, 311 II, 241 II BGB (c.i.c.), das Verhältnis des allgemeinen Leistungsstörungsrechts zu anderen Vorschriften und die Formen und Wirkungen der Unmöglichkeit werden behandelt.

22.031   *14,80 €*

Schuldrecht AT II
Klassiker wie Verzug, Abtretung, Schuldübernahme, Vertrag zugunsten oder mit Schutzwirkung zugunsten Dritter und Drittschadensliquidation gehören hier genauso zum Stoff der Karteikarten wie die Gesamtschuldnerschaft und das Schadensrecht (§§ 249 ff. BGB), das umfassend von Schadenszurechnung bis hin zu Art, Inhalt und Umfang der Ersatzpflicht dargestellt wird.

22.032   *14,80 €*

Schuldrecht BT I
Bei diesen Karteikarten steht das Kaufrecht als examensrelevante Materie im Vordergrund. Die Schwerpunkte bilden aber auch Sachmängelrecht und die Probleme rund um den Werkvertrag.

22.40   *14,80 €*

Schuldrecht BT II
Die Karteikarten Schuldrecht BT II behandeln nach Kaufrecht im Karteikartensatz Schuldrecht BT I, die restlichen Vertragstypen. Dazu gehören vor allem das Mietrecht, der Dienstvertrag, die Bürgschaft und die GoA. Auch Gebiete wie z.B. Schenkung, Leasing, Schuldanerkenntnis und Auftrag kommen nicht zu kurz.

22.41   *14,80 €*

Bereicherungsrecht
Die §§ 812 ff. BGB sind regelmäßig die Folge unwirksamer Verträge. Abgrenzungsprobleme gibt es u.a. zum Wegfall der Geschäftsgrundlage (z.B. Rückabwicklung bei der nichtehelichen Lebensgemeinschaft) und §§ 987 ff. BGB. Der Karteikartensatz versteht sich als Gebrauchsanweisung für die erfolgreiche Bewältigung des anspruchsvollen Rechtsgebiets Bereicherungsrecht. Ohne Verständnis für dieses Rechtsgebiet bleibt der Zusammenhang im Zivilrecht im Dunkeln.

22.08   *14,80 €*

Die Karteikarten

Deliktsrecht
Thematisiert werden im Rahmen dieser Karteikarten schwerpunktmäßig die §§ 823 I und 823 II BGB. Verständlich und präzise wird auch auf die Probleme der §§ 830 ff. eingegangen, wobei besonders auf den Verrichtungsgehilfen und die Gefährdungshaftung geachtet wird. Neben einem Einblick in das Staatshaftungsrecht wird auch die Haftung aus dem StVG, ProdHaftG und die negatorische/quasinegatorische Haftung behandelt.

22.09   *14,80 €*

Sachenrecht I
Mit den Karteikarten können Sie ein so komplexes Gebiet wie dieses optimal wiederholen und Ihr Wissen trainieren. Das Sachenrecht mit EBV, Anwartschaftsrecht und Pfandrechten ist für jeden Examenskandidaten ein Muss.

22.11   *14,80 €*

Sachenrecht II
Auch auf einem so schwierigen Gebiet wie dem Grundstücksrecht und den damit verbundenen Pfand- und Sicherungsrechten geben die Karteikarten nicht nur eine zügige Wissensvermittlung, sondern reduzieren die Komplexität des Immobiliarsachenrechts auf das Wesentliche und erleichtern somit die eigene Systematik, z.B. des Hypothek- und Grundschuldrechts, zu verstehen. Begriffe wie die Vormerkung und das dingliche Vorkaufsrecht müssen im Examen beherrscht werden.

22.12   *14,80 €*

Kreditsicherungsrecht
Die Karteikarten als Ergänzung zum Skript Kreditsicherungsrecht ermöglichen Ihnen, spielerisch mit den einzelnen Sicherungsmitteln umzugehen, und die Unterschiede zwischen akzessorischen und nichtakzessorischen Sicherungsmitteln genauso wie ihre Besonderheiten zu beherrschen.

22.13   *14,80 €*

Arbeitsrecht
Arbeitsrecht ist stark von Richterrecht geprägt und hat sich auch, wie z.B. im Streikrecht, praeter legem entwickelt. Entsprechend häufig sind die Neuerungen. Gleichwohl ist die Arbeitsrechtsklausur im Regelfall standardisiert: Kündigungsschutz (Feststellungsklage) und Lohnzahlung (Leistungsklage) bilden häufig das Grundgerüst. Eingestreut sind regelmäßig Probleme wie z.B. Gratifikationen, Urlaubsabgeltungsanspruch, faktische Bindung und Anwendbarkeit der Grundrechte.

22.18   *14,80 €*

Familienrecht
Die wichtigsten Problematiken dieses Gebietes werden hier im Überblick dargestellt und erleichtern Ihnen den Umgang mit Ehe, Sorgerecht, Vormundschaft, aber auch dem Familienprozessrecht.

22.14   *14,80 €*

Erbrecht
Die Grundzüge des Erbrechts mit den einzelnen Problematiken der gewillkürten und gesetzlichen Erbfolge, des Pflichtteilrechts und der Erbenhaftung gehören ebenso zum Examensstoff wie die Annahme und Ausschlagung der Erbschaft und die Problematik mit dem Erbschein. Die Grundlagen zu beherrschen ist wichtiger als einzelne Sonderprobleme.

22.15   *14,80 €*

ZPO I
ZPO taucht zunehmend in den Examensklausuren auf und darf nicht vernachlässigt werden. Nutzen Sie die Möglichkeit, sich durch die knappe und präzise Aufbereitung in den Karteikarten mit dem Prozessrecht vertraut zu machen, um im Examen eine ZPO-Klausur in Ruhe angehen zu können.

22.16   *14,80 €*

ZPO II
Die Karteikarten ZPO II führen Sie quer durch das Recht der Zwangsvollstreckung bis hin zu den verschiedenen Rechtsbehelfen in der Zwangsvollstreckung. Dabei können Rechtsbehelfe wie die Vollstreckungsgegenklage oder die Drittwiderspruchsklage den Einstieg in eine BGB-Klausur bilden.

22.17   *14,80 €*

Handelsrecht
Im Handelsrecht kehren oft bekannte Probleme wieder, die mittels der Karteikarten optimal wiederholt werden können. Auch für das umfassende Schuld- und Sachenrecht des Handels, in dem auch viele Verknüpfungen zum BGB bestehen, bieten die Karteikarten einen guten Überblick.

22.191   *14,80 €*

Gesellschaftsrecht
Die Personengesellschaften, Körperschaften und Vereine haben viele Unterschiede, weisen aber auch Gemeinsamkeiten auf. Um diese mit allen wichtigen Problemen optimal vergleichen zu können, eignen sich besonders die Karteikarten im Überblicksformat.

22.192   *14,80 €*

Strafrecht-AT I
Das vorsätzliche Begehungsdelikt mit all seinen Problemen der Kausalität, der Irrtumslehre bis hin zur Rechtfertigungsproblematik und Schuldfrage ist hier umfassend, aber in bekannt kurzer und übersichtlicher Weise dargestellt.

22.20   *14,80 €*

Strafrecht-AT II
Die Karteikarten Strafrecht AT II decken die restlichen Problemkreise Versuch (insbesondere Rücktritt vom Versuch), Täterschaft und Teilnahme, das Fahrlässigkeitsdelikt und die oft vernachlässigten Konkurrenzen ab.

22.21   *14,80 €*

Strafrecht-BT I
Ergänzend zum Skript werden Ihnen hier die Vermögensdelikte in knapper und übersichtlicher Weise veranschaulicht. Besonders im Strafrecht BT, wo es oft zu Abgrenzungsproblematiken kommt (z.B. Abgrenzung zwischen Raub und

Die Karteikarten

räuberischer Erpressung) ist eine Darstellung auf Karteikarten sehr hilfreich.

22.22   14,80 €

Strafrecht-BT II
Die Strafrecht BT II - Karten befassen sich mit den Nichtvermögensdelikten. Besonderes Augenmerk wird hierbei auf die Körperverletzungsdelikte sowie die Urkundendelikte und die Brandstiftungsdelikte gelegt.

22.23   14,80 €

StPO
In fast jeder StPO-Klausur werden Zusatzfragen auf dem Gebiet des Strafprozessrechts gestellt. Es handelt sich hierbei meist um Standardfragen, aber gerade diese sollten Sie sicher beherrschen. Die Karteikarten decken alle Standardprobleme ab, von Prozessmaximen bis hin zu den einzelnen Verfahrensstufen.

22.30   14,80 €

Verwaltungsrecht I
Ob allgemeines oder besonderes Verwaltungsrecht - die einzelnen Probleme der Eröffnung des Verwaltungsrechtsweges werden Ihnen immer wieder begegnen. Wiederholen Sie hier auch Ihr Wissen rund um die Anfechtungsklage, welche die zentrale Klageart in der VwGO darstellt.

22.24   14,80 €

Verwaltungsrecht II
Von der Verpflichtungsklage über die Leistungsklage bis hin zum Normenkontrollantrag sowie weitere Bereiche, mit deren jeweiligen Sonderproblemen werden alle verwaltungsrechtlichen Klagearten dargestellt.

22.25   14,80 €

Verwaltungsrecht III
Mittels Karteikarten können die Spezifika der jeweiligen Rechtsgebiete umfassend aufbereitet und verständlich erklärt werden. Thematisiert werden im Rahmen dieser Karten das Widerspruchsverfahren, der vorläufige sowie der vorbeugende Rechtsschutz und das Erheben von Rechtsmitteln.

22.26   14,80 €

Staatsrecht
Karteikarten eignen sich besonders gut, die einzelnen Grundrechte, Verfassungsrechtsbehelfe und Staatszielbestimmungen darzustellen, da gerade die einschlägigen Rechtsbehelfe zum Bundesverfassungsgericht sehr klaren und eindeutigen Strukturen folgen, innerhalb derer eine saubere Subsumtion notwendig ist. Das Gesetzgebungsverfahren und die Aufgaben der obersten Staatsorgane können hierbei gut wiederholt werden. Auch wird ein kurzer Einblick in die auswärtigen Beziehungen und die Finanzverfassung gegeben.

22.27   14,80 €

Europarecht
Nutzen Sie die Europarechtskarteikarten, um im weitläufigen Gebiet des Europarechts den Überblick zu behalten. Vom Wesen und den Grundprinzipien des Gemeinschaftsrechts über das Verhältnis von Gemeinschaftsrecht zum mitgliedstaatlichen Recht bis hin zu den Institutionen wird hier übersichtlich alles dargestellt, was Sie als Grundlagenwissen benötigen. Hinzu kommen die klausurrelevanten Bereiche des Rechtsschutzes und der Grundfreiheiten.

22.29   14,80 €

Übersichtskarteikarten

> Ihr Begleiter vom 1. Semester bis zum 2. Staatsexamen! Die wichtigsten Problemfelder im Zivil-, Straf- und Öffentlichen Recht sind knapp, präzise und übersichtlich dargestellt. Sie erfassen effektiv auf einen Blick das Wesentliche. Die grafische Aufbereitung auf der Vorderseite erleichtert den schnellen Zugriff.
> Die Kommentierung mit der hemmer-Methode auf der Rückseite schafft die Einordnung für die Klausur. Nutzen Sie die Übersichtskarten auch als Checkliste zur Kontrolle.

BGB im Überblick I
Mit den Übersichtskarteikarten verschaffen Sie sich einen schnellen und effizienten Überblick über die wichtigsten zivilrechtlichen Problemkreise des BGB-AT, Schuldrecht AT und BT sowie des Sachenrecht AT und BT. Knapp und teilweise graphisch aufbereitet vermitteln Ihnen die Übersichtskarten das Wesentliche. Aufbauschemata helfen Ihnen bei der Subsumtion. Für den Examenskandidaten sind die Übersichtskarten eine „Checkliste", für den Anfänger eine Möglichkeit zum ersten Einblick.

25.01   30,00 €

BGB im Überblick II
Diese Karteikarten bieten einen Überblick der Gebiete Erbrecht, Familienrecht, Handelsrecht, Arbeitsrecht und ZPO. Für den Examenskandidaten sind die Übersichtskarteikarten eine „Checkliste", für den Anfänger ein erster Einblick.

25.011   30,00 €

Strafrecht im Überblick
Die Übersichtskarten leisten eine Einordnung in den strafrechtlichen Kontext. Im Hinblick auf das Examen werden so die wichtigsten examenstypischen Problemfelder vermittelt. Behandelt werden die Bereiche Strafrecht AT I und II wie auch BT I und II und StPO. Im Strafrecht BT ist bekanntlich fundiertes Wissen der Tatbestandsmerkmale mit ihren Definitionen gefragt, was sich durch Lernen mit den Übersichtskarten gezielt und schnell wiederholen lässt.

25.02   30,00 €

Öffentliches Recht im Überblick
Verschaffen Sie sich knapp einen Überblick über das Wesentliche der Gebiete Staatsrecht und Verwaltungsrecht. Die verwaltungs- und staatsrechtlichen Klagearten, Staatszielbestimmungen und die wichtigsten Vorschriften des Grundgesetzes werden mit den wichtigsten examenstypischen Problemfeldern verknüpft und vermindern in der gezielten Knappheit die Datenflut.

25.03   16,80 €

BLW-Skripten/Assessor-Skripten/-Karteikarten

ÖRecht im Überblick / Bayern
ÖRecht im Überblick / NRW

Mit dem zweiten Satz der Übersichtskarteikarten im Öffentlichen Recht können Sie Ihr Wissen nun auch auf den Gebiete Polizei- und Sicherheitsrecht überprüfen und auffrischen. Die wichtigsten Probleme auf den Gebieten Baurecht und Kommunalrecht werden im klausurspezifischen Kontext dargestellt, z.B. die Besonderheiten von Kommunalverfassungsstreitigkeiten im Kommunalrecht oder Fortsetzungsfeststellungsklagen im Polizeirecht.

25.031 ÖRecht im Überb. / Bayern	16,80 €
25.032 ÖRecht im Überb. / NRW	16,80 €

Europarecht/Völkerrecht im Überblick

Die Übersichtskarten zum Europarecht dienen der schnellen Wiederholung. Gerade in diesem Rechtsgebiet ist es wichtig, einen schnellen Überblick über Institutionen, Klagearten usw. zu bekommen. Klassiker wie Grundfreiheiten und Verknüpfungen zum deutschen Recht werden ebenfalls dargestellt. Komplettiert wird der Satz durch eine Darstellung der Grundzüge des Völkerrechts.

25.04	16,80 €

Skripten für BWL'er, WiWi und Steuerberater

Profitieren Sie von unserem know-how.
Seit 1976 besteht das ,in Würzburg gegründete, Repetitorium hemmer und bildet mit Erfolg aus. Grundwissen im Recht ist auch im Wirtschaftsleben heute eine Selbstverständlichkeit. Die **prüfungstypischen Standards, die so oder in ähnlicher Weise immer wiederkehren,** üben wir anhand unserer Skripten mit Ihnen ein. Durch unsere jahrelange Erfahrung wissen wir, mit welchen Anforderungen zu rechnen sind und welche Aspekte der Ersteller einer juristischen Prüfungsklausur der Falllösung zu Grunde legt. Das prüfungs- und praxisrelevante Wissen wird umfassend und gleichzeitig in der bestmöglichen Kürze dargestellt. Der Zugang zur „Fremdsprache Recht" wird damit erleichtert. Die richtige Investition in eine gute Ausbildung garantiert den Erfolg.

Privatrecht für BWL'er, WiWi & Steuerberater 18.01	14,80 €
Ö-Recht für BWL'er, WiWi & Steuerberater 18.02	14,80 €
Musterklausuren für's Vordiplom/PrivatR 18.03	14,80 €
Musterklausuren für's Vordiplom/ÖRecht 18.04	14,80 €
Die wichtigsten Fälle: BGB-AT, Schuldrecht AT/BT für BWL'er 118.01	14,80 €
Die wichtigsten Fälle: GesR, GoA, BereicherungsR für BWL'er 118.02	14,80 €

Skripten Assessor-Basics

Trainieren Sie mit uns genau das, was Sie im 2. Staatsexamen erwartet. Die Themenbereiche der Assessor-Basics sind alle examensrelevant. So günstig erhalten Sie nie wieder eine kleine Bibliothek über das im 2. Staatsexamen relevante Wissen. Die Skripten dienen als Nachschlagewerk, sowie als Anleitung zum Lösen von Examensklausuren.

Theoriebände

Die Zivilrechtliche Anwaltsklausur/Teil 1: 410.0004	18,60 €
Das Zivilurteil 410.0007	18,60 €
Die Strafrechtsklausur im Assessorexamen 410.0008	18,60 €
Die Assessorklausur Öffentliches Recht 410.0009	18,60 €

Klausurentraining (Fallsammlung)

Zivilurteile (früher. Zivilprozess) 410.0001	18,60 €
Arbeitsrecht 410.0003	18,60 €
Strafprozess 410.0002	18,60 €
Zivilrechtliche Anwaltsklausuren/Teil 2: 410.0005	18,60 €
Öffentlichrechtl. u. strafrechtl. Anwaltsklausuren 410.0006	18,60 €

in Vorbereitung: Skript FGG-Verfahren

Karteikarten Assessor-Basics

Zivilprozessrecht im Überblick 41.10	19,80 €
Strafrecht im Überblick 41.20	19,80 €
Öffentliches Recht im Überblick 41.30	19,80 €
Familien- und Erbrecht im Überblick 41.40	19,80 €

Intelligentes Lernen/Sonderartikel/Life&LAW

Coach dich!
Rationales Effektivitäts-Training zur Überwindung emotionaler Blockaden

70.05   19,80 €

Lebendiges Reden (inkl. CD)
Wie man Redeangst überwindet und die Geheimnisse der Redekunst erlernt.

70.06   21,80 €

Die praktische Lern-Karteikartenbox
- Maße der Lernbox mit Deckel: je 160 mm x 65 mm x 120 mm
- für alle Karteikarten, auch für die Übersichtskarteikarten
- inclusive Lernreiter als Sortierhilfe: In 5 Schritten zum Langzeitgedächtnis

28.01   1,99 €

Der Referendar
24 Monate zwischen Genie und Wahnsinn
Das gesamte nicht-examensrelevante Wissen über Trinkversuche, Referendarsstationen, Vorstellungsgespräch... von Autor und Jurist Jörg Steinleitner. Humorvoll und sprachlich spritzig! 250 Seiten im Taschenbuchformat

70.01   8,90 €

Der Rechtsanwalt
Meine größten (Rein-) Fälle
Die im vorliegenden Band vereinigten Kolumnen erschienen in der Zeitschrift Life&LAW unter dem Titel: „Voll, der Jurist". Steinleitner hat sie für die Buchausgabe überarbeitet und ergänzt. 250 Seiten im Taschenbuchformat

70.02   9,90 €

Orig. Klausurenblock
DinA 4, 80 Blatt, Super praktisch
- Wie in der Prüfung wissenschaftlicher Korrekturrand, 1/3 von links
- glattes Papier zum schnellen Schreiben
- Klausur schreiben, rausreißen, fertig

KL 1		2,49 €
S 805	DinA 4, 80 Blatt, 5er Pack	11,80 €
S 810	DinA 4, 80 Blatt, 10er Pack	22,80 €

Life&Law - die hemmer-Zeitschrift
Die Life&Law ist eine monatlich erscheinende Ausbildungszeitschrift. In jeder Ausgabe werden aktuelle Entscheidungen im Bereich des Zivil- , Straf- und Öffentlichen Rechts für Sie aufbereitet und klausurtypisch gelöst.

Die Gesetzesbox
- stabile Box aus geprägtem Kunstleder mit Magnetverschluss
- Schutz für Ihre Gesetzestexte (Schönfelder und Sartorius), innen und außen gepolstert
- Box und Leseständer in einem, abwaschbar, leicht

28.05   24,80 €

Intelligentes Lernen: Wiederholungsmappe
Kaum etwas ist frustrierender, als sich in mühseliger Arbeit Wissen anzueignen, nur um wenige Zeit später festzustellen, dass das Meiste wieder vergessen wurde. Anstatt sein Wissen konstant auszubauen, wird ein und dasselbe immer wieder von neuem angegangen. Ein solches Vorgehen hat nur einen geringen Lernerfolg. Aber auch Motivation und Konzentrationsfähigkeit leiden unter diesem ständigen „Ankämpfen" gegen das Vergessen. Von Spaß am Lernen kann keine Rede sein. Mit dieser Wiederholungsmappe möchten wir diesem Problem beim Lernen entgegentreten. Mit einem effektiven Wiederholungsmanagement werden Sie Ihr Wissen beständig auf einem hohen Niveau halten. Wiederholungsmappe inklusive Übungsbuch und Mindmapps

75.01   9,90 €

Jurapolis - das hemmer-Spiel
Mit Jurapolis lernen Sie Jura spielerisch.
Die mündliche Prüfungssituation wird spielerisch trainiert. Sie trainieren im Spiel Ihre für die mündliche Prüfung so wichtige rhetorischen Fähigkeiten. Vergessen Sie nicht, auch im Mündlichen wird entscheidend gepunktet.

Inklusive Karteikartensatz (ohne Übersichtskarteikarten und Shorties) nach Wahl, bitte bei Bestellung angeben!
Lässt sich auch mit eigenen Karteikarten spielen!

40.01   30,00 €

Im hemmer.card Magazin wird dem Leser Wissenswertes und Interessantes rund um die Juristerei geboten.
Als hemmer-Kursteilnehmer/in (auch ehemalige) erhalten Sie die Life&LAW zum Vorzugspreis von 5,- € mtl.

Art.Nr.: AboLL (ehem. Kurs-Teilnehmer)	5,00 €
Art.Nr.: AboLL (nicht Kurs-Teilnehmer)	6,00 €

Life&LAW Jahrgangsband

Art.Nr.: LLJ   1999 - 2005   je 50,00 €
bitte Jahrgang angeben

Art.Nr.: LLJ05   2006   80,00 €
Art.Nr.: LLE   Einband für Life&LAW   je 6,00 €
bitte Jahrgang angeben

Der Jahreskurs

Würzburg - Augsburg - Bayreuth - Berlin-Dahlem - Berlin-Mitte - Bielefeld - Bochum - Bonn - Bremen - Dresden - Düsseldorf - Erlangen - Frankfurt/M - Frankfurt/Oder - Freiburg - Gießen - Göttingen - Greifswald - Halle - Hamburg - Hannover - Heidelberg - Jena - Kiel - Köln - Konstanz - Leipzig - Mainz - Mannheim - Marburg - München - Münster - Osnabrück - Passau - Potsdam - Regensburg - Rostock - Saarbrücken - Stuttgart - Trier - Tübingen

Unsere Jahreskurse beginnen jeweils im Frühjahr (März) und im Herbst (September).

In allen Städten ist im Kurspreis ein Skriptenpaket integriert:

Bereits mit der Anmeldung wählen Sie 12 Produkte (Skripten oder Karteikarten) kursbegleitend:

- ✓ daher frühzeitig sich anmelden!
- ✓ sich einen Kursplatz sichern
- ✓ mit den Skripten / Karteikarten lernen
- ✓ Life&Law im Kurspreis integriert
- ✓ keine Kündigungsfristen

Juristisches Repetitorium hemmer

examenstypisch anspruchsvoll umfassend

Karl Edmund Hemmer / Achim Wüst

Gewinnen Sie mit der „HEMMER-METHODE"!

Wer in vier Jahren sein Studium erfolgreich abschließen will, kann sich einen Irrtum im Hinblick auf Examensvorbereitung und Ausbildungsmaterial nicht leisten!

Ihr Ziel: Sie wollen ein gutes Examen:

Stellen Sie frühzeitig die Weichen richtig. Trainieren Sie unter professioneller Anleitung das, was Sie im Examen erwartet. Dazu hat Ihre Ausbildung den Ansprüchen des Examens zu entsprechen. Um das Examen sicher zu erreichen, müssen Sie wissen, mit welchem Anforderungsprofil Sie im Examen zu rechnen haben.

Die Kunst, eine gute Examensklausur zu schreiben, setzt voraus:

Problembewusstsein

„Problem erkannt, Gefahr gebannt". Ein zentraler Punkt ist das Prinzip, an authentischen Examensproblemen zu lernen. Anders als im wirklichen Leben gilt: „Probleme schaffen, nicht wegschaffen".

Juristisches Denken

Dazu gehört die Fähigkeit,
- komplexe Sachverhalte in ihre Bestandteile zu zerlegen (assoziative Textauswertung),
- die notwendigen rechtlichen Erörterungen anzuschließen,
- Einzelprobleme zueinander in Beziehung zu setzen,
- zu einer schlüssigen Klausurlösung zu verbinden und
- durch ständiges Training wiederkehrende examenstypische Konstellationen zu erfassen.

Grundlegende Fehler werden so vermieden.

Abstraktionsvermögen

Die Gesetzessprache ist abstrakt. Der Fall ist konkret. Nur wer über das notwendige Abstraktionsvermögen verfügt, ist in der Lage, die für die Falllösung erforderliche Transformationsleistung zu erbringen. Diese Fähigkeit wird geschult durch methodisches Lernen.

Sprachsensibilität

Damit einhergehend ist Genauigkeit und Klarheit in der Darstellung, Plausibilität und Überzeugungskraft erforderlich.

Was macht das Juristische Repetitorium Hemmer so erfolgreich?

In allen drei Rechtsgebieten gilt: Examenstypisches, umfassendes und anspruchsvolles Lernsystem.

1. Kein Lernen am einfachen Fall:

Grundfall geht an Examensrealität vorbei!

Hüten Sie sich vor Übervereinfachung beim Lernen! Unterfordern Sie sich nicht. Die Theorie des einfachen Grundfalles nimmt zwar als psychologischer Aspekt die Angst vor Falllösungen, die Examensreife kann aber so nicht erlangt werden. Es fehlt die Einbindung des gelernten Teilwissens in den Kontext des großen Falls. Ein vernetztes Lernen findet nicht statt. Außerdem: Für den Grundfall brauchen Sie kein Repetitorium. Sie finden ihn in jedem Lehrbuch. Die Methode der Reduzierung juristischer Sachverhalte auf den einfachen Grundfall bzw. das Schema entspricht weder in der Klausur noch in der Hausarbeit der Examensrealität. Sie müssen sich folglich das notwendige Anwendungswissen für das Examen selbst aneignen. Schablonenhaftes Denken ist im Examen gefährlich. Viele lernen nur nach dem Prinzip „Aufschieben und Hinauszögern" von zu erledigenden Aufgaben. Dies erweist sich als Form der Selbstsabotage. Wer sich überwiegend mit Grundfällen und dem Auswendiglernen von Meinungen beschäftigt, dem fehlt am Schluss die Zeit, Examenstypik einzutrainieren.

2. Kein Lernen am Rechtsprechungsfall mit Literaturmeinung

Rechtsprechungsfall entspricht nicht der Vielschichtigkeit des Examensfalls

Zwar ermöglicht dies Einzelprobleme leichter als durch Lehrbücher zu erlernen, es fehlt aber eine den Examensarbeiten entsprechende Vielschichtigkeit.

Außerdem besteht die Gefahr des Informationsinfarkt. Viel Wissen garantiert noch lange nicht, auch im Examen gut abzuschneiden. Maßgeblich ist die Situationsgebundenheit des Lernens. Wer sich examenstypisch am großen Fall Problemlösungskompetenz unter Anleitung erarbeitet, reduziert die Informationsmenge auf das Wesentliche.

Durch richtiges Lernen mit einem ausgesuchten, am Examen orientierten Fallmaterial verschaffen Sie sich mehr Freizeit. Nur wer richtig lernt, erspart sich auch Zeit. Weniger ist häufig mehr!

Die Examensklausuren und noch mehr die Hausarbeiten sind so konstruiert, dass die notwendige Notendifferenzierung ermöglicht wird. Die Examensrealität ist damit in der Regel anders als der einfache Rechtsprechungsfall. Examensfälle sind anspruchsvoll.

Gewinnen Sie mit der „Hemmer-Methode"

3. hemmer-Methode: Lernen am examenstypischen „großen" Fall

Wir orientieren uns am Niveau von Examensklausuren, weil sich gezeigt hat, dass traditionelle Lehr- und Lernkonzepte den Anforderungen des Examens nicht entsprechen. Der Examensfall und damit der große Fall ist eine konstruierte Realität, auf die es sich einzustellen gilt.

Examen ist eine konstruierte Realität

Die „HEMMER-METHODE" ist eine neue Lernform und holt die Lernenden aus ihrer Passivität heraus. Mit gezielten, anwendungsorientierten Tipps unterstützen wir vor allem die wichtige Sachverhaltsaufbereitung und damit Ihre Examensvorbereitung.

Jura ist ein Sprachspiel

Denken Sie daran, Jura ist ein Spiel und zuallererst ein *Sprachspiel*, auch im Examen.
Es kommt auf den richtigen Gebrauch der Worte an.

Lernen Sie mit uns einen genauen und reflektierten Umgang mit der juristschen Sprache. Dies heißt immer auch, genau denken zu lernen. Profitieren Sie dabei von unserem Erfahrungswissen. Die juristische Sprache ist erlernbar. Wie Sie sie sinnvoll erlernen, erfahren Sie in unseren Kursen. Statt reinem Faktenwissen erhalten Sie Strategie- und Prozesswissen. „Schach dem Examen!."

Spaß mit der Arbeit am Sachverhalt

Die genaue Arbeit am Sachverhalt bringt Spaß und hat sich als sehr effizient für das juristische Verständnis von Fallkonstellationen herausgestellt. Dabei ist zu beachten, dass die juristische Sprache eine Kunstsprache ist. Wichtig wird damit die Transformation: So erklärt der Laie in der Regel in der Klausur nicht: „Ich fechte an, ich trete zurück", sondern „Ich will vom Vertrag los".
Lernen Sie, den Sachverhalt richtig zu lesen. Steigern Sie Ihre Leseaufmerksamkeit. Gehen Sie deshalb gründlich und liebevoll mit dem Sachverhalt um, und verlieren Sie sich dabei nicht in Einzelheiten. Letztlich geht es um die Wahrnehmungsfähigkeit: Was ist im Sachverhalt des Examensfalles angelegt und wie gehe ich damit um („Schlüssel-Schloß- Prinzip"). Der Sachverhalt gibt die Problemfelder vor. Entgehen Sie der Gefahr, dass Sie „ein Weihnachtsgedicht zu Ostern vortragen."

Trainieren von denselben Lerninhalten in verschiedenen Anwendungssituationen

Juristerei setzt eine gewisse Beweglichkeit voraus, d.h. jeder Fall ist anders, manchmal nur in Nuancen. Akzeptieren Sie: Jeder Fall hat einen experimentellen Charakter. Trainieren Sie Ihr bisheriges Wissen an neuen Problemfeldern. Dies verhindert, dass das Gelernte auf einen bestimmten Kontext fixiert wird. Trainieren Sie, dieselben Lerninhalte in verschiedene Anwendungssituationen einzubetten und aus unterschiedlichen Blickwinkeln zu betrachten. Denn wer einen Problemkreis von mehreren Seiten her kennt, kann damit auch flexibler umgehen. Verbessern Sie damit Ihre Transferleistung. Über das normale additive Wissen hinaus vermitteln wir sog. metabegriffliches Wissen, d.h. bereichsübergreifendes Wissen.

Modellhaftes Lernen

Modellhaftes Lernen schafft Differenzierungsvermögen, ermöglicht Einschätzungen und fördert den Prozess der Entscheidungsfindung. Seien Sie kritisch gegenüber Ihren Ersteinschätzungen. Eine gewisse Veränderungsbereitschaft gehört zum Lernprozess. Überprüfen Sie Ihr Wertungssystem auch im Hinblick auf das Ergebnis des Falles.
Hüten Sie sich vor zu starkem Routinedenken und damit vor automatisierten Mustern. Fragen Sie sich stets, ob Sie mit Ihren Annahmen den Fall weiterlösen können oder ob Sie in eine Sackgasse geraten.

Assoziationsmethode als erste „Herangehensweise": Hypothesenbildung

Mit der Assoziationsmethode lehren wir in unseren mündlichen Kursen, wie Sie die zentralen Probleme des Falles angehen und ausdeuten. Dabei wird die Bedeutung nahezu aller Worte untersucht. Durch frühe Hypothesenbildung werden alle für die Falllösung möglichen Problemkonstellationen durchgespielt. Die spätere gezielte Selektion führt dazu, dass die für den konkreten Sachverhalt abwegigen Varianten ausscheiden (Prinzip der Retardation bzw. der negativen Evidenz). Die übriggebliebenen Hypothesen bestimmen die Lösungsstrategie.

Wichtigste Arbeitsphase = Problemaufriss

Die erste Stunde, der Problemaufriss, ist die wichtigste Stunde. Es werden die Weichen für die spätere Niederschrift gestellt. Wenn Sie die Klausur richtig erfassen (den „roten Faden"/die „main street"), sind Sie zumindest auf der sicheren Seite und schreiben nicht an der Klausur vorbei.

4. Ersteller als „imaginärer" Gegner

Dialog mit dem Klausurersteller

Der Ersteller des Examensfalles hat auf verschiedene Problemkreise und ihre Verbindung geachtet. Der Ersteller als Ihr „imaginärer Gegner" hat, um Notendifferenzierungen zu ermöglichen, verschiedene Problemfelder unterschiedlicher Schwierigkeit versteckt. Der Fall ist vom Ersteller als kleines Kunstwerk gewollt. Diesen Ersteller muss der Student als imaginären Gegner bei seiner Falllösung berücksichtigen. Er muss also versuchen, sich in die Gedankengänge, Annahmen und Ideen des Erstellers hineinzudenken, und dessen Lösungsvorstellung wie im Dialog möglichst nahe zu kommen. Je ideenreicher Ihre Ausbildung verläuft, desto mehr Möglichkeiten erkennen Sie im Sachverhalt. Die Chance, eine gute Klausur zu schreiben, wird größer.

Gewinnen Sie mit der „Hemmer-Methode"

Wir fragen daher konsequent bei der Falllösung:
- *Was will der Ersteller des Falles („Sound")?*
- *Welcher „rote Faden" liegt der Klausur zugrunde („main-street")?*
- *Welche Fallen gilt es zu erkennen?*
- *Wie wird bestmöglicher Konsens mit dem Korrektor erreicht?*

Die Falllösung wird dann nicht durch falsches Schablonendenken geprägt, vielmehr zeigen Sie, dass Sie gelernt haben, mit den juristischen Begriffen umzugehen, dass es nicht nur auswendig gelernte Begriffe sind, sondern dass Sie sich darüber im Klaren sind, dass der Begriff immer erst in der konkreten Anwendung seine Bedeutung gewinnt.

Unterfordern Sie sich nicht! Lernen Sie nicht auf zu schwachem Niveau. Zwar ist „der Einäugige unter den Blinden König". Die Einäugigkeit rächt sich aber spätestens im Examen. Ziel jeden guten Unterrichts muss eine realistische Selbsteinschätzung der Hörer sein.

Problemorientiertes Lernen, unterstützt durch Experten Wichtig ist, mit der Assoziationsmethode im richtigen sozialen Kontext zu lernen, denn gemeinsames Lernen in Gruppen ist nicht nur motivierend, sondern auch effektiv. Nehmen Sie an einer Atmosphäre teil, in der Sie sinnvoll Erfahrungsaustausch, Meinungsvielfalt und Kontakt mit Experten erfahren. Maßgeblich ist die gezielte Unterstützung. Wir geben das Niveau vor. Achten Sie stets darauf, dass die Lernsituation anwendungsbezogen bleibt und der Vielschichtigkeit des Examens entspricht. Unser Repetitorium spricht den Juristen an, der sich am Prädikatsexamen orientiert. Insoweit profitieren Sie auch vom Interesse und Wissensstand der anderen Kursteilnehmer.

Gefahr bei Kleingruppen Hüten Sie sich vor sog. „Kleingruppen". Dort besteht die Gefahr, dass Schwache und Nichtmotivierte den Unterricht allzusehr mitbestimmen: „Der Schwächste bestimmt das Niveau!" Wichtig ist doch für Sie, auf welchem Niveau (was und wie) die Auseinandersetzung mit der Juristerei stattfindet. Wer nur auf vier Punkte lernt, landet leicht bei drei Punkten!

Soviel ist klar: <u>Wie</u> Sie lernen, beeinflusst Ihr Examen. Weniger bekannt ist, dass das Fehlen bestimmter Informationen das Examen verschlechtert.

Glauben Sie an die eigene Entwicklungsfähigkeit, schöpfen Sie ihr Potential aus.

5. Spezielle Ausrichtung auf Examenstypik

Im Trend des Examens Dies hat weiterhin den Vorteil, dass wir voll im Trend des Examens liegen. Die Thematik der Examensfälle ist bei uns auffällig häufig vorher im Kurs behandelt worden. Auch in Zukunft ist damit zu rechnen, dass wir mit Ihnen innerhalb unseres Kurses die Themen durchsprechen, die in den nächsten Prüfungsterminen zu erwarten sind.

6. „Gebrauchsanweisung"

Vertrauen Sie auf unsere Expertenkniffe. Die **„HEMMER-METHODE"** setzt richtungsweisende Maßstäbe und ist Gebrauchsanweisung für Ihr Examen.

Der Erfolg gibt uns recht!

Examensergebnisse Die Examenstermine zeigen, dass **unsere Kursteilnehmer** überdurchschnittlich abschneiden; z.B. Würzburg, Ergebnisse **1991-2006**:
15,08 (Landes**bester**); 14,95* (**Bester** des Termins 2006 I in Würzburg); 14,79*; 14,7* (**Beste** des Termins 98 I); 14,66* (**Bester** des Termins 2006 II in Würzburg); 14,3* (Landes**bester**); 14,25* (**Bester** des Termins 2005 II); 14,16* (**Beste** des Termins 2000 II), 14,08* (**Beste** des Termins in Würzburg 96 I); 14,08 (Landes**bester**); 14,04* (**Bester** des Termins 2004 II); 13,87; 13,83*; 13,8*; 13,75* (**Bester** im Termin 99/II in Würzburg); 13,75*; 13,7 (7. Semester, **Bester** des Termins in Würzburg 95 II); 13,66* (**Bester** des Termins 97 I, 7. Semester); 13,6*; 13,54*, 13,41*, 13,4*; 13,3* (**Beste** des Termins 93 I in Würzburg); 13,3* (**Bester** des Termins 91 I in Würzburg), 13,29*; 13,2* (**Bester** des Termins 2001 I in Würzburg); 13,2; 13,12*; 13,08* (**Bester** des letzten Termins 2002 I in Würzburg), 13,04*; 13,02* (**Bester** des Termins 95 I in Würzburg); 13,0; 12,91* (**Bester** des Termins 99 I in Würzburg); 2 x 12,87* (7. Semester); 12,83* (**Bester** des Termins 2004 I); 12,8*; 12,79*; 12,75*; 12,62; 12,6; 12,6*; 12,6; 12,58*; 12,54*; 12,54*, 12,5*; 12,41; 12,37* (7. Semester); 12,3*; 12,25*; 12,2; 12,2*; 12,18; 12,12*; 12,12; 12,1; 12,08; 12,08*; 12,06; 12,04* (**Beste** des Termins 98 II; Ergebnis Februar '99); 12,0*; 12,0*; 12,0*; 12,0*; 12,0*; 12,0*; 11,83; 11,8; 11,79*; 11,75*; 11,75; 11,75; 11,6; 11,58*; 11,54*; 11,5*; 11,5;...
(*hemmer-Mitarbeiter bzw. ehemalige hemmer-Mitarbeiter)

Ziel: solides Prädikatsexamen Lassen Sie sich aber nicht von diesen „Supernoten" verschrecken. Denn unsere Hauptaufgabe sehen wir nicht darin, nur Spitzennoten zu produzieren: Wir streben ein solides Prädikatsexamen an. So erreichten z.B. schon im ersten Durchgang unsere Kursteilnehmer in Leipzig (Termin 1994 II) bereits nach dem Schriftlichen einen Schnitt von 8,6 Punkten, wobei der Gesamtdurchschnitt aller Kandidaten nur 5,46 Punkte betrug (Quelle: Fachschaft Jura Leipzig, »Der kleine Advokat«, April 1995). Aber am allerwichtigsten für uns ist: Unsere Durchfallquote ist äußerst gering!

Regelmäßiges Training an examenstypischem Material zahlt sich also aus.

Spitzennoten von Mitarbeitern Dies zeigt sich auch z.B. bei unseren Verantwortlichen: In jedem Rechtsgebiet arbeiteten Juristen mit, die ihr Examen mit **„sehr gut"** bestanden haben.

Professionelle Vorbereitung zahlt sich aus. Noten unserer Kursleiter (ehemalige Kursteilnehmer in Würzburg) im bayerischen Staatsexamen, wie **13,5**, **13,4** und **12,9** und andere mit „gut" sind Ihr Vorteil. Nur wer selbst gut ist, weiß auf was es im Examen ankommt. Nur so wird gutes Material erstellt.

Die Ergebnisse unserer Kursteilnehmer im Ersten Staatsexamen können auch Vorbild für Sie sein. Motivieren Sie sich durch Ihre guten Mitkursteilnehmer/innen. Lassen Sie sich daher nicht von unseren Supernoten verschrecken, sehen Sie dieses Niveau als Anreiz für Ihr Examen. „Wer nur in der C-Klasse spielt, bleibt in der C-Klasse."

Wir sind für unser Anspruchsniveau bekannt.